高等教育财经类核心课程系列教材
高等院校应用技能型精品规划教材
高等院校教育教学改革融合创新型教材

富媒体 智能化

税收学
Taxation

应用·技能·案例·实训

李贺 ◎ 主编

视频版·课程思政

上海财经大学出版社

图书在版编目(CIP)数据

税收学:应用·技能·案例·实训/李贺主编. —上海:上海财经大学出版社,2023.7
高等教育财经类核心课程系列教材
高等院校应用技能型精品规划教材
高等院校教育教学改革融合创新型教材
ISBN 978-7-5642-4196-4/F·4196

Ⅰ.①税… Ⅱ.①李… Ⅲ.①税收理论-高等学校-教材 Ⅳ.①F810.42

中国国家版本馆CIP数据核字(2023)第117720号

□ 责任编辑　施春杰
□ 封面设计　贺加贝

税　收　学
——应用·技能·案例·实训
李　贺　主编

上海财经大学出版社出版发行
(上海市中山北一路369号　邮编200083)
网　　址:http://www.sufep.com
电子邮箱:webmaster@sufep.com
全国新华书店经销
上海叶大印务发展有限公司印刷装订
2023年7月第1版　2023年7月第1次印刷

787mm×1092mm　1/16　21.5印张　592千字
印数:0 001—3 000　　定价:65.00元

前　言

科教兴国战略、人才强国战略、创新驱动发展战略是中共二十大报告中提出的需要长期坚持的国家重大战略，是事关现代化建设高质量发展的关键问题。党的二十大报告指出，"教育是国之大计、党之大计。培养什么人、怎样培养人、为谁培养人是教育的根本问题。育人的根本在于立德。全面贯彻党的教育方针，落实立德树人根本任务，培养德智体美劳全面发展的社会主义建设者和接班人"。落实立德树人根本任务，必须将价值塑造、知识传授和能力培养三者融为一体，不可割裂。教材注重课程思政元素挖掘，以教育部《关于印发〈高等学校课程思政建设指导纲要〉的通知》（教高〔2020〕3号）为指导依据，课程思政建设内容紧紧围绕坚定学生理想信念，在介绍税收学专业理论知识、实务应用和分析方法的同时，重点将职业道德、社会主义核心价值观的内容融入课程教学全过程，实现"知识传授"和"价值观引领"的有机统一。将党的二十大精神作为思政元素，融入其中，有利于培养学生的自主学习能力，引导其树立正确的世界观、人生观、价值观。

税收是国家财政收入的主要形式，正越来越深刻地影响着人们的经济生活，智慧税收，惠企惠民。在税收实践中，征税主体应依法征税，纳税主体应依法纳税。为此，需要对税收的基本原理、运动规律、经济社会影响等进行分析，提供完整地分析税收问题的理论基础和方法。本书重视塑造学生扎实的理论基础，同时兼顾实践应用对税收知识的需求。为了适应新形势下高等院校培养应用型人才的需求，本书遵循"以应用为目的，以够用为原则"，系统地介绍了税收的基本原理、基本技能和基本方法，以最新的内容体现知识点的具体应用。对此，根据税收学课程体系的要求，编者结合应用技能型院校的教学特色，体现二十大精神，以基于工作过程的"项目引领、任务驱动、实操技能"的特色为导向，按照"必需、够用"的原则，凭借多年的教学经验和税务实践编写了这本富媒体·智能化应用技能型教材，使之紧跟政策并贴近实际工作岗位。富媒体·智能化教材实现了传统纸质教材与数字技术的融合，通过二维码建立链接，将视频和试题库等资源呈现给学生；从教材内容的选取整合来看，实现了技能教育与产业发展的融合，注重专业教学内容与职业能力培养的有效对接；从教材的教学使用过程来说，实现了线下自主与线上互动的融合，学生可以在有网络支持的地方自主完成预习、巩固、复习等。

本书重点介绍了18个税种（含12个税种立法），结合财产税和行为税合并申报，以2022年新的组合式税费支持政策为引导，兼顾"就业导向""实践导向"和"生涯导向"，紧紧围绕我国"经济发展新常态"下高等教育应用技能型人才培养目标，依照"理论先行、实务跟进、案例同步、实践到位"

的原则,全面展开税收学内涵,坚持创新创业和改革精神,体现新的课程体系、新的教学内容和新的教学手段,以提高学生整体素质为基础,以能力为本位,把知识教育、技能教育和素质教育相融合,力求做到:从项目引导出发,提出问题,引入含义,设计情境,详尽解读。本书共涵盖3篇、10个项目、61个任务;在结构安排上,采用"项目引领、任务驱动、实操技能"的编写方式,力求结构严谨、层次分明;在表述安排上,力求语言平实凝练、通俗易懂;在内容安排上,尽可能考虑到财经类专业不同层次的不同需求,又避免了与其他课程内容的重复交叉;课后的应知考核和应会考核结合每个项目的内容与技能要求而编写,以使学生在学习每一项目内容时做到有的放矢,增强学习效果。

根据培养高等教育和应用技能型院校人才的需要,本书力求体现如下特色:

1. **结构合理,体系规范**。作为教科书,本书在内容上特别注意吸收最新的税收改革与实践,按理论与实务兼顾的原则设置教材内容。全书针对高等教育和应用技能型院校教学课程的特点,将内容庞杂的基础知识系统性地呈现出来,力求做到体系科学规范、内容简明实用。

2. **与时俱进,紧跟动态**。根据税收学课程体系,立足于我国税收改革的现实基础,系统全面地阐述了税收学基础知识,广泛吸收和反映当今最新研究成果、税收改革进程,如《2022增值税期末留抵退税》《电子烟征收消费税》《居民换购住房个人所得税》《小微企业"六税两费"减免政策》《重大税收违法失信主体》《增值税小规模纳税人免征增值税(2022)》《小型微利企业减免企业所得税》等30余项新政纳入教材。

3. **学练结合,学以致用**。本书从高等教育和应用技能型院校的教学规律出发,与实际接轨,介绍了最新的税收发展和改革动态,坚持理论与实践相结合、思考与辨析相结合、广度与深度相结合;主要引导学生"学中做"和"做中学",实现理实应用一体化,做到学思用贯通、知信行统一。

4. **栏目丰富,形式生动**。本书栏目形式丰富多样,项目设有"知识目标""技能目标""素质目标""思政目标""项目引例""做中学""学中做""提示""注意""应知考核""应会考核""项目实训""实训报告"等栏目,并配有二维码视频和表单等,充分体现富媒体特色。

5. **产教融合,书证融通**。本书能满足学生对税收基础知识学习的基本需要,夯实学生可持续发展基础,鼓励院校学生在获得学历证书的同时,积极取得多类职业技能等级证书,拓展就业创业本领,缓解结构性就业矛盾。鉴于此,本书与会计师、税务师资格证书考试相衔接,做到考证对接、课证融合。

6. **理实一体,素能共育**。党的二十大提出落实立德树人根本任务,培养德智体美劳全面发展的社会主义建设者和接班人,加快建设高质量教育体系,发展素质教育,促进教育公平,坚持为党育人、为国育才。在强化应用技能型教育特色的同时,特别注重学生人文素养的培养,把社会主义核心价值观融入教材,以课程思政全要素,营造全员育人环境,全面提升人文素质,以提高学生发现问题、分析问题和解决问题的能力,从而强化学生的职业道德素养。

7. **课程资源,多元立体**。为了使课堂教学达到多元立体化,编者开发的教学资源含有教师课件、习题参考答案、教学大纲、教师教案、学习指南、习题指导、模拟试卷及参考答案、课程标准、项目小结等；为培养学生学成技能配备了以"主要的纸质教材为主体，线上学习平台为载体"，多种教学资源混合的立体化教学资源体系。

本书由李贺主编。王世君、周杰、李虹、王玉春、李洪福5人负责全书教学资源包的制作。本书适用于高等教育和应用型教育层次的会计学、审计学、财务管理、资产评估、财政学、税收学、财税大数据应用等财经类专业学生使用，也可作为自学考试和社会从业人员的业务学习辅助教材。另外，本书配有最新改革前沿的姊妹书籍《税务会计》(第二版)、《税法》(第三版)、《财政学》(第三版)等。

本书得到了相关专家和出版单位的大力支持，以及参考文献中作者们的贡献，谨此一并表示衷心的感谢，特别致谢国家税务总局官方网站！本书在编写过程中参阅了参考文献中的教材、著作、法律、法规、网站等资料。由于编写时间仓促，加之编者水平有限，书中难免存在一些不足之处，恳请专家、学者批评指正，以便不断地更新、改进与完善。

内容更新与修订　　税收法律专栏

编　者

2023年3月

目 录

第一篇　理论先行

项目一　税收总论 ········· 003
  任务一　税收的产生与发展 ········· 004
  任务二　税收的概念和特征 ········· 007
  任务三　税收根据理论学说 ········· 011
  任务四　税收的职能和作用 ········· 014
  任务五　中西方的税收原则 ········· 016
  任务六　税收负担与税负转嫁 ········· 019
  任务七　税制要素与税制结构 ········· 023
  任务八　税收效应 ········· 029
  任务九　最适课税理论 ········· 039
  任务十　国际税收 ········· 041
    应知考核 ········· 043
    应会考核 ········· 044
    项目实训 ········· 045

第二篇　实务跟进

项目二　流转税——增值税 ········· 049
  任务一　增值税概述 ········· 050

任务二　增值税的基本法律 ………………………………………………………… 053
任务三　增值税的税收优惠 ………………………………………………………… 060
任务四　增值税应纳税额的计算 …………………………………………………… 065
任务五　增值税出口货物退（免）税 ……………………………………………… 077
任务六　增值税的征收管理 ………………………………………………………… 082
　　应知考核 …………………………………………………………………………… 096
　　应会考核 …………………………………………………………………………… 097
　　项目实训 …………………………………………………………………………… 098

项目三　流转税——消费税 ……………………………………………………… 100

任务一　消费税概述 ………………………………………………………………… 101
任务二　消费税的基本法律 ………………………………………………………… 102
任务三　消费税应纳税额的计算 …………………………………………………… 108
任务四　出口应税消费品退（免）税 ……………………………………………… 116
任务五　消费税的征收管理 ………………………………………………………… 118
　　应知考核 …………………………………………………………………………… 126
　　应会考核 …………………………………………………………………………… 127
　　项目实训 …………………………………………………………………………… 128

项目四　流转税——关税 …………………………………………………………… 130

任务一　关税概述 …………………………………………………………………… 131
任务二　关税的基本法律 …………………………………………………………… 134
任务三　关税的税收优惠 …………………………………………………………… 138
任务四　关税应纳税额的计算 ……………………………………………………… 139
任务五　关税的征收管理 …………………………………………………………… 143
　　应知考核 …………………………………………………………………………… 145
　　应会考核 …………………………………………………………………………… 146
　　项目实训 …………………………………………………………………………… 147

项目五　所得税——企业所得税 …………………………………………………… 148

任务一　企业所得税概述 …………………………………………………………… 149
任务二　企业所得税的基本法律 …………………………………………………… 151
任务三　企业所得税的税收优惠 …………………………………………………… 153

任务四	企业所得税应纳税额的计算	165
任务五	企业所得税的征收管理	173
	应知考核	174
	应会考核	176
	项目实训	176

项目六 所得税——个人所得税 178

任务一	个人所得税概述	179
任务二	个人所得税的基本法律	180
任务三	个人所得税的税收优惠	189
任务四	个人所得税应纳税额的计算	193
任务五	个人所得税的征收管理	214
	应知考核	220
	应会考核	221
	项目实训	222

项目七 财产与行为税——财产税 223

任务一	财产税概述	224
任务二	房产税	225
任务三	城镇土地使用税	231
任务四	车船税	236
任务五	契税	239
	应知考核	242
	应会考核	244
	项目实训	244

项目八 财产与行为税——特定行为税 246

任务一	行为税概述	247
任务二	土地增值税	248
任务三	耕地占用税	254
任务四	环境保护税	257
任务五	资源税	262
任务六	印花税	269

  任务七 船舶吨税 ·· 277
  任务八 城市维护建设税 ·· 279
  任务九 车辆购置税 ·· 282
  任务十 烟叶税 ·· 284
    应知考核 ·· 285
    应会考核 ·· 286
    项目实训 ·· 287

第三篇 管理法制

项目九 税收征收管理 ·· 291
  任务一 税收管理 ·· 292
  任务二 税务登记 ·· 293
  任务三 税款征收 ·· 299
  任务四 税务检查 ·· 304
  任务五 法律责任 ·· 305
  任务六 纳税管理 ·· 310
    应知考核 ·· 316
    应会考核 ·· 317
    项目实训 ·· 318

项目十 税务行政法制 ·· 320
  任务一 税务行政处罚 ·· 321
  任务二 税务行政复议 ·· 322
  任务三 税务行政诉讼 ·· 324
  任务四 税务行政赔偿 ·· 326
    应知考核 ·· 328
    应会考核 ·· 329
    项目实训 ·· 330

参考文献 ·· 332

第一篇

理论先行

项目一　税收总论

- **知识目标**

  理解：税收的产生与发展；税收的概念和特征。
  熟知：中西方的税收原则；税收负担与税负转嫁；中西方的税收依据。
  掌握：税制要素与税制结构；税收效应；最适课税理论；国际税收。

- **技能目标**

  能够充分认识税收在社会主义市场经济体系中的地位和作用，熟悉并掌握中西方税收思想、税收制度的基本框架，对税收形成初步的认识。

- **素质目标**

  运用所学的税收基本原理和知识研究相关案例，培养和提高学生在特定业务情境中分析问题与决策设计的能力；结合行业规范或标准，运用税收知识分析行为的善恶，强化学生的职业道德素质。

- **思政目标**

  能够正确地理解"不忘初心"的核心要义和精神实质；树立正确的世界观、人生观和价值观，做到学思用贯通、知信行统一；通过税收总论知识提升对税收和纳税的意识与观念，规划职业生涯，实现以"以人为本""以知识为本"的理念；提高素质、立德树人，培养自己成为德智体美劳全面发展的社会主义建设者和接班人。

- **项目引例**

名人眼中的税收

①赋税是喂养政府的奶娘——卡尔·马克思；②我就我的收入纳税，这是我生命中最重要的事，让我感到无上光荣——马克·吐温；③税收是我们为文明付出的代价——奥利弗·温德尔·霍姆斯；④只要是交给一个友好的政府，我愿意纳税——狄克·格利高里；⑤作为公民，你有义务纳税，同时你也必须了解你作为纳税人的权利——唐纳德·C. 亚历山大；⑥征税的艺术，是尽可能多地拔鹅毛，而听到最小的鹅叫声——科尔伯特；⑦好牧羊人的职责是剪羊毛，而不是扒羊皮——提布瑞斯·恺撒；⑧税收如母亲，经常被误解，但很少被遗忘——劳德·布兰威尔；⑨税收是国家的支

柱——西塞罗；⑩税收的合法性取决于其实质，而不是其名称——本杰明·N.卡多佐；⑪税收与你获得的得益如影随形——爱默生。

大到国家治理，小到柴米油盐，税收在社会经济中扮演着极为重要的角色，深刻地影响着我们的生活。从微观层面看，学好税收知识有助于居民和企业在日常生活与生产经营活动中做出合理的决策；从宏观层面看，能否运用好税收工具事关国家整体的宏观调控与社会治理。

请问：你知道什么是税收吗？税收在当今社会经济发展中起到什么样的作用呢？

● 知识精讲

任务一　税收的产生与发展

一、税收的产生

人类进入现代文明社会之后，无论在地球的哪个角落，也不管是处于哪种社会形态、何种经济体制之中，税收都是一种客观存在，以至于后来出现了"税收是人类为文明社会所付出的代价"的论断。

由于社会生产力发展的不平衡性，各国建立公共权力机构的具体时间不同，因而不同国家税收产生的历史进程也不相同。公元前3100年左右，随着社会贫富的分化和阶级矛盾的发展，作为人类文明发源地之一的古埃及由氏族部落演化为统一的奴隶制国家。据考证，世界上已知最早的税收制度，就是古埃及在公元前3000年至公元前2800年间创立的。古埃及的最高统治者是专制君主法老，他代表奴隶主阶级掌握全国的政治、军事和司法等权力，除占有奴隶的劳动产品外，还强迫平民缴纳谷物、蔬菜、皮革和酒等物品，法老每两年到全国各地巡视一次，向平民收取税收，这是人类社会有历史记载以来最早征收的实物税。《圣经·创世记》第47章第24节记载，当时的埃及宰相约瑟定下这样的规定："打粮食的时候，你们要把五分之一纳给法老，四分可以归你们做地里的种子，也做你们和你们家口孩童的食物"，就是对这一早期税收活动的记载。古埃及土地的最高所有权属于专制君主法老，其中有很大一部分土地构成法老控制下的"王庄"，由王室派官员经营，收取贡赋；此外，也有大片土地归公社占有，由公社农民使用，农民通过公社乃至州的管理机构向法老缴纳租税并为国家服役。

在古罗马，从"王政"时代起，由于铁器工具的普遍使用，社会生产力得到了迅速发展，手工业从农业中分离出来，商品交换也有了初步发展，财富积累不断增加。正是在这一背景下，古罗马在"王政"时代后期就有了赋税。古罗马最早开征的税收被称为"Portoria"，它实际上是对通过其海港和桥梁等的货物征收的一种关税。在"共和"时代，古罗马工商业多由平民经营，税收的很大一部分来自平民。进入"帝国"时期后，古罗马的税收制度进一步发展，固定征收的税种主要有土地税、人头税、贡赋和关税等，不固定征收的税种的数量也比较多，具体包括遗产税、释奴税、售奴税、营业税、商品税、拍卖税、公民税和贩卖税等。在众多的古罗马皇帝中，奥古斯都（Augustus）被认为在税收问题上最具战略眼光，一些沿用至今的税种都是在其统治时期首次开征的。例如，为了给退役的军人提供退职金，奥古斯都开征了税率为5%的遗产税，所有的遗产都要缴税，但留给子女和配偶的遗产免税；英国和荷兰等国后来开征的遗产税，在很大程度上借鉴了奥古斯都时期的经验。奥古斯都统治时期，古罗马还开征了销售税，税率分为两档，买卖奴隶适用4%的税率，其他的交易适用1%的税率。

根据《史记》中"自虞、夏时，贡赋备矣"的记载，中国的税收产生于夏代。中国早期的税收与夏、商、周时期的田赋制度紧密联系在一起。在夏代,中国开始实行"井田制"。在"井田制"下,土地由国王所有,但国王并不直接经营土地,而是将大部分土地赐给诸侯作为他们的俸禄,诸侯们要从这些"公田"的收获物中拿出一部分,以"贡"的形式缴纳给国王作为财政收入。到了商代,"贡"法演变为"助"法,"助"也是一种与井田制联系在一起的力役课税制度,即"借民力而耕之",助耕公田上的收获物要上缴其中的一部分,成为国王的租税收入。到了周代,土地课征制度由"助"法进一步演变为"彻"法,开始打破井田内"公"和"私"的界限,将全部的公田分给平民耕种,收获农产品后,彻取一定的数额交给王室。国家以"贡""助""彻"等形式取得土地收获物,在一定意义上说已经具有了税收的某些特征,但其中也包含有租的成分。"贡""助""彻"虽然可以说是中国税收的雏形,但由于它们具有租税不分的性质,所以还不是纯粹意义上的税收。到了春秋时代,生产力得到进一步的提高,私田迅速扩张,作为奴隶制经济基础的井田制开始瓦解。公元前594年,鲁宣公宣布实行"初税亩",不论是公田还是私田,一律按田亩课征田赋。"初税亩"首次承认了土地私有制的合法性,从而初步确立了完全意义上的税收制度,是中国历史上一项重要的财政经济改革举措。

【提示】"初税亩"标志着我国税收从雏形阶段进入了成熟时期。

据考证,汉语中的"税"字在殷墟甲骨文和商周金文中都没有出现,它最早见于孔子所修编年史《春秋》一书中关于"初税亩"的记载。"税"由"禾"与"兑"两个字组成,其中"禾"泛指农产品,而"兑"有送达的意思。可见,"税"的字面含义就是社会成员向政府缴纳一部分农产品或者说是政府从社会成员那里取得一部分农产品。

在中国古代税收发展历程中,"税"还有其他各种各样的名称,如"赋""租""捐""课""调""算""庸""粮""榷布"等。有的情形下,"税"字还经常与"赋""租""捐"等字连用,形成"赋税""租税""税捐"等词语。直到今天,中国港台地区仍在使用"赋税"和"租税"等表述。

虽然在中国古代既有"税"字,又有"收"字,但却从未将两者连缀成词。1916年,贾士毅在《民国财政史》一书中首次使用"税收"一词,此后"税收"一词的使用范围不断扩大,并为人们普遍接受。

二、税收的发展

在人类文明的演进过程中,各个时期的经济发展水平、政治进程和文化建设等方面各不相同,由此决定了各个文明时期税收的观念、发展形态和制度安排存在较大的差别。原始文明时期,有原始文明的税收形式;农业文明时期,有农业文明的税收形态;工业文明时期,有工业文明的税收特色。

伴随着人类文明的演进,不仅税收的名称、形态和具体的征收形式发生了变化,而且税收制度及其在社会经济中所发挥的作用也发生了变化;与此同时,税收由最初的不完备阶段发展到成熟阶段。原始文明阶段,社会生产力极其低下,物质财富极度匮乏。这一时期人类公共资源的积累主要来自基于崇拜的纳贡、建立在武力基础上的战利品以及基于集体活动的劳役,这三种形式可以说是原始形态的税收。进入农业文明后,农业成为社会财富最主要的来源,此时的税收主要依托于土地和农业,并且始终受到农业生产有限性的制约,在税制结构上主要以农业税收为主,同时税收的征收也多以"包税制"(Tax Farming)等简单的形式为主。进入工业文明后,工业以及由工业化衍生出的发达的商业和服务业,突破了土地等自然资源的束缚,为社会提供了大量的物质财富,从而取代农业成为人类文明发展的主要支柱。这一时期的经济实现了长期增长,税收的规模持续扩大,税收的征管方式也日趋复杂化。

除名称、存在形态和征管方式等方面的变化外，税收的确立方式也发生了很大的变化。就确立方式而言，税收经历了从"自由贡献"到"请求援助"，再从"专制课征"到"立宪协赞"这样一个漫长而复杂的发展过程。

(一) 自由贡献阶段

在人类从氏族社会步入奴隶社会后的很长一段时期内，国王或君主因公产收入难以满足不断扩大的财政支出需求，便开始依赖社会成员和被征服部落自由贡献的劳力和物品。由于此时的国家是由原始部落联盟演变而来的，中央集权制度还没有形成，所以其收入中有一部分来自社会成员和被征服部落的自由贡献是很自然的。"自由贡献"表明这是一种"由下敬上"的关系。在这种"由下敬上"的关系中，社会成员贡献何物、贡献多少以及何时贡献，都具有较大的自发性和随意性，并不十分严格。正因如此，这时的税收在人们的观念中包含有馈赠的意思。在欧洲，古拉丁语中的"Donum"和英语中的"Benevolence"都曾用来表示税收，它们的本意就是"自愿献纳"。中国夏代的"贡"，其字面意思就是将产品献给国王或君主。

【注意】自由贡献阶段的税收还处于税收的萌芽阶段，税收采取了一种没有统一标准的自愿捐赠形式，还不能称作严格意义上的税收。

(二) 请求援助阶段

随着国家发展、君权扩大，财政开支和王室费用都随之增加，单靠自由纳贡已难以维持，于是封建君主设法增加新税，但课征新税或开征临时税，需要得到由封建贵族、教士及上层市民组成的民会组织的承诺，税收初步摆脱了贡赋不分的状况，开始具有契约式的约束性和固定性。正是在这种背景下，税收从最初的自由贡献阶段发展到请求援助阶段。请求援助阶段也被称为"税收承诺阶段"，每当国王或君主遭遇紧急事故或发生临时财政需要时，便向社会成员提出请求，社会成员承诺之后，便将税款分摊下去，然后把筹集上来的资财交给国王或君主。此时的税收不再是完全自发的"由下敬上"，而是先由上对下提出请求，再由下对上给予援助；下对上援助什么、援助多少以及何时援助，也不再是完全随意的，而是按照一定的标准进行。在欧洲，拉丁语中的"Precarium"和"Adjutorium"，英语中的"Aid""Subsidy"和"Contribution"以及德语中的"Bede"都曾表示过税收，它们的本意都是"请求援助"或"给予资助"。中国商代的"助"，也是一种援助性质的收入形式。

【提示】请求援助阶段的税收在某种程度上已经具有税收的一些性质，但还不是很完备的征税方式。

(三) 专制课征阶段

到了奴隶社会末期和封建社会初期，各国陆续建立起中央集权制度和常备军制度，王权得到扩张，军费开支也不断膨胀。为了应对不断增长的财政支出需求，国王或君主开始实行专制课税，一方面废除了往日的税收承诺制度，使纳税成为社会成员必须履行的义务；另一方面为了笼络贵族和僧侣阶层，赋予他们享有税收豁免的特权。相对于自由贡献和请求援助而言，专制课征的税收是单纯的"由上取下"。至于取什么、取多少和何时取，完全取决于至高无上的专制权。在欧洲，英语中的"Impost"和"Rato"，法语中的"Impot"和"Taxe"以及德语中的"Abgabe"，也都表示过税收，它们的本意均为"强制征"。中国历史上，周代的赋税称为"彻"。学术界虽对"彻"的理解存在较大分歧，但一般都认为"彻"中含有强制的意思。

【注意】进入专制课征阶段，是税收从不成熟形态走向成熟形态的标志。

(四) 立宪协赞阶段

封建社会末期，随着生产力的进步和私有财产权的发展，税收在政府财政收入中所占的比重越来越大，并最终成为政府的主要财政收入来源。于是，税收成了私有财产权固定和经常性的负担。在这种情况下，社会成员建立相应的制度对封建君主随意征税的行为进行适当约束的愿望也越来越强烈。新兴资产阶级力量的不断壮大,逐步改变了纳税人与专制君主之间的力量对比,并最终引致约束或限制封建君主征税权(Tax Raising Power)的财政立宪制度的确立。

"财政立宪"是在宪法中确立财政收支法定的原则,并建立相应的保障体系,以确保纳税人及其代表控制政府财政收支活动的一种制度安排。税收发展到立宪协赞阶段是财政立宪的核心内容之一,而税收法定主义原则的确立,又是税收进入立宪协赞阶段的主要标志。税收法定主义(Taxation with Law)指的是税收活动主体的权利和义务必须由法律加以规范,税收制度的各个构成要素必须并且只能由法律予以明确规定,没有法律依据,任何主体都不得征税,社会成员也不得被要求缴纳税款。税收法定主义具体包括课税要素法定、课税要素明确和课税程序合法等内容。

虽然税收法定主义强调征税主体依法征税或纳税主体依法纳税,但它的意义却不局限于此,其更为重要的价值内涵是强调社会成员在税收活动中能够对政府征税权进行必要的约束和限制。国家的课税权不再是操之于封建君主,而是操之于代表社会公众利益的民意机关,这也是立宪协赞阶段的税收区别于专制课征阶段税收的根本性标志。进入立宪协赞阶段后,政府课税权的行使必须经过社会公众的认可,政府的税收活动,无论是开征新税、废除旧税,还是调整税率或税收优惠方面的规定,都必须以不违反宪法为原则,并经过民选代议机关的同意。

税收的确立方式从专制课征过渡到立宪协赞,意味着税收步入最高发展阶段。在这一时期,任何一个阶级或阶层都不再享有豁免税收的特权,征税普遍性原则得到广泛实行;税收法定原则也使得社会成员的经济行为具有了确定性和可预测性,从而为近代社会经济的快速发展提供了基础性的条件;在经济发达国家,税收法定主义的确立还成为其民主政治的重要基石之一,并帮助建立起了有效防止税收负担过重的机制。

由世界各国税收的起源和演进分析可见,税收是社会生产力发展到一定阶段,产生了凌驾于社会之上的阶级统治机关国家之后,才出现的一个财政范畴。从税收与国家的关系看,国家与税收产生有着本质联系。税收产生取决于两个相互影响的前提条件:①社会条件,即国家公共权力的产生;②经济条件,即私有财产制度的存在,它是国家政权力量和私有财产制度相互作用的产物。

任务二 税收的概念和特征

一、税收的概念

(一)西方对税收范畴的界定

在不同的历史时期,西方社会的哲学家、经济学家、政治学家和法学家等都曾站在各自的立场上,用各种不同的方式表达自己对税收范畴的认识。

1. 古典经济学诞生前早期西方社会对税收范畴的认识

在古典经济学诞生之前,西方社会对税收范畴的界定,主要是由一些政治家、法学家和哲学家作出的。其中:英国著名政治学家、哲学家托马斯·霍布斯(Hobbes)在1651年出版的《利维坦》中指出,"主权者向人民征收的税,不过是公家给予保卫平民各安生业的带甲者的薪饷"。法国路易十四时期的政治家科尔伯特(Colbert)则形象地将政府征税比喻成拔鹅毛:"征税的艺术就是拔最多的鹅毛又使鹅叫声最小的技术。"法国著名法学家、政治学家孟德斯鸠(Montesquieu)在1748年出版的《论法的精神》中认为,税收是"公民所付出的自己财产的一部分,以确保他所余财产的安全或快乐地享用这些财产"。

【提示】早期西方社会对税收的认识,从经济学的角度看虽然远不够完备,但其中却包含一些精髓的税收思想,如霍布斯对税收的认识就是在现代税收理论中仍占据重要地位的"利益赋税思想"和"税收价格论"的源头。

2. 古典经济学诞生后近代西方社会对税收范畴的认识

古典经济学诞生之后,西方社会对税收范畴的界定,更多的是由经济学家作出的。不同国家、不同时期的经济学家,都给出了自己对税收的看法。

英国古典经济学的创始人亚当·斯密(Smith),是西方较早明确地回答"什么是税收"的经济学家。他在1776年出版的《国民财富的性质和原因的研究》中指出,"作为君主或政府所持有的两项收入源泉,公共资本和土地既不适合用以支付,也不够支付一个大的文明国家的必要开支,那么这些必要开支的大部分,就必须取决于这样或那样的税收。换言之,人民必须从自己私有的收入中拿出一部分上缴给君主或政府,作为公共收入"。

法国经济学家萨伊(Say)在《政治经济学概论》中指出,"所谓赋税,是指一部分国民产品从个人之手转到政府之手,以支付公共费用或提供公共消费"。在该书中,萨伊还提到赋税是"政府向人民征收他们的一部分产品或价值"。

德国社会政策学派的主要代表瓦格纳(Wagner)在其鸿篇巨制《财政学》中,从财政和社会政策两个层面对税收进行了界定。瓦格纳认为,"从财政意义上来看,赋税是作为对公共团体事务设施的一般报偿,公共团体为满足其财政上的需要,以其主权为基础,强制地向个人征收赋课物。从社会政策意义上来看,赋税是在满足财政需要的同时,或者说无论财政有无必要,以纠正国民所得的分配和国民财产的分配,调整个人所得和以财产的消费为目的而征收的赋课物"。

【提示】近代西方社会对税收概念的表述虽有差别,但基本认识到税收是社会产品或资源从私人部门向政府的一种转移,同时大体上指出了政府征税的目的是补偿政府的费用或者说是公共消费。然而,这一时期对税收概念的定义在完备性上还有所欠缺。

3. 现代西方社会对税收范畴的认识

20世纪上半叶,英国财政学的主要代表巴斯特布尔(Bastable)认为,"所谓赋税,就是个人或团体为履行公共权力所进行的公共活动,在财富方面被强制分担的贡献"。同一时期,美国财政学的主要代表塞利格曼(Seligman)认为,"赋税是政府对于人民的一种强制征收,用以支付谋取公共利益的费用,其中并不包含是否给予特种利益的关系"。

20世纪50年代后,西方经济学界在研究财政税收问题时,已较少再涉及"什么是税收"这一基础性的问题。即使是财政税收方面的教科书,也只有一部分明确给出了税收的定义。例如,日本财政学家井手文雄认为,"所谓租税,就是国家依据其主权(财政权),无代价地、强制性地获得的收入";英国税收问题专家西蒙·詹姆斯(James)和克里斯托弗·诺布斯(Nobes)将税收定义为"公共政权机构不直接偿还的强制性征收"。目前,税收是"纳税人为享用政府提供的公共产品和服务而支付的价格"的界定,为西方税收学界普遍接受。

【提示】现代西方社会对税收概念的界定已较为完备,不仅明确地回答了"税收是什么"的问题,而且在相当大程度上指出了税收的特征、目的、用途以及税收与其他财政收入形式之间的差别。

(二)中国对税收范畴的界定

成体系化的财税理论,在清朝末年才作为舶来品被引入中国。直到新中国成立,中国的财政学从总体上看主要是在做引进、翻译和介绍日本以及欧美国家财税理论的工作。正因如此,这一时期中国对税收概念的表述与当时西方学者的认识大体相同,一般都把税收界定为政府施加给人民的强制负担。

新中国成立后,受意识形态等因素的影响,中国将原先存在的财税理论和财税制度全盘推倒,全面接受来自苏联的财税理论,并以苏联为榜样来重建财税制度。正是在这种背景下,"非税论"在中国较大范围内得以传播。与此同时,伴随着计划经济体制的建立,国有企业的利润上缴也取代税收成为最主要的财政收入形式。在整个计划经济时期,中国学者对税收问题基本没有做太多的系统研究,对税收范畴的认识也相当模糊。直到改革开放以后,税收重新成为中国主要的财政收入形式后,税收理论研究才重新受到重视并逐步深入,中国学者对税收概念的理解和把握也逐渐加深。

中国学者对税收范畴的界定,概括起来主要可以区分为以下两类:

(1)将税收界定为一种财政收入。在这一界定中,有代表性的观点有:①胡怡建认为:"国家为满足公共需要,凭借政治权利,按预定的标准,向居民和经济组织强制、无偿地征收取得的一种财政收入。"②董庆铮认为:"国家为了实现其职能,制定并依据法律规定的标准,强制地、无偿地取得财政收入的一种手段。"

(2)将税收界定为一种分配关系。在这一界定中,也有一些不同的观点表述:①侯梦蟾认为:"政府为满足一般的社会共同需要,按事先确定的标准,对社会剩余产品所进行的强制、无偿的分配。"②王诚尧认为:"政府凭借政治权力,按照预定标准,无偿地集中一部分社会产品形成的特定分配关系。"③朱明熙认为:"国家为满足一般的社会公共需要,补偿由此发生的社会公共费用,按照法律规定的对象和标准,占有和支配一部分剩余产品而形成的一种特定的分配形式。"

(三)对税收概念的基本认识

中西方对税收范畴的认识至今仍众说纷纭,没有一个被广为接受的界定,但中西方对税收范畴的认识都在一定程度上反映出了税收的本质,其中也包含了一些在现代社会得到普遍认同的观点。

1. 税收是政府取得财政收入的基本形式

"税收是政府取得财政收入的基本形式"这一命题包括两方面的含义:一方面,税收是以政府为主体征收的。只有政府才具有征税权,其他任何组织或机构均无权征税。另一方面,在历史上,税收、公债、国有企业利润上缴、公有财产收入以及货币的财政发行等形式,都曾经被政府用来取得必要的社会资源,但在众多的财政收入形式中,税收是运用最普遍、筹集财政资金最有效的一种。在现代市场经济条件下,税收始终是各国政府最重要的财政收入来源。

2. 政府征税的目的是满足社会公共需要

从本质上看,政府是社会公共事务的执行者,其活动的主要目的是满足社会公共需要。为了实现满足社会公共需要的目的,政府在履行其职能的过程中必然要消耗一定数量的社会资源,税收就是政府占有一部分社会资源的手段。正因如此,满足社会公共需要是现代社会政府征税的目的。

3. 政府征税依托公共权力并借助于法律

政府之所以要运用公共权力去征税,是因为这与政府以非市场化的方式提供公共产品和服务直接相关。税收是在一定的法律规范下征收的,政府既不可多征,社会成员也不能随意少缴税,双方的权利和义务关系是通过税法来规范、约束和调整的。由于税收具有法律上的强制性,因而不论纳税人是否愿意,都必须按照法律的规定纳税,否则就会受到法律的制裁。

二、税收的本质

税收的本质是指税收的根本性质,是税收现象中最深刻、最稳定的方面。下面介绍税收本质的几个重点概念。

(一)税收的基本属性

税收的基本属性是一种财富转移方式。在现代社会,财富的转移有三种基本类型:①政府之间的财富转移,包括下级政府对上级政府的贡献和上级政府对下级政府的补助;②经济活动主体之间的财富转移,包括以贡献为依据的收入分配和以货币为媒介的商品交换;③政府与经济活动主体之间的财富转移,包括由政府到经济活动主体的财富转移和由经济活动主体到政府的财富转移。其中,由经济活动主体到政府的财富转移又有两种类型:①以私人权利为依据的财富转移,如经济活动主体因占有或使用国家所有的资源或资产而向政府缴纳的租金、使用费;②以公共权力或权利为依据的财富转移,包括没收、罚款、强制赔偿、课征等。其中,课征又有征用和征收两种方式:征用是政府直接占有经济活动主体的劳动力、土地等生产要素的形式与过程;征收是政府直接占有经济活动主体的产品或收入的形式与过程,一部分采取税收形式,另一部分采取行政收费的形式。

(二)税收的主体

税收是一种财富转移,实质是人与人之间的一种利益关系。因此,税收的主体必然包括对立统一的两个方面:一方面是税收的课征主体,即政府;另一方面是税收的缴纳主体,即经济活动主体,包括从事经济活动的组织与个人。

(1)税收的课征主体。税收的课征主体是代表社会全体成员行使公共权力的政府。政府成为税收课征主体,是因为政府具有征税的需要和权力。政府为了执行其职能,必须占有一部分经济资源,而为了获得这部分经济资源,就必须向经济活动主体征税。同时,政府执行公共职能为人们创造了生产与消费的共同外部条件,保护并增进了经济活动主体的利益,由此取得了征税的权力。

(2)税收的缴纳主体。税收的缴纳主体为经济活动主体。在任何经济社会,经济资源总是归经济活动主体占有和使用,物质财富总是由经济活动主体创造,实现收入也总是首先归经济活动主体所有,只有经济活动主体,才具有纳税的能力。同时,经济活动主体从事经济活动总离不开政府提供的和平环境、安定秩序和便利设施。经济活动主体创造的财富和实现的收入,不仅包含经济活动主体自身的贡献,而且包含政府通过提供和平环境、安定秩序和便利设施的贡献。因此,任何一个经济活动主体都有义务将一部分收入缴纳给政府。

(三)税收的客体

税收的客体是国民收入。国民收入是社会存在与发展的经济基础。居民的消费、企业的投资、政府执行公共职能所发生的各种支出都是以国民收入为基础的,因此,只有国民收入才能成为税收的客体。同时,国民收入的创造,既离不开经济活动主体的贡献,也离不开政府提供的各种外部条件。因此,社会在一定时期所创造的国民收入,应当作为税收客体在政府与经济活动主体之间进行合理的分配。

三、税收的特征

税收的特征是税收目的与依据的外在表现,是国家取得财政收入的一种形式,与公债、规费、罚息和股息等其他财政收入形式相比较,税收具有三个基本特征:非直接偿还性、强制性和规范性。

(一)非直接偿还性

非直接偿还性,是指税收虽然取之于民,最终用之于民,但政府征税与具体纳税单位和个人受益之间并不存在一一对等的交换关系。这一概念包括三层含义:①税收是有偿的,而不是无偿的;②税收是整体有偿,而不是个别有偿;③税收有偿是非直接意义上的,并不存在一一对应的直接偿还关系。

判断一种收入的获得是有偿还是无偿,关键是看与这种收入相关的支出是否用于收入的来源方面,只要二者在整体上具有一致性,那么,这种收入形式就是有偿的;反之,则是无偿的。税收是国家为满足社会公共需要、筹集财政资金的一种形式,它来源于企业、家庭及个人,亦用于人民的生产和生活必需的公共商品的提供,因此,税收是有偿的。但是,税收的这种有偿性是就整体而言的,而不是指个别有偿性。税收的有偿性是非直接意义上的,政府征税与纳税人受益之间不存在一一对应的直接偿还关系。也就是说,尽管税收最终用于满足社会公共需要,但国家征税时并不向纳税人支付任何报酬,税款征收入库之后也不直接以某种方式返还给纳税人个人。这是与公共商品的性质以及社会经济发展对税收的客观要求相一致的。

（二）强制性

税收的强制性,是指在国家税法规定的范围内,任何单位和个人都必须依法纳税,否则就要受到法律的制裁。公民和企业单位在发生纳税行为时,除依法履行纳税义务外,别无其他选择。

税收的强制性是税收非直接偿还性的必然要求。因为非直接偿还性使局部利益与整体利益发生矛盾与冲突,而且,整体的规模越大,矛盾就越突出。因此,税收必须具有强制性,才能保证国家收入和社会整体利益不受侵犯。

税收强制性的力量源于国家政治权力。政府征税与市场上的商品交换具有不同的性质。在交换领域,买卖依据的是商品经济的规则,一般遵循等价交换原则,即双方在价值量上应该是彼此无损失的,即使是不等价交换,双方交换也是根据市场供求等条件自愿进行的,一般不存在强迫的情况。政府征税则不然,必须运用强制性的公共权力。因为国家为满足社会公共需要,必须取得一定的财政收入。在不直接占有生产资料、不掌握财产所有权的情况下,国家必须运用政治权力参与一部分社会产品的分配。国家依据政治权力征税的强制性,在现代社会表现为法律的约束性,即表现为国家通过制定法律来达到其目的。法律对其实施范围内的单位和个人具有强制力。各国宪法均规定公民具有纳税的义务,如我国《宪法》第56条规定:"中华人民共和国公民有依照法律纳税的义务。"一国的各种具体的税法,不仅规定了各种税的纳税人、税率等征税要素,而且明确规定了有关的罚则。纳税义务人必须依法纳税,否则,要受到法律制裁。

（三）规范性

税收的规范性,是指税收课征的依据是税法,国家在征税之前,就通过法律形式,把应开征的税种、征税范围、纳税人、征收比例及违法处罚标准等规定下来,由征纳双方共同遵守。简而言之,税收的规范性包含以下两方面含义:①税收活动的进行不是随意的,而是以法律形式规定的;②税收征纳及其他一切税收关系的处理原则和标准都应该被预先规定。

税收的规范性是与税收的非直接偿还性和强制性有着内在联系的税收特性。税收的征收具有非直接偿还性,依靠国家政治权力,实行强制征收。但是要保证这种分配活动的有效和有序,维护国家和纳税人双方正当的利益,就有必要规范征纳双方的行为,通过法律形式预先确定各项征收数额和征税方法,这样既有利于纳税人合理安排生产与投资、储蓄与消费,又有利于国家合理安排各项支出,更好地实现其承担的各项政治经济职责。

【注意】以上所述税收的三个形式特征,是中外古今一切税收的共性,它们是相互依存、不可分割的统一体,是税收区别于其他财政收入形式的基本标志,只有同时具备以上三个特征的财政收入形式才是税收。

任务三　税收根据理论学说

税收根据是税收理论的核心内容之一,要回答的是政府为什么有权利向社会成员征税或社会成员为什么有义务向政府缴税。虽然税收是一个已经存在了数千年的社会经济现象,但直到400多年前人类社会才开始对"政府征税侵犯私人利益是否具有合法性"作出解释和说明。不同的经济学家、政治学家、哲学家从各自的价值观出发,研究并试图回答这一命题,形成了许多学说。

一、西方的税收根据

（一）公需说

公需说起源于17世纪德国官房学派的奥布利支、克洛克和法国的波丹。这种学说认为,国家的职能在于满足公共需要,增进公共福利,为此需要费用支出,税收就是实现这种职能的物质条件。换言之,国家及公共团体为充实公共需要,才要求人民纳税。克洛克认为,政府行使课税权时,第一需要经民众承诺;第二需要证明是为公共需要,若不是出于公共需要,就不应当征收。公需说提出以满足公共需要、增进公共福利为课税的依据,这种观点在当时欧洲从封建经济逐渐转向资本主义经济的时代,具有进步意义。

(二)义务说

义务说是在黑格尔的国家主义思潮影响下形成的,认为国家是人类组织的最高形式,个人依存于国家。义务说强调国家权力和政府职能的意义,税收必须强制课征,纳税是人民应尽的义务。如法国的劳吾认为,租税是根据一般市民的义务,按一定的标准向市民征收的公课。义务说强调的是国家的权力与人民的义务,明确提出税收的强制性与无偿性,把纳税仅仅看作个人的被动义务。19世纪末的美国著名财政学家亚当斯认为,义务说正确地概述了现代国家税收的本质。

(三)牺牲说

牺牲说产生于19世纪,主要代表人物有法国古典经济学家让-巴蒂斯特·萨伊、英国古典经济学家约翰·S. 穆勒和著名财政学家巴斯泰布尔等。这种观点认为,税收对于国家是一种强制征收,对于人民是一种牺牲。萨伊认为,租税是一种牺牲,其目的在于保存社会与社会组织。

(四)掠夺说

掠夺说产生于19世纪,主要代表人物是空想社会主义者圣西门和一些资产阶级历史学派学者。这种观点认为,税收是国家为实现其职能的一种强制性征收,是社会占统治地位的阶级凭借国家的政治权力,对其他阶级的一种强制掠夺。

(五)交换说

交换说产生于17世纪,主要代表人物有重商主义者霍布斯、古典学派经济学家亚当·斯密等。这种学说以自由主义的国家观为基础,认为国家和个人是各自独立、平等的实体,因国家的活动而使人民受益,人民就应当向国家提供金钱,税收就是这两者的交换。霍布斯曾指出,人民为公共事业缴纳税款,无非是为了换取和平而付出的代价。亚当·斯密也曾指出,政府的职能范围越小越好,税收越轻越好,国家应以每个人所得利益的数量确定纳税标准。交换说的思想渊源于资本主义初期的个人主义思想,这与当时要求尊重人权的政治思想和要求自由竞争、自由放任的经济观点遥相呼应。

(六)保险说

保险说产生于18世纪,主要代表人物是法国的梯埃尔。保险说与上述交换说同属一个体系。这种观点认为,国家保护了人民生命财产的安全,人民应向国家支付报酬,国家犹如保险公司,人民纳税如同投保人向保险公司交纳保费一样。梯埃尔指出:"人民按其受自国家的利益的一定比例来支付,犹如保险公司的保险金按投保金额的一定比例来确定。"

(七)社会政策说

社会政策说产生于19世纪末,主要代表人物有德国社会政策学派的财政学家瓦格纳和美国著名财政学家塞里格曼。这种观点认为,税收不仅是政府取得财政收入的一种手段,而且是矫正社会财富与所得分配不公、实现社会政策目标的有力工具。瓦格纳在给税收下定义时曾指出:"从社会政策的意义上来看,赋税是在满足财政需要的同时,或者说不论财政上有无必要,以纠正国民所得的分配和国民财产的分配,调整个人所得和以财产的消费为目的而征收的赋课物。"因此,赋税不能理解为单纯的国民经济年产物中的扣除,还包括有纠正分配不公的积极目的。

(八)经济调节说

经济调节说,也称市场失灵说,产生于20世纪30年代,是西方资本主义发展到国家垄断阶段以后产生的以凯恩斯主义为代表的理论观点。这种观点认为,西方社会的市场机制往往失灵,难以实现资源有效配置、财富公平分配和经济稳定增长,因此,政府有必要通过运用包括税收在内的各种经济手段,调节宏观经济运行。

这些学说都从不同侧面解释了政府征税的原因,但都存在各自的不完全性。从对现代税收理论的影响程度分析,公需说、义务说和交换说的影响力更大。

二、中国的税收根据

(一)国家政治权力说

"国家政治权力说"认为,国家参与社会产品的分配总要凭借某种权力,在我们面前有两种权力,一种是财产权力,另一种是政治权力,国家征税凭借的不是财产权力,而是政治权力。"国家政治权力说"与传统的"国家分配论"是一脉相承的,它一度在中国财税学界广为流行。

中国确立建立社会主义市场经济体制的目标后,部分"国家分配论"者也逐步将利益因素引入"国家政治权力说"中,提出了所谓的"权益说"。"权益说"仍然坚持"国家政治权力说"的核心命题,同时承认社会主义国家与纳税人之间也存在着利益关系,但又认为这种利益关系不同于等价交换的利益关系,而是长远利益与眼前利益、整体利益与局部利益、国家利益与个人利益的关系,或者说是"取之于民,用之于民"的利益关系。"权益说"强调"国家政治权力说"是以"利益说"为前提的,两者是统一的。

(二)国家职能说

"国家职能说"也被称为"国家需要说",它认为国家为满足实现其职能的需要就必须以强制的、无偿的方式参与对社会产品的分配,即政府征税的根据是满足国家实现其职能的需要。

后来,一些学者对"国家职能说"作了补充论证:税收分配形成对社会产品的扣除,依据的是现有的生产规模、生产能力、国家的需要和可能以及在实践中摸索出来的规律性,这些都是凭借国家职能才能解决的;法律上的国家职能外化成法权,于是税收就成为一种权利和义务的法律关系,而在事实上国家职能外化为宏观生产要素,依据受益原则构成整个社会经济活动的一部分成本,即税收。国家职能的外化形式法权和宏观生产要素,构成国家课税的直接依据。

(三)国家社会职能说

"国家社会职能说"提出在社会正义的范围内参与分配的根据只能是参与生产,国家以执行社会职能为社会再生产提供必要外部条件的形式参与生产,因此税收根据是国家的社会职能。税收根据首先是国家的服务性职能及由此产生的国家与人民之间的互利关系;在此基础上根据社会经济发展的需要,国家也可在一定范围和限度内以其管理性职能为根据向人民征税。国家执行其社会职能是其课税的权利,国家拥有政治权力是其课税的力量保障,权利与权力的统一,构成国家课税的事实。尽管也是从国家职能的角度来论证税收根据,但"国家社会职能说"在理论基础和逻辑推理等方面与"国家职能说"有着很大的区别。

(四)法律权利交换说

"法律权利交换说"认为税收之所以存在,除了国家的存在之外,还在于人民的权利需要得到政府的确认和保护;税收就是个人和企业获得各种权利而承担的义务并付出的一种费用,它是一种超经济法权关系的体现。"法律权利交换说"不仅希望在总体上解释国家课税的根据,而且力求说明各具体税种开征的原因,它认为不同的人(包括法人)所享有的权利是不同的。按权利与义务对等的原则,他们应当承担的税收义务或者说国家应开征的税种也应不同,例如,企业享有自然资源开采权,国家就应开征资源税;企业享有利润支配权,国家就可开征所得税;而企业享有经营权,国家就可以开征流转税。

与传统的"国家政治权力说"相比,改革开放以后中国提出的税收根据理论,基本上不再简单地认为税收只是人民对国家的一种无偿支付了,而都不同程度地认同政府与人民之间的税收关系包含利益因素在内的观点,并且在解释税收根据时或多或少地吸纳了利益赋税或利益交换的思想。如果说"国家职能说"中体现的利益赋税思想还有些模糊的话,那么在"国家社会职能说"和"法律权利交换说"等学说中,这一思想就已经相当明确了,部分"国家分配论"者也将其主张的"国家政治权力说"改造成为"权益说"。

任务四 税收的职能和作用

一、税收的职能

税收的职能是指税收内在的、固有的职责和功能,它是由税收本质决定的。税收的形式特征是税收本质的外在体现,税收职能则是税收本质的内在要求。任何社会形态、任何国家的税收都有这种本质要求。一般来说,税收具有两大职能:财政收入职能和经济调节职能。

(一)财政收入职能

税收的财政收入职能,也称筹集资金或组织收入的职能。它是国家对税收最基本的要求,也是税收最重要的职能目标。具体而言,税收的财政收入职能具有下列特点:

1. 适用范围的广泛性

由于税收是国家凭借政治权力向纳税人进行的强制征收,因此从纳税人看,包括国家主权管辖范围内的一切企业、单位和个人,没有所有制、行业、地区、部门的限制;从征税对象看,征收范围也十分广泛,既包括流转额、所得额,也包括财产额,还包括对某些特定目的和行为征税。

2. 财政收入的及时性

税法中明确规定了纳税义务成立的时间和纳税期限,从而保证了税收收入及时、均衡地入库。例如,流转税以纳税人实现销售收入为纳税义务成立时间,纳税人只要实现销售收入,不论盈亏与否都要依法纳税;又如,纳税结算期和缴款期的规定,对纳税人缴纳税款的时间给予了严格限制,有利于国家及时取得财政收入,以保证财政支出的正常进行。

3. 征收数额的稳定性

由于税法明确规定了各税种的纳税人、征税对象和税率,确定了各税种在国民收入分配中的相对比例,并且由于税收具有固定性特征,在征收时间上具有连续性,因此保证了国家财政收入的稳定性。

一般来说,现代国家对税收的财政收入职能有两个最基本的要求:一是税收收入要充分,能够满足正常的财政支出需要。二是税收收入要有弹性,包括两层含义:一方面,税收收入应当能够随经济发展和税源增长而同步增长,乃至超速增长;另一方面,当国家财政发生临时重大急需时,能够依靠税收增长弥补财政收支缺口。在经济税源一定的条件下,税收财政收入功能的效果主要取决于征税制度是否科学、合理、有效,取决于征收管理的水平和效率。

(二)经济调节职能

从历史的角度看,税收的经济调节职能是派生职能。政府在运用税收参与国民收入分配、筹集资金的过程中,不同的征税选择形成不同的税收政策,这必然会改变国民收入在政府与社会经济组织和个人之间,社会的各阶级、阶层、单位和个人之间的分配状况,改变资源在不同行业、地区、企业之间的配置状况,从而引导和调节纳税主体的经济行为。在现代社会,税收的经济调节职能不论是在理论、实践方面,还是在广度、深度上都得到了巨大发展。从17世纪重商主义的保护关税政策到19世纪下半叶的德国社会政策学派理论,直至20世纪的凯恩斯主义税收政策,都主张政府积极运用税收杠杆,体现政府政策,促进经济发展。目前,税收制度已经成为各国宏观经济政策的重要组成部分,它对社会经济发展的影响越来越大。

一般来说,现代税收主要有三大经济调节职能,即促进资源有效配置、调节收入分配功能以及保持经济稳定增长。

1. 促进资源有效配置

资源配置是指土地、资金、劳动力、技术等经济资源的分配与使用。在市场经济中,一方面,市场机制对资源配置起基础作用;另一方面,在市场经济运行失调或存在某种缺陷时,政府课税能矫正失调或弥补缺陷,有利于改善资源配置状况,产生增进社会福利的正效应。

2. 调节收入分配功能

收入分配及其公平与否,既是一个社会价值观问题,更是一个经济问题。从经济角度看,一国谋求经济发展,不仅是指经济产出总量增长,而且包括经济、社会结构变化以及分配状况改善等较为复杂的内容。如果一国GDP获得了较大增长,但收入分配状况恶化了,就会出现有增长无发展的情况。因此,运用税收手段调节收入分配既是税收的一个重要经济职能,又是各国经济社会政策的一个重要组成部分。

3. 保持经济稳定增长

自由放任的市场经济主要是通过市场价格机制调节社会的供给和需求的。然而,价格调节往往具有盲目性、滞后性和自发性。同时,市场的自发力并不能经常保证总供求在充分利用社会资源的水平实现均衡,因而通货膨胀、失业、贸易失衡、增长波动等顽症会周期性地困扰社会发展。税收作为政府直接掌握的经济工具,在平抑经济波动、体现政府政策方面具有十分重要的作用。税收对宏观经济稳定的调节主要有两种方式:税收的自动稳定机制和相机抉择的税收政策。

(1)税收的自动稳定机制

所谓税收的自动稳定机制,也称"内在稳定器",是指政府税收规模随经济景气状况而自动进行增减调整,从而"熨平"经济周期波动的一种税收宏观调节机制。这种机制主要是通过累进的个人所得税和实行累进税率的企业所得税表现出来的。

(2)相机抉择的税收政策

所谓相机抉择的税收政策,是指政府根据经济景气状况,有选择地交替采取减税和增税措施,以"熨平"经济周期波动的调控政策。具体包括以下两方面政策:①扩张性税收政策。在经济发生萎缩、衰退时,政府实行减税政策,增加个人可支配收入,刺激私人消费和投资需求,促进国民收入恢复到充分就业水平。②紧缩性税收政策。当经济出现通货膨胀时,政府实行增税政策,减少个人可支配收入,抑制私人消费和投资需求,遏制社会总需求和物价上涨势头。

二、税收的作用

(一)组织财政收入,保证国家职能需要

税收组织财政收入的作用在任何社会形态下、在同一社会形态下不同历史发展时期都是共同的,只是因经济发展水平、经济运行机制、财政收支状况的不同,其作用的程度也不同而已。所谓税收组织财政收入的作用,是指通过税收收入的筹集,来满足国家执行其职能对资金的需要。它与税收的财政职能是相对应的。

(二)市场公平竞争,保证公平税负实现

市场公平竞争是优化资源配置的前提。市场竞争的公平环境由多方面因素组成,其中税收是市场公平竞争外在环境的重要组成部分。社会主义市场经济要求公平税负,发挥税收鼓励市场公平竞争的作用。

(三)贯彻产业政策,调整优化经济结构

在市场经济中,经济结构的调整必须以市场为导向。在科技进步、发挥各地优势推动区域经济协调发展、转变经济增长方式的基础上,经济结构的调整主要依靠企业之间的竞争和由竞争引起的资源在各产业部门之间的转移。价格的自由化和由竞争引起的利润平均化,是形成和调整产业结构的基本前提。对商品供不应求的短线部门,供求关系引起价格上涨,利润率上升,吸引资本转入,从而扩大生产规模;反之则反是。

(四)调节收入差距,实现社会共同富裕

在现阶段,必须立足于多种经济成分共同发展和由此决定的多种分配方式并存的现实,依法保护合法收入,允许和鼓励一部分人通过诚实劳动和合法经营先富起来,允许和鼓励资本、技术等生产要素参与收益分配。但是,这也相应地带来居民收入差距呈不断扩大趋势等问题。税收作为调节个人收入分配的最后手段,其作用越来越重要。利用税收手段建立一个从收入分配到消费再到财产积累和转移的多环节、多层次的调节机制,可以发挥税收调节个人收入差距、实现社会共同富裕的作用。

(五)维护国家利益,构建双循环新格局

我国是发展中国家,国内市场发育不成熟,市场规则不完善,政府运用宏观调控手段显得尤其重要。税收杠杆是国家宏观调控手段中最主要的内容,进一步优化税制结构,并作出相应调整,增强我国税制的透明度,提高税收征管效率,加快依法治税的步伐。面对世界步入"百年未有之大变局",我国要加快构建以国内大循环为主体,国内国际双循环相互促进的新发展格局。要进一步完善高质量开放的税收政策,要充分利用国内国际两个市场、两种资源,发展经济,满足需求,增进人民福祉。

任务五 中西方的税收原则

税收原则是制定税收政策和税收制度的指导思想,同时是评价税收政策好坏、判断税制优劣的标准,是一国税收制度建立的指导思想与税收行为准则,是对一定历史时期税收思想的概括和总结,并为当时社会普遍接受。税收行为包括税收立法、执法和守法及征收管理等。税收原则是治税思想的高度概括,是具体社会经济条件下税收实践经验的总结。

一、西方的税收原则

西方税收基本原则理论发端于17世纪,随着英国资本主义生产方式的出现,中世纪遗留下来的繁重课税和包税制已不能适应资本主义经济发展的需要,一些学者试图按照资本主义生产方式的要求来改造税收。历史上首次提出税收基本原则理论的是英国的威廉·配第。他认为,税收应尽量公平合理,对纳税人要一视同仁;税收负担要相对稳定,不能超过劳动者的承受能力;征税时间要选择适宜。他还提出了赋税的"公平""简便""节省"三项原则。此后,德国官方学派的代表攸士第发展了威廉·配第的思想。他指出,赋税的根本问题就是在国家征税时要使人民的负担最少,还指出"臣民必须纳税""税收课征要平等""税收要无害国家的繁荣与国民的幸福"等六项原则。

亚当·斯密在《国民财富的性质和原因的研究》(1976)一书中首次对税收原则进行了理论分析,列举了税收的四项原则:①平等原则,指纳税人应按各自能力(收入)的比例来负担税款;②确定

原则,指纳税人的应纳税赋和完税方式必须是确定的,不得随意变更;③便利原则,指纳税手续尽量从简,为纳税人履行纳税义务提供便利;④节约原则,即最少征收费用原则,指征税过程应尽量减少不必要的支出,使纳税人的付出尽可能等于国库收入。亚当·斯密的税收原则实际上表明了平等和效率两方面的含义。

法国经济学家让-巴蒂斯特·萨伊生活于法国资产阶级革命后社会矛盾开始激化的时期。萨伊认为,政府征税就是向私人征收一部分财产,充作公共需要之用,课征后不再返还给纳税人。由于政府支出不具有生产性,所以,最好的财政预算是花费最少的预算,最好的税收是税负最轻的税收。据此,他提出了税收五项原则:①轻税原则。萨伊认为政府征税事实上剥夺了纳税人用于满足个人需要或用于再生产的产品,因此,税率越低,税负越轻,对纳税人的剥夺越少,对再生产的破坏作用也越小。②节省征收费用原则。萨伊以税收征收费用对人民是一种负担,对国家也没有益处为由,主张节省征收费用。一方面尽量减少纳税人的负担烦扰;另一方面也不给国库增加困难。③公平负担原则。税收是一个负担,当每个纳税人承受同样的(相对的)税收负担时,每个人的负担必然是最轻的,如果税负不公平,不但损害个人的利益,而且有损于国家的收入。④不妨碍再生产原则。萨伊认为所有税收都是有害于再生产的,因为它妨碍生产性资本的积累,最终危害生产的发展,所以,对资本课税应当是最轻的。⑤有利于提高国民道德的原则。萨伊认为,税收除具有取得公共收入的作用外,还可作为改善或败坏人民道德,促进勤劳或懒惰以及鼓励节约或主张奢侈的有力工具。因此,政府征税必须着眼于普及有益的社会习惯和增进国民道德。

德国经济学家阿道夫·瓦格纳在《财政学》(1877)一书中,对税收原则问题阐明了自己的观点,归纳起来包括:①财政收入原则,指税收收入应充分满足财政需要且随财政支出需要的变动而增加或减少;②国民经济原则,指税源的选择应有利于保护税本,尽可能选择税负难以转嫁或转嫁方向明确的税种;③社会公平原则,指税收的征收应普遍和平等,使每一位公民都负有纳税义务,并依照纳税人的负担能力大小征税;④税务行政原则,指税法应当简明确实,纳税手续应简便,征税费用和纳税费用尽可能节省。瓦格纳的税收原则继承和发展了斯密税收原则中公平与效率的内容,同时明确提出了税收的财政原则。

美国现代著名财政学家理查德·A.马斯格雷夫在《财政理论与实践》(1973)一书中,对亚当·斯密以来经济学家的税收原则理论进行了理论总结归纳,并提出了自己的税收原则。他认为,现代国家的税收不仅要满足政府的财政收入需要和矫正社会财富的分配,而且要体现国家调节经济运行的政策目标。为此,马斯格雷夫提出了六项税收原则:①公平原则。税收负担的分配应当公平,应使每个人支付其合理的份额。②效率原则。要求对征税方法进行选择,尽量不影响有效市场上的经济决策。税收的额外负担应该减少到最低限度。③政策原则。如果将税收政策用于刺激投资等其他目标,则税收政策对公平性的干扰应尽可能少。④稳定原则。税收结构应当有助于以经济稳定和经济增长为目标的财政政策的实现。⑤明确原则。税收制度应当明晰而无行政争议,便于纳税人理解。⑥省费原则。税收管理和征纳费用应在考虑其他目标的基础上尽可能地节省。

在现代经济中,随着经济活动的复杂化和税收对经济运行影响的扩大与加深,税收原则问题备受人们的关注,人们对税收原则的认识也有了进一步的发展,尽管不同学派的经济学家对税收原则问题存在不同的看法,但对税收原则的分析一般围绕税收与宪政、税收与财政、税收与公平、税收与效率等方面进行,从而形成税收的法定原则、财政原则、公平原则和效率原则。

二、中国的税收原则

(一)财政收入原则

组织财政收入是税收的重要职责,保证国家的财政收入是税务部门义不容辞的责任,也是制定税收政策、设计税收制度的基本出发点。税收制度的效率原则、公平原则等都只能在组织财政收入的过程中实现。从这个意义上看,财政原则应是税制的基本原则。税收的财政原则是指一国税收政策的确定及税收制度的构建与变革,应保证国家财政的基本需要。具体包括三个要求:税收收入要充分、税负总水平应当适度、税收收入应有弹性。

1. 税收收入要充分

财政收入原则最基本的要求就是通过征税获得的收入能充分满足一定时期财政支出的需要。税收数额的充分是一个相对的量的概念,是相对于政府向社会提供公共商品的财力需要而言的。同样额度的税收,相对于提供公共品规模比较大的政府是不足的,而相对于提供公共品规模比较小的政府却是足额的。因此,虽然财政收入额度由政府提供公共品的财力需要来决定,但政府提供公共品的财力也要受到财政收入的制约。政府既可以通过增加收入使财政收入由不足变为足额,也可以通过减少支出使财政收入由不足变为足额。

税收收入的充分还隐含着要求税收收入的稳定。税收收入要相对稳定,使税收同国民生产总值或国民收入的比例稳定在一个适度水平,不宜经常变动,特别不宜急剧变动,以避免税收对经济正常秩序的冲击。税收收入的稳定也是相对于政府提供公共品的财力需要而言的,在经济发生比较大的变动,或者政府提供公共品的结构发生大的调整,财政收入的稳定也必然被打破,从而要求建立新的稳定的税收收入水平。

2. 税负总水平应当适度

税收是政府筹集财政资金,提供公共品满足社会公共需要的基本工具。因此,税收筹集财政资金的规模应与一定时期政府提供公共品所需的资金需求相适应。一方面,税负水平过低,会使得政府提供公共品的资金不足;另一方面,税收征收率不能过高,要尽可能避免税负过重而伤害企业和个人的积极性。

3. 税收收入应有弹性

在西方税收理论中,瓦格纳是税收弹性理论的最早提出者。瓦格纳认为,当财政需要增大支出或者税收以外的其他收入减少时,税收应能基于法律增加或者自动增收。今天的税收弹性理论,是在瓦格纳的税收弹性理论的基础上发展和完善的。目前,税收弹性理论不仅在西方发达国家,而且在多数发展中国家得到了重视和运用。

具体而言,税收弹性是指税收收入增长率与经济增长率之间的比率,用公式表示如下:

$$ET=(\Delta T/T)/(\Delta Y/Y)$$

式中:ET——税收弹性;T——税收收入;ΔT——税收收入变化量;Y——国民收入(或是其他指标如国民生产总值、国内生产总值等);ΔY——国民收入(或是其他指标如国民生产总值、国内生产总值等)变化量。

税收弹性反映了税收对经济变化的灵敏程度。①当 $ET=0$ 时,表明税收对经济增长没有反应;②当 $ET=1$ 时,表明税收与经济是同步增长的;③当 $ET>1$ 时,表明税收的增长速度快于经济的增长速度,税收随经济的发展而增加,并且税收参与国民收入分配的比例有上升的趋势;④当 $ET<1$ 时,表明税收的增长速度落后于经济的增长速度,这时,税收的绝对量有可能是增加的,但税收参与国民收入分配的比例有下降的趋势。

【注意】税制设计应当使税收具有较好的弹性。一般来说应使 ET 略大于或等于1,以保证国家财政收入能与日益增加的国民收入同步增长,而无须通过经常调整税基、变动税率或者开征新的税种来增加收入。

(二)税收效率原则

当代经济学所倡导的税收效率原则,其含义是多方面的。从资源配置的角度看,税收要有利于资源的有效配置,从社会可用资源的利用中获得最大的效益;从经济机制的角度看,税收要有利于经济机制的有效运行,不仅微观经济效益要提高,而且宏观经济效益要稳定增长;从税务行政的角度看,税务行政要讲求效率,税收制度必须简便,征纳双方的费用要节省。总体来说,税收效率原则就是要求政府征税要有利于资源的有效配置和经济机制的有效运行,提高税务行政的管理效率。它可以分为税收的经济效率原则和税收本身效率原则两个方面。

(三)税收公平原则

在当代经济学家看来,税收公平原则是设计和实施税收制度的最重要的或首要的原则。按照经济学的解释,税收公平原则是指政府征税要使各个纳税人所承受的负担与其经济状况相适应,并使各个纳税人之间的负担水平保持均衡。这可以从两个方面来把握:①经济能力或纳税能力相同的人应当缴纳相同的税收,即以同等的方式对待条件相同的纳税人。税收不应是专断的或有差别的,这称作"横向公平"。②经济能力或纳税能力不同的纳税人应当缴纳数额不同的税收,即以不同的方式对待条件不同的纳税人,这称作"纵向公平"。

市场失灵的地方正是政府作用的领域,政府主要运用税收方式来予以解决。因此,建立税收制度必须体现公平原则。

(四)税收稳定原则

税收稳定原则是从税收的宏观经济影响来考虑税收政策和制度设计、制定时所必须遵循的指导思想,通过这样的原则指导来促进经济的稳定。税收稳定经济的作用可以从两个方面看:①税收通过自身主动地增加或减少,依照经济周期的波动状态,有意识地对宏观经济不稳定状态进行干预和调节,发挥税收的相机抉择机制的作用;②税收在既定的制度下能够自动地随着经济周期的变化而发生反向的更大变化,自动地调节宏观经济的运行状态,从而发挥税收的自动稳定器作用。

任务六 税收负担与税负转嫁

一、税收负担

税收负担简称"税负",是纳税人履行纳税义务所承受的经济负担。税收负担是仅就政府征税和纳税人缴税所形成的征纳关系而言的,并不需要考虑税款使用给纳税人带来的福利收益。税收负担可以从不同角度加以考察。从不同的经济层面看,有宏观税收负担和微观税收负担;从具体的表现形式看,有名义税收负担和实际税收负担。

(一)宏观税收负担与微观税收负担

宏观税收负担是从国民经济总体看的税收负担水平,反映一国社会成员税收负担的整体状况。衡量宏观税收负担的指标主要是宏观税率,一般是指一定时期内(通常为一年)一国税收收入总额与同期国民(国内)生产总值的比率,表明一定时期内政府以税收方式从经济总量中抽走的份额。

微观税收负担是从纳税人个体看的税收负担水平,反映具体纳税人因国家课税而作出的牺牲。微观税收负担可以纳税人缴纳的某一种税来衡量,如企业所得税负担率、个人所得税负担率,也可以纳税人缴纳的各种税收综合衡量,如企业综合税收负担率。

【提示】宏观税收负担与微观税收负担具有内在联系,微观税收负担是基础,宏观税收负担是微观税收负担的综合反映。在一定的税制结构中,微观税收负担的增加或减少,必然引起宏观税收负担的相应变化。

(二)名义税收负担与实际税收负担

名义税收负担又称为法定税收负担,是从税制规定看的纳税人应承担的税收负担水平,表现为纳税人依据税法应向国家缴纳的税款与课税对象的比值。例如,《中华人民共和国企业所得税法》规定,企业所得税的标准税率为25%,25%即为企业所得税的名义或法定税收负担。

实际税收负担是在税收征管过程中考虑影响纳税人向政府实际缴付税款的各种因素后,纳税人实际承受的税负水平,一般表现为纳税人实纳税额与课税对象的比值。影响纳税人实际税收负担的因素有税收扣除、减免、退税,加成或加倍等合法因素,以及税收偷逃等不合法或不合理因素。

【注意】由于上述因素的存在,税收的名义负担与实际负担往往存在差异。

二、税负水平的合理性

确定合理的税负水平是一国税收制度设计所要解决的中心问题。从宏观上判断一国税负水平是否合理,主要有两个标准:经济发展标准、政府职能标准。

(一)经济发展标准

一国宏观税负水平的高低关键要看本国经济效益水平和人均国民收入水平的高低。税收负担影响纳税人的收入水平,进而影响经济主体生产、劳动的积极性以及投资和消费水平,因此,一般来说,税收负担水平过高,是不利于经济增长或发展的。对此,从斯密、萨伊到现代供给学派理论,都对轻税政策与促进经济发展的关系作了较为深入的分析。美国供给学派代表人物阿瑟·拉弗所提出的"拉弗曲线"则较为形象地说明了经济发展、税收收入和税率之间的内在联系。

1975年,美国供应学派的代表人物、南加利福尼亚大学经济学教授阿瑟·B.拉弗(Arthur B. Laffer)首创了拉弗曲线,保持适度的宏观税负水平是促进经济增长的一个重要条件,借以说明税收在刺激经济增长中所起的作用,以及税率与税收收入之间的关系。典型的拉弗曲线大致是一个倒置的U形字母的形状,如图1—1所示。

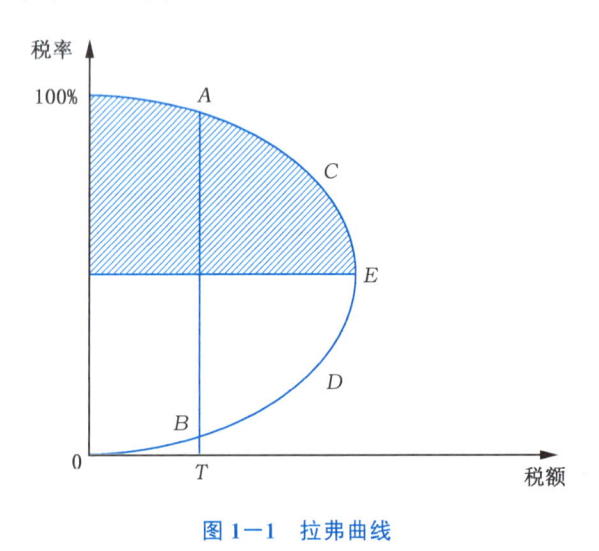

图1—1 拉弗曲线

拉弗曲线中,在两种极端的情况下:①税率为100%时,从社会再生产角度来分析,生产会因此停顿,将会导致政府征收的税源枯竭。②税率为零时的,政府同样征收不到税款。找到政府税收收入和生产增长的最佳结合点,也是政府选择税率的最佳点。拉弗曲线表明,税率是刺激经济活动的有效手段之一,而刺激经济增长必须减税,但减税应有限度,并不是税率越低越好。拉弗曲线运用的重要方面,就是减税效应最适税率的选择。利用拉弗曲线原理,国家在制定税收政策时,可以准确地把握税率的不同作用,对建立合理的税制体系有重大意义。

拉弗曲线表面上看反映的是税率与税收收入之间的函数关系,实际上体现的是税收负担与经济增长或发展的关系。因为税率过高导致税收收入下降,是源于税收负担过重抑制了经济活动,损害了税基。因此,图1—1中的阴影部分被视为税收的"禁区",要注意涵养税源。

当然,轻税并不意味着税负越轻越好,因为由税收收入支持的公共支出,尤其是基础设施建设、教育、社会管理等,有的直接构成经济增长的要素,有的为经济正常发展创造外部条件,对促进经济发展的作用是巨大的。若一国税负水平过低,必然降低政府的投资和管理能力,从而妨碍经济长期、稳定增长。

(二)政府职能标准

筹集财政资金、满足政府需要,是税收的基本功能。政府的职能范围不同,对税收的需要量也不一样,因此,一国总体税负水平的高低,还要视政府职能范围的大小而定。

从各国的实践看,随着社会经济的发展,政府职能范围会有所扩大,公共支出需要也不断增加,而税收作为筹集财政资金的主要手段,相应呈现了一种日益增长的趋势。尤其对于发展中国家,由于政府面临着经济建设、社会管理、宏观调控等艰巨任务,税负水平随经济增长而逐步提高是必然的。但在经济发展达到一定高度后,税负水平也会出现相对稳定的状态。

综合以上两种标准,从理论上看,在进行税制设计确定合理税负时,就实现一定的税收收入目标而言,应选择较低水平的税率,以免影响经济的活力,如图1—1中为取得税收收入量T,既可以用高税率A征得,也可以以低税率B征得,而以低税率B为优。

【学中做1—1】 (单项选择题)关于拉弗曲线的说法,错误的是(　　)。

A. 拉弗曲线是对税率与税收收入或经济增长之间关系的形象描述
B. 拉弗曲线的基本含义是,保持适度的宏观税负水平是促进经济增长的一个重要条件
C. 拉弗曲线表明,税率越高,政府征得的税收收入越多
D. 拉弗曲线提示各国政府,征税有"禁区",要注意涵养税源

三、税负转嫁与归宿

(一)税负转嫁的概念

在现实生活中,纳税人因政府课税而产生的税收负担,尤其是在商品交易过程中形成的税收负担具有运动的特性,研究税负转嫁是对税收负担的运动过程及其结果所作的分析。

税负转嫁,是指纳税人将其所缴纳的税款以一定方式转嫁给他人承受的过程。典型的税负转嫁与商品交易具有内在联系,即表现为纳税人通过操纵商品交易价格把其税收负担转移出去,因而一般认为商品交换是税负转嫁的基础。作为经济人,尽力将税负转嫁出去是纳税人维护自身利益的一种理性行为选择,这与税收偷逃是根本不同的。税收偷逃是违法行为,并引起国家税收收入的损失,而税负转嫁并不会减少国家的税收收入,只是引起相关经济主体之间利益关系发生变化。

所谓税负归宿,是指经过转嫁后税负的最终落脚点。在这一环节,税收承担者已不能把其所承受的税负再转嫁出去。

(二)税负转嫁的方式

税收转嫁的方式主要有前转、后转、混转、辗转转嫁、消转和税收资本化等。

1. 前转

前转也称为顺转,即纳税人在经济交易过程中通过提高所提供商品或生产要素的价格的方法,将其所缴纳的税款向前转移给商品或生产要素的购买者或最终消费者负担的一种方式。前转是税

收转嫁最普遍和最典型的方式,通常表现为商品劳务课税的转嫁。例如,在生产环节对烟酒等消费品课征税款,而生产者可以提高商品的销售价格,将税负转嫁给批发商,而批发商也采取同样方式将税负转嫁给零售商,最终零售商将税负转嫁给消费者。实际上,不论消费者是否知情,其在购买商品时已经支付了部分或全部税收。

2. 后转

后转也称为逆转,即纳税人在经济交易过程中通过压低生产要素的价格,将税负转嫁给生产要素的提供者或生产者的一种方式。后转发生的主要原因是市场供求条件不允许纳税人以提高商品价格的形式向前转移税收负担。例如,当对某一商品在零售环节课税,并且该商品在市场上处于供过于求的情况,销售价格难以提高,此时零售商便难以通过提高商品价格的方式将税收负担向前转移,而只能通过压低商品进价将税收负担转嫁给批发商,批发商则通过同样的方法将税负转嫁给生产商,而生产商又通过压低原材料价格或工人工资等办法,将税负转嫁给生产要素的提供者。因此,零售商是纳税人,但实际的税收负担则由原材料供应商和工人所负担。

3. 混转

混转也称为散转,即在现实经济生活中,转嫁形式不可能是纯粹的前转或后转,往往是同一税额,一部分通过前转转嫁出去,另一部分则通过后转转嫁出去。例如,政府对汽车销售商征收的税收,一部分可以通过抬高售价,将税收前转给消费者;另一部分可以通过压低进价,将税收后转给汽车生产者。

4. 辗转转嫁

辗转转嫁是指从进行课税后到实现最后归宿的这一过程中,税负的转移可以发生数次,具体又可分为向前辗转转嫁(例如,从木材加工商到家具生产商,最终把税负转嫁给消费者)和向后辗转转嫁(例如,从家具生产商到木材加工商,最终把税负转嫁给林木生产商)。

5. 消转

消转又称为转化或扩散转移,是指纳税人通过改进生产工艺、改善经营管理或改进生产技术等方式,使纳税额在生产发展和收入增长中自我消化,不归任何人承担。

【提示】从税收转嫁的本意说,消转并不能作为一种税负转嫁方式。

6. 税收资本化

税收资本化也称为资本还原,即生产要素购买者将所购买的生产要素(主要指土地、房屋、机器设备等)未来应纳税款,通过从购入价格中预先扣除(即压低生产要素的购买价格)的方式,向后转移给生产要素的出售者的一种形式。但税收资本化与一般意义上的税收转嫁的不同之处是,一般意义上的税收转嫁通过多种方式将每次课征的税款随时予以转移,而税收资本化则是把未来应缴纳的税款作一次性扣除。

【注意】税收资本化是税收后转的一种特殊形式。

(三)影响税负转嫁的因素

实现税负转嫁是纳税人的一般行为倾向,但税负能否转嫁,能以何种程度转嫁,还取决于多种现实因素。

1. 税种因素

税负转嫁与商品价格变动存在直接关系,因此,对于课税对象与商品价格的联系较为紧密的税种,其税负较容易转嫁,而与商品价格的联系不密切或不直接的税种,其税负则较难转嫁。从主要税类看,一般来说,商品课税容易转嫁,如增值税、消费税、关税等,而所得课税难以转嫁,如个人所得税和企业所得税。

2. 供求弹性

商品的供求弹性是指商品价格变动对商品供给量或需求量变动的影响程度,具体为商品价格变动程度与商品供给量变动程度(供给弹性)或商品需求量变动程度(需求弹性)的比值。从税负转嫁的角度看,对供给弹性大的商品课税,税负较易转嫁,相反,则税负较难转嫁;对需求弹性小的商品课税,税负较易转嫁,相反,则税负较难转嫁。

3. 课税范围

一种税的课征范围不同,税负转嫁的难易程度也是不一样的。一般来说,课税范围广的商品税容易转嫁,课税范围窄的则难以转嫁。若一种税对所有商品都同等课征,购买者无法找到不征税的替代商品,则只能接受因课税而形成的商品加价,税负容易转嫁;若一种税只对部分商品课征,且购买者可以找到不征税的替代商品,则这种税的税负难以转嫁。

任务七 税制要素与税制结构

一、税制要素

税制要素也称税收要素或税法要素,是指构成税收法律制度的共同因素。每一种税都有其相应的税收法律制度,尽管各个时期的各个税种有不同的内容和特点,但构成税制的要素是相同的。任何一部税法不仅要规定对什么征税、向谁征税、征多少税,而且要规定征纳的程序和征管的方法。

税制要素一般包括总则、纳税义务人、征税对象、税目、税率、纳税环节、纳税期限、纳税地点、减税免税、罚则和附则等,其中纳税人、征税对象和税率是税法的三个最基本要素。

(一)总则

总则主要包括立法依据、立法目的、适用原则等。

(二)纳税义务人

纳税义务人简称纳税人,也称纳税主体,是税法规定的直接负有纳税义务的单位和个人,是税款的直接承担者。每一种税都有关于纳税义务人的规定,即解决向谁征税的问题。如果纳税人不履行纳税义务,就应由该行为的直接责任人承担法律责任。

税法规定,直接负有纳税义务的人可以是自然人,也可以是法人。在法律上,自然人是指基于出生而依法在民事上享有权利、承担义务的人,包括本国公民和居住在所在国的外国公民;法人是指依法成立并能独立地行使法定权利和承担法定义务的社会组织,如社团、企业等。

与纳税人有关的概念有:

(1)负税人,指实际负担税款的单位和个人。纳税人如果能够通过一定途径把税款转嫁或转移出去,纳税人就不再是实际负担税款的单位和个人。

【注意】在我国,造成纳税人与负税人不一致的主要原因是价格与价值背离,引起税负转移或转嫁。

(2)代扣代缴义务人,指负有税法规定义务从持有的纳税人收入中扣除其应纳税款并代为缴纳的企业、单位或个人,如个人所得税以支付所得的单位和个人为扣缴义务人。

(3)代收代缴义务人,指负有税法规定义务借助与纳税人的经济交往而向纳税人收取应纳税款并代为缴纳的单位,主要有受托加工单位,生产并销售原油、重油的单位等。

(4)代征代缴义务人,指受税务机关委托而代征税款的单位和个人。

(5)纳税单位,指申报缴纳税款的单位,是纳税人的有效集合。

(三)征税对象

征税对象是税法中规定的征税的目的物,是国家据以征税的依据。通过规定征税对象,解决对什么征税的问题。它是构成税收实体法要素的基础性要素。首先,征税对象是一种税区别于另一种税的原因。其次,征税对象体现各种税的征税范围。最后,其他要素的内容一般都是以征税对象为基础确定的,每一种税一般都有特定的征税对象。因此,征税对象是一种税区别于另一种税的主要标志,每一种税名称的由来以及各种税在性质上的差别,也主要取决于不同的征税对象。

征税对象可以从质和量两方面具体化。其质的具体化是征税范围和税目,量的具体化是计税依据和计税单位。

征税范围是指税法规定的征税对象的具体内容范围,是国家征税的界限,凡列入征税范围的都要征税。税目是指税法规定的应征税的具体项目,是征税对象的具体化。税目体现了征税的广度,反映了各税种具体的征税范围。计税依据是指计算应纳税额所依据的标准。一般来说,从价计算的税收以计税金额为计税依据,计税金额是指征税对象的数量乘以计税价格的数额;从量计算的税收以征税对象的重量、容积、体积、面积和数量为计税依据。计税单位的含义有两个:一是指划分征税对象适用税目、税率所依据的标准;二是与计税依据同义。

征税对象与计税依据的关系表现为:征税对象是征税的目的物;计税依据是在目的物已经确定的前提下,对目的物计算税款的依据和标准。征税对象是从质的方面对征税所作的规定;而计税依据是从量的方面对征税所作的规定,是征税对象量的表现。

税源是税款的最终来源、税收负担的最终归宿,税源大小体现纳税人的负担能力。在社会产品价值中,能够成为税源的只能是国民收入分配中形成的各种收入。

征税对象与税源的关系表现为:当某些税种以国民收入分配中形成的各种收入为征税对象时,税源与征税对象一致,如所得税;大多数税的征税对象与税源不一致,如消费税、房产税等。

(四)税率

税率是应征税额占单位征税对象的比例。例如,对某一价值 100 元的商品课税 10 元,税率就是 10 与 100 的比率 10%。税率是税制构成的基本要素之一,属于税收制度的中心环节,是税收制度的核心内容。税率的高低直接关系到国家财政收入的多少和纳税人负担的轻重,关系到国家与各纳税人之间的经济利益。

税率的表示方法有两种:一是用征收多少税额的绝对量表示;二是用征收百分之几的百分比相对量表示。前者适用于从量计征的税种,称为定额税率。它是税率的一种特殊形式,是指按征税对象的一定计量单位规定固定税额,而不是规定征收比例的一种税率制度。具体运用时,又可分为地区差别定额税率、幅度定额税率和分类分级定额税率等形式。后者适用于从价计征的税种,又分为比例税率和累进税率。

比例税率是指对同一征税对象或同一税目,不论数额大小,只规定一个征税百分比的税率。它不因征税对象数额的变化而变化,是一种应用最广、最常见的税率,一般适用于对商品流转额的征税。具体运用时,比例税率可以细分为统一比例税率、行业比例税率、产品比例税率、地方差别比例税率和幅度比例税率等。

累进税率是指税率随着征税对象数额的增大而提高的一种税率制度。将征税对象数额按大小划分成若干等级,对每个等级由低到高规定相应的税率,征税对象数额越大税率越高,征税对象数额越小税率越低。在我国现行税收制度中,只存在超额累进税率和超率累进税率。超额累进税率是指按征税对象的绝对数额划分征税级距,纳税人的征税对象的全部数额中符合不同级距部分的数额,分别按与之相适应的各级距税率计征的一种累进税率。超率累进税率对每个等级部分分别规定相应的税率,分别计算税额,各级税额之和则为应纳税额。一定数量的征税对象可以同时按几个等级的税率计征,当征税对象数额超过某一等级时,仅就超过部分按高一级税率计算税额。

定额税率、比例税率和累进税率是税率的三种基本形式,可称为基本税率。在这三种基本税率下,又派生出其他诸多税率形式,可称为派生税率。

名义税率是税法规定的税率。由于税法中规定的税率因税率制度、计税依据、减税、免税、加成加倍征税等原因,纳税人的实际税率与税法规定的税率不相等,故将税法中规定的税率称为名义税率。

实际税率是衡量纳税人实际负担程度的主要标志,也是研究和制定税收政策的重要依据。实际负担率是纳税人实际缴纳的税额同其实际收入的比率。一般来说,由于减税、免税和税法规定的计税依据小于实际计税依据等原因,名义税率都高于实际税率,实际税率又高于实际负担率。在存在加成加倍征税的情况下,名义税率有可能低于实际税率。名义税率与实际税率差距较大时,不利于税收征管,因此必须注意名义税率、实际税率和实际负担率的差别,依据实际负担率和实际税率来确定名义税率。国家在制定税法时应尽量使名义税率接近实际税率。

平均税率也是一个重要的概念,它在确定和衡量企业税收负担时经常用到。平均税率是全部税额与全部征税对象数额的比率。

边际税率是征税对象数额的增量中税额所占的比例。累进税率中每一级的税率都是所属级次的边际税率。

零税率实际上是免税的一种方式。负税率是指政府利用税收形式对所得额低于某一特定标准的家庭或个人予以补贴的比率。

(五)减免税

减免税是对某些纳税人或征税对象给予鼓励和照顾的一种特殊规定。减税是指对应纳税额少征一部分税款,免税是指对应纳税额全部免征。它们能使税收制度按照因地制宜和因事制宜的原则,更好地贯彻国家的税收政策。减免税是一种特殊的调节手段,必须严格按照税法规定的范围和权限办事,任何单位和部门不得任意扩大范围和超越权限擅自减税、免税。减免税有三种基本形式:

(1)税基式减免税,指通过直接缩小计税依据的方式实现的减税、免税,具体包括起征点、免征额、项目扣除、跨期结转等。起征点是指税法规定的对征税对象开始征税的数额起点,即征税对象数额未达到起征点的不征税,达到或超过起征点的就其全部数额征税。免征额是指税法规定的在征税对象全部数额中免予征税的数额,即不论纳税人收入多少,只对减去一定数额后的余额征税。项目扣除是指征税对象总额先扣除某些项目的金额后,以其余额为计税依据计算应纳税额。跨期结转是指将某些费用及损失向后或向前结转,抵销一部分收益,以缩小税基,实现减免税。

(2)税额式减免税,指通过直接减少应纳税额的方式实现的减税、免税,具体包括全部免征、减半征收、核定减免率以及核定减征税额等。

(3)税率式减免税,指通过直接降低税率的方式实现的减税、免税,具体包括重新确定税率、选用其他税率和规定零税率。

与之相对应,加重纳税人负担的措施有税收附加和税收加成。

(1)税收附加,也称地方附加,是地方政府按照国家规定的比例随同正税一起征收的列入地方预算外收入的一种款项,比如教育费附加。

(2)税收加成,是根据税制规定的税率征税以后,再以应纳税额为依据加征一定成数的税额,加一成相当于加征应纳税额的10%,加征成数一般在一至十成之间,如个人所得税中的劳务报酬所得。

【注意】税收附加往往针对所有纳税人,税收加成则针对某些特定纳税人。

(六)纳税环节

纳税环节是指税法规定的征税对象从生产到消费的流转过程中应当缴纳税款的环节。商品从生产到消费,中间往往要经过许多环节,如工业品要经过工厂生产、商业采购、商业批发和商业零售等环节。具体在哪个环节纳税,关系到税制结构和整个税收体系的布局,可对商品生产、流通产生有利或不利影响,引致物价变化;也关系到税款能否及时、足额地入库,国家财政收入能否得到保证,以及地区间对税款收入的分配;还关系到是否便于纳税人缴纳税款,能否促进企业加强经济核算等。因此,正确确定纳税环节是对商品流转额征税中一个比较特殊又十分重要的问题。

(七)纳税期限

纳税期限是指纳税人发生纳税义务后,向国家缴纳税款的间隔时间。各种税收都需要明确规定缴纳税款的期限,这是由税收的固定性决定的,也是税收收入及时性的体现。纳税期限如何确定呢?首先,应根据国民经济各部门生产经营的特点和不同的征税对象来确定;其次,应根据纳税人缴纳税款的数额多少来确定;最后,应根据纳税义务发生的特殊性和加强税收征管的要求来确定。我国现行税法规定,纳税期限有按年征收、按季征收、按月征收、按天征收和按次征收等多种形式。

(八)纳税地点

纳税地点是指纳税人依据税法规定向征税机关申报纳税的具体地点。它说明纳税人应向哪里的征税机关申报纳税,以及哪里的征税机关有权进行税收管辖的问题。我国税法规定的纳税地点主要是机构所在地、经济活动发生地、财产所在地和报关地等。

(九)罚则

罚则主要是对纳税人违反税法的行为采取的处罚性措施。这种处罚是税制中不可缺少的要素,是税收强制性特征在税收制度上的体现。

(十)附则

附则一般规定与该法紧密相关的内容,如税法的解释权、生效时间等。

二、税收的分类

现代税收是一个由多税种组成的复合税制体系,各税种有其各自的特点,在税制结构中的地位和作用是不同的。主体税种的选择是建立合理税制结构的中心环节,辅助税种的搭配、协调也十分重要,各税种之间存在一定的联系和区别。因而,有必要对各税种进行必要的分类,以建立合理的税制结构。税收一般有以下几种分类方法:

(一)以征税对象为标准的税收分类,可分为流转税、所得税、资源税、财产税和行为税

流转税一般是指对商品的流转额和非商品的营业额征收的那一类税收。流转税是我国现行最大的一类税收,增值税、消费税、关税属于这一类。所得税一般是指对纳税人的各种所得征收的那一类税收,我国现行的企业所得税、个人所得税属于这一类税收。资源税一般是指以自然资源及其级差收入为征税对象的那一类税收,我国现行的资源税、耕地占用税、城镇土地使用税、环境保护税属于这一类。财产税一般是指对属于纳税人所有的财产或支配的财产的数量或价值额征收的那一类税收,我国现行的房产税、契税、车船税属于这一类。行为税一般是指以某些特定行为为征税对象征收的那一类税收,我国现行的印花税、城市维护建设税、车辆购置税属于这一类。

(二)以计税依据为标准的税收分类,可分为从价税和从量税

从价税一般是指以征税对象及其计税依据的价格或金额为标准,按一定比例税率征收的那一类税收。我国现行的增值税、消费税、关税属于这一类。从量税一般是指以征税对象的重量、容积、面积等为标准,采用固定税额计征的那一类税收。我国现行的船舶吨税、车船税属于这一类。

(三)以税收负担是否转嫁为标准的税收分类,可分为直接税和间接税

直接税一般是指税负无法转嫁,而由纳税人直接负担的那一类税收。我国现行的企业所得税、个人所得税、城镇土地使用税、房产税等都属于这一类。间接税一般是指纳税人能够将税负转嫁给

他人负担的那一类税收。我国现行的增值税、消费税、关税属于这一类。

(四)以管理权限为标准的税收分类,可分为中央税和地方税以及中央地方共享税

中央税一般是指由中央政府管理并支配其收入的那一类税收,如消费税、关税和车辆购置税。地方税一般是指由地方政府管理并支配其收入的那一类税收,如房产税、车船税等。中央地方共享税一般是指由中央政府与地方政府共同管理并按一定比例分别支配其收入的那一类税收,如增值税、企业所得税等。

(五)以税收与价格的关系为标准的税收分类,可分为价内税和价外税

价内税一般是指税金作为商品价格的组成部分的那一类税收,如消费税。价外税一般是指税金作为商品价格之外的附加额的那一类税收,如增值税。

(六)其他几种分类标准

以税款缴纳形式为标准,税收可以分为实物税和货币税。实物税一般是指以实物缴纳的那一类税收,货币税是以货币缴纳的那一类税收。以税收用途为标准,税收可以分为一般税(普通税)和目的税(特别税)。一般税是指用于国家一般经费开支,没有专门用途的那一类税收;目的税一般是指具有专门用途的那一类税收,如城市维护建设税。以税款的确定方法为标准,税收可以分为定率税和配赋税。定率税一般是指国家事先在税法中按照征税对象规定税率计征的那一类税收,配赋税一般是指国家采取分摊税款办法征收的那一类税收。

三、税收制度

税收制度是一个国家根据其税收政策、税收原则,结合本国的国情和财政政策需要所制定的各项税收法律、法规及征收管理办法的总称。税收制度就是税收的法律形式,是国家通过立法程序规定的各种税收基本法规和征收制度,属于上层建筑的范畴。广义的税收制度包括税收基本法规、税收管理体制、税收征收管理制度,以及税收计划、会计、统计工作制度等。狭义的税收制度仅指各种税的基本法律制度。税收制度是国家经济制度的重要组成部分,反映社会经济基础的要求。它体现着统治阶级的意志,也必然受社会经济基础的决定和制约。我国现行税收制度形成于1994年的税制改革。2003年10月,从出口退税改革开始,中国新一轮税制改革拉开了序幕。按照党的十六届三中全会的决定,分步实施税收制度改革,遵循"简税制、宽税基、低税率、严征管"的基本原则。2006年全面取消了农业税,2008年实行内外统一的企业所得税,2009年增值税转型改革全面推行,2016年全面实施"营改增"和全面推进资源税改革,2018年开征环境保护税以及修订个人所得税法等。我国的税收制度虽然进行了一些改革,税收制度的内容发生了一些变化,但是作为税制结构的主体并没有改变。

四、税制结构

税制结构是指实行复合税制的国家,在按一定标准进行税种分类的基础上所形成的税种分布格局及各税种相互联系的系统。税制结构的研究范围主要包括主体税种的选择以及主体税与辅助税的配合等问题。税制结构分为单一税制与复合税制。单一税制是指以一种课税对象为基础设置税种所形成的税制。它表现为单一的消费税、单一的土地税、单一的财产税、单一的所得税等较为单纯的税种构成形式。复合税制则是指由各种不同税种组成并相互补充的税收制度。它是由主次搭配、层次分明的多个税种构成的税制体系。在实践中,单一税制由于其自身缺乏弹性,难以发挥税收筹集财政收入和调节经济的作用。只有复合税制才涉及税制结构问题,即税制体系内部税种之间的协调与配合问题,特别是主体税种的选择及主体税种与其他税种的相互关系问题。

税制结构是一国税制体系建设的主体工程,合理地设置各类税种,从而形成一个相互协调、相

互补充的税制体系,是有效发挥税收职能作用的前提,也是充分体现税收公平与效率的有力保证。一国税制结构的形成与发展受该国社会经济条件的制约,不以人的主观意志为转移。在现实社会中,多数国家的税制结构并非经过事前的完整设计或周密计划,其形成与发展往往受到某一发展阶段社会经济体制、生产力发展状况、政府宏观管理水平等因素的影响与制约,同时也受政治上各派势力集团力量对比的左右,是在各种重大历史事件积累的基础上形成与发展的。所以说,一国税制结构的形成与发展绝不像某些热衷于重塑税制模式的税收改革家所想象的那样,只要按照"最优"税制理论,并由此推导出理想的税制模式作为税制改革的目标,就可以取得圆满的结果。事实上,这种做法在实践中因其忽视特定的政策目标及业已存在的具体国情而难以被接受,并可能产生较大的负面影响。因此,研究税制结构的过程就是结合本国具体国情深入分析和研究经济发展规律的过程。

税制结构的主要内容包括:①税种设置,即税种选择、税源确定、税收限额等的安排;②税种关系的协调与安排,即如何协调各种关系,包括主体税种的选择、安排及主体税种与辅助税种的配合等;③税种结构体系的总体选择与安排;④税负结构的选择与安排;⑤征管构成及其优化。

五、现行税制体系

我国现行税制体系由税收实体法和税收程序法构成。

(一)税收实体法

税收实体法是规定税收法律关系主体的权利、义务的法律规范的总称。其主要内容包括纳税主体、征税客体、计税依据、税目、税率、减税、免税等,是国家向纳税人行使征税权和纳税人负担纳税义务的要件。只有具备这些要件时,纳税人才负有纳税义务,国家才能向纳税人征税。税收实体法直接影响国家与纳税人之间权利义务的分配,是税法的核心部分。没有税收实体法,税法体系就不能成立。

经过 1994 年税制的全面改革和 21 世纪以来的税制调整与改革,我国现行税收实体法体系由税收法律、(暂行)条例和税收行政法规构成,包括 18 个税种,12 个税种立法,按其征税对象的性质,大体可分为以下 5 类:

(1)流转税税法。流转税税法包括增值税、消费税、关税、船舶吨税和烟叶税 5 种税的税法,主要是在生产、流通、服务及进出口贸易等方面发挥调节作用。

(2)所得税税法。所得税税法包括企业所得税和个人所得税 2 种税的税法。其主要是在国民收入形成以后,对生产经营者的利润和个人的纯收入发挥调节作用。

(3)资源税税法。资源税税法包括资源税、土地增值税、城镇土地使用税和耕地占用税 4 种税的税法,主要是对因开发和利用自然资源而形成的级差收入发挥调节作用。

(4)财产税税法。财产税税法包括房产税、车船税和契税 3 种税的税法,主要是对某些特定财产发挥调节作用。

(5)行为目的税税法。行为目的税税法包括印花税、车辆购置税、环境保护税和城市维护建设税 4 种税的税法,以及具有税收性质的教育费附加和社会保险费。其主要是对特定对象和特定行为发挥调节作用。

(二)税收程序法

税收程序法是税收实体法的对称,指以国家税收活动中所发生的程序关系为调整对象的税法,是规定国家征税权行使程序和纳税人纳税义务履行程序的法律规范的总称。其内容主要包括税收确定程序、税收征收程序、税收检查程序和税务争议解决程序。税收程序法是指如何具体实施税法的规定,是税法体系的基本组成部分。税收征管法即属于税收程序法。

税收征收管理法律制度包括税收征管法、海关法和进出口税条例等。上述税种中,关税和船舶吨税由海关负责征收管理,并按《中华人民共和国海关法》和《进出口关税条例》等有关规定执行。除此之外,其余各税(费)原则上由税务机关负责征收管理(1996年以后耕地占用税和契税原则上改由税务机关征管),并按《征管法》等有关规定执行。

按照1994年分税制财政管理体制的要求,我国税务机构设置是在中央政府设立国家税务总局,作为税务管理工作的最高职能机构,省级及省级以下的税务机构分设为国家税务局(简称"国税局")和地方税务局(简称"地税局")两个系统,国家税务局主要负责中央税与中央地方共享税的征收管理,地方税务局主要负责地方税的征收管理。根据党的十九届三中全会审议通过的《深化党和国家机构改革方案》,将省级和省级以下国税地税机构合并,具体承担所辖区域内各项税收、非税收入征管等职责,实行以国家税务总局为主与省(自治区、直辖市)政府双重领导管理体制。2018年6月15日,全国36个省级新税务机构统一挂牌。

为提高社会保险资金征管效率,将基本养老保险费、基本医疗保险费、失业保险费等各项社会保险费交由税务部门统一征收。

【提示】国税地税机构合并后,我国税收征收管理机关有税务机关和海关。

【注意】海关负责征收和管理的项目有关税和船舶吨税。海关负责代征进口环节的增值税、消费税。

任务八　税收效应

一、税收效应的概念

税收效应是指由于政府课税而减少了纳税人的经济利益,从而在其经济选择或经济行为方面做出的反应。税收效应分为收入效应和替代效应。在此主要从生产、消费、劳动供给、储蓄与投资等角度来分析税收的收入效应与替代效应。

二、税收效应的表现

税收的效应主要表现为收入效应和替代效应两个方面,各个税种对经济的影响都可以分为这两种,或者说,税收对相关经济变量的影响都可以从这两个方面进行分析,如可以从这两个方面分析课税对纳税人在购买商品、劳动投入以及储蓄和投资等多方面的影响。这里仅以课税对商品购买的影响为例。

(一)收入效应

收入效应对纳税人在商品购买方面的影响,表现为使纳税人的收入水平下降,从而降低商品购买量和消费水平。

下面以图形1—2来说明。图1—2中的水平轴和垂直轴分别计量食品和衣物两种商品的数量。假定纳税人的收入是固定的,而且全部收入用于购买食品和衣物,两种商品的价格也是不变的,则将纳税人购买两种商品的数量组合连成一条直线,即图中 AB 线,此时纳税人对衣物和食品的需要都可以得到满足。纳税人的消费偏好可以由一组无差异曲线来表示;每条曲线表示个人得到同等满足程度下在两种商品之间选择不同组合的轨迹。由于边际效应随数量递减,无差异曲线呈下凹状;AB 线与无数的无差异曲线相遇,但只与其中一条相切,即图中的 I_1,切点为 P_1;在这一切点上,纳税人以其限定的收入购买两种商品所得到的效用或满足程度最大,即用于衣物的支出为 P_1 与轴线的垂直距离乘以衣物的价格,用于食品的支出为 P_1 与轴线的水平距离乘以食品价格。

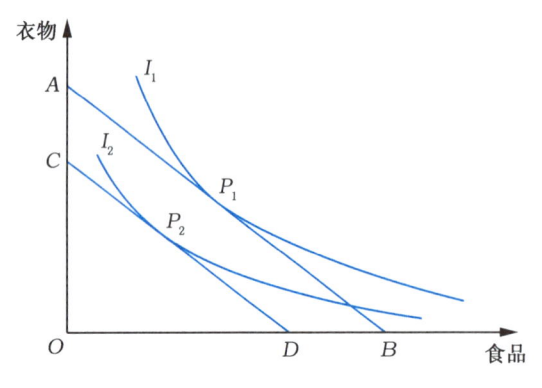

图 1－2　收入效应举例图形说明

若政府决定对纳税人课征一次性税收(如个人所得税),税款相当于 AC 乘以衣物价格或 BD 乘以食品价格,那么,该纳税人购买两种商品的组合线由 AB 移至 CD。CD 与另一条无差异曲线 I_2 相切,切点为 P_2;在这一切点上,纳税人以其税后收入购买两种商品所得到的效用或满足程度最大,即用于衣物的支出为 P_2 与轴线的垂直距离乘以衣物价格,用于食品的支出为 P_2 与轴线的水平距离乘以食品价格。

由以上分析可以看出,由于政府课征一次性税收而使纳税人在购买商品的最佳选择点由 P_1 移至 P_2,这说明在政府课税后对纳税人的影响,表现为因收入水平下降从而减少商品购买量或降低消费水平,而不改变购买两种商品的数量组合。

(二)替代效应

替代效应对纳税人在商品购买方面的影响表现为,当政府对不同的商品实行征税或不征税、重税或轻税的区别对待时,会影响商品的相对价格,使纳税人减少征税或重税商品的购买量而增加无税或轻税商品的购买量,即以无税或轻税商品替代征税或重税商品。

以图 1－3 来说明。仍假定政府不征税或征税前纳税人购买两种商品的组合线为 AB,最佳选择点仍为 P_1。现假定只对食品征税,税款为 BE 乘以食品价格,对衣物不征税。在这种情况下,该纳税人则会减少食品的购买量,对购买两种商品的组合线便由 AB 移至 AE,与其相切的无差异曲线则为 I_3,切点为 P_3。在这一切点上,纳税人以税后收入购买商品所得效用或满足程度最大,即用于衣物的支出为 P_3 与轴线的垂直距离乘以衣物价格,用于食品的支出为 P_3 与轴线的水平距离乘以食品价格。

由此可见,由于政府对食品征税而对衣物不征税,改变了纳税人购买商品的选择,其最佳点由 P_1 移至 P_3,这意味着纳税人减少了食品的购买量,相对增加衣物的购买量,从而改变了购买两种商品的数量组合,也使消费者的满足程度下降。

(三)税收"中性"

税收是一种分配方式,从而也是一种资源配置方式。国家征税是将社会资源从纳税人转向政府部门,在这个转移过程中,除了会给纳税人造成相当于纳税税款的负担以外,还可能对纳税人或社会带来超额负担。所谓超额负担,主要表现为两个方面:①国家征税一方面减少纳税人支出,同时增加政府部门支出,若因征税而导致纳税人的经济利益损失大于因征税而增加的社会经济效益,则发生在资源配置方面的超额负担;②由于征税改变了商品的相对价格,对纳税人的消费和生产行

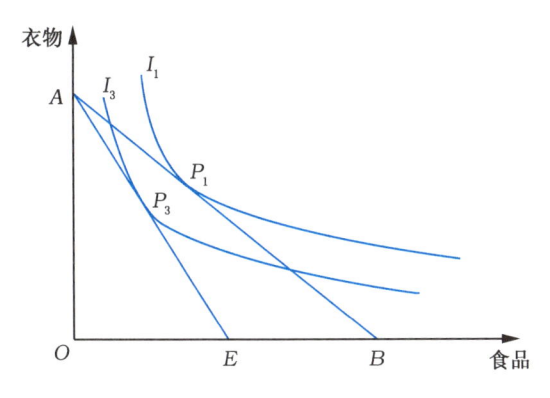

图 1-3　替代效应举例图形说明

为产生不良影响,则发生在经济运行方面的超额负担。

税收中性就是针对税收的超额负担提出的。税收理论认为,税收的超额负担会降低税收的效率,而减少税收的超额负担从而提高税收效率的重要途径,在于尽可能保持税收的中性原则。所谓税收中性,包含两种含义:一是国家征税使社会所付出的代价以税款为限,尽可能不给纳税人或社会带来其他的额外损失或负担;二是国家征税应避免对市场经济正常运行的干扰,特别是不能使税收超越市场机制而成为资源配置的决定因素。

【注意】上面关于税收效应的分析已经说明,只要国家征税就必然对商品购买、劳动投入以及储蓄和投资等诸多方面产生不同程度的影响,在现实生活中保持完全税收中性是不可能的。

三、税收与劳动供给

(一)税收与劳动力供给曲线

在讨论既定税制对劳动力供给的影响之前,我们先讨论税收对劳动力供给曲线的影响。为了便于分析,我们假定:①个人的劳动时间可以变化;②工资率是唯一的,劳动力供给有完全弹性;③所得税按比例税率课征,政府支出对劳动力没有影响。在这些假定之下,劳动力的供给曲线有两种表现形式。在图 1-4 中,劳动力供给曲线 S 向右上方斜倾,它表示在其他条件相同的情况下,与各个不同的工资率水平相对应的最大工作量,即劳动力供给与工资率成正比,劳动时数随工资的增加而提高。如果在征税前工资水平为 w_1,决定相应的劳动供给为 L_1。在征收比例所得税的情况下,实际工资率降为 $(1-t)w_1$,劳动时数减为 L_2。在这种情况下,表明政府征税减少了劳动力供给。

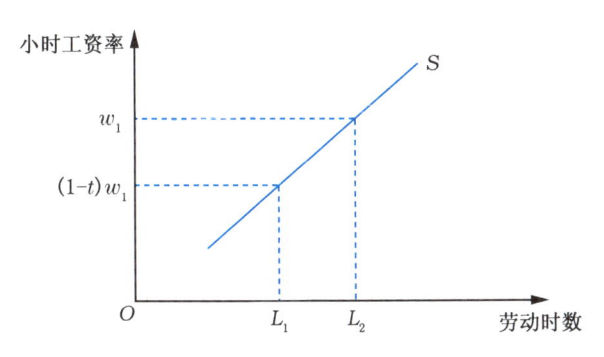

图 1-4　政府征税减少劳动力供给

在图 1-5 中，劳动力供给曲线为一条向后弯曲的曲线，它表明如果工资率提高，人们会减少劳动时间。从图中来看，劳动力供给在开始阶段随着工资水平的增加而递增，但在工资水平达到一定程度，人们对工资收入的需要不那么迫切时，劳动力供给开始趋于减少。在劳动力供给曲线向后弯曲的情况下，政府对工资收入水平征收所得税会导致工资水平从 w_1 下降到 w_2，即 $(1-t)w_1$，这样，劳动者的劳动时间从 L_1 增加到 L_2，这表明税收促进了劳动力供给的增加。

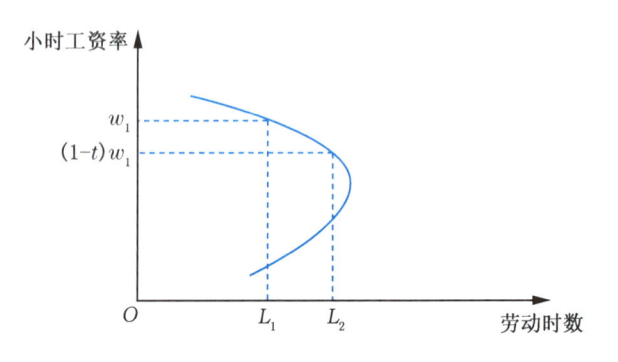

图 1-5 政府征税促进劳动供给增加

(二)税收对劳动与闲暇选择的影响

经济学理论认为，个人福利水平的提高不仅体现在劳动所获得的收入上，也体现在闲暇所获得的精神享受上。因此，在经济学的分析中，通常是把闲暇当作一种商品，而且是一种优质商品。人们所拥有的时间可分为两部分用途：劳动和闲暇。劳动与闲暇之间存在着交换关系。工资率可以认为是劳动的价格，也是闲暇的价格，它意味着人们为了获得 1 小时的闲暇而放弃的收入或者说是所愿意付出的货币价值。研究税收对劳动供给的影响实际上是分析税收如何影响个人在工作与闲暇之间的选择。

为了便于分析，我们可以设立一个简单的模型。在图 1-6 中，OA 是个人所能拥有的最大的时间量，如果不用于闲暇则用于工作，其中任何一点都同时表示闲暇时数和劳动时数。它也是闲暇的最大时数，如果闲暇时数为 OA，则意味着收入为零。AB 为预算约束线，其斜率为小时工资率 w。个人对闲暇与劳动的偏好用无差异曲线 I 表示，I_1 与 AB 相交的 E_1 点决定了其选择 OL_1 用于闲暇，L_1A 用于劳动，收入为 OD。现假定政府征收税率为 t 的比例所得税。征税后，小时工资率从 w 减至 $(1-t)w$，这意味着消费 1 小时的闲暇所放弃的收入为 $(1-t)w$，也就是说，税收使闲暇的相对价格降低了，从 w 降为 $(1-t)w$。这时，个人的预算约束线会从 AB 向内旋转到 AC，其斜率为 $(1-t)w$。AC 较之 AB 较为平缓。由于税收，个人的劳动—闲暇选择必须进行重新调整，在图(a)中，调整后的均衡点为 E_2，在 E_2，个人的闲暇时数为 OL_2，劳动时数为 L_2A，税后收入为 OF。征税使他们的劳动供给从 L_1A 减到 L_2A，减少时数为 L_1L_2。结论为征税减少了劳动供给。但是，假如人们的劳动—闲暇的偏好不同，结论可能相反。如图(b)表示的那样，一个人的税前与税后预算约束线与图(a)相同，税前的劳动时数也相同，但征税后，个人对劳动—闲暇的选择不一样。在图(b)中，征税后，个人选择的无差异曲线为 I_3，与预算约束线的交点为 E_3。这时，个人的闲暇时数为 OL_3，劳动时数为 L_3A。显然，税后的劳动时数增加了。在这里，征税促进了劳动供给的增加。

闲暇选择产生了两种不同的效应。①税收的收入效应。税收在劳动力供给方面的收入效应是指由于征税直接减少了个人的可支配收入，从而使纳税人减少闲暇及其他商品的消费。减少闲暇的消费则意味着增加劳动时间，或者说，为了维持原有的收入水平和生活水平，而比过去更努力地工作，从而增加劳动力投入。②税收的替代效应。税收对劳动供给的替代效应是指征税会降低闲

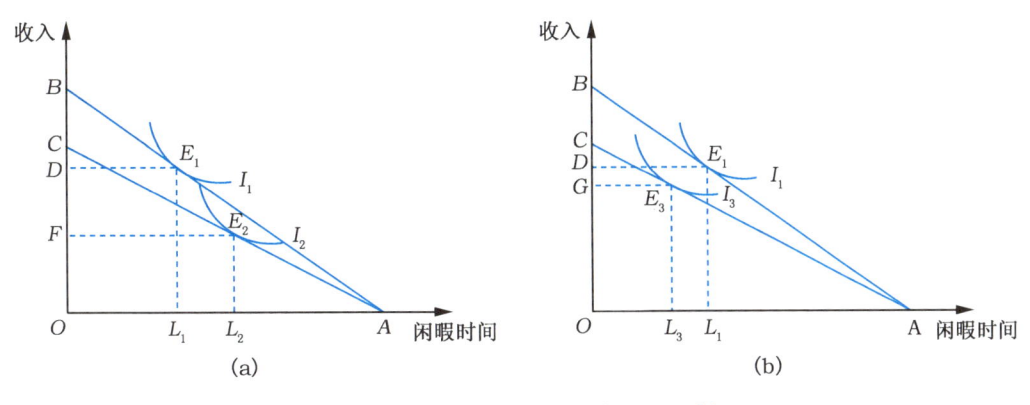

图 1-6　比例所得税下的劳动—闲暇选择

暇相对于劳动的价格,使纳税人在劳动与闲暇之间的选择发生变化,以闲暇代替劳动,造成劳动力供给的下降。税收的这种替代效应对劳动力供给有一种扭曲作用。

(三)不同所得税对劳动供给的效应比较

实际上,不同税种对劳动供给的效应是有所不同的。图 1-7 为比例所得税和一次总额课税在劳动供给方面的效应。

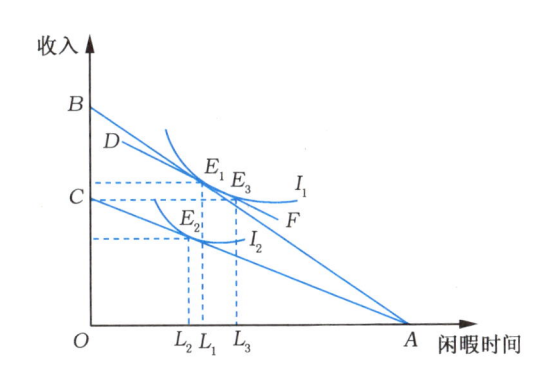

图 1-7　总额课税和比例所得税对劳动供给的效应比较

在图 1-7 中,AB 为税前预算线,I_1 为税前无差异曲线,AC、I_2 为征收比例所得税下纳税人的税后预算约束线和无差异曲线。纳税人选择的闲暇和劳动时间分别为 OL_2 和 L_2A。在一次总额课税的情况下,纳税人的预算约束线向内平行移动至 DF,这是因为一次总额课税按固定税额征收,不随收入额的增减而变动,所以,收入与闲暇之间的置换关系即预算约束线的斜率不会改变。假定一次总额课税的税额与课征比例所得税额相同。那么,DF 必定要经过 E_2,且其斜率大于比例所得税制度下的斜率 $(1-t)w$,纳税人可达到的最高无差异曲线为 I_3。由 L_3 与 DF 的相切点决定了纳税人的闲暇时效为 OL_3,劳动时数为 L_3A。同比例所得税制相比较,L_3A 大于 L_2A,两者之间的差额为 L_3L_2。由此可见,总额课税比比例所得税更能刺激劳动供给的增加。其原因就在于一次总额课税只具有收入效应,不具有替代效应,因而它不会妨碍劳动与闲暇之间的相对价格。因此,它对劳动供给的妨碍效应较小。

(四)影响个人劳动供给决策的其他因素

上述分析表明,一个人的劳动供给决策取决于两个方面的因素:预算约束线的位置及个人的劳动—闲暇无差异曲线。影响这两个方面的变量也是影响一个人劳动供给决策的变量。除了上面的分析，影响个人预算约束线和劳动—闲暇无差异曲线的变量还有以下几个方面：

1. 税后工资率的变动

在前面的分析中，是假定税前税后工资率不变。但实际上，由于所得税必然要影响社会劳动供给的总量，因此也必然会影响市场的工资率，而变化了的工资率最终要影响劳动力市场的供给。图1—8为工资率变化对税收在劳动供给方面的影响。

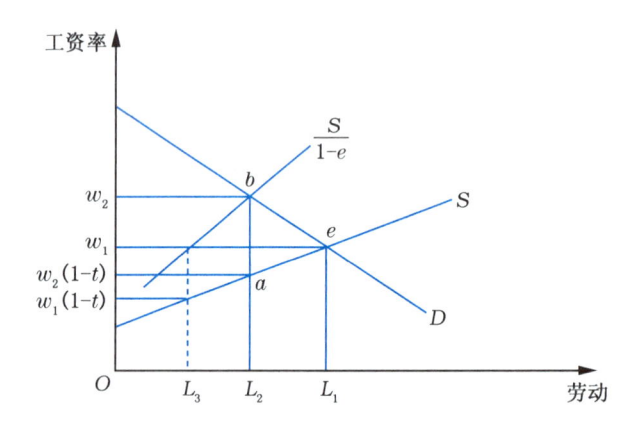

图1—8 工资率变化对税收在劳动供给方面的影响

在图1—8中，假定资本价格不变，供给曲线 S 是在替代效应大于收入效应的情况下劳动供给曲线的总和，由个人的无差异曲线导出。D 为各企业在不同的工资率下愿意购买劳动的总和。现对毛工资 w 按 t 的税率征收所得税，则劳动者的税后净工资为 $w_1(1-t)$，供给曲线 S 反映各种净工资水平上的劳动供给量，但需求曲线是就毛工资率而言的，为使两条曲线具有可比性，要把供给曲线还原为按毛工资率表示。把 S 按 $1/(1-t)$ 比例上移，$S/(1-t)$ 为在税前毛工资率下的劳动供给量，均衡点为 b，毛工资率为 w_2，净工资率为 $w_2(1-t)$。劳动供给从 L_1 减至 L_2。而如果工资率不变，仍为 w_1，则劳动供给减至 L_3。由此可见，工资率的可变性减缓了税收对劳动供给的总体影响。

2. 非劳动收入的征税问题

非劳动收入如股息、利息、转移性收入等是影响预算约束线的另一重要因素。在上述的分析中，是假定个人只有劳动收入，而在现实生活中，个人除了劳动收入外，还有非劳动收入来源。在存在非劳动收入的情况下，个人的预算约束线及劳动供给的变化如图1—9所示。

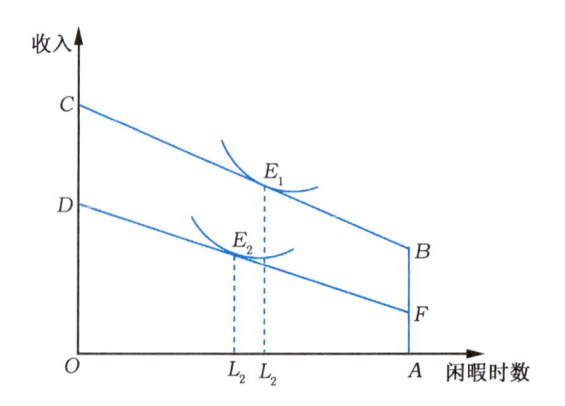

图1—9 存在非劳动收入情况下，税收对劳动供给的影响

在图1—9中，个人税前预算约束线为 ABC，其中 AB 为税前资本所得。在按比例税率 t 对劳

动所得和资本所得征税时,预算约束线变为 AFD,其中 $AF=AB(1-t)$,DF 的斜率为 $w(1-t)$。新的无差异曲线与新的预算约束线相切于 E_2,决定劳动供给量从 L_1A 增加至 L_2A,增加量为 L_2L_1。由此可以看出,非劳动收入的存在倾向于鼓励个人减少供给劳动。但对非劳动收入征税,则会产生收入效应,引致劳动供给增加。

四、税收与储蓄

(一)所得税对储蓄的影响

个人所得税对家庭储蓄行为的影响,是通过对个人可支配收入和税后收益率的影响来实现的。在这里,以简单的生命周期模型为基础,分析税收对生命周期动机的储蓄效应。假定一个人的一生分为两个时期,第一时期为工作期,个人在这一时期得到的收入为 Y,消费为 C_1;第二时期为退休期,在该时期,个人用第一时期的储蓄来维持消费,并假定第一时期的储蓄在第二时期全部消费掉,储蓄的利息率为 r,则第二时期的消费 C_2 等于个人在第一时期的储蓄加上这笔储蓄所带来的收益,即 $S_1(1+r)$。由此,个人一生的预算约束条件式为:

$$Y=C_1+S_1$$

由 $C_2=S_1(1+r)$ 得 $S_1=C_2/(1+r)$,则:

$$Y=C_1+S_1=C_1+[C_2/(1+r)]$$

式中,$C_2/(1+r)$ 为第二时期消费 C_2 在第一时期的现值,$1/(1+r)$ 为现值系数,也是第二时期消费的价格。个人在第一时期和第二时期消费的关系可从图1-10看出。

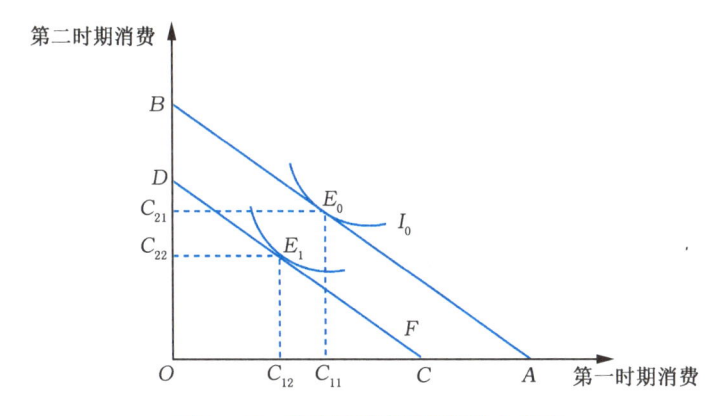

图1-10 税收对家庭储蓄的收入效应

在图1-10中,AB 表示个人的税前预算线,其斜率为 $(1+r)$,它表示个人在第一时期放弃1元的消费可换来第二时期 $(1+r)$ 元的消费,OA 表示个人第一时期工作的全部收入用于第一时期消费的消费量,OB 表示个人第一时期收入全部用于第二时期消费的消费量。无差异曲线与 AB 相切于 E,E 点表示第一时期和第二时期的消费效用达到最大时的均衡点。

现假定政府征收税率为 t 的比例所得税——一个人取得收入后征收一道所得税,在收入进行储蓄后再征一道所得税。征税后,个人在消费—储蓄方面的变化可以从以下两个阶段来考察:

第一阶段,对个人在第一时期的工资收入按 t 的比例征收所得税,直接减少了个人的可支配收入,但不影响利息率水平,所以,不改变第一时期和第二时期消费的相对价格关系。在图1-10中,预算约束线从 AB 移至 CD 而不改变其斜率,新的预算约束线与较低的无差异曲线 I_1 在 E_1 点相切,决定了第一时期的消费从 C_{11} 减少到 C_{12},第二时期的消费也从 C_{21} 降到 C_{22}。这种变动反映的是所得税对储蓄的收入效应,由于个人可支配收入的减少,使得个人消费和储蓄同时下降。

然而,这种效应在理论上并不能得到充分证实。这里是假定个人对消费时间的偏好在税后不变,无差异曲线平行下移。但是,税后个人的可支配收入减少后,个人对消费时间的选择可能会发生变化,出现两种不同的选择:或是为了保持当期消费水平而减少储蓄,或是为了保证未来的消费水平不下降而增加储蓄,减少当期消费,如图1—11所示。

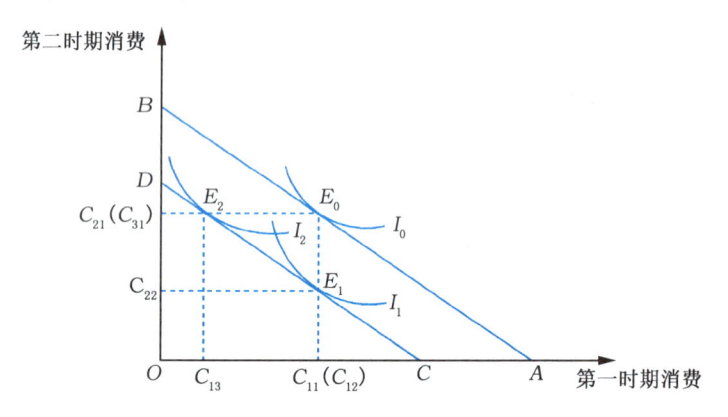

图1—11　征税后,个人消费—储蓄偏好变化所产生的效应

在图1—11中,如果税后无差异曲线下移至I_1,与预算约束线相切于E_1,则本期消费不变,仍保持在C_{11},而未来消费则下降为C_{22},意味着储蓄减少。如果税后无差异曲线下移至I_2,则与预算约束线相切于E_2,所决定的本期消费减少至C_{13},意味着个人更多地考虑保证未来的一定消费水平而增加储蓄。在这里,表明了征税引起个人可支配收入减少后,储蓄如何变化关键在于个人对消费—储蓄的偏好。

第二阶段,政府对利息所得征税。对利息的征税可以纳入一般所得税的税基中开征,也可以单独设置税种征税。征税后的效应可以从两个方面来看:首先,对利息征税后,纳税人未来税后收入来源减少,必然影响纳税人对第一时期消费或第二时期消费的需求,总的效用水平降低,产生税收的收入效应。其次,对利息课税后,储蓄的名义利率水平仍为r,但实际利率水平降为$r(1-t)$,实际利率水平变化后,第二时期消费的现值系数变为$1/[1+r(1-t)]$,这意味着第一时期消费和第二时期消费的相对价格发生变化,第二时期消费价格因征税而上升,第一时期消费的价格相对下降。第二时期消费价格上升后,会降低储蓄对纳税人的吸引力,人们更倾向于增加现在的消费,即增加当前消费在总支出中的比重,从而降低储蓄,产生税收的替代效应。税收这两个方面的效应可以用图1—12来说明。

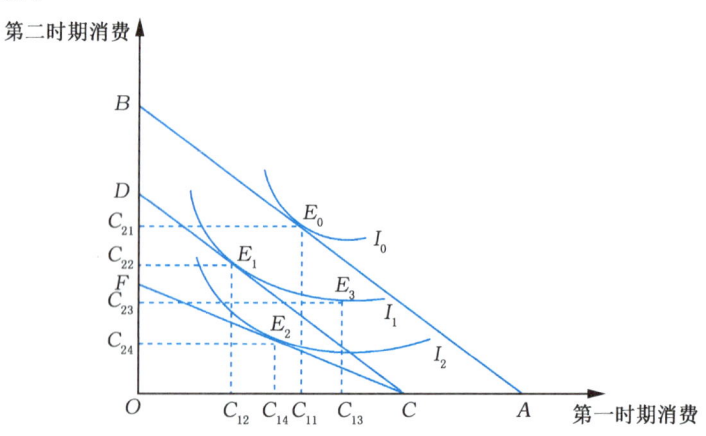

图1—12　征税后,个人消费—储蓄偏好变化所产生的效应

征税后，第二时期消费的价格上升，使预算约束线的斜率发生变化，从 CD 向内旋转为 CF，新的预算约束斜率为 $1+r(1-t)$。征税后，纳税人可支配收入减少，总的效用水平下降。假定纳税人原有的消费—储蓄偏好不变，无差异曲线从 I_1 平行下移至 I_2，与新的预算约束线相切于 E_2，决定税后第一时期消费为 C_{14}，第二时期消费为 C_{24}。按消费与储蓄关系，储蓄等于第一时期收入与第一时期消费之差，则图中所反映的是第一时期消费从 C_{12} 增加至 C_{14}，第一时期消费的增加意味着储蓄的减少，税前储蓄为 $C_{12}C$，税后储蓄为 $C_{14}C$，$C_{14}C$ 小于 $C_{12}C$，利息所得税的开征减少了储蓄，减少额相当于 $C_{12}C_{14}$ 的距离。其中，替代效应和收入效应的分析与上节税收对劳动供给的替代效应和收入效应相同。但是，正如前面所分析的，这个结论并不是一般的规律。税收对储蓄行为的影响并不确定，减少或增加储蓄取决于无差异曲线的曲率，即纳税人对消费—储蓄偏好的选择。纳税人的消费—储蓄偏好不同，无差异曲线曲率不同，所以 E_2 点也可能是在原均衡点 E_1 的左边。如果是这样，则意味着纳税人为保证任一既定的未来消费被迫维持一定的储蓄而大大地减少前期消费，甚至增加储蓄。

由此看来，个人消费—储蓄偏好在税收产生效应过程中起很大作用，而个人消费—储蓄偏好在不同的收入家庭之间有很大不同，所以税收对不同收入家庭的储蓄效应也不同。一般而言，高收入家庭的边际储蓄倾向相对较高。因此，利息所得税的征收，对高收入家庭的储蓄抑制作用要高于低收入家庭。此外，这里分析的假定是比例所得税，在累进税制情况下，税收的收入效应取决于平均税率，替代效应取决于边际税率，税收的累进程度越高，对家庭储蓄的抑制作用越大。因此，降低税收的累进程度有利于动员家庭储蓄。但是，从总的税收政策目标来考虑，这样做不利于收入的公平分配，决策时还须进行全面权衡。

(二)消费税对储蓄的影响

消费税的税基是家庭收入中用于消费支出的部分，对于收入中不用于消费的部分则不征税。因此，就对家庭储蓄的影响而言，对消费支出的征税比所得税更有利于家庭储蓄的增长。因为所得税的课税对象是个人的全部收入，而不论这种收入是否用于支出，因而它具有明显的重复征税的性质。当纳税人取得收入后，缴纳一次所得税，在取得储蓄利息后，又征一次税。而消费支出税就不存在这个问题，它只是在收入用于支出时方征税，对储蓄利息不征税。在这种情况下，显然，储蓄的报酬率比所得税条件下要高。假定，所得税实行比例税率，税率为 t，消费支出税与所得税相同，且当年收入不支出，全部用于储蓄，则两种税制下纳税人的税后收入分别为：

$$Y_1=Y(1-t)+Y(1-t)r(1-t)$$
$$=Y(1-t)[1+r(1-t)]$$
$$Y_2=Y(1+r)(1-t)$$

Y_1 为所得税制下的税后收入，Y_2 为消费支出税下的税后收入。由于 $(1-t)<1$，显然 $[1+r(1-t)]<(1+r)$，所以，$Y_1<Y_2$。

(三)税收对储蓄效应的综合评价

税收在一定程度上可以影响储蓄行为，但总的来说，税收的这一作用不可高估。

第一，影响储蓄的最根本因素在于收入，而不是税收。无论如何，储蓄总是等于收入减去消费后的余额。从理论的发展来看，解释家庭储蓄的理论有凯恩斯的绝对假说、杜森贝利的相对收入假说、弗里德曼的永久性收入假说以及卡尔多的阶级储蓄假说。无论是哪一种理论，都是把收入视为决定储蓄行为的主要因素。

第二，储蓄与人们对未来收入和未来需要的不确定性有密切联系。人们对未来预期不同，税收对储蓄的作用也不同。从人们进行储蓄的动机来看，有的是为了未来特定目标而进行储蓄，如退休、受教育等，而有的是为了不测事件而进行的储蓄。如果没有未来的不确定性，人们也许不会储蓄，正是对未来的收入和需求存在不确定性，人们才需要储蓄，如为了退休后的生活或失业而进行的储蓄。人们储蓄的目的是保障，这时如果对储蓄利息征税，会提高这种保障的价格，就会促使人们在当前减少消费，增加储蓄，以获取对未来的一定保障。但如果人们预期未来的收入会提高，而没有什么不确定性，或者这种不确定性已得到确定的保障，如政府已经建立了完善的社会保障机制，人们已通过缴费或缴纳社会保险费的方式得到了保障，开征利息所得税，他们就会减少储蓄，增加当前消费。

第三，家庭储蓄只是社会储蓄的一个部分，对一个经济社会来说，最重要的变量是社会储蓄。如果政府在对私人储蓄征税的同时，增加政府税收收入，那么，即使私人储蓄下降，社会储蓄也可以上升或保持不变，所以，在评价一项税收政策对家庭储蓄的影响时，要综合考虑社会储蓄总量的变动。

五、税收与私人投资

私人部门投资是指企业和个人为了获得一定的收益而进行的购买行为。按购买内容可分为实物投资和金融投资，前者是指为扩大生产能力而进行的设备和建筑物的购置安装活动；后者则是指购买各种有价证券的行为。由于实物资产投资作为资本形成的先决条件，对经济增长有重大影响作用，下面从讨论税收对实物资产投资的影响入手，进而讨论税收对不同投资组合及资产价格的影响。

（一）税收对实物投资的影响

1. 税收对实物投资影响的基本模型

经济学理论认为，企业的投资决策受许多因素的影响，但最终取决于每一新增投资的边际报酬率，而税收必然影响这一报酬率，从而影响企业愿意进行的投资总量。根据乔根森的新古典投资模型，在某一特定阶段，企业将不断地积累资本直至最后一单位投资所致的收入量（资本边际收入）刚好等于其运用资本的全部经济成本（资本的使用成本）。其中，资本的使用成本通常是指企业拥有一笔实物资产所产生的全部机会成本，包括利息成本、折旧成本、因特别税收条款而产生的税款的节省额等。如果通货膨胀率为零，利息成本是指边际投资的融资成本或者是企业把一笔货币资本用于实物投资而未借出所导致的利息损失。折旧是企业购入实物资产的磨损价值。假定企业投资的资本品价格为 q，市场利息率为 i，资产的年经济折旧率为 d，税前的投资报酬率为 r，按乔根森新古典模型，企业会把投资推进到资本资产的边际报酬率刚好等于拥有这些资产的机会成本为止。因此，在税前有：

$$qr = q(i+d)$$
$$r = i+d$$

那么，对企业征收企业所得税就会从两个方面影响企业的投资决策。一方面，对企业的投资收益征税，若税率为 t，税后的投资报酬为 $(1-t)$。企业进行投资真正关心的是投资的税后净收益，对企业的投资所得征税，投资的边际报酬率下降，会对企业的投资产生抑制效应。另一方面，由于公司所得税往往规定允许对某些资本成本项目的扣除，这些在税前的扣除减少了企业的应税所得，企业从中得到一定的税款节省，这实际上降低了资本的使用成本，鼓励企业投资的增长。

2. 刺激投资的税收政策

在各国的企业所得税制度中，刺激投资的税收措施大部分集中在加速折旧制度和投资税收抵免。除了加速折旧和投资税收抵免外，各国还规定了很多其他鼓励投资的措施，如投资补贴、免税期和亏损结转等。

3. 税收政策的预期问题

企业在进行投资决策时,特别是长期投资决策时,要综合考虑税收制度和政策的变动。由于这种政策预期综合因素的作用,使税收对企业投资的影响变得很难精确估算。

(二)税收对资产组合的影响

一般来说,风险与收益呈正比,高风险必然要求有高的收益率,以弥补承担的风险,此即所谓的风险溢价。人们进行投资决策,实际上是在不同的风险或收益的投资之间按其对风险和收益的偏好进行选择。那么,税收如何影响这些选择呢?

假定只有两种资产供投资者选择:一种是安全资产,其风险系数为零,但收益率也为零;另一种是风险资产,这种资产有较大风险,但收益为正数。投资者可以按其对风险和收益的偏好来选择两种资产的不同组合。现假定政府对资产投资的收益征税。对投资收益的征税如何影响人们的投资组合是个不确定的问题,它与税制的规定有直接的关系。如果税制规定不允许投资者用亏损冲减收益,对无风险资产而言,由于其收益为零,所以,征税对其没有影响。对于风险资产,由于投资收益为正数,所以,风险资产的净收益在税后下降,从而降低风险资产对投资者的吸引力。在这种税制下,有利于人们对"安全资产"的投资,而不利于风险投资。实际经济生活中,完全无风险而收益为零的资产是一种极端,大多数资产都或多或少存在一定的投资风险或损失的机会成本。因此,在有风险的资产中,税收有利于风险较小的投资,而不利于风险较大的投资。

(三)税收对资产价格的影响

各国的税制对不同的经济活动规定了许多不同的优惠待遇,包括完全免税(如一些国家对国家发行的债券或地方政府发行的市政债券)、部分免税(如大多数国家的资本资产)、税收抵免、允许按比资产的经济价值下降更快的速度进行的税收扣除(如加速折旧、研究开发成本的即期支出、广告支出等)、应税所得允许按比资产的经济价值增长更慢的时间确认(如大多数价值增值的资产)等。一般来说,在竞争的市场中,如果两种资产产生相同的税前现金流量,但一种资产在征税时比另一种资产更优惠,投资者会出价要求持有税收优惠资产的权利,税收优惠资产的市场价格上升。由此,税收优惠资产的税前报酬率相对于无税收优惠资产的税前报酬率将下降,低于无税收优惠资产的税前报酬率。

在上面的分析假定中,我们是把投资的风险问题暂时撇开了。但实际上,由于税收的不同的待遇,对投资的税前风险溢价也是有影响的。假定有两种资产支付相同的税前现金流量,其中一种资产是免税的,并被赋予了价格,它的预期报酬率每年都是 10.5%,再假定免税资产的无风险利率为 7%,完全应税的资产的无风险利率为 10%,那么,这种免税资产的风险溢价应是 3.5%(即 10.5%~7%),投资者需要这种风险溢价来补偿其投资风险,如果没有这种溢价,投资者将会选择无风险投资。

任务九　最适课税理论

一、最适课税理论的基石

最适课税理论是研究如何以最经济合理的方法征收某些大宗税款的理论。站在税制结构的角度而言,即以怎样的方式、方法对应税行为和结果的合理征税。

构成最适课税理论的基石包括三个方面:第一,个人偏好、技术(一般可获得连续规模效益)和市场结构(通常是完全竞争的)要明确地表现出来。第二,政府必须通过一套管理费用低廉的、有限的税收工具体系来筹措既定的收入。其中,纳税义务与其经济决策无关的一次总付税一般不予考虑,而且在对经济做出某些假定的情况下,税收工具的任何选择都将与个人的消费情况相关。第三,在多人模型中,以效用的社会福利函数(对个人的效用水平进行加总,用来测定社会福利)作为标准函数,计算出各种结果,据此在有限的税收工具体系中选择最适税制。

二、最适课税理论的主要内容

最适课税理论的观点主要体现在直接税与间接税的搭配理论、最适商品课税理论和最适所得课税理论上。

(一)直接税与间接税搭配理论

1. 直接税与间接税应当是相互补充的而非相互替代

许多经济学家从不同角度分析了直接税和间接税的优劣,虽然众说纷纭,但一般认为所得税是一种良税,而间接税在资源配置效率方面是所得税不能取代的。因此,最适课税理论认为,无论是直接税还是间接税都有其存在必然性。

2. 税制模式的选择取决于政府的政策目标

在复合税制下,是以所得税还是以商品税作为主体税种影响到税收制度的总体功能。一般而言,所得税有利于实现公平分配目标,商品税有利于实现经济效率目标。如果政府的政策目标以公平分配为主,就应选择以所得税为主体税种的税制模式;如果政府的政策目标以经济效率为主,就应选择以商品税为主体税种的税制模式。因此,一国的税收制度实行哪种税制模式,取决于公平与效率目标的权衡。

(二)最适商品课税理论

1. 逆弹性命题

这是指在最适商品课税体系中,当各种商品的需求相互独立时,对各种商品课征的各自的税率必须与该商品自身的价格弹性成反比例。这种课税思想早在1927年由英国经济学家F. P. 拉姆斯在一篇题为"对税收理论的贡献"的文章中提出,所以逆弹性命题也称为拉姆斯法则。逆弹性命题的含义表明,一种商品的需求弹性越大,课税的潜在扭曲性就越大。因此,最适课税理论要求,对弹性相对小的商品课以相对高的税率;对弹性相对大的商品课以相对低的税率。这样会使总体超额负担最小化,是最适税制。不难看出,逆弹性命题具有局限性,违背税收的公平原则。因此,后人在此基础上对拉姆斯法则进行了发展。

2. 最适课税理论要求开征扭曲性税收

由于政府在大多数情况下不能获得完全的信息,并且征税能力有限,所以,按拉姆斯法则课征商品税不能保证生产高效率,还必须课征其他扭曲性商品税。同时,如果要求商品税具有一定的累进性,具备一定的再分配功能,需要以下两个前提条件:一是要有一套差别税率;二是对必需品适用低税率或免税,对奢侈品适用高税率。

(三)最适所得课税理论

1. 所得税的边际税率不能过高

在政府目标是使社会福利函数最大化的前提下,社会完全可以采用较低累进程度的所得税来实现收入再分配,过高的边际税率不仅会导致效率损失,而且对公平分配目标的实现也无益。边际税率越高,替代效应越大,超额负担也越大,经济效率损失越大。同时,由于最低收入阶层所获得的免税额或补助额是不变的,高边际税率仅仅能限制高收入者的收入水平,而无助于低收入者的福利水平的提高。

2. 最适所得税率应当呈倒"U"形

从社会公平与效率的总体角度来看,中等收入者的边际税率可适当高些,而低收入者和高收入者应适用相对较低的税率,拥有最高所得的个人适用的边际税率甚至应当是零。这一结论是基于这样的判断：在同样的效率损失情况下，政府通过提高中等收入者的边际税率，从较为富裕者那里取得更多的收入，而通过降低最高和最低收入者的边际税率，增加这一群体的福利，从而既能实现帕累托改进，又能促进收入公平分配。

任务十 国际税收

一、国际税收的概念及特点

（一）国际税收的概念

国际税收，是指涉及两个或两个以上国家的财税利益的税收活动。它反映着各自国家政府对跨国纳税人行使征税权利而形成的国家之间的税收分配关系。

（二）国际税收与国家税收、涉外税收的联系和区别

国际税收作为一种税收活动，在总体上也体现税收的一般性质，但同时又具有自身的特殊性，这种特殊性在与国家税收尤其是国家税收中的涉外税收进行比较中可以得到充分体现。

1. 国际税收与国家税收

国际税收与国家税收存在着必然的联系，但又有明显的区别。国际税收以国家税收为基础，不能脱离国家税收而独立存在，二者都是凭借国家政治权力进行的一种分配行为。但国际税收又不同于国家税收，主要表现在：①国际税收反映的是国家之间的税收分配关系；而国家税收反映的是国家与其纳税人之间的税收分配关系，这种纳税行为表现为一个国家内部的事务。②国际税收所遵循的"法律"不同于各个国家的税收法律。因为世界上并不存在国家之外的政治权力，所以严格来讲也就不存在一种超越各国法律之上的国际税收法律。③国际税收制度也不像各国的国内税收制度那样具有独立的税种、纳税人和课税对象。

2. 国际税收与涉外税收

国际税收与各国的涉外税收部分有着密不可分的联系。可以说，各个国家的涉外税收制度的理论与实务是国际税收这门学科形成的基础，国际税收既是各国涉外税收在国际关系上的反映，又是各国涉外税收的延伸和扩展。同时，国际税收在协调各国涉外税制方面所形成的国际惯例和税收协定等法律规范，已成为各国制定和完善其涉外税收制度的一般准则。但国际税收与涉外税收也有明显的区别，主要是立足点不同。国际税收主要立足于国际，要处理的问题主要是国家与国家间的税收分配关系；而一国的涉外税收则立足于国内，主要是处理本国政府的对外征税问题，体现的是该国的对外经济关系，对别国税收制度不起法律约束作用。

二、税收管辖权与国际重复征税

税收管辖权是国际税收的基本范畴。国际税收上的许多问题，尤其是国际重复征税问题，直接或间接地都与税收管辖权有关。

（一）税收管辖权

税收管辖权，是国家在税法领域中的主权，是一国政府在征税方面所行使的管理权力及其范围。

税收管辖权具有独立性和排他性，它意味着一个国家在税收方面行使权力的完全自主性，在处理本国税收事务时不受外来干涉。因此，税收管辖权是国家主权的有机组成部分，受到国家政治权

力所能达到范围的制约。一个主权国家的政治权力所能达到的范围包括两个方面,其一是本国疆域,其二是本国公民或居民,从而形成行使税收管辖权的两个基本原则,即属地原则和属人原则。据此确立的税收管辖权,可划分为以下三种类型:

(1)地域管辖权,又称收入来源地管辖权,即国家对来源于该国境内的全部所得以及存在于本国领土范围内的财产行使征税权力,而不考虑取得所得收入者和财产所有者是否为该国的居民或公民。

(2)居民管辖权,又称居住管辖权,即国家对该国居民(包括自然人和法人)的世界范围的所得和财产行使征税权力,而不考虑该纳税居民的所得是来源于国内还是国外。

(3)公民或国籍管辖权,即国家对具有本国国籍的公民在世界范围的全部所得和财产行使征税权力,而不考虑该公民是否为本国居民。

(二)国际重复征税

国际重复征税是指两个或两个以上的国家,在同一时期内,对参与国际活动的同一纳税人或不同纳税人的同一征税对象或税源征收相同或类似的税收。

1. 国际重复征税产生的原因

国际重复征税主要是由于国际经济领域中各国的税收管辖权重叠行使造成的。税收管辖权的重叠方式主要有以下三种:①居民税收管辖权与地域税收管辖权的重叠;②公民税收管辖权与地域税收管辖权的重叠;③居民管辖权与公民管辖权的重叠。

国际重复征税的消极影响是显而易见的:一是重复征税违反了税收公平负担的原则,因为它使拥有跨国所得的跨国纳税人比取得相同所得的国内纳税人多负担税收。二是重复征税从微观角度看,由于不合理地加大了纳税人的税收负担,从而加大了其投资成本和风险,削弱了纳税人在国际竞争中的地位;从宏观角度看,阻碍了国际资金、技术、商品、人才等的自由流动,不利于经济合作与发展。

2. 国际重复征税的免除方法

目前,免除国际重复征税的途径有两种选择:一是限定税收管辖权,采取一致的居民身份或所得来源地的判定标准,从而避免对同一纳税人同一课税对象的征税权的交叉;二是不限定税收管辖权,但承认其中一种税收管辖权的优先地位。世界各国一般都采取后一种途径,即当不同国家居民管辖权与地域管辖权相互重叠时,实行居民管辖权的国家承认所得来源国的优先征税地位,并在行使本国征税权的过程中采取某种方法减轻或免除国际重复征税。

三、国际税收协定

(一)国际税收协定的概念及分类

1. 国际税收协定的概念

所谓国际税收协定,是指两个或两个以上的主权国家,为了协调相互间的税收分配关系和处理税务方面的问题,通过谈判所签订的书面协议。

2. 国际税收协定的分类

按税收协定涉及的主体划分,国际税收协定可分为双边协定和多边协定。前者是在两个国家之间缔结的;后者则是超过两个以上国家缔结的。按照税收协定涉及的内容范围划分,国际税收协定又可分为一般税收协定和特定税收协定。前者是指广泛涉及缔约国之间各种税收关系的协定,主要包括有关各种所得税和财产税的国际税收问题;后者是指缔约国之间对某一特定税种和某一单项税收问题所签订的协定。

(二)国际税收协定的主要内容

国际税收协定作为避免或减除国际重复征税的重要工具和协调、规范国家之间税收关系的有效方式,是伴随着国家之间经济交往和合作的拓展逐渐发展而来的。一般来说,国际税收协定应包括以下三项内容:①免除双重征税问题,包括明确所得含义、协调缔约国之间的税收管辖权以及确定免除双重征税的方法等;②保证税收无差别待遇,主要是确认缔约国一方的跨国纳税人,在另一国所负担的税收和有关条件,不能与该国本国纳税人在相同情况下的税负和有关条件有所差别;③消除和减少国际逃税。

应知考核

一、单项选择题

1. 公元前594年,鲁国实行的(　　)改革,标志着中国的税收已经从雏形阶段进入成熟时期。
   A. 贡助长彻　　　B. 商鞅变法　　　C. 初税亩　　　D. 关市之赋

2. 税收具有什么职能,是由(　　)决定的。
   A. 税收体制　　　B. 税收本质　　　C. 社会的性质　　　D. 财政分配的性质

3. 现代西方税收原则为(　　)。
   A. 效率、公平、稳定　　　　　　B. 文明、公平、稳定
   C. 效率、公平、法治　　　　　　D. 效率、公平、经济

4. 我国古代夏、商、周朝先后出现的三种强制课税形式是(　　)。
   A. 贡、助、彻　　B. 助、贡、彻　　C. 贡、彻、助　　D. 助、彻、贡

5. (　　)强调国家权力和政府职能的意义,税收必须强制课征,纳税是人民应尽的义务。
   A. 牺牲说　　　B. 掠夺说　　　C. 交换说　　　D. 义务说

二、多项选择题

1. 一般认为,下列税种属于直接税的有(　　)。
   A. 房产税　　　B. 增值税　　　C. 消费税　　　D. 企业所得税

2. 下列税种属于我国中央税的有(　　)。
   A. 关税　　　B. 增值税　　　C. 消费税　　　D. 企业所得税

3. 下列属于特定目的税类的税种是(　　)。
   A. 土地增值税　　　　　　B. 城镇土地使用税
   C. 城市维护建设税　　　　D. 耕地占用税

4. 亚当·斯密的税收原则包括(　　)。
   A. 平等　　　B. 确定　　　C. 便利　　　D. 节约

5. 瓦格纳提出的税收原则包括(　　)。
   A. 财政收入　　B. 国民经济　　C. 社会公平　　D. 税务行政

三、判断题

1. 进入自由贡献阶段,是税收从不成熟形态走向成熟形态的标志。　　　　　　　(　　)

2. 税收是政府取得财政收入的基本形式。（   ）
3. 任何一个经济活动主体都有义务将一部分收入缴纳给政府。（   ）
4. 纳税义务人必须依法纳税，否则要受到法律制裁，体现了税收的规范性特征。（   ）
5. 加重纳税人负担的措施有税收附加和税收加成。（   ）

四、简述题

1. 简述税收的概念和特征。
2. 简述税收的职能和作用。
3. 简述中西方的税收原则。
4. 简述税收负担与税负转嫁。
5. 简述税制要素的构成内容。

应会考核

■ 观念应用

千奇百怪的税收

单身税：1820年，在美国的密苏里州，为了鼓励结婚，该州规定：21岁到50岁的未婚男子每年需缴纳1美元的"单身税"。这也就意味着，长期居住在这里的单身人士最多要比已婚邻居多花30美元。

胡须税：在俄国彼得大帝时期，俄国男子普遍蓄留长胡须，并以此为美。彼得大帝则对此极为反感，认为胡须是一种多余的无用的装饰，不利于清洁，于是征收胡须税以禁止留胡须。此外，法国、英国等国在历史上也曾开征过胡须税。

窗口税：古希腊规定，凡是朝着大街和向外打开的窗户，户主都要缴纳相应的窗口税。无独有偶，1697年，英国威廉三世在位期间，政府通过制定《解决削边钱币不足法案》（Act of Making Good the Deficiency of the Clipped Money）也开征窗口税。窗口税尤其给当时的中产阶级造成很大负担，使之相当不受欢迎，更有舆论认为，此举无异于向阳光和空气征税。不少人为了减轻负担，索性将一些窗户封起，因此时至今日，英国到处仍可见到一些窗户被封起的历史建筑。该税种直至1851年才被废止。

新娘税：阿拉伯联合酋长国的男子结婚，往往要准备巨额彩礼，致使很多人望而却步，只好将视线转向外国女子。该国发现这一苗头后，立即出台一条新规定，凡是娶外国女子为妻的男子，必须向政府缴纳一笔外国新娘税。

【考核要求】
请分析上述的几种税收体现了税收制度的哪个要素。

■ 技能应用

应纳税额的学与用

假设某纳税人某月取得的应税收入为500元，税法规定的起征点为300元，税率为10％，则应纳税额是多少？若税法规定免征额为300元，其应纳税额又是多少？

【技能要求】
请试着计算应纳税额为多少。

■ 案例分析

税收与国家

崇祯十二年(1639年)春,明朝在全国范围内加派730万两白银,作为练兵费用,称作练饷。这是崇祯即位之后的第四次大规模加税,全国人民的纳税总额至此几乎翻了一番。但是,一晃练饷征了五年,原来企图解决的问题不但没有解决,反而加重了。崇祯十七年,一位叫光时亨的给事中(近似总统办公室负责监察工作的秘书)给皇上写了份奏疏。他认为,加征练饷的政策是祸国殃民的政策,应该追究倡议者的责任。按照规矩,这份奏疏先由内阁大学士过目,替皇上草拟一份处理意见,再交皇上最后定夺。于是内阁大学士蒋德璟就替皇上草拟了一段话,大意是以前的小人倡议征收练饷,搜刮百姓,导致人民贫穷,种下了祸根……皇上看到这段话很不高兴,这练饷明明是他拍板征收的,于是为自己辩护道:朕不是聚敛,只想练兵。

蒋德璟回家后便给皇上写了一份奏疏,进一步解释自己的思想。奏疏的大意是:现在地方官以各种名义征税,追讨拷打闹得百姓困苦,百姓遇到叛贼反而欢迎,甚至叛贼没有到就先去欢迎了,因此要追究倡议练饷者的责任。但是,蒋德璟这样做很冒昧,随后引咎辞职。

崇祯容许蒋德璟辞了官,不久又取消了练饷。清朝的史学家赵翼推测崇祯罢练饷的心理,说了一句很简明的话:"盖帝亦知民穷财尽,困于催科,益起而为盗贼,故罢之也。"

可以想象一个U形山谷,从侧面看,崇祯领着官府的大队人马一路压将下去,挤压出更多的钱粮和兵员,镇压各地的叛乱,并且取得了一些成绩。不过越往后越费劲,最后他"撞"到了谷底。这时候,他的努力却造成了完全相反的后果。沉重的赋税压垮了农民,逼出了更多的造反者。崇祯和明朝就是被这个U形弯"勒死"的,这个U形弯被称为"崇祯死弯"。

【分析要求】

通过"崇祯死弯",我们可以看出税收与国家稳定之间存在什么关系?

▼ 项目实训

【实训项目】

理解税收

【实训情境】

党的二十大报告中相关涉税内容

材料一:加快构建新发展格局,着力推动高质量发展。健全现代预算制度,优化税制结构,完善财政转移支付体系。

材料二:增进民生福祉,提高人民生活品质。加大税收、社会保障、转移支付等调节力度;完善个人所得税制度,规范收入分配秩序,规范财富积累机制,保护合法收入,调节过高收入,取缔非法收入。

材料三:推动绿色发展,促进人与自然和谐共生。完善支持绿色发展的财税、金融、投资、价格政策和标准体系,发展绿色低碳产业,健全资源环境要素市场化配置体系,加快节能降碳先进技术研发和推广应用,倡导绿色消费,推动形成绿色低碳的生产方式和生活方式。

【实训任务】

1. 根据材料一、二、三,请结合税收知识分析税收在人类社会经济生活中的作用。
2. 撰写《理解税收》实训报告。

《理解税收》实训报告					
项目实训班级：		项目小组：		项目组成员：	
实训时间：　年　月　日		实训地点：		实训成绩：	
实训目的：				
实训步骤：				
实训结果：				
实训感言：				

第二篇

实务跟进

项目二　流转税——增值税

- **知识目标**

  理解：增值税的概念、特点；出口货物退（免）增值税的税务处理。
  熟知：增值税的分类；增值税的税收优惠；增值税的征收管理。
  掌握：增值税的征税范围；增值税纳税人；增值税的税率；增值税的计算。

- **技能目标**

  掌握增值税一般计税方法的计算原理及应纳税额计算、简易计税方法的计算原理及应纳税额的计算、进口货物和扣缴义务人增值税应纳税额的计算、出口货物退（免）增值税的税务处理。

- **素质目标**

  运用所学的增值税基本原理知识研究相关案例，培养和提高学生在特定业务情境中分析问题与决策设计的能力；结合行业规范或标准，运用增值税知识分析行为的善恶，强化学生的职业道德素质。

- **思政目标**

  能够正确地理解"不忘初心"的核心要义和精神实质；树立正确的世界观、人生观和价值观，做到学思用贯通、知信行统一；通过增值税知识培养职业情感，强化职业认知，转变观念，提升职业理念和素质，实现职业工作效率与效果的结合；尊重劳动、尊重知识、尊重人才、尊重创造。

- **项目引例**

虚报增值税为企业"增肥"

钱某现年58岁，系宁波××工贸有限公司原法定代表人。该公司主要经营不锈钢制品，但业务一直不景气。根据有关规定，年营业额不满500万元的企业就要取消一般纳税人资格，不能再用增值税专用发票了。

钱某唯恐被取消资格后生意更加难做，2021年4月，钱某碰到丁某（已判刑）说起此事。对方则说此事好解决，可以给他们公司"增增肥"。于是，从2021年4月到2022年5月间，钱某在无货物交易的情况下,从丁某所开的××贸易公司处虚开增值税专用发票87份,价税500余万元。此后,他又以自己公司的名义向其他数家小公司虚开增值税专用发票43份。

检察机关认为,宁波××工贸有限公司在2022年11月已被工商部门吊销营业执照,因此不再追究刑事责任。而钱某系法定代表人属直接负责的主管人员,其行为已构成虚开增值税专用发票罪。

请问:什么是增值税?增值税纳税义务人是如何判定的?

● 知识精讲

任务一　增值税概述

一、增值税的概念

(一)基本概念

增值税是世界上普遍适用的一个税种,它始于1954年的法国,20世纪60年代为西欧各国纷纷采纳,20世纪70年代在拉丁美洲风靡一时并影响一部分亚洲国家,20世纪80年代以来其实施范围已遍布世界各大洲。美国耶鲁大学教授托马斯·S.亚当斯以及担任政府顾问的德国商人威尔海姆·万·西蒙斯博士,就曾经提出过增值税的设想。1954年,担任法国税务总局局长助理的莫里斯·洛雷积极推动增值税制度的制定与实施,并取得成功,被誉为"增值税之父"。

增值税法是调整增值税征纳关系的法律规范的总称。我国现行增值税法主要是2017年11月19日国务院令第691号发布的《中华人民共和国增值税暂行条例》(以下简称《增值税暂行条例》)和2016年3月财政部、国家税务总局发布的《关于全面推开营业税改征增值税试点的通知》以及2008年12月财政部、国家税务总局令第50号《增值税暂行条例实施细则》。

增值税是指以纳税人销售或进口货物、提供应税劳务和服务、转让无形资产和销售不动产的增值额为课税对象所征收的一种间接税,是我国现行商品劳务税中最主要的一个流转税税种。

【提示】增值税是我国现阶段税收收入规模最大的税种。

(二)增值额的理解

1. 理论增值额

从理论上讲,增值额是企业在生产经营过程中新创造的那部分价值,即货物或劳务价值中的 $V+M$ 部分,可从以下两个方面理解:

(1)从一个生产经营单位来看,增值额是指该单位销售货物或提供劳务的收入额扣除为生产经营这种货物(包括劳务,下同)而外购的那部分货物价款后的余额。

(2)从一项货物来看,增值额是该货物经历的生产和流通的各个环节所创造的增值额之和,也即该货物的最终销售价格。表2—1列示的是一件成衣从布料生产到最终实现销售各环节增值额与其销售收入额的关系。

表2—1　　　　　　　　各环节增值额与商品销售收入额的关系　　　　　　　　单位:元

生产经营环节	销售收入	增值额
坯布生产	300	300－0＝300
成衣生产	700	700－300＝400
成衣批发	900	900－700＝200
成衣零售	1 000	1 000－900＝100
合　计		1 000

由表2-1分析可知,就某一货物而言,其增值额等于货物进入最终消费时的销售价格。

2. 法定增值额

由于理论增值额的计算并无实际可操作性,实行增值税的国家据以计征增值税的增值额都是法定增值额。法定增值额是指各国政府根据各自政策需要通过法律规定的增值额。法定增值额可能与理论增值额在数量上不完全一致,造成两者不一致的原因是各国在规定扣除范围时,对外购固定资产的处理方法不同。一般来说,各国在确定征税的增值额时,对外购的流动资产价款都允许从货物总价值中扣除;而对外购的固定资产既有可以扣除的,也有不允许扣除的,允许扣除的,扣除情况也不完全一样。

假定某企业报告期货物销售额为78万元,从外单位购入的原材料等流动资产价款为24万元,购入机器设备等固定资产价款为40万元,当期计入成本的折旧费为5万元。根据上述条件计算该企业的理论增值额及不同国别增值税制度下的法定增值额(见表2-2)。

表2-2　　　　　　　　　　　不同国别的法定增值额　　　　　　　　　　　单位:万元

国别	货物销售额	允许扣除的流动资产价款	允许扣除的固定资产价款	法定增值额	法定增值额与理论增值额的差额
甲国	78	24	0	54	+5
乙国	78	24	5	49	0
丙国	78	24	40	14	-35

实行增值税的国家都要在本国税制中规定法定增值额,其主要原因有:①使用增值税的开征为政府的经济政策和财政政策服务;②保证增值税计算的一致性,使增值税税负更加公平合理。

(三)增值税一般不直接以增值额为计税依据

从上面对增值额的分析可以看出,理论增值额仅仅是对增值税本质的一种理论抽象,对计算增值税并没有实际意义,因此各国都是根据法定增值额计算增值税。采取法定增值额确定增值税计税依据时,是采取从销售总额的应纳税款中扣除外购项目已纳税款的税款抵扣方法。

二、增值税的特点

(一)保持税收中性

增值税的税收中性表现在两个方面:一是应税商品在任何一个流转环节上的负担,不受商品流转环节多少的影响;二是增值税对绝大多数商品和劳务采用同一比例税率,实行等比负担,其税收的干预、诱导能力大大减弱,有利于发挥市场机制的作用。

(二)实施普遍征收

2016年5月1日我国全面推开"营改增"试点后,增值税实现了全行业覆盖,增值税的税基遍及社会经济的各个部门、各行业和各企业。

(三)消费者来承担

增值税后一阶段的纳税人总是前一阶段纳税人已缴税款的负担者,商品和服务的购买者总是销售者已纳税款的归宿。当税负随商品流转到最终销售环节时,消费者便成为增值税的最终归宿。

(四)税款抵扣制度

实行税款抵扣制度即凭发票注明税款进行抵扣。销货企业在开具的专用发票上,不仅要注明价款,而且要注明税款,这样对进货企业来说,进项税款是发票上注明的而非自己计算的,因此会大幅减轻纳税人的工作量,而且抵扣税金会更加准确。

(五)价外税的制度

实行价外税制度即税款不包含在销售价格内,将税款和价款明确划分开来,其好处是:①使企业的成本核算、经济效益不受税收影响;②更好地体现增值税的转嫁性质,明确企业只是税款的缴纳者,消费者才是税款的最终负担者;③可以为发票注明税款创造条件。

三、增值税的分类

增值税按对外购固定资产处理方式的不同,可分为生产型增值税、收入型增值税和消费型增值税。

(一)生产型增值税

生产型增值税是指计算增值税时,只允许从当期销项税额中扣除原材料等劳动对象的已纳税款,不允许扣除任何外购固定资产的价款。作为课税数的法定增值额,其除包括纳税人新创造的价值外,还包括当期计入成本的外购固定资产价款部分,即法定增值额相当于当期工资、利息、租金、利润等理论增值额和固定资产折旧之和。从整个国民经济来看,它相当于国民生产总值的统计口径,故称为生产型增值税。此种类型的增值税的法定增值额大于理论增值额。

(二)收入型增值税

收入型增值税是指计算增值税时,对外购固定资产价款只允许扣除当期计入产品价值的折旧费部分,作为课税基数的法定增值额相当于当期工资、利息、租金和利润等各增值项目之和。从整个国民经济来看,它相当于国民收入部分,故称为收入型增值税。此种类型的增值税从理论上讲是一种标准的增值税,其法定增值额等于理论增值额。但由于外购固定资产价款是以计提折旧的方式分期转入产品价值的,不同企业折旧方式不一定一致且转入部分没有逐笔对应的结转凭证,因此给凭发票扣税的计算方法带来了困难,从而影响了这种方法的广泛采用。

(三)消费型增值税

消费型增值税是指计算增值税时,允许将当期购入的固定资产价款一次性全部扣除,作为课税基数的法定增值额相当于纳税人当期全部销售额扣除外购的全部生产资料价款后的余额。从整个国民经济来看,这一课税基数仅限于消费资料价值的部分,故称为消费型增值税。此种类型的增值税在购进固定资产的当期因扣除额大大增加,会减少财政收入。但这种方法是最宜规范凭发票扣税的计算方法,因为凭固定资产的外购发票可以一次性将其已纳税款全部扣除,既便于操作,也便于管理,所以是以上三种类型中最简便、最能体现增值税优越性的一种类型。

三种类型增值税的特点、优缺点和适用范围如表2—3所示。

表2—3　　　　　　　　　三种类型增值税的特点、优缺点和适用范围

类　型	特　点	优　点	缺　点	适用范围
生产型增值税	①法定增值额不允许扣除任何外购固定资产价款 ②法定增值额大于理论增值额	保证财政收入	重复征税,不利于鼓励投资	我国自1994年起至2008年
收入型增值税	①对外购固定资产只允许扣除当期计入产品价值的折旧部分 ②法定增值额等于理论增值额	完全避免重复征税	给以票扣税造成困难	
消费型增值税	①当期购入固定资产价款一次性全部扣除 ②法定增值额小于理论增值额	体现增值税优越性,便于操作	减少财政收入	我国自2009年1月1日起至今

【提示】目前,只有极少数发展中国家实行生产型增值税,极少数拉丁美洲国家实行收入型增值税,90%以上的国家开征的都是消费型增值税。相比较而言,生产型增值税的税基最大,消费型

增值税的税基最小、纳税人的税负最小。我国现行增值税属于消费型增值税。

任务二 增值税的基本法律

一、增值税的征税范围

根据《增值税暂行条例》的规定,增值税是对在我国境内从事销售或者进口货物或者提供加工、修理修配劳务(销售"应税劳务"),销售服务(销售"应税服务"),销售不动产、无形资产的企业单位和个人,就其应税销售行为和进口货物课征的一种流转税。

判别是否征收增值税的要件有:①发生了税法规定的应税销售行为;②应税销售行为发生在境内;③该行为是有偿的(以从受让方取得货币、货物或其他经济利益等代价为条件的销售或转让行为);④销售服务、转让无形资产或不动产都是对他人而言的,不是自我服务。

"在境内"是指:①销售货物的起运地或者所在地在境内;②提供的应税劳务发生在境内;③服务(租赁不动产除外)或者无形资产(自然资源使用权除外)的销售方或者购买方在境内;④所销售或者租赁的不动产在境内;⑤所销售自然资源使用权的自然资源在境内;⑥财政部和国家税务总局规定的其他情形。

(一)基本范围

1. 销售或者进口货物

货物是指有形动产,包括电力、热力、气体在内。销售货物,是指有偿转让货物的所有权。

2. 销售劳务

劳务是指纳税人提供的加工、修理修配劳务。加工是指受托加工货物,即委托方提供原料及主要材料,受托方按照委托方的要求制造货物并收取加工费;修理修配是指受托对损伤和丧失功能的货物进行修复,使其恢复原状和功能的业务。

提供应税劳务,是指有偿提供劳务。单位或者个体工商户聘用的员工为本单位或者雇主提供劳务,不包括在内。

3. 销售服务

服务包括交通运输服务、邮政服务、电信服务、建筑服务、金融服务、现代服务、生活服务。其具体征税范围如下:

(1)交通运输服务。交通运输服务,是指利用运输工具将货物或者旅客送达目的地,使其空间位置得到转移的业务活动。其包括陆路运输服务、水路运输服务、航空运输服务和管道运输服务。

(2)邮政服务。邮政服务,是指中国邮政集团有限公司及其所属邮政企业提供邮件寄递、邮政汇兑和机要通信等邮政基本服务的业务活动。其包括邮政普遍服务、邮政特殊服务和其他邮政服务。

(3)电信服务。电信服务,是指利用有线、无线的电磁系统或者光电系统等各种通信网络资源,提供语音通话服务,传送、发射、接收或者应用图像、短信等电子数据和信息的业务活动。其包括基础电信服务和增值电信服务。

(4)建筑服务。建筑服务,是指各类建筑物、构筑物及其附属设施的建造、修缮、装饰,线路、管道、设备、设施等的安装以及其他工程作业的业务活动。其包括工程服务、安装服务、修缮服务、装饰服务和其他建筑服务。

(5)金融服务。金融服务,是指经营金融保险的业务活动。其包括贷款服务、直接收费金融服务、保险服务和金融商品转让。"保本收益、报酬、资金占用费、补偿金",是指合同中明确承诺到期本金可全部收回的投资收益。金融商品持有期间(含到期)取得的非保本的上述收益,不属于利息或利息性质的收入,不征收增值税。

(6)现代服务。现代服务,是指围绕制造业、文化产业、现代物流产业等提供技术性、知识性服务的业务活动,包括研发和技术服务、信息技术服务、文化创意服务、物流辅助服务、租赁服务、鉴证咨询服务、广播影视服务、商务辅助服务和其他现代服务。

(7)生活服务。生活服务,是指为满足城乡居民日常生活需求而提供的各类服务活动,包括文化体育服务、教育医疗服务、旅游娱乐服务、餐饮住宿服务、居民日常服务和其他生活服务。提供餐饮服务的纳税人销售的外卖食品,按照"餐饮服务"缴纳增值税。

4. 销售无形资产

无形资产,是指不具实物形态,但能带来经济利益的资产,包括技术、商标、著作权、商誉、自然资源使用权和其他权益性无形资产。

销售无形资产,是指转让无形资产所有权或者使用权的业务活动。

5. 销售不动产

不动产,是指不能移动或者移动后会引起性质、形状改变的财产,包括建筑物、构筑物等。建筑物,包括住宅、商业营业用房、办公楼等可供居住、工作或者进行其他活动的建造物;构筑物,包括道路、桥梁、隧道、水坝等建造物。

转让建筑物有限产权或者永久使用权,转让在建的建筑物或者构筑物所有权,以及在转让建筑物或者构筑物时一并转让其所占土地的使用权的,按照销售不动产缴纳增值税。

销售不动产,是指转让不动产所有权的业务活动。

(二)不征收增值税的项目

销售服务、无形资产或者不动产,是指有偿提供服务、有偿转让无形资产或者不动产,但属于下列非经营活动的情形除外:①行政单位收取的政府性基金或者行政事业性收费;②单位或者个体工商户聘用的员工为本单位或者雇主提供取得工资的服务;③单位或者个体工商户为聘用的员工提供服务;④根据国家指令无偿提供的铁路运输服务、航空运输服务;⑤存款利息;⑥被保险人获得的保险赔付;⑦房地产主管部门或者其指定机构、公积金管理中心、开发企业以及物业管理单位代收的住宅专项维修资金;⑧纳税人取得的中央财政补贴;⑨增值税纳税人收取的会员费收入;⑩各燃油电厂从政府财政专户取得的发电补贴不属于增值税规定的价外费用,不计入应税销售额,不征收增值税;⑪财政部和国家税务总局规定的其他情形。

(三)属于征税范围的特殊项目

(1)执法部门和单位按规定程序取得的罚没物品的拍卖收入、变卖收入以及按收兑或收购价所取得的收入作为罚没收入如数上缴财政,不予征税。对经营单位购入拍卖物品再销售的,照章征收增值税。国家指定销售单位将罚没物品纳入正常销售渠道销售的,应照章征收增值税。专管机关或专营企业经营的罚没物品中属于应征增值税的货物,应照章征收增值税。

(2)融资性售后回租业务中,承租方出售资产的行为不属于增值税的征税范围,不征收增值税。

(3)药品生产企业销售自产创新药的销售额,为向购买方收取的全部价款和价外费用。其提供给患者后续免费使用的相同创新药,不属于增值税视同销售范围。

(4)经批准允许从事二手车经销业务的纳税人,收购二手车时将其办理过户登记到自己名下,销售时再将该二手车过户登记到买家名下的行为,按照"销售货物"征收增值税。

(5)纳税人在资产重组过程中,通过合并、分立、出售、置换等方式,将全部或者部分实物资产以及与其相关联的债权、负债和劳动力一并转让给其他单位和个人,不属于增值税的征税范围,其中涉及的货物转让,不征收增值税。

(四)属于征税范围的特殊行为

1. 视同发生销售行为

单位或者个体工商户的下列行为,视同发生应税销售行为:

(1)将货物交付其他单位或者个人代销(代销中的委托方)。

(2)销售代销货物(代销中的受托方)。

(3)设有两个以上机构并实行统一核算的纳税人,将货物从一个机构移送其他机构用于销售,但相关机构设在同一县(市)的除外。

【提示】用于销售,是指售货机构发生以下情形之一的经营行为:向购货方开具发票;向购货方收取货款。

【注意】售货机构的货物移送行为有上述两项之一的,应当向所在地税务机关缴纳增值税;未发生上述两项情形的,则应由总机构统一缴纳增值税。

【提示】如果售货机构只就部分货物向购买方开具发票或收取货款,则应当区别不同情况计算,并分别向总机构所在地或分支机构所在地缴纳税款。

(4)将自产或者委托加工的货物用于非增值税应税项目。

(5)将自产、委托加工的货物用于集体福利或者个人消费。

(6)将自产、委托加工或者购进的货物作为投资,提供给其他单位或者个体工商户。

(7)将自产、委托加工或者购进的货物分配给股东或者投资者。

(8)将自产、委托加工或者购进的货物无偿赠送其他单位或者个人。

(9)单位或者个体工商户向其他单位或者个人无偿提供服务,或单位或者个人向其他单位或者个人无偿转让无形资产或者不动产,但用于公益事业或者以社会公众为对象的除外。

(10)财政部、国家税务总局规定的其他情形。

2. 混合销售行为

一项销售行为如果既涉及服务又涉及货物,称为混合销售。从事货物的生产、批发或者零售的单位和个体工商户(包括以从事货物的生产、批发或者零售为主,并兼营销售服务的单位和个体工商户在内)的混合销售行为,按照销售货物缴纳增值税;其他单位和个体工商户的混合销售行为,按照销售服务缴纳增值税。

界定"混合销售"行为成立的行为标准有两点:①其销售行为必须是一项;②该项行为必须既涉及服务又涉及货物。其中,货物是指增值税法规定的有形动产,包括电力、热力和气体;服务是指属于改征范围的交通运输服务、建筑服务、金融保险服务、邮政服务、电信服务、生活服务等。

在确定混合销售是否成立时,其行为标准中的上述两点必须同时存在。如果一项销售行为只涉及销售服务,不涉及货物,这种行为就不是混合销售行为;反之,如果涉及销售服务和涉及货物的行为不是存在于一项销售行为之中,这种行为也不是混合销售行为。

二、增值税的纳税人

增值税的纳税人是指税法规定负有缴纳增值税义务的单位和个人。在中华人民共和国境内销售货物或者加工修理修配劳务(以下简称"劳务")、服务、无形资产、不动产以及进口货物的单位和个人,为增值税的纳税人。

【提示】单位是指企业、行政单位、事业单位、军事单位、社会团体及其他单位。个人是指个体工商户和其他个人。

对于销售货物、提供加工修理修配劳务或者进口货物的行为,单位租赁或者承包给其他单位或者个人经营的,以承租人或者承包人为纳税人。对于销售服务、无形资产或者不动产的行为,单位以承包、承租、挂靠方式经营的,承包人、承租人、挂靠人(以下统称"承包人")以发包人、出租人、被挂靠人(以下统称"发包人")名义对外经营并由发包人承担相关法律责任的,以该发包人为纳税人;否则,以承包人为纳税人。

【注意】2017年7月1日(含)以后,资管产品运营过程中发生的增值税应税行为,以资管产品管理人为增值税纳税人。

按照经营规模的大小和会计核算健全与否等标准,增值税纳税人可分为一般纳税人和小规模纳税人。

(一)一般纳税人

一般纳税人是指年应征增值税销售额(以下简称"年应税销售额"①)超过税法规定的小规模纳税人标准(自2018年5月1日起,为500万元)的企业和企业性单位。一般纳税人的特点是增值税进项税额可以抵扣销项税额。

纳税人不属于一般纳税人(或者可选择不作为一般纳税人)的情况包括以下几点:①年应税销售额未超过小规模纳税人标准的企业(不属于一般纳税人,但符合一定条件的可以申请成为一般纳税人);②除个体经营者(个体工商户)以外的其他个人(不属于一般纳税人);③非企业性单位、不经常发生增值税应税行为的企业(针对销售货物、加工修理修配劳务的纳税人,年应税销售额超过小规模纳税人标准的,可选择不作为一般纳税人);④不经常发生应税行为的单位和个体工商户(针对销售服务、无形资产或者不动产的纳税人,年应税销售额超过规定标准的,可选择不作为一般纳税人)。

增值税纳税人,年应税销售额超过财政部、国家税务总局规定的小规模纳税人标准的,除税法另有规定外,应当向其机构所在地主管税务机关办理一般纳税人登记。

在税务机关登记的一般纳税人,可按税法规定计算应纳税额,并使用增值税专用发票。对符合一般纳税人条件但不办理一般纳税人登记手续的纳税人,应按销售额依照增值税税率计算应纳税额,不得抵扣进项税额,也不得使用增值税专用发票。

【提示】增值税一般纳税人的特点是,在一般计税方法下,增值税进项税额可以抵扣销项税额(扣税法),并可使用增值税专用发票。

(二)小规模纳税人

小规模纳税人是指年销售额在规定标准以下,并且会计核算不健全,不能按规定报送有关税务资料的增值税纳税人。小规模纳税人的标准如下:①自2018年5月1日起,增值税小规模纳税人标准统一为年应征增值税销售额500万元及以下。②年应税销售额超过小规模纳税人标准的其他个人(指个体工商户以外的个人)按照小规模纳税人纳税。③年应税销售额超过小规模纳税人标准的非企业性单位、不经常发生应税行为的企业可选择按照小规模纳税人纳税(针对销售货物、加工修理修配劳务的纳税人);年应税销售额超过规定标准但不经常发生应税行为的单位和个体工商户可选择按照小规模纳税人纳税(针对销售服务、无形资产或者不动产的纳税人)。

【注意】小规模纳税人会计核算健全,能够提供准确税务资料的,可以向主管税务机关办理一般纳税人资格登记,成为一般纳税人。

除国家税务总局另有规定外,一经登记为一般纳税人后,不得转为小规模纳税人。

【提示】增值税小规模纳税人取得适用3%征收率的应税销售收入享受免税政策的,可以开具免税普通发票,不得开具增值税专用发票。

---

① 年应税销售额,是指纳税人在连续不超过12个月(或4个季度)的经营期内(含未取得销售收入的月份)累计应征增值税销售额,包括纳税申报销售额、稽查查补销售额、纳税评估调整销售额。纳税申报销售额是指纳税人自行申报的全部应征增值税销售额,其中包括免税销售额和税务机关代开发票销售额。

(三)扣缴义务人

中华人民共和国境外(以下简称"境外")的单位或者个人在境内提供应税劳务,在境内未设有经营机构的,以其境内代理人为扣缴义务人;在境内没有代理人的,以购买方为扣缴义务人。

境外的单位或者个人在境内发生应税行为(销售服务、无形资产或不动产),在境内未设有经营机构的,以购买方为增值税扣缴义务人。财政部和国家税务总局另有规定的除外。

上述扣缴义务人按照下列公式计算应扣缴税额:

$$应扣缴税额 = 购买方支付的价款 \div (1 + 税率) \times 税率$$

三、增值税的税率

现行增值税适用税率可分为一般纳税人适用的税率、小规模纳税人适用的征收率、实行简易征税办法的纳税人适用的征收率和出口货物(劳务)适用的零税率。

(一)税率

增值税的税率适用于增值税一般纳税人。增值税适用税率有13%、9%、6%和0四档,如表2—4所示。

表2—4　　　　　　　　　　　　　　　　增值税适用税率

税　率		适用范围
基本税率	13%	(1)销售或进口货物(除低税率适用范围外) (2)加工、修理修配劳务 (3)有形动产租赁服务
低税率	9%	(1)销售或者进口下列货物:①农产品(粮食)、食用植物油、鲜奶;②自来水、暖气、冷气、热水、煤气、石油液化气、天然气、沼气、居民用煤炭制品;③图书、报纸、杂志;④饲料、化肥、农药、农机、农膜;⑤二甲醚、食用盐;⑥国务院规定的其他货物 (2)音像制品、电子出版物 (3)交通运输服务(包括陆路、水路、航空、管道运输) (4)邮政服务(包括邮政普遍服务、邮政特殊服务和其他邮政服务) (5)基础电信服务 (6)建筑服务,包括:①工程服务;②安装服务;③修缮服务;④装饰服务;⑤其他建筑服务 (7)销售不动产 (8)不动产租赁服务 (9)转让土地使用权
	6%	(1)电信增值服务 (2)金融服务,包括:①贷款服务;②直接收费金融服务;③金融商品转让服务 (3)保险服务 (4)生活服务,包括:①文化体育服务;②教育医疗服务;③旅游娱乐服务;④餐饮住宿服务;⑤居民日常服务;⑥其他生活服务 (5)现代服务,包括:①研发和技术服务;②信息技术服务;③文化创意服务;④物流辅助服务;⑤鉴证咨询服务;⑥广播影视服务;⑦商务辅助服务;⑧其他现代服务
零税率	0	(1)出口货物(国务院另有规定的除外) (2)在境内载运旅客或者货物出境 (3)在境外载运旅客或者货物入境 (4)在境外载运旅客或者货物 (5)航天运输服务 (6)向境外单位提供的完全在境外消费的研发服务、设计服务、软件服务、合同能源管理服务、信息系统服务、业务流程管理服务、离岸服务外包业务或电路设计及测试服务 (7)向境外单位提供的完全在境外消费的广播影视节目(作品)的制作和发行服务 (8)向境外单位提供的完全在境外消费的转让技术 (9)财政部和国家税务总局规定的其他服务

【注意】①自2018年5月1日起,对进口抗癌药品,减按3%征收进口环节增值税。②自2018年5月1日起,增值税一般纳税人生产销售和批发、零售抗癌药品,可选择按照简易办法依照3%征收率计算缴纳增值税。

(二)征收率

增值税小规模纳税人以及采用简易计税的一般纳税人计算税款时使用征收率,目前增值税征收率一共有4档:0.5%、1%、3%和5%。小规模纳税人增值税征收率为3%,国务院另有规定的除外。这是小规模纳税人销售货物或者提供应税劳务最常见的一种征收率。

计算公式为:

$$销售额=含税销售额/(1+3\%)$$

$$应纳税额=销售额\times 3\%$$

增值税适用征收率如表2—5所示。

表2—5　　　　　　　　　　　增值税适用征收率

情　形	应税行为	征收率
一般情况下	①小规模纳税人销售货物或者加工、修理修配劳务,销售应税服务(除另有规定外)、无形资产 ②一般纳税人发生按规定适用或者可以选择适用简易计税方法计税的特定应税行为(适用5%征收率的除外)	3%
特定行为	①销售不动产 ②符合条件的经营租赁不动产(土地使用权) ③转让营改增前取得的土地使用权 ④房地产开发企业销售、出租自行开发的房地产老项目 ⑤符合条件的不动产融资租赁 ⑥选择差额纳税的劳务派遣服务、安全保护服务 ⑦一般纳税人提供人力资源外包服务	5%
	①个体工商户和其他个人出租住房;②住房租赁企业向个人出租住房	5%减按1.5%
	①销售旧货*;②小规模纳税人(不含其他个人)以及符合规定情形的一般纳税人销售自己使用过的固定资产,可依3%征收率减按2%征收增值税	3%减按2%

注:* 所称旧货,是指进入二次流通的具有部分使用价值的货物(含旧汽车、旧摩托车和旧游艇),但不包括自己使用过的物品。

【注意】建筑服务、试点前开工的高速公路车辆通行费,适用于3%征收率。

(1)3%征收率减按1%征收。增值税小规模纳税人适用3%征收率的应税销售收入,减按1%征收率征收增值税;适用3%预征率的预缴增值税项目,减按1%预征率预缴增值税。

计算公式为:

$$销售额=含税销售额/(1+1\%)$$

$$应纳税额=销售额\times 1\%$$

(2)3%征收率减按0.5%征收。自2020年5月1日至2023年12月31日,从事二手车经销业务的纳税人(包括一般纳税人和小规模纳税人)销售其收购的二手车,纳税人减按0.5%征收率征收增值税。

计算公式为:

$$销售额=含税销售额/(1+0.5\%)$$

$$应纳税额=销售额\times 0.5\%$$

(3)3%征收率减按2%征收。小规模纳税人(除其他个人外,下同)销售自己使用过的固定资产,减按2%征收率征收增值税。小规模纳税人销售自己使用过的除固定资产以外的物品,应按3%的征收率征收增值税。纳税人销售自己使用过的固定资产,适用简易办法依照3%征收率减按2%征收增值税政策的,可以放弃减税,按照简易办法依照3%征收率缴纳增值税,并可以开具增值税专用发票。

计算公式为:

$$销售额=含税销售额÷(1+3\%)$$
$$应纳税额=销售额×2\%$$

(4)5%征收率。

①销售不动产。小规模纳税人销售其取得(不含自建)的不动产(不含个体工商户销售购买的住房和其他个人销售不动产),应以取得的全部价款和价外费用减去该项不动产购置原价或者取得不动产时的作价后的余额为销售额,按照5%的征收率计算应纳税额。纳税人应按照上述计税方法在不动产所在地预缴税款后,向机构所在地主管税务机关进行纳税申报。小规模纳税人销售其自建的不动产,应以取得的全部价款和价外费用为销售额,按照5%的征收率计算应纳税额。纳税人应按照上述计税方法在不动产所在地预缴税款后,向机构所在地主管税务机关进行纳税申报。

②出租不动产。小规模纳税人出租其取得的不动产(不含个人出租住房),应按照5%的征收率计算应纳税额。纳税人出租与机构所在地不在同一县(市)的不动产,应按照上述计税方法在不动产所在地预缴税款后,向机构所在地主管税务机关进行纳税申报。

③房地产开发企业销售自行开发的房地产项目。房地产开发企业中的小规模纳税人,销售自行开发的房地产项目,按照5%的征收率计税。

④劳务派遣服务及安全保护服务。小规模纳税人提供劳务派遣服务,选择差额纳税的,以取得的全部价款和价外费用,扣除代用工单位支付给劳务派遣员工的工资、福利和为其办理社会保险及住房公积金后的余额为销售额,按照简易计税方法依5%的征收率计算缴纳增值税。向用工单位不得开具增值税专用发票,可以开具普通发票。纳税人提供安全保护服务,比照劳务派遣服务政策执行。

针对以上特定业务,小规模纳税人适用5%的征收率。

计算公式为:

$$销售额=含税销售额/(1+5\%)$$
$$应纳税额=销售额×5\%$$

(5)5%征收率减按1.5%征收。小规模纳税人出租不动产,按照5%的征收率计算应纳税额。涉及个人出租住房的按照以下规定缴纳增值税:①个体工商户出租住房,按照5%的征收率减按1.5%计算应纳税额。②其他个人出租住房,按照5%的征收率减按1.5%计算应纳税额,向不动产所在地主管税务机关申报纳税。

计算公式为:

$$销售额=含税销售额/(1+5\%)$$
$$应纳税额=销售额×1.5\%$$

(三)兼营行为的税率选择

纳税人发生应税销售行为适用不同税率或者征收率的,应当分别核算适用不同税率或者征收率的销售额;未分别核算销售额的,按照以下方法适用税率或者征收率:①兼有不同税率的应税销售行为,从高适用税率;②兼有不同征收率的应税销售行为,从高适用征收率;③兼有不同税率和征收率的应税销售行为,从高适用税率;④纳税人销售活动板房、机器设备、钢结构件等自产货物的同时提供建筑、安装服务,不属于混合销售,应分别核算货物和建筑服务的销售额,分别适用不同的税率或者征收率。

任务三 增值税的税收优惠

一、法定减免税项目

根据《增值税暂行条例》规定,下列行为免征增值税:①农业生产者销售自产农产品。②避孕药品和用具。③古旧图书,是指向社会收购的古书和旧书。④直接用于科学研究、科学试验和教学的进口仪器、设备。⑤外国政府、国际组织无偿援助的进口物资和设备。⑥由残疾人的组织直接进口供残疾人专用的物品。⑦个人(即自然人)销售自己使用过的物品。自己使用过的物品,是指其他个人自己使用过的物品。

二、财政部、国家税务总局规定的其他增值税优惠

(1)资源综合利用产品和劳务。纳税人销售自产的资源综合利用产品和提供资源综合利用劳务,可享受增值税即征即退政策。上述产品和劳务应同时符合以下条件:①属于增值税一般纳税人;②销售综合利用的产品和劳务,不属于发改委规定的禁止类、限制类项目;③销售综合利用的产品和劳务,不属于生态环境部名录中的"高污染、高环境风险"产品或者重污染工艺;④综合利用的资源,属于生态环境部列明的危险废物的,应当取得省级及以上环境保护部门颁发的许可证,且许可经营范围包括该危险废物的利用;⑤纳税信用等级不属于税务机关评定的C级或D级等。

(2)医疗卫生。①非营利性医疗机构自产自用的制剂免税。②营利性医疗机构取得的收入,自执业登记起3年内对自产自用的制剂免税。③疾病控制机构和妇幼保健机构等的服务收入,按国家规定价格取得的卫生服务收入,免税。④血站供应给医疗机构的临床用血免税。供应非临床用血可按简易办法计算应纳税额。

(3)修理修配劳务。飞机修理,增值税实际税负超过6%的部分即征即退。

(4)软件产品。增值税一般纳税人销售其自行开发生产的软件产品,对其增值税实际税负超过3%的部分实行即征即退政策。

(5)对供热企业向居民个人供热而取得的采暖费收入继续免征增值税。

(6)蔬菜流通环节免税政策。①对从事蔬菜批发、零售的纳税人销售的蔬菜免征增值税。各种蔬菜罐头不属于免税范围。②纳税人既销售蔬菜又销售其他增值税应税货物的,应分别核算蔬菜和其他增值税应税货物的销售额;未分别核算的,不得享受蔬菜增值税免税政策。

(7)制种企业。制种企业生产经营模式下生产种子,属于农业生产者销售自产农产品,免征增值税。

三、营业税改征增值税试点过渡政策的规定

1. 免征增值税项目

(1)托儿所、幼儿园提供的保育和教育服务。
(2)养老机构提供的养老服务。
(3)残疾人福利机构提供的育养服务。
(4)婚姻介绍服务。
(5)殡葬服务。
(6)残疾人员本人为社会提供的服务。

(7)医疗机构提供的医疗服务。

(8)从事学历教育的学校提供的教育服务。

【提示】 提供教育服务免征增值税的收入,是指对列入规定招生计划的在籍学生提供学历教育服务取得的收入,具体包括:经有关部门审核批准并按规定标准收取的学费、住宿费、课本费、作业本费、考试报名费收入,以及学校食堂提供餐饮服务取得的伙食费收入。除此之外的收入,包括学校以各种名义收取的赞助费、择校费等,不属于免征增值税的范围。

(9)学生勤工俭学提供的服务。

(10)农业机耕、排灌、病虫害防治、植物保护、农牧保险以及相关技术培训业务,家禽、牲畜、水生动物的配种和疾病防治。

自2020年1月1日起,动物诊疗机构提供的动物疾病预防、诊断、治疗和动物绝育手术等动物诊疗服务,属于"家禽、牲畜、水生动物的配种和疾病防治",免征增值税。动物诊疗机构销售动物食品和用品,提供动物清洁、美容、代理看护等服务,应按照规定缴纳增值税。

(11)纪念馆、博物馆、文化馆、文物保护单位管理机构、美术馆、展览馆、书画院、图书馆在自己的场所提供文化体育服务取得的第一道门票收入。

(12)寺院、宫观、清真寺和教堂举办文化、宗教活动的门票收入。

(13)行政单位之外的其他单位进行的符合《关于全面推开营业税改征增值税试点的通知》第十条规定条件的政府性基金和行政事业性收费。

(14)个人转让著作权。

(15)个人销售自建自用住房。

(16)中国台湾航运公司、航空公司从事海峡两岸海上直航、空中直航业务在大陆取得的运输收入。

(17)纳税人提供的直接或者间接国际货物运输代理服务。

(18)符合规定条件的贷款、债券利息收入。下列利息收入均免征增值税:

①2023年12月31日前,对金融机构向小型企业、微型企业及个体工商户发放小额贷款取得的利息收入,免征增值税。

【提示】 小额贷款,是指单户授信小于100万元(含本数)的农户、小型企业、微型企业或个体工商户贷款;没有授信额度的,是指单户贷款合同金额且贷款余额在100万元(含本数)以下的贷款。

②2018年9月1日至2023年12月31日,对金融机构向小型企业、微型企业和个体工商户发放小额贷款取得的利息收入,免征增值税。上述小额贷款,是指单户授信小于1 000万元(含本数)的小型企业、微型企业或个体工商户贷款;没有授信额度的,是指单户贷款合同金额且贷款余额在1 000万元(含本数)以下的贷款。金融机构可以选择以下两种方法之一适用免税:

对金融机构向小型企业、微型企业和个体工商户发放的,利率水平不高于中国人民银行授权全国银行间同业拆借中心公布的贷款市场报价利率150%(含本数)的单笔小额贷款取得的利息收入,免征增值税;高于中国人民银行授权全国银行间同业拆借中心公布的贷款市场报价利率150%的单笔小额贷款取得的利息收入,按照现行政策规定缴纳增值税。

对金融机构向小型企业、微型企业和个体工商户发放单笔小额贷款取得的利息收入中,不高于该笔贷款按照中国人民银行授权全国银行间同业拆借中心公布的贷款市场报价利率150%(含本数)计算的利息收入部分,免征增值税;超过部分按照现行政策规定缴纳增值税。

【注意】 金融机构可按会计年度在以上两种方法之间选定其一作为该年的免税适用方法,一经选定,该会计年度内不得变更。

自2018年11月30日至2023年11月29日,对经国务院批准对外开放的货物期货品种保税交割业务,暂免征收增值税。

(19)被撤销金融机构以货物、不动产、无形资产、有价证券、票据等财产清偿债务。

(20)保险公司开办的一年期以上人身保险产品取得的保费收入。

(21)符合规定条件的金融商品转让收入。

(22)金融同业往来利息收入。

(23)符合条件的担保机构从事中小企业信用担保或者再担保业务取得的收入(不含信用评级、咨询、培训等收入)3年内免征增值税。

(24)国家商品储备管理单位及其直属企业承担商品储备任务,从中央或者地方财政取得的利息补贴收入和价差补贴收入。

(25)纳税人提供技术转让、技术开发和与之相关的技术咨询、技术服务。

(26)符合规定条件的合同能源管理服务。

(27)政府举办的从事学历教育的高等、中等和初等学校(不含下属单位),举办进修班、培训班取得的全部归该学校所有的收入。

【注意】举办进修班、培训班取得的收入进入该学校下属部门自行开设账户的,不予免征增值税。

(28)政府举办的职业学校设立的主要为在校学生提供实习场所,并由学校出资自办、由学校负责经营管理、经营收入归学校所有的企业,从事《销售服务、无形资产或者不动产注释》中的"现代服务"(不含融资租赁服务、广告服务和其他现代服务)、"生活服务"(不含文化体育服务、其他生活服务和桑拿、氧吧服务)等业务活动取得的收入。

(29)家政服务企业由员工制家政服务员提供家政服务取得的收入。

(30)福利彩票、体育彩票的发行收入。

(31)军队空余房产租赁收入。

(32)为了配合国家住房制度改革,企业、行政事业单位按房改成本价、标准价出售住房取得的收入。

(33)将土地使用权转让给农业生产者用于农业生产。

(34)涉及家庭财产分割的个人无偿转让不动产、土地使用权。

(35)土地所有者出让土地使用权和土地使用者将土地使用权归还给土地所有者。

(36)县级以上地方人民政府或自然资源行政主管部门出让、转让或收回自然资源使用权(不含土地使用权)。

(37)随军家属就业。

(38)军队转业干部就业。

(39)自2019年1月1日至2025年12月31日,对单位或者个体工商户将自产、委托加工或购买的货物通过公益性社会组织、县级及以上人民政府及其组成部门和直属机构,或直接无偿捐赠给目标脱贫地区的单位和个人,免征增值税。

(40)提供社区养老、抚育、家政等服务取得的收入。

(41)自2019年1月1日至2023年12月31日,对国家级、省级科技企业孵化器、大学科技园和国家备案众创空间向在孵对象提供孵化服务取得的收入,免征增值税。

(42)自2022年5月1日至2022年12月31日,对纳税人为居民提供必需生活物资快递收派服务取得的收入,免征增值税。

动漫视频

快递收派服务收入免征增值税

(43)自2022年1月1日至2022年12月31日,对纳税人提供公共交通运输服务取得的收入,免征增值税。网约车提供网络预约出租车服务取得的收入,可以按照规定享受免征增值税优惠。

2. 增值税即征即退

(1)增值税一般纳税人销售其自行开发生产的软件产品,按13%的税率征收增值税后,对其增值税实际税负超过3%的部分实行即征即退政策。

(2)一般纳税人提供管道运输服务,对其增值税实际税负超过3%的部分实行增值税即征即退政策。

(3)经中国人民银行、银保监会或者商务部批准从事融资租赁业务的试点纳税人中的一般纳税人,提供有形动产融资租赁服务和有形动产融资性售后回租服务,对其增值税实际税负超过3%的部分实行增值税即征即退政策。

(4)自2018年1月1日至2023年12月31日,动漫企业增值税一般纳税人销售其自主开发生产的动漫软件,对其增值税实际税负超过3%的部分,实行即征即退政策。

(5)纳税人安置残疾人应享受增值税即征即退优惠政策。

(6)自2019年9月1日起,纳税人销售自产磷石膏资源综合利用产品,可享受增值税即征即退政策,退税比例为70%。

3. 扣减增值税规定

退役士兵创业就业,社保机构登记失业半年以上的人员、零就业家庭、享受城市居民最低生活保障家庭劳动年龄内的登记失业人员、毕业年度内高校毕业生等重点群体创业就业,对上述人员从事个体经营的,在3年内按每户每年8 000元为限额,依次扣减其当年实际应缴纳的增值税、城市维护建设税、教育费附加、地方教育附加和个人所得税。限额标准最高可上浮20%。

4. 全额退还增值税留抵税额政策

(1)符合条件的批发零售业等行业纳税人,可以自2022年7月纳税申报期起向主管税务机关申请退还存量留抵税额。

办理留抵退税的制造业、批发零售业等行业纳税人,继续适用14号公告规定的留抵退税条件,具体如下:①纳税信用等级为A级或者B级;②申请退税前36个月未发生骗取留抵退税、骗取出口退税或虚开增值税专用发票情形;③申请退税前36个月未因偷税被税务机关处罚两次及以上;④2019年4月1日起未享受即征即退、先征后返(退)政策。

(2)批发零售业等行业纳税人申请一次性存量留抵退税的,符合条件的批发零售业等行业纳税人,可以自2022年7月纳税申报期起向主管税务机关申请退还存量留抵税额。

【注意】上述时间为申请一次性存量留抵退税的起始时间,当期未申请的,以后纳税申报期也可以按规定申请。

(3)批发零售业等行业纳税人申请增量留抵退税的,符合条件的批发零售业等行业纳税人,可以自2022年7月纳税申报期起向主管税务机关申请退还增量留抵税额。

【注意】上述时间为申请增量留抵退税的起始时间,当期未申请的,以后纳税申报期也可以按规定申请。

(4)制造业、批发零售业等行业纳税人(按照财政部、税务总局2022年第21号公告规定)申请退还的增量留抵税额,继续按照14号公告的规定执行,具体区分以下情形确定:

①纳税人获得一次性存量留抵退税前,增量留抵税额为当期期末留抵税额与2019年3月31日相比新增加的留抵税额。

②纳税人获得一次性存量留抵退税后,增量留抵税额为当期期末留抵税额。

【学中做 2—1】 某大型零售企业纳税人2020年3月31日的期末留抵税额为800万元,2023年7月31日的期末留抵税额为1 000万元,在8月纳税申报期申请增量留抵退税时,①如果此前未获得一次性存量留抵退税,该纳税人的增量留抵税额为多少万元;②如果此前已获得一次性存量留抵退税,该纳税人的增量留抵税额为多少万元?

5. 跨境行为免征增值税的政策规定

(1)境内的单位和个人销售的下列服务免征增值税,财政部和国家税务总局规定适用增值税零税率的除外:①工程项目在境外的建筑服务;②工程项目在境外的工程监理服务;③工程、矿产资源在境外的工程勘察勘探服务;④会议展览地点在境外的会议展览服务;⑤存储地点在境外的仓储服务;⑥标的物在境外使用的有形动产租赁服务;⑦在境外提供的广播影视节目(作品)的播映服务;⑧在境外提供的文化体育服务、教育医疗服务、旅游服务。

(2)为出口货物提供的邮政服务、收派服务、保险服务。为出口货物提供的保险服务包括出口货物保险和出口信用保险。

(3)向境外单位提供的完全在境外消费的下列服务和无形资产:①电信服务;②知识产权服务;③物流辅助服务(仓储服务、收派服务除外);④鉴证咨询服务;⑤专业技术服务;⑥商务辅助服务;⑦广告投放地在境外的广告服务;⑧无形资产。

(4)为境外单位之间的货币资金融通及其他金融业务提供的直接收费金融服务,且该服务与境内的货物、无形资产和不动产无关。

(5)境内单位和个人以无运输工具承运方式提供的国际运输服务,无运输工具承运业务的经营者适用增值税免税政策。

(6)财政部和国家税务总局规定的其他服务。

6. 其他相关规定

(1)金融企业发放贷款后,自结息日起90天内发生的应收未收利息按现行规定缴纳增值税,自结息日起90天后发生的应收未收利息暂不缴纳增值税,待实际收到利息时按规定缴纳增值税。

(2)北京市、上海市、广州市和深圳市之外的地区,个人将购买不足2年的住房对外销售的,按照5%的征收率全额缴纳增值税;个人将购买2年以上(含2年)的住房对外销售的,免征增值税。

北京市、上海市、广州市和深圳市,个人将购买不足2年的住房对外销售的,按照5%的征收率全额缴纳增值税;个人将购买2年以上(含2年)的非普通住房对外销售的,以销售收入减去购买住房价款后的差额按照5%的征收率缴纳增值税;个人将购买2年以上(含2年)的普通住房对外销售的,免征增值税。

四、起征点

增值税起征点仅适用于个人,包括个体工商户和其他个人,但不适用于登记认定为一般纳税人的个体工商户,即增值税起征点仅适用于按照小规模纳税人纳税的个体工商户和其他个人。适用于个人(不包括个体工商户)的增值税的起征点标准:

(1)按期纳税的,为月销售额5 000~20 000元(含本数);

(2)按次纳税的,为每次(日)销售额300~500元(含本数)。

对增值税小规模纳税人中月销售额未达到2万元的企业或非企业性单位,免征增值税。2017年12月31日前,对月销售额2万元(含本数)至3万元的增值税小规模纳税人,免征增值税。

起征点的调整由财政部和国家税务总局规定。省、自治区、直辖市财政厅(局)和国家税务局应当在规定的幅度内,根据实际情况确定本地区适用的起征点,并报财政部和国家税务总局备案。

五、小规模纳税人免税规定

(1)自2021年4月1日至2022年12月31日,增值税小规模纳税人发生增值税应税销售行为,合计月销售额未超过15万元的,免征增值税。其中,以1个季度为纳税期限的增值税小规模纳税人,季度销售额未超过45万元的,免征增值税。

小规模纳税人发生增值税应税销售行为,合计月销售额超过15万元,但扣除本期发生的销售不动产的销售额后未超过15万元的,其销售货物、劳务、服务、无形资产取得的销售额免征增值税。

(2)其他个人采取一次性收取租金形式出租不动产,取得的租金收入可在租金对应的租赁期内平均分摊,分摊后的月租金收入不超过15万元的,免征增值税。

(3)按照现行规定应当预缴增值税税款的小规模纳税人,凡在预缴地实现的月销售额未超过15万元的,当期无须预缴税款。

【学中做2-2】 (单项选择题)根据规定,下列项目免征增值税的是(　　)。
A. 销售不动产　　　　　　　　B. 退役士兵创业就业
C. 个人转让著作权　　　　　　D. 飞机修理

任务四　增值税应纳税额的计算

一、增值税的计税依据

增值税的计税依据是通过增值税的计税方法体现出来的。增值税的计税方法是以每一生产经营环节上发生的货物、劳务或服务的销售额为计税依据,然后按规定税率计算出整体税负,同时通过税款抵扣方式将外购项目在以前环节已纳的税款扣除,从而完全避免了重复征税。

增值税的计税方法分为直接计算法和间接计算法两种类型。

(1)直接计算法,是指先计算出应税货物或劳务的增值额,然后用增值额乘以适用税率求出应纳税额的方法。这种方法的增值额很难准确计算,因此很少被采用。

(2)间接计算法,是指不直接根据增值额计算增值税,而是先以每一生产经营环节上发生的货物或劳务的销售额为计税依据,按规定税率计算出应税货物的整体税负,然后从整体税负中扣除法定的外购项目在以前环节已纳税款,求出应纳税额的方法。

【注意】间接计算法简便易行、计算准确,既适用于单一税率,又适用于多档税率,是实行增值税的国家广泛采用的计税方法。

增值税的计税依据具体体现在以下三个方面:①按全部销售额计算税款,但只对货物、劳务或服务价值中新增价值部分征税。②实行税款抵扣制度,对以前环节已纳税款予以扣除。③税款随着货物的销售逐环节转移,最终消费者是全部税款的承担者。政府并不直接向消费者征税,而是在生产经营的各个环节分段征收,而各环节的纳税人并不承担增值税税款。

增值税的计税依据用公式表示为:

$$应纳税额 = 增值额 \times 适用税率$$
$$= (销售额 - 进价) \times 适用税率$$
$$= 销售额 \times 适用税率 - 进价 \times 适用税率$$
$$= 销项税额 - 进项税额$$

二、一般纳税人应纳税额的计算

增值税一般纳税人实行进项抵扣法,其计算公式为:

$$当期应纳税额＝当期销项税额－当期进项税额$$

当期销项税额小于当期进项税额不足抵扣时,其不足部分可以结转下期继续抵扣。

(一)销项税额的确定

销项税额是指纳税人发生应税行为,按照销售额和增值税税率计算的增值税税额。其计算公式为:

$$销项税额＝销售额×增值税税率$$

1. 一般情况下销售额的确定

(1)销售额的一般规定。销售额是指纳税人销售货物或者提供应税劳务向购买方收取的全部价款和价外费用,但是不包括收取的销项税额。价外费用,包括价外向购买方收取的手续费、补贴、基金、集资费、返还利润、奖励费、违约金、滞纳金、延期付款利息、赔偿金、代收款项、代垫款项、包装费、包装物租金、储备费、优质费、运输装卸费以及其他各种性质的价外收费。

上述价外费用无论其会计制度如何核算,均应并入销售额计算销项税额,但下列项目不包括在销售额内:

①受托加工应征消费税的消费品所代收代缴的消费税。

②同时符合以下条件代为收取的政府性基金或者行政事业性收费:由国务院或者财政部批准设立的政府性基金,由国务院或者省级人民政府及其财政、价格主管部门批准设立的行政事业性收费;收取时开具省级以上财政部门印制的财政票据;所收款项全额上缴财政。

③销售货物的同时代办保险等而向购买方收取的保险费,以及向购买方收取的代购买方缴纳的车辆购置税、车辆牌照费。

④以委托方的名义开具发票代委托方收取的款项。

(2)包装物押金是否计入销售额。包装物是指纳税人包装本单位货物的各种物品。根据税法的规定,纳税人为销售货物而出租、出借包装物收取的押金,单独记账的,时间在1年内,又未过期的,不并入销售额征税;但对逾期未收回不再退还的包装物押金,应按所包装货物的适用税率计算纳税。

【提示】"逾期"是指按合同约定实际逾期或以1年(12个月)为期限。

【注意】包装物押金与包装物租金不能混淆,包装物租金属于价外费用,在收取时并入销售额征税。对销售除啤酒、黄酒以外的其他酒类产品收取的包装物押金,无论是否返还以及会计上如何核算,均应并入当期销售额征税。

包装物押金是否计入销售额如表2-6所示。

表2-6　　　　　　　　　　包装物押金是否计入销售额

包装物押金分类		收取时	逾期时
非酒类一般货物的包装物押金		×	√
酒类产品包装物押金	啤酒、黄酒包装物押金	×	√
	除啤酒、黄酒以外的其他酒类产品包装物押金	√	×

(3)含税销售额的换算。增值税实行价外税,计算销项税额时,销售额中不应包括销项税额,若纳税人采用销售额和销项税额合并定价方法(销售额为含税销售额),按照下列公式计算销售额:

$$销售额＝含税销售额÷(1＋增值税税率)$$

【注意】通常情况下,判断销售价款是否含税可遵循以下规则:①普通发票上注明的价款是含税价格,如商场或超市向消费者销售的"零售价格";②价外费用是含税收入;③符合计入增值税销售额条件的包装物的押金一般为含税收入。

【做中学2—1】 A酒业为一家酒类生产企业,为增值税一般纳税人,2023年6月销售一批粮食白酒给B商场,开具的增值税专用发票上注明的价款为60万元(不含税),收取的包装物的租金为2.24万元,收取的包装物的押金为5.88万元,约定6个月后返还包装物。同时,销售一批黄酒给小规模纳税人,开具的普通发票上注明的价款为50万元,收取的包装物的押金为3万元,约定3个月后返还包装物。

请问:2023年6月,A企业销项税额为多少?

解析:包装物的租金属于价外费用,应计入销售额一并计算缴纳增值税。此外,销售白酒收取的包装物押金,收取时即应并入销售额征税;因销售黄酒收取的包装物的押金,收取时不并入销售额征税,待逾期时征税。具体计算如下:

销售白酒的销售额=60+(2.24+5.88)÷(1+13%)≈60.28(万元)

销售黄酒的销售额=50÷(1+13%)≈44.25(万元)

合计不含税销售额=60.28+44.25=104.53(万元)

6月份销项税额=104.53×13%≈13.59(万元)

2. 视同销售货物行为销售额的确定

视同销售行为是增值税税法规定的特殊销售行为。由于视同销售行为一般不以资金的形式反映,因而会出现视同销售而无销售额的情况。另外,有时纳税人销售货物或提供应税劳务的价格明显偏低且无正当理由。

在上述情况下,主管税务机关有权按照下列顺序核定其计税销售额:①按纳税人最近时期同类货物、劳务、服务、无形资产或者不动产的平均销售价格确定。②按其他纳税人最近时期同类货物、劳务、服务、无形资产或者不动产的平均销售价格确定。③在用以上两种方法均不能确定其销售额的情况下,可按组成计税价格确定销售额。组成计税价格的公式为:

$$组成计税价格=成本×(1+成本利润率)$$

属于应征消费税的货物,其组成计税价格应加计消费税税额。计算公式为:

$$组成计税价格=成本×(1+成本利润率)+消费税税额$$

或:

$$组成计税价格=成本×(1+成本利润率)÷(1-消费税税率)$$

销售货物的"成本利润率"一般为10%,但属于应从价定率征收消费税的货物,其组成计税价格公式中的成本利润率,为《消费税若干具体问题的规定》中规定的成本利润率(详见项目三任务三"消费税应纳税额的计算")。

3. 特殊销售方式销售额的确定

在市场竞争过程中,纳税人会采取某些特殊、灵活的销售方式销售货物、服务、无形资产或者不动产,以求扩大销售、占领市场。这些特殊销售方式及销售额的确定方法如下:

(1)折扣销售(商业折扣)。折扣销售是指销售方在销售货物,提供应税劳务、销售服务、无形资产或者不动产时,因购买方需求量大等原因,而给予的价格方面的优惠。按照现行税法的规定,纳税人采取折扣方式销售货物、提供服务、销售无形资产或不动产的,如果销售额和折扣额在同一张发票上分别注明,可以按折扣后的销售额征收增值税;未在同一张发票"金额"栏注明折扣额,而仅在发票的"备注"栏注明折扣额的,折扣额不得从销售额中减除。

【注意】如果对折扣额另开发票,不论其在财务上如何处理,均不得从销售额中减除折扣额。

【提示】折扣销售仅限于货物、服务、无形资产或不动产价格的折扣,如果销售方将自产、委托加工或购买的货物用于实物折扣(例如买三送一),则该实物款额不能从原销售额中减除,应按照"无偿赠送"的相关规定处理。

【学中做2—3】 (单项选择题)某商场为增值税一般纳税人。2023年5月举办促销活动,全部商品8折销售。实际取得含税收入380 000元,销售额和折扣额在同一张发票的"金额"栏上分别注明。上月销售商品本月发生退货,向消费者退款680元,该商场当月销项税额是(   )元。
　　A. 43 638.58　　　　B. 55 213.68　　　　C. 64 600.00　　　　D. 80 750.00

(2)销售折扣(现金折扣)。销售折扣通常是为了鼓励购买方及时偿还货款而给予的一种折扣优待。销售折扣不同于折扣销售。销售折扣发生在销货之后,而折扣销售则是与实现销售同时发生的,销售折扣不得从销售额中减除。

(3)销售折让。销售折让通常是指由于货物的品种或质量等原因引起销售额的减少,即销货方给予购货方未予退货状况下的价格折让。销售折让可以通过开具红字专用发票从销售额中减除;未按规定开具红字增值税专用发票的,不得扣减销项税额或销售额。

【做中学2—2】 A公司为一家设备生产企业,现销售一批设备给B公司,假设该批设备不含税价款为600万元。考虑到与购买方的长期合作,A公司给予其5%的价格优惠(开一张发票,分别开具折扣额和销售额);由于购货方及时付款,故又给予其2%的销售折扣,实收558.6万元。

要求:计算A公司应缴纳的销项税额。

解析:本题中涉及折扣销售(商业折扣)和销售折扣(现金折扣)。由于5%的价格优惠的折扣销售的销售额和折扣额在同一张发票上开具,因此,可以按折扣后的销售额570万元[600×(1-5%)]征收增值税。而销售折扣不得从销售额中减除。因此,销项税额为74.1万元[600×(1-5%)×13%]。

(4)以旧换新。以旧换新销售,是纳税人在销售过程中,折价收回同类旧货物,并以折价款部分冲减货物价款的一种销售方式。对于其销售额的确定,具体规定如下:

①纳税人采取以旧换新方式销售货物的(金银首饰除外),应按新货物的同期销售价格确定销售额,不得扣减旧货物的收购价格。

②纳税人采取以旧换新方式销售金银首饰的,按销售方实际收取的不含增值税的全部价款征收增值税。

【做中学2—3】 某商场(假定为中国人民银行批准的金银首饰经营单位)为增值税一般纳税人,2023年6月采用以旧换新方式销售金项链50条,每条金项链的零售价格为12 500元,每条旧项链作价8 500元,每条金项链取得差价款4 000元,取得首饰修理费合计16 570元(含税)。

请问:该商场上述业务应缴纳的增值税税额为多少?

解析:按税法的规定,对金银首饰以旧换新业务可以按销售方实际收取的不含增值税的全部价款征收增值税,因此,该商场上述业务应缴纳增值税税额计算如下:

该商场该业务的计税销售额=50×4 000÷(1+13%)+16 570÷(1+13%)≈191 654.87(元)
应缴纳的销项税额=191 654.87×13%≈24 915.13(元)

(5)还本销售。还本销售是指销货方将货物出售之后,按约定的时间,一次或分次将购货款部分或全部退还给购货方,退还的货款即为还本支出。纳税人采取还本销售货物的,不得从销售额中减除还本支出。

(6)以物易物。以物易物是一种较为特殊的购销活动,是指购销双方不是以货币结算,而是以同等价款的货物相互结算,实现货物购销的一种方式。采用以物易物方式销售货物的,以物易物双方都应作购销处理,以各自发出的货物核算销售额并计算销项税额,以各自收到的货物核算购货额及进项税额。需要强调的是，在以物易物活动中，双方应各自开具合法的票据，必须计算销项税额，但如果收到的货物不能取得相应的增值税专用发票或者其他增值税扣税凭证，不得抵扣进项税额。

(7)直销企业增值税销售额的确定。直销企业的经营模式主要有两种：一是直销员按照批发价向直销企业购买货物，再按照售价向消费者销售货物；二是直销员仅起到中介介绍作用，直销企业按照零售价向直销员介绍的消费者销售货物，并另外向直销员支付报酬。根据直销企业的经营模式，直销企业增值税的销售额的确定可分为以下两种：

①直销企业先将货物销售给直销员，直销员再将货物销售给消费者的，直销企业的销售额为其向直销员收取的全部价款和价外费用。直销员将货物销售给消费者时，应按照现行规定缴纳增值税。

②直销企业通过直销员向消费者销售货物，直接向消费者收取货款的，直销企业的销售额为其向消费者收取的全部价款和价外费用。

4. 外币销售额的计算

纳税人按人民币以外的货币结算销售额的，其销售额的人民币折合率可以选择销售额发生的当天或者当月1日的人民币外汇中间价。纳税人应事先确定采用何种折合率，确定后一年内不得变更。

5. "营改增"行业销售服务、无形资产和不动产的销售额

(1)贷款服务，以提供贷款服务取得的全部利息及利息性质的收入为销售额。

(2)直接收费金融服务，以提供直接收费金融服务收取的手续费、佣金、酬金、管理费、服务费、经手费、开户费、过户费、结算费、转托管费等各类费用为销售额。

(3)金融商品转让，按照卖出价扣除买入价后的余额为销售额。转让金融商品出现的正负差，按盈亏相抵后的余额为销售额。若相抵后出现负差，可结转下一纳税期，与下期转让金融商品销售额相抵，但年末时仍出现负差的，不得转入下一个会计年度。金融商品的买入价，可以选择按照加权平均法或者移动加权平均法进行核算，选择后36个月内不得变更。

【提示】金融商品转让不得开具增值税专用发票。

【做中学2-4】 A金融公司为一般纳税人，2021年第三季度转让债券，卖出价为50 000元（含增值税价格，下同）。该债券是2022年7月购入的，买入价为30 000元，2023年1月取得利息3 000元，缴纳了增值税。A公司2023年第三季度之前转让金融商品亏损7 500元。

请问：该金融公司应缴纳的销项税额为多少？

解析：转让债券的销售额＝(50 000－30 000)－7 500＝12 500(元)

销项税额＝12 500÷(1＋6%)×6%≈707.55(元)

(4)经纪代理服务，以取得的全部价款和价外费用，扣除向委托方收取并代为支付的政府性基金或者行政事业性收费后的余额为销售额。向委托方收取的政府性基金或者行政事业性收费，不得开具增值税专用发票。

(5)融资租赁和融资性售后回租业务。

①经中国人民银行、银保监会或者商务部批准从事融资租赁业务的纳税人，提供融资租赁服务，以取得的全部价款和价外费用，扣除支付的借款利息（包括外汇借款和人民币借款利息）、发行债券利息和车辆购置税后的余额为销售额。

②经中国人民银行、银保监会或者商务部批准从事融资租赁业务的纳税人，提供融资性售后回租服务，以取得的全部价款和价外费用（不含本金），扣除对外支付的借款利息（包括外汇借款和人民币借款利息）、发行债券利息后的余额作为销售额。

(6)航空运输企业。航空运输企业的销售额不包括代收的机场建设费和代售其他航空运输企业客票而代收转付的价款。

(7)提供客运场站服务。一般纳税人提供客运场站服务,以其取得的全部价款和价外费用,扣除支付给承运方运费后的余额为销售额。

(8)提供旅游服务。纳税人提供旅游服务可以选择以取得的全部价款和价外费用,扣除向旅游服务购买方收取并支付给其他单位或者个人的住宿费、餐饮费、交通费、签证费、门票费和支付给其他接团旅游企业的旅游费用后的余额为销售额。但选择该办法计算销售额的试点纳税人,向旅游服务购买方收取并支付的上述费用,不得开具增值税专用发票,可以开具普通发票。

(9)建筑服务。提供建筑服务适用简易计税方法的,以取得的全部价款和价外费用扣除支付的分包款后的余额为销售额。

(10)销售自行开发不动产或企业转让不动产。

①房地产开发企业中的一般纳税人销售其开发的房地产项目(选择简易计税方法的房地产老项目除外),以取得的全部价款和价外费用,扣除受让土地时向政府部门支付的土地价款后的余额为销售额。

【提示】房地产老项目,是指"建筑工程施工许可证"注明的合同开工日期在2016年4月30日前的房地产项目。

②销售其2016年4月30日前取得(不含自建)的不动产选择简易计税方法的,以取得的全部价款和价外费用减去该项不动产购置原价或取得不动产时作价后的余额为销售额;自建的不动产,以取得的全部价款和价外费用为销售额。

③一般纳税人销售其2016年5月1日之后取得的不动产或2016年4月30日前取得的不动产适用一般计税方法的,均以取得的全部价款和价外费用作为销售额。

按上述(4)~(9)项的规定从全部价款和价外费用中扣除的价款,应当取得符合法律、行政法规和国家税务总局规定的有效凭证,否则不得扣除。纳税人取得的上述凭证属于增值税扣税凭证的,其进项税额不得从销项税额中抵扣。

【做中学2—5】 A房地产企业为增值税一般纳税人,2023年6月1日购买一块地用于开发房地产项目,支付地价1 600万元,次年年末项目完工,当期销售其中的90%,取得含税销售收入4 000万元。

请问:该企业当期应纳增值税税额为多少万元?

解析:房地产开发企业中的一般纳税人销售其开发的房地产项目(选择简易计税方法的房地产老项目除外)的销售额=(全部价款和价外费用-当期允许扣除的土地价款)÷(1+9%)。因此,具体计算如下:

销售额=(4 000-1 600×90%)÷(1+9%)≈2 348.62(万元)

应纳增值税=2 348.62×9%≈211.38(万元)

【做中学2—6】 A公司为增值税一般纳税人,2023年6月从B玉米生产基地(小规模纳税人)购进玉米,取得其找税务机关代开的增值税专用发票,价款为100万元,税额为3万元。之后,深度加工成玉米罐头对外销售。

请问:A公司实际抵扣的进项税额为多少?

解析:纳税人购进用于生产的9%的税率货物的农产品可抵扣的进项税额=100×9%=9(万元)。

(二)进项税额的确定

进项税额是指纳税人购进货物,接受加工修理修配劳务、服务,购进无形资产或者不动产,支付或者负担的增值税税额。

由于增值税一般纳税人当期应纳增值税税额采用购进扣除法计算,因此,增值税一般纳税人应纳税额的大小取决于两个因素:销项税额和进项税额。进项税额的大小影响纳税人实际应缴纳的增值税。然而,并不是购进货物、接受应税劳务、服务、无形资产或不动产所支付或者负担的增值税都可以在销项税额中抵扣,税法对哪些进项税额可以抵扣、哪些进项税额不能抵扣作了严格的规定。

1. 准予从销项税额中抵扣的进项税额

(1)凭票抵扣。①从销售方或提供方取得的增值税专用发票上注明的增值税税额(含税控机动车销售统一发票,下同)。②从海关取得的海关进口增值税专用缴款书上注明的增值税税额。③从境外单位或者个人购进服务、无形资产或者不动产,自税务机关或者扣缴义务人取得的解缴税款的完税凭证上注明的增值税税额。

(2)计算抵扣。购进农产品,除取得增值税专用发票或者海关进口增值税专用缴款书外,还要按照农产品收购发票或者销售发票上注明的农产品买价扣除率计算进项税额。其计算公式为:

$$进项税额＝买价\times 扣除率$$

【提示】自 2019 年 4 月 1 日起,纳税人购进农产品,原适用 10% 扣除率的,扣除率调整为 9%。纳税人购进用于生产或者委托加工 13% 税率货物的农产品,按照 10% 的扣除率计算进项税额。

购进烟叶,买价应包括购进农产品发票上注明的价款和按规定缴纳的烟叶税。烟叶收购单位收购烟叶时按照国家有关规定以现金形式直接补贴烟农的生产投入补贴(以下简称"价外补贴"),实质为农产品买价的一部分。但烟叶收购单位应将价外补贴与烟叶收购价格在同一张农产品收购发票或者销售发票上分别注明,否则,价外补贴不得计算增值税进项税额进行抵扣。公式为:

$$收购烟叶准予抵扣的进项税额＝(收购金额＋烟叶税)\times 9\%$$

其中:

收购金额＝收购价款×(1＋10%)

烟叶税＝收购金额×20%

收购烟叶准予抵扣的进项税额＝[收购价款×(1＋10%)]×(1＋20%)×9%
　　　　　　　　　　　　　　＝买价×1.1×1.2×9%

收购烟叶采购成本＝买价×1.1×1.2×90%

【做中学 2—7】 某卷烟企业为增值税一般纳税人,主要生产 A 牌卷烟及雪茄烟,8 月从烟农手中购进烟叶,买价 100 万元并按规定支付了 10% 的价外补贴,将其运往甲企业委托加工烟丝,发生运费 8 万元,取得增值税专用发票。

要求:计算上述业务允许抵扣的进项税额,并确定烟叶的采购成本。

解析:烟叶进项税额＝100×(1＋10%)×(1＋20%)×9%＋8×9%＝12.6(万元)

收购烟叶的成本＝100×(1＋10%)×(1＋20%)×90%＋8＝126.8(万元)

纳税人购进国内旅客运输服务,其进项税额允许从销项税额中抵扣。纳税人未取得增值税专用发票的,暂按照以下规定确定进项税额:

①取得增值税电子普通发票的,为发票上注明的税额;

②取得注明旅客身份信息的航空运输电子客票行程单的,为按照下列公式计算的进项税额:

$$航空旅客运输进项税额＝(票价＋燃油附加费)\div(1＋9\%)\times 9\%$$

③取得注明旅客身份信息的铁路车票的,为按照下列公式计算的进项税额:

$$铁路旅客运输进项税额＝票面金额\div(1＋9\%)\times 9\%$$

④取得注明旅客身份信息的公路、水路等其他客票的,为按照下列公式计算的进项税额:

$$公路、水路等其他旅客运输进项税额＝票面金额\div(1＋3\%)\times 3\%$$

(3)不动产进项税额的抵扣。纳税人取得不动产或者不动产在建工程的进项税额不再分 2 年抵扣。此前按照规定尚未抵扣完毕的待抵扣进项税额,可自 2019 年 4 月税款所属期起从销项税额中抵扣。

取得不动产,包括以直接购买、接受捐赠、接受投资入股、自建以及抵债等各种形式取得不动产,不包括房地产开发企业自行开发房地产项目。

【提示】融资租入的不动产以及在施工现场修建的临时建筑物、构筑物,其进项税额不适用上述2年抵扣的规定。

2. 不得从销项税额中抵扣的进项税额

(1)采用简易计税方法计税项目、免征增值税项目、集体福利或者个人消费的购进货物、接受加工修理修配劳务、服务,购进无形资产和不动产。其中,涉及的固定资产、无形资产、不动产,仅指专用于上述项目的固定资产、无形资产(不包括其他权益性无形资产)、不动产。纳税人的交际应酬消费属于个人消费。

(2)非正常损失①的购进货物及接受相关加工修理、修配劳务和交通运输业服务。

(3)非正常损失的在产品、产成品所耗用的购进货物(不包括固定资产)、加工修理修配劳务和交通运输服务。

(4)非正常损失的不动产,以及该不动产所耗用的购进货物、设计服务和建筑服务。

(5)非正常损失的不动产在建工程所耗用的购进货物、设计服务和建筑服务。纳税人新建、改建、扩建、修缮、装饰不动产,均属于不动产在建工程。

(6)购进的旅客运输服务、贷款服务、餐饮服务、居民日常服务和娱乐服务。

(7)纳税人接受贷款服务向贷款方支付的与该笔贷款直接相关的投资顾问费、手续费、咨询费等费用。

(8)财政部和国家税务总局规定的其他情形。

【提示】①上述第(4)项、第(5)项所称货物,是指构成不动产实体的材料和设备,包括建筑装饰材料和给排水、采暖、卫生、通风、照明、通信、煤气、消防、中央空调、电梯、电气、智能化楼宇设备及配套设施。②不动产、无形资产的具体范围,按照《营业税改征增值税试点实施办法》所附的《销售服务、无形资产或者不动产注释》执行。③固定资产,是指使用期限超过12个月的机器、机械、运输工具以及其他与生产经营有关的设备、工具、器具等有形动产。

(9)一般纳税人按照简易办法征收增值税的,不得抵扣进项税额。

(10)适用一般计税方法的纳税人,兼营简易计税方法计税项目、免征增值税项目而无法划分不得抵扣的进项税额,按照下列公式计算不得抵扣的进项税额:

$$\text{不得抵扣的进项税额} = \text{当期无法划分的全部进项税额} \times (\text{当期简易计税方法计税项目销售额} + \text{免征增值税项目销售额}) \div \text{当期全部销售额}$$

主管税务机关可以按照上述公式依据年度数据对不得抵扣的进项税额进行清算。

纳税人凭完税凭证抵扣进项税额的,应当具备书面合同、付款证明和境外单位的对账单或者发票。资料不全的,其进项税额不得从销项税额中抵扣。纳税人取得的增值税扣税凭证不符合法律、行政法规或者国家税务总局有关规定的,其进项税额不得从销项税额中抵扣。

(11)有下列情形之一者,应按销售额依照增值税税率计算应纳税额,不得抵扣进项税额,也不得使用增值税专用发票:①一般纳税人会计核算不健全,或者不能够提供准确税务资料的。②除另有规定外,纳税人销售额超过小规模纳税人标准,未申请办理一般纳税人认定手续的。

【做中学2—8】某器械公司(增值税一般纳税人)2023年5月生产一批器材用于销售,取得不含税销售收入500 000元,当月外购原材料取得的增值税专用发票上注明的增值税为13 000元。

---

① 非正常损失,是指因管理不善造成货物被盗、丢失、霉烂变质,以及因违反法律法规造成货物或者不动产被依法没收、销毁、拆除的情形。因此,纳税人生产或购入的在货物外包装或使用说明书中注明有使用期限的货物,超过有效(保存或保质)期而无法进行正常销售,需作销毁处理的,可视作企业在经营过程中的正常经营损失,不纳入非正常损失,不需作进项税额转出处理。

当月将两个月前购入的一批原材料改变用途,用于生产免征增值税的项目。已知该批原材料的账面成本为 50 000 元(含运费 3 000 元)。

请问:该企业当期应纳增值税税额为多少?

解析:已经抵扣过进项税额的外购货物用于免征增值税应税项目时,进项税额需要转出。具体计算如下:

应转出的进项税额=(50 000-3 000)×13%+3 000×9%=6 380(元)

该企业当期应纳增值税=500 000×13%-(13 000-6 380)=58 380(元)

3. 扣减进项税额

(1)已抵扣进项税额的购进货物(不含固定资产)、劳务、服务发生不得从销项税额中抵扣进项税额情形(简易计税方法计税项目、免征增值税项目除外)的,应当将该进项税额从当期进项税额中扣减;无法确定该进项税额的,按照当期实际成本计算应扣减的进项税额。

(2)已抵扣进项税额的固定资产、无形资产或者不动产,发生不得抵扣进项税额情形的,按照下列公式计算不得抵扣的进项税额:

$$不得抵扣的进项税额=无形资产或者不动产净值×适用税率$$

固定资产、无形资产或者不动产净值是指纳税人根据财务会计制度计提折旧或摊销后的余额。

(3)因销售折让、中止或者退回而退还给购买方的增值税税额,应当从当期的销项税额中扣减;因销售折让、中止或者退回而收回的增值税税额,应当从当期的进项税额中扣减。

4. 增值税期末留抵税额退税

财政部、税务总局联合发布了《财政部 税务总局关于进一步加大增值税期末留抵退税政策实施力度的公告》(财政部 税务总局公告 2022 年第 14 号,以下简称 14 号公告),加大小微企业以及"制造业""科学研究和技术服务业""电力、热力、燃气及水生产和供应业""软件和信息技术服务业""生态保护和环境治理业"和"交通运输、仓储和邮政业"(以下称"制造业等行业")的留抵退税力度,将先进制造业按月全额退还增值税增量留抵税额政策范围扩大至小微企业和制造业等行业,并一次性退还其存量留抵税额。

【提示】制造业等行业纳税人,是指从事《国民经济行业分类》中"制造业""科学研究和技术服务业""电力、热力、燃气及水生产和供应业""软件和信息技术服务业""生态保护和环境治理业"和"交通运输、仓储和邮政业"业务相应发生的增值税销售额占全部增值税销售额的比重超过 50% 的纳税人。

【注意】如果一个纳税人从事上述多项业务,以相关业务增值税销售额加总计算销售额占比,从而确定是否属于制造业等行业纳税人。

【学中做 2-4】 某纳税人 2022 年 5 月至 2023 年 4 月期间共取得增值税销售额 1 000 万元,其中:生产销售设备销售额 300 万元,提供交通运输服务销售额 300 万元,提供建筑服务销售额 400 万元。该纳税人 2022 年 5 月至 2023 年 4 月期间发生的制造业等行业销售额占比为多少?是否属于制造业等行业纳税人?

小微企业、制造业等行业纳税人申请留抵退税,需要满足的条件:①纳税信用等级为 A 级或者 B 级;②申请退税前 36 个月未发生骗取留抵退税、骗取出口退税或虚开增值税专用发票情形;③申请退税前 36 个月未因偷税被税务机关处罚两次或以上;④2019 年 4 月 1 日起未享受即征即退、先征后返(退)政策。

纳税人申请退还的存量留抵税额,区分以下情形确定:

(1)纳税人获得一次性存量留抵退税前,当期期末留抵税额大于或等于 2019 年 3 月 31 日期末留抵税额的,存量留抵税额为 2019 年 3 月 31 日期末留抵税额;当期期末留抵税额小于 2019 年 3

月31日期末留抵税额的,存量留抵税额为当期期末留抵税额。

(2)纳税人获得一次性存量留抵退税后,存量留抵税额为零。

【学中做2—5】 某微型企业2020年3月31日的期末留抵税额为100万元,2023年4月申请一次性存量留抵退税时,如果当期期末留抵税额为120万元,该纳税人的存量留抵税额为多少万元?如果当期期末留抵税额为80万元,该纳税人的存量留抵税额为多少万元?该纳税人在4月份获得存量留抵退税后,是否有存量留抵税额?

纳税人申请退还的增量留抵税额,区分以下情形确定:

(1)纳税人获得一次性存量留抵退税前,增量留抵税额为当期期末留抵税额与2019年3月31日相比新增加的留抵税额。

(2)纳税人获得一次性存量留抵退税后,增量留抵税额为当期期末留抵税额。

【提示】 符合条件的小微企业和制造业等行业纳税人,均可以自2022年4月纳税申报期起向主管税务机关申请退还增量留抵税额。

【学中做2—6】 某纳税人2020年3月31日的期末留抵税额为100万元,2023年7月31日的期末留抵税额为120万元,在8月纳税申报期申请增量留抵退税时,如果此前未获得一次性存量留抵退税,该纳税人的增量留抵税额为多少万元?如果此前已获得一次性存量留抵退税,该纳税人的增量留抵税额为多少万元?

纳税人申请存量留抵退税的具体时间规定,符合条件的小微企业和制造业等行业企业,申请存量留抵退税的起始时间如下:

①微型企业,可以自2022年4月纳税申报期起向主管税务机关申请一次性退还存量留抵税额;

②小型企业,可以自2022年5月纳税申报期起向主管税务机关申请一次性退还存量留抵税额;

③制造业等行业中的中型企业,可以自2022年7月纳税申报期起向主管税务机关申请一次性退还存量留抵税额;

④制造业等行业中的大型企业,可以自2022年10月纳税申报期起向主管税务机关申请一次性退还存量留抵税额。

【提示】 上述时间为申请一次性存量留抵退税的起始时间,当期未申请的,以后纳税申报期也可以按规定申请。

纳税人当期允许退还的增量留抵税额,其公式计算为:

$$允许退还的增量留抵税额=增量留抵税额\times 进项构成比例\times 60\%$$

(三)应纳税额的计算

增值税销项税额与进项税额确定后就可以得到实际应纳的增值税税额,增值税一般纳税人应纳税额的计算方法如下:

$$应纳税额=当期销项税额-当期进项税额$$

上式计算结果若为正数,则为当期的应纳税额;若为负数,则形成留抵税额,待下期抵扣,下期应纳税额的计算公式为:

$$应纳税额=当期销项税额-当期进项税额-上期留抵税额$$

【注意】 原增值税一般纳税人兼有销售服务、无形资产或者不动产的,截至纳入"营改增"试点之日前的增值税期末留抵税额,不得从销售服务、无形资产或者不动产的销项税额中抵扣。

【做中学2—9】 某船运公司为增值税一般纳税人,2023年6月购进船舶配件取得的增值税专用发票上注明的价款为300万元,税额为39万元;开具普通发票取得的含税收入包括国内运输收入1 351.6万元、期租业务收入313.4万元、打捞收入116.6万元。

请问:该公司6月应缴纳的增值税税额为多少万元?

解析：国内运输收入和期租业务收入应按"交通运输业"计算缴纳增值税；取得的打捞收入应按"现代服务业——物流辅助服务"计算缴纳增值税。

应纳税额＝(1 351.6＋313.4)÷(1＋9%)×9%＋116.6÷(1＋6%)×6%－39≈105.08(万元)

三、简易计税方法应纳税额的计算

(一)小规模纳税人应纳税额的计算

小规模纳税人销售货物，提供加工修理修配劳务，销售服务、无形资产或者不动产，实行按销售额和征收率计算应纳税额的简易办法，并不得抵扣进项税额。其应纳税额计算公式为：

$$应纳税额＝销售额×征收率$$

小规模纳税人取得的销售额与一般纳税人的销售额所包含的内容是一致的，都是销售货物或提供应税劳务向购买方收取的全部价款和价外费用，但是不包括从买方收取的增值税税额。

按照税法的规定，小规模纳税人销售货物只能开具普通销货发票，不能使用增值税专用发票，其购进货物(除购进税控机款外)不论是否取得增值税专用发票，都不能抵扣进项税额。

【注意】增值税小规模纳税人取得适用3%征收率的应税销售收入，可以选择放弃免税、开具增值税专用发票。如果纳税人选择放弃免税、对部分或者全部应税销售收入开具增值税专用发票的，应当开具征收率为3%的增值税专用发票，并按规定计算缴纳增值税。

【提示】自2012年12月1日起，增值税纳税人初次购买增值税税控系统专用设备(包括分开票机)支付的费用，可凭购买增值税税控系统专用设备取得的增值税专用发票，在增值税应纳税额中全额抵减(抵减额为价税合计额)，不足抵减的可结转下期继续抵减。增值税纳税人非初次购买增值税税控系统专用设备支付的费用，由其自行负担，不得在增值税应纳税额中抵减。

【做中学2－10】 某超市为增值税小规模纳税人，2023年6月购进货物取得的增值税专用发票上注明的不含税金额为50 000元；经批准初次购进增值税税控系统专用设备1台，价税合计为3 390元，经主管税务机关审核批准；本月销售货物的零售收入共计185 400元。

请问：该超市本月应缴纳的增值税为多少？

解析：小规模纳税人不得抵扣进项税额，经主管税务机关审核批准后，按购进税控收款机取得的普通发票上注明的价款计算抵扣，具体计算如下：

应纳增值税＝185 400÷(1＋3%)×3%－3 390＝2 010(元)

1. 含税销售额的换算

对小规模纳税人销售货物，提供应税劳务，销售服务、无形资产或不动产采取销售额和增值税款合并定价的，必须将取得的含税销售额换算为不含税销售额。其计算公式为：

$$不含税销售额＝含税销售额÷(1＋征收率)$$

2. 小规模纳税人销售或者出租不动产应纳税额计算的相关政策

(1)小规模纳税人跨县(市)提供建筑服务，应以取得的全部价款和价外费用扣除支付的分包款后的余额为销售额，按照3%的征收率计算应纳税额。

(2)小规模纳税人销售其取得(不含自建)的不动产(不含个体工商户销售购买的住房和其他个人销售不动产)，应以取得的全部价款和价外费用减去该项不动产购置原价或者取得不动产时的作价后的余额为销售额，按照5%的征收率计算应纳税额。

(3)小规模纳税人销售其自建的不动产，应以取得的全部价款和价外费用为销售额，按照5%的征收率计算应纳税额。

(4)房地产开发企业中的小规模纳税人，销售自行开发的房地产项目，按照5%的征收率计税。

(5)其他个人销售其取得(不含自建)的不动产(不含其购买的住房)，应以取得的全部价款和价外费用减去该项不动产购置原价或者取得不动产时的作价后的余额为销售额,按照5%的征收率计算应纳税额。

(6)小规模纳税人出租其取得的不动产(不含个人出租住房),按照5%的征收率计算应纳税额。

(7)个人出租住房,按照5%的征收率减按1.5%计算应纳税额。

【做中学2-11】 某酒业公司为增值税小规模纳税人,2023年6月销售自己使用过5年的固定资产,取得含税销售额60 000元;销售自己使用过的包装物,取得含税销售额30 000元。

请问:2023年6月该酒业公司上述业务应缴纳增值税多少元?

解析:小规模纳税人销售自己使用过的固定资产减按2%的征收率征收增值税,销售自己使用过的除固定资产以外的物品按3%的征收率征收增值税。其计算如下:

应纳增值税额=60 000÷(1+3%)×2%+30 000÷(1+3%)×3%≈2 038.84(元)

3. 增值税差额征税政策的小规模纳税人

适用增值税差额征税政策的小规模纳税人,以差额后的销售额确定是否可以享受规定的免征增值税政策。按固定期限纳税的小规模纳税人可以选择以1个月或1个季度为纳税期限,一经选择,一个会计年度内不得变更。

《增值税纳税申报表(小规模纳税人适用)》中的"免税销售额"相关栏次,填写差额后的销售额。

(二)一般纳税人适用简易计税方法的计算

一般纳税人适用简易计税方法的,也按照小规模纳税人的计算公式计算增值税税额,即:

$$应纳税额=销售额(不含税)×征收率$$

其中,对于"营改增"销售不动产选择适用简易计税方法计税的销售额的确定规定如下:

一般纳税人发生下列应税行为可以选择适用简易计税方法计税,不允许抵扣进项税额。

(1)公共交通运输服务,包括轮客渡、公交客运．地铁、城市轻轨、出租车、长途客运、班车。

(2)经认定的动漫企业为开发动漫产品提供的动漫脚本编撰、形象设计、背景设计、动画设计、分镜、动画制作、摄制、描线、上色、画面合成、配音、配乐、音效合成、剪辑、字幕制作、压缩转码(面向网络动漫、手机动漫格式适配)服务,以及在境内转让动漫版权(包括动漫品牌、形象或者内容的授权及再授权)。

(3)电影放映服务、仓储服务、装卸搬运服务、收派服务和文化体育服务。

(4)以纳入"营改增"试点之日前取得的有形动产为标的物提供的经营租赁服务。

(5)在纳入"营改增"试点之日前签订的尚未执行完毕的有形动产租赁合同。一般纳税人发生财政部和国家税务总局规定的特定应税行为,可以选择适用简易计税方法计税,但一经选择,36个月内不得变更。

四、进口货物应纳税额的计算

纳税人进口货物,无论是一般纳税人还是小规模纳税人,均应按照组成计税价格和规定的税率或征收率计算应纳税额,不允许抵扣发生在境外的任何税金。其计算公式为:

$$应纳税额=组成计税价格×税率$$

如果进口货物不征收消费税,则上述公式中组成计税价格的计算公式为:

$$组成计税价格=关税完税价格+关税$$

如果进口货物征收消费税,则上述公式中组成计税价格的计算公式为:

$$组成计税价格=关税完税价格+关税+消费税$$
$$=关税完税价格×(1+关税税率)÷(1-消费税税率)$$

根据《海关法》和《进出口关税条例》的规定,一般贸易项下进口货物的关税完税价格以海关审定的成交价格为基础的到岸价格作为完税价格。所谓成交价格,是指一般贸易项下进口货物的买方为购买该项货物向卖方实际支付或应当支付的价格;所谓到岸价格,包括货价,加上货物运抵我国关境内输入地点起卸前的包装费、运费、保险费和其他劳务费等费用。

特殊贸易项下进口的货物,由于进口时没有"成交价格"可作依据,《进出口关税条例》对这些进口货物制定了确定其完税价格的具体办法。

【做中学 2—12】 某外贸企业 2023 年 5 月份进口 500 件高档化妆品,支付国外买价等 35 000 元,支付关税 3 500 元;进口一批家电,共 400 台,支付国外买价等 42 000 元,支付关税 2 100 元。在海关缴纳相应的增值税,取得海关进口增值税专用缴款书,并在当月通过比对。

当月高档化妆品售出 300 件,取得不含税销售收入 45 000 元;销售家电 100 台,取得不含税销售收入 16 000 元;另外,企业销售其他商品取得不含税销售收入共计 85 000 元。高档化妆品消费税税率为 15%,家电不缴纳消费税。

要求:计算该外贸公司进口货物环节应纳增值税、当月销售货物应纳增值税。

解析:当月应纳增值税税额计算如下:

进口化妆品缴纳增值税的组成计税价格 $= \dfrac{35\,000 + 3\,500}{1 - 15\%} \approx 45\,294.12(元)$

进口化妆品应缴纳的增值税 $= 45\,294.12 \times 13\% \approx 5\,888.24(元)$

进口家电应缴纳的增值税 $= (42\,000 + 2\,100) \times 13\% = 5\,733(元)$

当月增值税销项税额 $= (45\,000 + 16\,000 + 85\,000) \times 13\% = 18\,980(元)$

进口环节缴纳的增值税可以凭海关开具的进口增值税专用缴款书作为进项税额抵扣凭证,在稽核比对通过后抵扣。

当月进项税额 $= 5\,888.24 + 5\,733 = 11\,621.24(元)$

当月应纳税额 $= 18\,980 - 11\,621.24 = 7\,358.76(元)$

任务五　增值税出口货物退(免)税

出口货物以不含国内流转税的价格参与全球市场竞争,是国际通行的惯例。我国依据国际惯例实行出口货物退(免)税政策,目的是平衡税负,使本国出口货物与其他国家地区的货物有相对平等的税收条件,从而增加出口,促进外向型经济的发展。

出口货物退(免)税是指在国际贸易业务中,对报关出口的货物、劳务和服务退还在国内各生产环节和流转环节按税法规定已缴纳的增值税,或免征应缴纳的增值税。

一、出口货物退(免)税的基本政策

我国出口货物、劳务和服务纳税的基本政策有以下三种:

(一)出口免税并退税

该政策是指对货物、劳务和服务在出口销售环节不征增值税,对货物、劳务和服务在出口前实际承担的税收负担,按规定的出口退税率计算后予以退还。

(二)出口免税但不退税

该政策是指出口环节免征增值税,对于适用该政策的货物、劳务或服务,由于在前一道生产、销售或出口环节是免税的,其价格本身就不含增值税,因此也就不需要退税。主要包括以下方面:

(1)出口企业或其他单位出口规定的货物,具体是指:增值税小规模纳税人出口货物;避孕药品和用具;古旧图书;软件产品;含黄金、铂金成分的货物;钻石及其饰品;国家计划内出口的卷烟;已

使用过的设备;非出口企业委托出口的货物;非列名生产企业出口的非视同自产货物;农业生产者自产农产品;油画、花生果仁、黑大豆等财政部和国家税务总局规定的出口免税的货物;外贸企业取得普通发票、废旧物资收购凭证、农产品收购发票、政府非税收入票据的货物;来料加工复出口货物;特殊区域内的企业出口的特殊区域内的货物;以人民币现金作为结算方式的边境地区出口企业从所在省(自治区)的边境口岸出口到接壤国家的一般贸易和边境小额贸易出口货物。

(2)"营改增"的免税规定。

①境内单位和个人销售的下列服务和无形资产免征增值税:工程项目在境外的建筑服务;工程项目在境外的工程监理服务;工程、矿产资源在境外的工程勘察勘探服务;会议展览地点在境外的会议展览服务;存储地点在境外的仓储服务;标的物在境外使用的有形动产租赁服务;在境外提供的广播影视节目(作品)的播映服务;在境外提供的文化体育服务、教育医疗服务、旅游服务;为出口货物提供的邮政服务、收派服务、保险服务(包括出口货物保险和出口信用保险)。

②向境外单位提供的完全在境外消费的下列服务和无形资产:电信服务;知识产权服务;物流辅助服务(仓储服务、收派服务除外);鉴证咨询服务;专业技术服务;商务辅助服务;广告投放地在境外的广告服务;无形资产。

③以无运输工具承运方式提供的国际运输服务。

④为境外单位之间的货币资金融通及其他金融业务提供的直接收费金融服务,且该服务与境内货物、无形资产和不动产无关。

(三)出口环节不免税也不退税

出口不免税是指对国家限制或禁止出口的货物,出口环节视同内销环节,照章征收增值税;出口不退税是指不退还该货物出口前其所负担的增值税。

二、适用"免税并退税"政策的出口货物、劳务和服务范围

对于下列出口货物、劳务和服务,除适用增值税免税政策和征税政策规定外,实行出口免税并退税政策。

(一)出口企业出口货物

出口企业是指生产企业和外贸企业。

出口货物是指向海关报关后实际离境并销售给境外单位或个人的货物,分为自营出口货物和委托出口货物两类。

(二)出口企业或其他单位视同出口货物

(1)出口企业对外援助、对外承包、境外投资的出口货物。

(2)出口企业经海关报关进入国家批准的出口加工区、保税物流园区、保税港区、综合保税区等特殊区域并销售给特殊区域内单位或境外单位、个人的货物。

(3)免税品经营企业销售的货物,国家规定不允许经营和限制出口的货物、卷烟和超出免税品经营企业经营范围的货物除外。

(4)出口企业或其他单位销售给用于国际金融组织或外国政府贷款国际招标建设项目的中标机电产品。

(5)生产企业向海上石油天然气开采企业销售的自产的海洋工程结构物。

(6)出口企业或其他单位销售给国际运输企业用于国际运输工具上的货物,包括外轮供应公司、远洋运输供应公司销售给外轮、远洋国轮的货物,以及自2011年1月1日起,国内航空供应公司生产销售给国内和国外航空公司国际航班的航空食品。

(7)出口企业或其他单位销售给特殊区域内生产企业生产耗用且不向海关报关而输入特殊区

域的水(包括蒸汽)、电力、燃气。

(三)出口企业对外提供加工修理修配劳务

对外提供加工修理修配劳务是指对进境复出口货物或从事国际运输的运输工具进行的加工修理修配。

(四)一般纳税人提供适用零税率的应税服务

自2016年5月1日起,单位和个人跨境应税行为适用增值税零税率。

三、增值税出口退税率

(一)退税率的一般规定

除财政部和国家税务总局根据国务院决定而明确的增值税出口退税率外,出口货物退税率为其适用税率。

(二)出口应税服务的退税率

应税服务退税率为应税服务适用的增值税税率。

(三)退税率的特殊规定

(1)外贸企业购进按简易办法征税的出口货物、从小规模纳税人购进的出口货物,其退税率分别为简易办法实际执行的征收率、小规模纳税人征收率。上述出口货物取得增值税专用发票的,退税率按照增值税专用发票上的税率和出口货物退税率孰低的原则确定。

(2)出口企业委托加工修理修配货物,其加工修理修配费用的退税率为出口货物的退税率。

(3)适用不同退税率的货物劳务,应分开报关、核算并申报退(免)税,未分开报关、核算或划分不清的,从低适用退税率。

四、增值税退(免)税办法选择

出口货物劳务适用增值税退(免)税政策的,具体执行办法有两种:免抵退办法和免退税办法。

(一)免抵退办法

1. 免抵退税的概念

免抵退税是指生产企业出口自产货物(含视同自产货物)、对外提供加工修理修配劳务,免征出口环节增值税,对相应的进项税额抵减应纳税额,未抵减完的部分予以退还。

2. 免抵退办法适用范围

(1)生产企业出口自产货物。

(2)视同自产货物,具体范围包括以下两种:

①持续经营以来从未发生骗取出口退税、虚开或接受虚开增值税专用发票(善意取得虚开增值税专用发票除外)行为且同时符合下列条件的生产企业出口的外购货物,可视同自产货物适用增值税退(免)税政策:已取得增值税一般纳税人资格;已持续经营2年及2年以上;纳税信用等级A级;上一年度销售额5亿元以上;外购出口的货物与本企业自产货物同类型或具相关性。

②持续经营以来从未发生骗取出口退税、虚开或接受虚开增值税专用发票(善意取得虚开增值税专用发票除外)行为但不能同时符合上述第①条规定的条件的生产企业,出口的外购货物符合下列条件之一的,可视同自产货物申报适用增值税退(免)税政策:用于对外承包工程项目下的货物;用于境外投资的货物;用于对外援助的货物;生产自产货物的外购设备和原材料(农产品除外)。

(3)对外提供加工修理修配劳务。

(4)列名的生产企业出口非自产货物。

（二）免退税办法

免退税办法，也称先征后退法，是指对不具有生产能力的出口企业或其他单位出口货物劳务，免征增值税，相应的进项税额予以退还。

免退税办法适用于有进出口经营权的外贸企业直接出口或委托其他外贸企业代理出口的货物，以及其他特准退税的企业出口的货物。

境内单位和个人提供适用零税率的应税服务，按下列规定选择适用的退（免）税办法：

(1)对适用简易计税方法的，实行免征增值税办法。

(2)对适用增值税一般计税方法的，按下列规定选择：①生产企业实行"免抵退"税办法；②外贸企业外购的研发服务和设计服务出口实行免退税办法；③外贸企业自行开发的研发服务和设计服务出口，视同生产企业连同其出口货物统一实行"免抵退"税办法。

五、增值税退（免）税的计税依据

出口货物劳务的增值税退（免）税的计税依据，按出口货物劳务的出口发票（外销发票）、其他普通发票或购进出口货物劳务的增值税专用发票、海关进口增值税专用缴款书确定。

（一）生产企业出口货物的规定

(1)生产企业出口货物劳务（进料加工复出口货物除外）增值税退（免）税计税依据，为出口货物劳务的实际离岸价（FOB）。

(2)生产企业进料加工复出口货物增值税退（免）税计税依据，为出口货物离岸价扣除出口货物所含的海关保税进口料件的金额后的余额。

(3)生产企业国内购进无进项税额且不计提进项税额的免税原材料加工后出口的货物的计税依据，为出口货物的离岸价扣除出口货物所含的国内购进免税原材料的金额后的余额。

（二）外贸企业出口货物的规定

(1)外贸企业出口货物（委托加工修理修配货物除外）增值税退（免）税依据，为购进出口货物的增值税专用发票注明的金额或海关进口增值税专用缴款书注明的完税价格。

(2)外贸企业出口委托加工修理修配货物增值税退（免）税依据，为加工修理修配费用增值税专用发票注明的金额。

（三）零税率应税服务

1. 实行免抵退办法的退（免）税计税依据

(1)以铁路运输方式载运旅客的，为按照铁路合作组织清算规则清算后的实际运输收入。

(2)以铁路运输方式载运货物的，为按照铁路运输进款清算办法清算后的实际运输收入。

(3)以航空运输方式载运货物或旅客的，如果国际运输或港澳台运输各航段由多个承运人承运的，为中国航空结算有限责任公司清算后的实际收入；如果国际运输或港澳台运输各航段由一个承运人承运的，为提供航空运输服务的收入。

(4)其他实行免抵退办法的增值税零税率应税服务，为提供应税服务取得的收入。

2. 实行退免税办法的退（免）税计税依据

实行退免税办法的退（免）税计税依据，为购进应税服务的增值税专用发票或税收缴款凭证上的税额。

六、增值税免抵退税和免退税的计算

（一）生产企业出口货物劳务服务增值税免抵退税计算

按照下列步骤和公式计算：

第一步，当期应纳税额的计算。

(1)当期应纳税额＝当期内销货物销项税额－(当期进项税额－当期免抵退税不得免征和抵扣税额)－上期留抵税额

(2)当期免抵退税不得免征和抵扣税额＝出口货物离岸价×汇率×(出口货物适用税率－出口货物退税率)－当期免抵退税不得免征和抵扣税额抵减额

(3)当期免抵退税不得免征和抵扣税额抵减额＝当期免税购进原材料价格×(出口货物适用税率－出口货物退税率)

如果当期没有免税购进原材料，上述公式中的(3)不用计算。

如果上述计算结果为正数，说明从内销货物销项税额中抵扣后仍有余额，该余额则为企业当期应纳的增值税税额，无退税额；如果计算结果为负数，则当"当期期末留抵税额＝当期应纳税额绝对值"，即有应退税额。应退税额大小在下面步骤分析确定。

第二步，当期免抵退税额的计算。

(1)当期免抵退税额＝当期出口货物离岸价×汇率×出口货物退税率－当期免抵退税额抵减额

(2)当期免抵退税额抵减额＝当期免税购进原材料价格×出口货物退税率

如果当期没有免税购进原材料，上述公式中的(2)不用计算。

第三步，当期应退税额和免抵税额的计算。

(1)当期应纳税额≥0，则：

$$当期应退税额＝0$$

(2)当期应纳税额＜0，且当期期末留抵税额≤当期免抵退税额，则：

$$当期应退税额＝当期期末留抵税额$$

$$当期免抵税额＝当期免抵退税额－当期应退税额$$

(3)当期应纳税额＜0，且当期期末留抵税额＞当期免抵退税额，则：

$$当期应退税额＝当期免抵退税额$$

$$当期免抵税额＝0$$

当期期末留抵税额为当期增值税纳税申报表中的"期末留抵税额"。

【做中学 2－13】 某自营出口生产企业是增值税一般纳税人，出口货物的征税率为13%，退税率为9%。2023年5月购进原材料一批，取得的增值税专用发票注明的价款为200万元，外购货物准予抵扣的进项税额为26万元，货已入库。上期期末留抵税额为3万元。当月内销货物销售额为100万元，销项税额为13万元。当月出口货物销售折合人民币200万元。

要求：计算该企业本期免抵退税额、应退税额、免抵税额。

解析：当期免抵退税不得免征和抵扣税额＝200×(13%－9%)＝8(万元)

当期应纳增值税额＝100×13%－(26－8)－3＝－8(万元)

当期出口货物免抵退税额＝200×13%＝26(万元)

当期应退税额＝8(万元)

当期免抵税额＝26－8＝18(万元)

(二)外贸企业出口货物劳务服务增值税免退税计算

(1)外贸企业出口委托加工修理修配货物以外的货物：

$$增值税应退税额＝购进出口货物的增值税专用发票注明的金额×出口货物退税率$$

(2)外贸企业出口委托加工修理修配货物：

$$增值税应退税额＝加工修理费用增值税专用发票注明的金额×出口货物退税率$$

(三)与增值税退(免)税相关的其他规定

(1)退税率低于适用税率的,相应计算出的差额部分的税款计入出口货物劳务成本。

(2)出口企业既有适用增值税免抵退项目,也有增值税即征即退、先征后退项目的,增值税即征即退和先征后退项目不参与出口项目免抵退税计算。出口企业应分别核算增值税免抵退项目和增值税即征即退、先征后退项目,并分别申请享受增值税即征即退、先征后退和免抵退税政策。

任务六 增值税的征收管理

一、增值税专用发票的使用和管理

一般纳税人应通过增值税防伪税控系统使用专用发票。使用包括领购、开具、缴销、认证、稽核对比专用发票及其相应的数据电文。

(一)专用发票的联次及用途

专用发票由基本联次或者基本联次附加其他联次构成,基本联次为三联:发票联、抵扣联和记账联。①发票联,是购买方核算采购成本和增值税进项税额的记账凭证;②抵扣联,是购买方报送主管税务机关认证和留存备查的凭证;③记账联,是销售方核算销售收入和增值税销项税额的记账凭证。

【提示】其他联次用途,由一般纳税人自行确定。

(二)专用发票的领购

一般纳税人领购专用设备后,凭"最高开票限额申请表""发票领购簿"到主管税务机关办理初始发行。所谓初始发行,是指主管税务机关将一般纳税人的企业名称、税务登记代码、开票限额、购票限量、购票人员姓名、密码、开票机数量及国家税务总局规定的其他信息等载入空白金税卡(或税盘)和IC卡的行为。一般纳税人凭"发票领购簿"、IC卡和经办人身份证明领购专用发票。

一般纳税人有下列情形之一者,不得领购使用专用发票:

(1)会计核算不健全,即不能按会计制度和税务机关的要求准确核算增值税的销项税额、进项税额和应纳税额数据及其他有关增值税税务资料的。其中,有关增值税税务资料的内容,由省、自治区、直辖市和计划单列市国家税务局确定。

(2)有《税收征收管理法》规定的税收违法行为,拒不接受税务机关处理的。

(3)有下列行为之一,经税务机关责令限期改正而仍未改正的:①虚开增值税专用发票;②私自印制专用发票;③向税务机关以外的单位和个人买取专用发票;④借用他人专用发票;⑤未按《增值税专用发票使用规定》第十一条开具专用发票;⑥未按规定保管专用发票和专用设备;⑦未按规定申请办理防伪税控系统变更发行;⑧未按规定接受税务机关检查。有以上情形的,如已领购专用发票,主管税务机关应暂扣其结存的专用发票和IC卡。

(三)专用发票的使用管理

1. 增值税专用发票的开具要求

①项目齐全,与实际交易相符;②字迹清楚,不得压线、错格;③发票联和抵扣联加盖财务专用章或者发票专用章;④按照增值税纳税义务的发生时间开具。

对不符合上述要求的专用发票,购买方有权拒收。

2. 增值税专用发票的开具范围

一般纳税人销售货物、劳务、服务、无形资产或者不动产,应向购买方开具专用发票,但属于下列情形之一的,不得开具增值税专用发票:

(1)商业企业一般纳税人零售的烟、酒、食品、服装、鞋帽(不包括劳保专用部分)、化妆品等消费品不得开具专用发票。

(2)增值税小规模纳税人发生应税行为,不得开具增值税专用发票。但购买方索取专用发票的,可向主管税务机关申请代开。

(3)销售货物、劳务、无形资产或者不动产适用免税规定的,不得开具专用发票,法律、法规及国家税务总局另有规定的除外。

(4)向消费者个人销售货物、劳务、服务、无形资产或不动产。

3. 增值税专用发票的开具限额

专用发票实行最高开票限额管理。最高开票限额是指单份专用发票开具的销售额合计数不得达到的上限额度。

最高开票限额由一般纳税人申请,税务机关依法审批。最高开票限额为10万元及以下的,由区县级税务机关审批;最高开票限额为100万元的,由地市级税务机关审批;最高开票限额为1 000万元及以上的,由省级税务机关审批。防伪税控系统的具体发行工作由区县级税务机关负责。

税务机关审批最高开票限额时应进行实地核查。批准使用最高开票限额为10万元及以下的,由区县级税务机关派人实地核查;批准使用最高开票限额为100万元的,由地市级税务机关派人实地核查;批准使用最高开票限额为1 000万元及以上的,由地市级税务机关派人实地核查后将核查资料报省级税务机关审核。

一般纳税人申请最高开票限额时,须填报"最高开票限额申请表"。

4. 专用发票的缴销

主管税务机关应缴销其专用发票,并按有关安全管理的要求处理专用设备。专用发票的缴销,是指主管税务机关在纸质专用发票监制章处按"V"字剪角作废,同时作废相应的专用发票数据电文。被缴销的纸质专用发票应退还纳税人。

一般纳税人注销税务登记或者转为小规模纳税人,应将专用设备和结存未用的纸质专用发票送交主管税务机关。

5. 新办纳税人实行增值税电子专用发票

(1)自2020年12月21日起,在天津、河北、上海、江苏、浙江、安徽、广东、重庆、四川、宁波和深圳11个地区的新办纳税人中实行专票电子化,受票方范围为全国。其中,宁波、石家庄和杭州3个地区已试点纳税人开具增值税电子专用发票(以下简称电子专票)的受票方范围扩至全国。

自2021年1月21日起,在北京、山西、内蒙古、辽宁、吉林、黑龙江、福建、江西、山东、河南、湖北、湖南、广西、海南、贵州、云南、西藏、陕西、甘肃、青海、宁夏、新疆、大连、厦门和青岛25个地区的新办纳税人中实行专票电子化,受票方范围为全国。

(2)电子专票由各省税务局监制,采用电子签名代替发票专用章,属于增值税专用发票,其法律效力、基本用途、基本使用规定等与增值税纸质专用发票(以下简称纸质专票)相同。

(3)自各地专票电子化实行之日起,本地区需要开具增值税纸质普通发票、增值税电子普通发票、纸质专票、电子专票、纸质机动车销售统一发票和纸质二手车销售统一发票的新办纳税人,统一领取税务UKey开具发票。税务机关向新办纳税人免费发放税务UKey,并依托增值税电子发票公共服务平台,为纳税人提供免费的电子专票开具服务。

(4)税务机关按照电子专票和纸质专票的合计数,为纳税人核定增值税专用发票领用数量。电子专票和纸质专票的增值税专用发票(增值税税控系统)最高开票限额应当相同。

(5)纳税人开具增值税专用发票时,既可以开具电子专票,也可以开具纸质专票。受票方索取纸质专票的,开票方应当开具纸质专票。

二、增值税的征收管理规定

(一)纳税时间

1. 基本规定

(1)纳税人销售货物、提供应税劳务或者提供应税行为,为收讫销售款项或者取得索取销售款项凭据的当天;先开具发票的,为开具发票的当天。

(2)纳税人进口货物,为报关进口的当天。

(3)增值税扣缴义务发生时间为纳税人增值税纳税义务发生的当天。

2. 纳税人销售货物或者提供应税劳务的具体规定

销售货物或者提供应税劳务的纳税义务发生时间,按销售结算方式的不同,具体为:

(1)采取直接收款方式销售货物,不论货物是否发出,均为收到销售款或取得索取销售款凭据的当天。

纳税人在生产经营活动中采取直接收款方式销售货物,已将货物移送对方并暂估销售收入入账,但未收到销售款或取得销售款凭据也未开具销售发票的,其增值税纳税义务发生时间为收到销售款或取得销售款凭据的当天;先开具发票的,为开具发票的当天。

(2)采取托收承付和委托银行收款方式销售货物,为发出货物并办妥托收手续的当天。

(3)采取赊销和分期收款方式销售货物,为书面合同约定收款日期的当天;无书面合同或者书面合同没有约定收款日期的,为货物发出的当天。

(4)采取预收货款方式销售货物,为货物发出的当天。但生产销售、生产工期超过12个月的大型机械设备、船舶、飞机等货物,为收到预收款或者书面合同约定的收款日期的当天。

(5)委托其他纳税人代销货物,为收到代销单位的代销清单或者收到全部或者部分货款的当天;未收到代销清单及货款的,其纳税义务发生时间为发出代销货物满180日的当天。

(6)销售应税劳务,为提供劳务同时收讫销售款或取得销售款凭据的当天。

(7)纳税人发生视同销售货物行为,为货物移送的当天。

3. "营改增"行业增值税纳税义务、扣缴义务发生时间

(1)增值税纳税义务发生时间为纳税人发生应税行为并收讫销售款项或者取得销售款项凭据的当天;先开具发票的,为开具发票的当天。

取得销售款项凭据的当天,是指书面合同确定的付款日期;未签订书面合同或者书面合同未确定付款日期的,为服务、无形资产转让完成的当天或者不动产权属变更的当天。

(2)纳税人提供建筑服务、租赁服务采取预收款方式的,其纳税义务发生时间为收到预收款的当天。

(3)纳税人从事金融商品转让的,其纳税义务发生时间为金融商品所有权转移的当天。

(4)纳税人发生视同销售服务、无形资产或者不动产情形的,其纳税义务发生时间为服务、无形资产转让完成的当天或者不动产权属变更的当天。

(5)增值税扣缴义务发生时间为纳税人增值税纳税义务发生的当天。

(二)纳税期限

1. 增值税纳税期限的规定

增值税的纳税期限规定为1日、3日、5日、10日、15日、1个月或者1个季度。纳税人的具体纳税期限,由主管税务机关根据纳税人应纳税额的大小分别核定;不能按照固定期限纳税的,可以按次纳税。

【提示】 增值税小规模纳税人的增值税纳税可以选择以1个月或1个季度为纳税期限。自2019年1月1日起,按固定期限纳税的小规模纳税人可以选择以1个月或1个季度为纳税期限,一经选择,一个会计年度内不得变更。小规模纳税人,纳税期限不同,其享受增值税免税政策的效果可能存在差异。

为确保小规模纳税人充分享受政策,按照固定期限纳税的小规模纳税人可以根据自己的实际经营情况选择实行按月纳税或按季纳税。为确保年度内纳税人的纳税期限相对稳定,同时明确了一经选择,一个会计年度内不得变更。

2. 增值税报缴税款期限的规定

(1)纳税人以1个月或者1个季度为纳税期的,自期满之日起15日内申报纳税;以1日、3日、5日、10日或者15日为1个纳税期的,自期满之日起5日内预缴税款,于次月1日起15日内申报纳税并结清上月应纳税款。扣缴义务人解缴税款的期限,按照上述规定执行。

(2)纳税人进口货物,自海关填发海关进口增值税专用缴款书之日起15日内缴纳税款。

(三)纳税地点

一般情况下,增值税实行"就地纳税"原则,其规定具体如下:

1. 固定业户的纳税地点

(1)固定业户应当向其机构所在地主管税务机关申报纳税。总机构和分支机构不在同一县(市)的,应当分别向各自所在地主管税务机关申报纳税;经国务院财政、税务主管部门或者其授权的财政、税务机关批准,可以由总机构汇总向总机构所在地主管税务机关申报纳税。

(2)固定业户到外县(市)销售货物或者提供应税劳务的,应当向其机构所在地主管税务机关申请开具外出经营活动税收管理证明,向其机构所在地主管税务机关申报纳税。未开具证明的,应当向销售地或者劳务发生地主管税务机关申报纳税;未向销售地或者劳务发生地主管税务机关申报纳税的,由其机构所在地主管税务机关补征税款。

【提示】 固定业户(指增值税一般纳税人)临时到外省、市销售货物的,必须向经营地税务机关出示"外出经营活动税收管理证明",回原地纳税,需要向购货方开具专用发票的,也回原地补开。

2. 非固定业户增值税纳税地点

非固定业户销售货物或者提供应税劳务和应税行为,应当向销售地或者劳务和应税行为发生地主管税务机关申报纳税;未向销售地或者劳务和应税行为发生地主管税务机关申报纳税的,由其机构所在地或居住地主管税务机关补征税款。

3. 进口货物增值税纳税地点

进口货物,应当由进口人或其代理人向报关地海关申报纳税。

扣缴义务人应当向其机构所在地或者居住地的主管税务机关申报缴纳其扣缴的税款。

4. 其他情况

(1)其他个人提供建筑服务,销售或者租赁不动产,转让自然资源使用权应向建筑服务发生地、不动产所在地、自然资源所在地主管税务机关申报纳税。

(2)纳税人跨县(市)提供建筑服务,在建筑服务发生地预缴税款后,向机构所在地主管税务机关申报纳税。

(3)纳税人销售不动产,在不动产所在地预缴税款后,向机构所在地主管税务机关申报纳税。

(4)纳税人租赁不动产,在不动产所在地预缴税款后,向机构所在地主管税务机关申报纳税。

一般纳税人跨省(自治区、直辖市或者计划单列市)提供建筑服务或者销售与机构所在地不在同一省(自治区、直辖市或者计划单列市)的不动产,在机构所在地申报纳税时,计算的应纳税额小于已预缴税额,且差额较大的,由国家税务总局通知建筑服务发生地或者不动产所在地省级税务机关,在一定时期内暂停预缴增值税。

三、增值税的纳税申报[①]

为贯彻落实中办、国办印发的《关于进一步深化税收征管改革的意见》,深入推进税务领域"放管服"改革,优化营商环境,切实减轻纳税人、缴费人申报负担,自2021年8月1日起,全面推行增值税、消费税分别与附加税费申报表整合工作。

增值税、消费税分别与附加税费申报表整合,是指将"增值税纳税申报表(一般纳税人适用)""增值税纳税申报表(小规模纳税人适用)"及其附列资料、"增值税预缴税款表""消费税纳税申报表"分别与"城市维护建设税教育费附加地方教育附加申报表"整合,启用"增值税及附加税费申报表(一般纳税人适用)""增值税及附加税费申报表(小规模纳税人适用)""增值税及附加税费预缴表"及其附列资料和"消费税及附加税费申报表"。

纳税人申报增值税、消费税时,应一并申报附征的城市维护建设税、教育费附加和地方教育附加等附加税费。

新启用的"增值税及附加税费申报表(一般纳税人适用)""增值税及附加税费申报表(小规模纳税人适用)""增值税及附加税费预缴表"及其附列资料和"消费税及附加税费申报表"中,附加税费申报表作为附列资料或附表,纳税人在进行增值税、消费税申报的同时完成附加税费申报。通过整合各税费种申报表,实现多税费种"一张报表、一次申报、一次缴款、一张凭证",提高了办税效率。

【提示】具体为纳税人填写增值税、消费税相关申报信息后,自动带入附加税费附列资料(附表);纳税人填写完附加税费其他申报信息后,回到增值税、消费税申报主表,形成纳税人本期应缴纳的增值税、消费税和附加税费数据。上述表内信息预填均由系统自动实现。

(一)一般纳税人的纳税申报流程

1. 提供纳税申报资料

一般纳税人纳税申报资料包括纳税申报表及其附列资料和纳税申报其他资料,具体包括:

(1)《增值税及附加税费申报表(一般纳税人适用)》及其附列资料(参见表2—7到表2—15)。

①主表:增值税及附加税费申报表(一般纳税人适用),见表2—7;
②增值税及附加税费申报表附列资料(一)(本期销售情况明细),见表2—8;
③增值税及附加税费申报表附列资料(二)(本期进项税额明细),见表2—9;
④增值税及附加税费申报表附列资料(三)(服务、不动产和无形资产扣除项目明细),见表2—10;
⑤增值税及附加税费申报表附列资料(四)(税额抵减情况表),见表2—11;
⑥增值税及附加税费申报表附列资料(五)(附加税费情况表),见表2—12;
⑦增值税减免税申报明细表,见表2—13;
⑧增值税及附加税费预缴表,见表2—14;
⑨增值税及附加税费预缴表附列资料(附加税费情况表),见表2—15。

---

① 本部分内容重点掌握。本部分内容采用最新的报表和最新的内容编写而成,请结合相关可视化视频讲解。

表 2—7

增值税纳税申报表
（一般纳税人适用）

根据国家税收法律法规及增值税相关规定制定本表。纳税人不论有无销售额，均应按税务机关核定的纳税期限填写本表，并向当地税务机关申报。

税款所属时间：自　年　月　日至　年　月　日　　填表日期：　年　月　日　　　　　　　　金额单位：元（列至角分）

纳税人识别号（统一社会信用代码）：□□□□□□□□□□□□□□□□□□

纳税人名称		法定代表人姓名		注册地址		生产经营地址	
开户银行及账号		登记注册类型				电话号码	

	项　目	栏　次	一般项目		即征即退项目	
			本月数	本年累计	本月数	本年累计
销售额	（一）按适用税率计税销售额	1				
	其中：应税货物销售额	2				
	应税劳务销售额	3				
	纳税检查调整的销售额	4				
	（二）按简易办法计税销售额	5				
	其中：纳税检查调整的销售额	6				
	（三）免、抵、退办法出口销售额	7			—	—
	（四）免税销售额	8			—	—
	其中：免税货物销售额	9			—	—
	免税劳务销售额	10			—	—
税款计算	销项税额	11				
	进项税额	12				
	上期留抵税额	13				
	进项税额转出	14				
	免、抵、退应退税额	15				
	按适用税率计算的纳税检查应补缴税额	16				
	应抵扣税额合计	17＝12＋13－14－15＋16			—	—
	实际抵扣税额	18（如 17＜11，则为17，否则为 11）				
	应纳税额	19＝11－18				
	期末留抵税额	20＝17－18			—	—
	简易计税办法计算的应纳税额	21				
	按简易计税办法计算的纳税检查应补缴税额	22				
	应纳税额减征额	23				
	应纳税额合计	24＝19＋21－23				
税款缴纳	期初未缴税额（多缴为负数）	25				
	实收出口开具专用缴款书退税额	26			—	—
	本期已缴税额	27＝28＋29＋30＋31				
	①分次预缴税额	28			—	—
	②出口开具专用缴款书预缴税额	29			—	—
	③本期缴纳上期应纳税额	30				
	④本期缴纳欠缴税额	31				
	期末未缴税额（多缴为负数）	32＝24＋25＋26－27				
	其中：欠缴税额（≥0）	33＝25＋26－27			—	—
	本期应补（退）税额	34＝24－28－29				
	即征即退实际退税额	35	—	—		
	期初未缴查补税额	36				
	本期入库查补税额	37				
	期末未缴查补税额	38＝16＋22＋36－37				
附加税费	城市维护建设税本期应补（退）税额	39			—	—
	教育费附加本期应补（退）费额	40			—	—
	地方教育附加本期应补（退）费额	41			—	—

声明：此表是根据国家税收法律法规及相关规定填写的，本人（单位）对填报内容（及附带资料）的真实性、可靠性、完整性负责。

　　　　　　　　　　　　　　　　　　　　　　　　　　　　　纳税人（签章）：　年 月 日

经办人：	
经办人身份证号：	受理人：
代理机构签章：	
代理机构统一社会信用代码：	受理税务机关（章）：　　受理日期：　年 月 日

表 2—8

增值税纳税申报表附列资料（一）

（本期销售情况明细）

税款所属时间：　　年　月　日至　　年　月　日

纳税人名称：（公章）

金额单位：元至角分

项目及栏次				开具增值税专用发票		开具其他发票		未开具发票		纳税检查调整		合计			服务、不动产和无形资产扣除项目本期实际扣除金额	扣除后	
				销售额	销项（应纳）税额	销售额	销项（应纳）税额	销售额	销项（应纳）税额	销售额	销项（应纳）税额	销售额	销项（应纳）税额	价税合计		含税（免税）销售额	销项（应纳）税额
				1	2	3	4	5	6	7	8	9=1+3+5+7	10=2+4+6+8	11=9+10	12	13=11−12	14=13÷(100%+税率或征收率)×税率或征收率
一、一般计税方法计税	全部征税项目	13%税率的货物及加工修理修配劳务	1														
		13%税率的服务、不动产和无形资产	2														
		9%税率的货物及加工修理修配劳务	3														
		9%税率的服务、不动产和无形资产	4														
		6%税率	5														
	其中：即征即退项目	即征即退货物及加工修理修配劳务	6	—	—	—	—	—	—	—	—	—	—	—	—	—
		即征即退服务、不动产和无形资产	7	—	—	—	—	—	—	—	—	—	—	—	—	—
二、简易计税方法计税	全部征税项目	6%征收率	8														
		5%征收率的货物及加工修理修配劳务	9a														
		5%征收率的服务、不动产和无形资产	9b														
		4%征收率	10														
		3%征收率的货物及加工修理修配劳务	11														
		3%征收率的服务、不动产和无形资产	12														
		预征率　%	13a	—	—												
		预征率　%	13b	—	—												
		预征率　%	13c	—	—												
	其中：即征即退项目	即征即退货物及加工修理修配劳务	14	—	—	—	—	—	—	—	—	—	—	—	—	—
		即征即退服务、不动产和无形资产	15	—	—	—	—	—	—	—	—	—	—	—	—	—
三、免抵退税		货物及加工修理修配劳务	16														
		服务、不动产和无形资产	17														
四、免税		货物及加工修理修配劳务	18														
		服务、不动产和无形资产	19														

表 2—9

增值税纳税申报表附列资料(二)
(本期进项税额明细)

税款所属时间： 年 月 日至 年 月 日

纳税人名称：(公章)　　　　　　　　　　　　　　　　　　　　　　　　　　　　金额单位：元至角分

一、申报抵扣的进项税额				
项　目	栏次	份数	金额	税额
(一)认证相符的增值税专用发票	1＝2＋3			
其中:本期认证相符且本期申报抵扣	2			
前期认证相符且本期申报抵扣	3			
(二)其他扣税凭证	4＝5＋6＋7＋8a＋8b			
其中:海关进口增值税专用缴款书	5			
农产品收购发票或者销售发票	6			
代扣代缴税收缴款凭证	7		—	
加计扣除农产品进项税额	8a	—	—	
其他	8b			
(三)本期用于购建不动产的扣税凭证	9			
(四)本期用于抵扣的旅客运输服务扣税凭证	10			
(五)外贸企业进项税额抵扣证明	11			
当期申报抵扣进项税额合计	12＝1＋4＋11			

二、进项税额转出额		
项　目	栏次	税额
本期进项税额转出额	13＝14至23之和	
其中:免税项目用	14	
集体福利、个人消费	15	
非正常损失	16	
简易计税方法征税项目用	17	
免抵退税办法不得抵扣的进项税额	18	
纳税检查调减进项税额	19	
红字专用发票信息表注明的进项税额	20	
上期留抵税额抵减欠税	21	
上期留抵税额退税	22	
其他应作进项税额转出的情形	23	

三、待抵扣进项税额				
项　目	栏次	份数	金额	税额
(一)认证相符的增值税专用发票	24	—	—	
期初已认证相符但未申报抵扣	25			
本期认证相符且本期未申报抵扣	26			
期末已认证相符但未申报抵扣	27			
其中:按照税法规定不允许抵扣	28			
(二)其他扣税凭证	29＝30至33之和			
其中:海关进口增值税专用缴款书	30			
农产品收购发票或者销售发票	31			
代扣代缴税收缴款凭证	32			
其他	33			
	34			

四、其他				
项　目	栏次	份数	金额	税额
本期认证相符的增值税专用发票	35			
代扣代缴税额	36	—	—	

表 2-10　　　　　　　　　　　　　**增值税纳税申报表附列资料（三）**
（服务、不动产和无形资产扣除项目明细）

税款所属时间：　　年　月　日至　　年　月　日

纳税人名称：(公章)　　　　　　　　　　　　　　　　　　　　　　　　　　　　　金额单位：元至角分

项目及栏次		本期服务、不动产和无形资产价税合计额（免税销售额）	服务、不动产和无形资产扣除项目				
			期初余额	本期发生额	本期应扣除金额	本期实际扣除金额	期末余额
		1	2	3	4=2+3	5(5≤1且5≤4)	6=4-5
13%税率的项目	1						
9%税率的项目	2						
6%税率的项目(不含金融商品转让)	3						
6%税率的金融商品转让项目	4						
5%征收率的项目	5						
3%征收率的项目	6						
免抵退税的项目	7						
免税的项目	8						

表 2-11　　　　　　　　　　　　　**增值税纳税申报表附列资料（四）**
（税额抵减情况表）

税款所属时间：　　年　月　日至　　年　月　日

纳税人名称：(公章)　　　　　　　　　　　　　　　　　　　　　　　　　　　　　金额单位：元至角分

		一、税额抵减情况				
序号	抵减项目	期初余额	本期发生额	本期应抵减税额	本期实际抵减税额	期末余额
		1	2	3=1+2	4≤3	5=3-4
1	增值税税控系统专用设备费及技术维护费					
2	分支机构预征缴纳税款					
3	建筑服务预征缴纳税款					
4	销售不动产预征缴纳税款					
5	出租不动产预征缴纳税款					
		二、加计抵减情况					
序号	加计抵减项目	期初余额	本期发生额	本期调减额	本期可抵减额	本期实际抵减额	期末余额
		1	2	3	4=1+2-3	5	6=4-5
6	一般项目加计抵减额计算						
7	即征即退项目加计抵减额计算						
8	合　计						

表2—12　　　　　　　　　　　增值税及附加税费申报表附列资料(五)
(附加税费情况表)

税(费)款所属时间：　　年　　月　　日至　　年　　月　　日

纳税人名称:(公章)　　　　　　　　　　　　　　　　　　　　　　　　　　　　　金额单位:元至角分

税(费)种		计税(费)依据			税(费)率(%)	本期应纳税(费)额	本期减免税(费)额		试点建设培育产教融合型企业		本期已缴税(费)额	本期应补(退)税(费)额
		增值税税额	增值税免抵税额	留抵退税本期扣除额			减免性质代码	减免税(费)额	减免性质代码	本期抵免金额		
		1	2	3	4	5=(1+2-3)×4	6	7	8	9	10	11=5-7-9-10
城市维护建设税	1											
教育费附加	2											
地方教育附加	3											
合　计	4	—	—	—	—		—		—			
本期是否适用试点建设培育产教融合型企业抵免政策		□是 □否	当期新增投资额				5					
			上期留抵可抵免金额				6					
			结转下期可抵免金额				7					
可用于扣除的增值税留抵退税额使用情况			当期新增可用于扣除的留抵退税额				8					
			上期结存可用于扣除的留抵退税额				9					
			结转下期可用于扣除的留抵退税额				10					

表2—13　　　　　　　　　　　增值税减免税申报明细表

纳税人名称(公章):　　　　　税款所属时间:自　年　月　日至　年　月　日　　　　金额单位:元至角分

一、减税项目

减税性质代码及名称	栏次	期初余额	本期发生额	本期应抵减税额	本期实际抵减税额	期末余额
		1	2	3=1+2	4≤3	5=3-4
合　计	1					
	2					
	3					
	4					
	5					
	6					

二、免税项目

免税性质代码及名称	栏次	免征增值税项目销售额	免税销售额扣除项目本期实际扣除金额	扣除后免税销售额	免税销售额对应的进项税额	免税额
		1	2	3=1-2	4	5
合　计	7					
出口免税	8		—		—	—
其中:跨境服务	9		—		—	—
	10					
	11					
	12					
	13					
	14					
	15					
	16					

表 2—14　　　　　　　　　　　　　增值税及附加税费预缴表

　　　　　　　　　　　税款所属时间：　　年　　月　　日至　　年　　月　　日

纳税人识别号（统一社会信用代码）：□□□□□□□□□□□□□□□□□□□□
是否适用一般计税方法　　是 □　否 □
纳税人名称：
项目编号：　　　　　　　　　　项目名称：　　　　　　　　　金额单位:元(列至角分)
项目地址：

预征项目和栏次		销售额	扣除金额	预征率	预征税额
		1	2	3	4
建筑服务	1				
销售不动产	2				
出租不动产	3				
	4				
	5				
合计	6				
附加税费					
城市维护建设税实际预缴税额			教育费附加实际预缴费额		地方教育附加实际预缴费额	

声明:此表是根据国家税收法律法规及相关规定填写的,本人(单位)对填报内容(及附带资料)的真实性、可靠性、完整性负责。

　　　　　　　　　　　　　　　　　　　　　纳税人(签章)：　　　年　　月　　日

经办人： 经办人身份证号： 代理机构签章： 代理机构统一社会信用代码：	受理人： 受理税务机关(章)：　受理日期：　年　月　日

表 2—15　　　　　　　　　　增值税及附加税费预缴表附列资料
　　　　　　　　　　　　　　　　（附加税费情况表）

　　　　　　　　　　　税(费)款所属时间：　　年　月　日至　　年　月　日

纳税人名称:(公章)　　　　　　　　　　　　　　　　　　　　金额单位:元(列至角分)

税(费)种	计税(费)依据 增值税预缴税额	税(费)率(%)	本期应纳税(费)额	本期减免税(费)额		增值税小规模纳税人"六税两费"减征政策			本期实际预缴税(费)额
				减免性质代码	减免税(费)额	本期是否适用 □是 □否			
						减征比例(%)	减征额		
	1	2	3=1×2	4	5	6	7=(3-5)×6		8=3-5-7
城市维护建设税									
教育费附加									
地方教育附加									
合　计		—		—		—			

(2)纳税申报其他资料。

①已开具的税控机动车销售统一发票和普通发票的存根联。

②符合抵扣条件且在本期申报抵扣的增值税专用发票(含税控机动车销售统一发票)的抵扣联。

③符合抵扣条件且在本期申报抵扣的海关进口增值税专用缴款书、购进农产品取得的普通发票的复印件。

④符合抵扣条件且在本期申报抵扣的税收完税凭证及其清单、书面合同、付款证明和境外单位的对账单或者发票。

⑤已开具的农产品收购凭证的存根联或报查联。

⑥纳税人销售服务、不动产和无形资产,在确定服务、不动产和无形资产销售额时,按照有关规定从取得的全部价款和价外费用中扣除价款的合法凭证及其清单。

⑦主管税务机关规定的其他资料。

2. 填报增值税纳税申报表

一般纳税人按照其企业实际情况填写一张主表(必填)、附表和增值税减免税申报明细表、增值税及附加税费预缴表附列资料。

3. 办理税款缴纳流程

办理税款缴纳手续前,还需完成专用发票认证(或选择抵扣)、抄税、报税、办理申报并缴纳税款等工作。

(1)专用发票认证(或选择抵扣)。增值税专用发票的认证方式可选择手工认证和网上认证。手工认证是单位办税员月底持专用发票"抵扣联"到所属主管税务机关服务大厅"认证窗口"进行认证;网上认证是纳税人月底前通过扫描仪将专用发票抵扣联扫入认证专用软件,生成电子数据,将数据文件传给税务机关完成认证。自2016年5月1日起,纳税信用A或B级纳税人对取得的增值税专用发票可以不再进行认证,通过增值税发票税控开票软件登录本省增值税发票查询平台,查询、选择用于申报抵扣或者出口退税的增值税发票信息。

(2)抄税。抄税是在当月的最后一天,通常是在次月1日早上开票前,利用防伪税控开票进行抄税处理,将本月开具的增值税专用发票信息读入IC卡。抄税完成后,本月不允许再开具发票。

(3)报税。报税是报税期内,一般单位在15日前,将IC卡拿到税务机关,由税务人员将IC卡信息读入税务机关的金税系统,通过抄税,税务机关确保所有开具的销项发票进入金税系统。通过报税,税务机关确保所有的进项税额都进入金税系统,可以在系统内由系统进行自动比对,确保所有抵扣的进项发票都有销项发票与其对应。

(4)办理申报并缴纳税款。申报工作可分为上门申报和网上申报(现在以网上申报为主)两种。税务机关将申报表数据传给开户银行,由银行进行自动转账。未实行税库银联网的纳税人需自己到税务机关指定银行进行现金缴纳。

(二)小规模纳税人的纳税申报流程

1. 提供纳税申报资料

增值税小规模纳税人纳税申报表及其附列资料包括:增值税纳税申报表(小规模纳税人适用)、增值税纳税申报表(小规模纳税人适用)附列资料和增值税减免税申报明细表。小规模纳税人销售服务,在确定服务销售额时,按照有关规定可以从取得的全部价款和价外费用中扣除价款的,需填报增值税纳税申报表(小规模纳税人适用)附列资料。其他情况不填写该附列资料。

(客户端)
增值税小规模纳税人申报操作手册

增值税小规模纳税人纳税申报表及其附列资料包括：

(1)增值税及附加税费申报表(小规模纳税人适用)，见表2—16；

(2)增值税及附加税费申报表(小规模纳税人适用)附列资料(一)(服务、不动产和无形资产扣除项目明细)，见表2—17；

(3)增值税及附加税费申报表(小规模纳税人适用)附列资料(二)(附加税费情况表)，见表2—18。

2. 填报小规模纳税人纳税申报表及附列资料

3. 办理税款缴纳手续

【提示】增值税小规模纳税人发生增值税应税销售行为,合计月销售额未超过15万元(以1个季度为1个纳税期的,季度销售额未超过45万元)的,免征增值税的销售额等项目应当填写在"增值税及附加税费申报表(小规模纳税人适用)""小微企业免税销售额"或者"未达起征点销售额"相关栏次,如果没有其他免税项目,则无须填报"增值税减免税申报明细表";合计月销售额超过15万元的,免征增值税的全部销售额等项目应当填写在"增值税及附加税费申报表(小规模纳税人适用)""其他免税销售额"栏次及"增值税减免税申报明细表"对应栏次。

表2—16　　　　　　　　　增值税及附加税费申报表

(小规模纳税人适用)

纳税人识别号(统一社会信用代码)：□□□□□□□□□□□□□□□□□□□□

纳税人名称：　　　　　　　　　　　　　　　　　　　　　　　　　　金额单位:元至角分

税款所属期：　　年　月　日至　　年　月　日　　　　　　　　填表日期：　年　月　日

项目		栏次	本期数		本年累计	
			货物及劳务	服务、不动产和无形资产	货物及劳务	服务、不动产和无形资产
一、计税依据	(一)应征增值税不含税销售额(3%征收率)	1				
	增值税专用发票不含税销售额	2				
	其他增值税发票不含税销售额	3				
	(二)应征增值税不含税销售额(5%征收率)	4		—		—
	增值税专用发票不含税销售额	5		—		—
	其他增值税发票不含税销售额	6		—		—
	(三)销售使用过的固定资产不含税销售额	7(7≥8)		—		—
	其中:其他增值税发票不含税销售额	8		—		—
	(四)免税销售额	9=10+11+12				
	其中:小微企业免税销售额	10				
	未达起征点销售额	11				
	其他免税销售额	12				
	(五)出口免税销售额	13(13≥14)				
	其中:其他增值税发票不含税销售额	14				
二、税款计算	本期应纳税额	15				
	本期应纳税额减征额	16				
	本期免税额	17				
	其中:小微企业免税额	18				
	未达起征点免税额	19				
	应纳税额合计	20=15−16				
	本期预缴税额	21			—	—
	本期应补(退)税额	22=20−21				
三、附加税费	城市维护建设税本期应补(退)税额	23				
	教育费附加本期应补(退)费额	24				
	地方教育附加本期应补(退)费额	25				

续表

声明:此表是根据国家税收法律法规及相关规定填写的,本人(单位)对填报内容(及附带资料)的真实性、可靠性、完整性负责。
纳税人(签章):　　　年　　月　　日
经办人:　　　　　　　　　　　　　　　　受理人: 经办人身份证号: 代理机构签章:　　　　　　　　　　　　　受理税务机关(章):　　受理日期:　　年　　月　　日   代理机构统一社会信用代码:

表 2—17　　　增值税及附加税费申报表(小规模纳税人适用)附列资料(一)
(服务、不动产和无形资产扣除项目明细)

税款所属期:　　年　　月　　日至　　年　　月　　日　　　　　填表日期:　　年　　月　　日
纳税人名称(公章):　　　　　　　　　　　　　　　　　　　　金额单位:元(列至角分)

应税行为(3%征收率)扣除额计算			
期初余额	本期发生额	本期扣除额	期末余额
1	2	3(3≤1+2之和,且 3≤5)	4=1+2−3

应税行为(3%征收率)计税销售额计算			
全部含税收入(适用3%征收率)	本期扣除额	含税销售额	不含税销售额
5	6=3	7=5−6	8=7÷1.03

应税行为(5%征收率)扣除额计算			
期初余额	本期发生额	本期扣除额	期末余额
9	10	11(11≤9+10之和,且 11≤13)	12=9+10−11

应税行为(5%征收率)计税销售额计算			
全部含税收入(适用5%征收率)	本期扣除额	含税销售额	不含税销售额
13	14=11	15=13−14	16=15÷1.05

表 2—18　　　增值税及附加税费申报表(小规模纳税人适用)附列资料(二)
(附加税费情况表)

税(费)款所属时间:　　年　　月　　日至　　年　　月　　日
纳税人名称:(公章)　　　　　　　　　　　　　　　　　　　　金额单位:元(列至角分)

税(费)种	计税(费)依据		税(费)率(%)	本期应纳税(费)额	本期减免税(费)额		增值税小规模纳税人"六税两费"减征政策			本期已缴税(费)额	本期应补(退)税(费)额
:::	增值税预缴税额		:::	:::	减免性质代码	减免税(费)额	本期是否适用 □是 □否			:::	:::
:::	:::		:::	:::	:::	:::	减征比例(%)	减征额		:::	:::
:::	1	2	3=1×2	4	5	6	7=(3−5)×6	8	9=3−5−7−8	
城市维护建设税											
教育费附加											
地方教育附加											
合　计	—	—		—			—				

应知考核

一、单项选择题

1. 按照《增值税暂行条例》的规定,小规模纳税人适用的法定征收率是(　　)。
   A. 4%　　　　　　B. 6%　　　　　　C. 3%　　　　　　D. 2%
2. 我国增值税实行全面"转型"指的是(　　)。
   A. 由过去的生产型转为收入型　　　　B. 由过去的收入型转为消费型
   C. 由过去的生产型转为消费型　　　　D. 由过去的消费型转为生产型
3. 下列各项中,既是增值税法定税率,又是增值税进项税额扣除率的是(　　)。
   A. 7%　　　　　　B. 9%　　　　　　C. 13%　　　　　D. 17%
4. 下列项目中,属于有形动产租赁的是(　　)。
   A. 房屋出租业务　　　　　　　　　　B. 远洋运输程租业务
   C. 远洋运输光租业务　　　　　　　　D. 航空运输湿租业务
5. 下列各项中,适用增值税出口退税"免、退"税办法的是(　　)。
   A. 收购货物出口的外贸企业　　　　　B. 受托代理出口货物的外贸企业
   C. 自营出口自产货物的生产企业　　　D. 委托出口自产货物的生产企业

二、多项选择题

1. 下列各项中,免征增值税的有(　　)。
   A. 林场销售树苗
   B. 张三向李四卖出自家轿车
   C. 英国某公司无偿援助某山区的进口物资和设备
   D. 残疾人组织直接进口供残疾人专用的物品
2. 下列项目中,适用6%增值税税率的有(　　)。
   A. 有形动产租赁　　B. 文化创意服务　　C. 装卸搬运服务　　D. 基础电信服务
3. 下列项目中,属于不得开具增值税专用发票的有(　　)。
   A. 向消费者个人提供的应税服务
   B. 适用免征增值税规定的应税服务
   C. 商业企业一般纳税人零售的烟、酒等消费品
   D. 小规模纳税人提供的应税服务
4. 下列项目中,不须办理一般纳税人资格认定的有(　　)。
   A. 个体工商户
   B. 自然人
   C. 选择按照小规模纳税人纳税的不经常发生应税行为的企业
   D. 选择按照小规模纳税人纳税的非企业性单位
5. 下列项目中,属于非正常损失的购进货物有(　　)。
   A. 因管理不善造成被盗　　　　　　　B. 因管理不善造成丢失
   C. 因管理不善造成霉烂变质　　　　　D. 自然灾害造成的损失

三、判断题

1. 增值税的征收率仅适用于小规模纳税人,不适用于一般纳税人。　　　　　　　　(　　)

2. 按照增值税税法的有关规定,销售折扣可以从销售额中减除。（   ）
3. 增值税一般纳税人购进用于对外捐赠的货物,取得法定扣税凭证的,可以抵扣增值税进项税额。（   ）
4. 避孕药品和用具、古旧图书,内销免税,出口不免税。（   ）
5. 某商贸公司进口残疾人专用物品,可以按规定享受减免进口增值税。（   ）

四、简述题

1. 简述增值税的分类。
2. 简述增值税的特点。
3. 简述增值税的作用。
4. 简述增值税专用发票的开具要求。
5. 简述我国出口货物、劳务和服务纳税的基本政策。

应会考核

■ 观念应用

增值税销售额及增值税销项税额

甲公司为增值税一般纳税人,2023年5月将自产的一批新电器300件作为福利发放给公司员工。目前,市场上还没有与该类新电器类似的同类产品,因此,也没有同类产品的销售价格。已知每台电器成本为500元,成本利润率为10%。

【考核要求】

计算该批新电器的增值税销售额及增值税销项税额。

■ 技能应用

蓝天企业增值税业务

蓝天企业为增值税一般纳税人,2023年7月发生如下生产经营业务:

(1)为生产免税产品,购入一批原材料,取得的增值税专用发票上注明的价款为20 000元,增值税为2 600元,支付运输企业(增值税小规模纳税人)不含税运输费10 000元,取得税务机关代开的增值税专用发票。

(2)组织优秀员工外出旅游,支付旅客运费50 000元,取得相应的运输凭证。

(3)对外出租自己的一台生产设备,租赁合同中约定租赁期限为6个月,2023年7月一次性收取全部不含税租金收入36 000元。

(4)采取直接收款方式销售3台X型号自产机器设备,取得的价税合计金额为52 650元,该设备当月尚未发出。

(5)将2台X型号自产机器设备投资于黄河股份有限公司,取得黄河股份有限公司12%的股权;另将一台Y型号自产机器设备赠送给本市一家食品厂,该型号机器设备无同类市场销售价格,生产成本为13 000元,成本利润率为10%。

(6)因管理不善丢失一批5月份购入的食用植物油(已抵扣进项税额),账面成本为8 000元。

其他相关资料:上期留抵税额为5 000元;上述增值税专用发票的抵扣联均已经过认证。

【技能要求】

(1)计算该企业当月应确认的增值税销项税额。
(2)计算该企业当月应缴纳的增值税。

■ 案例分析

企业"免、抵、退"税额

某交通运输企业为增值税一般纳税人,具备提供国际运输服务的条件和资质。12月该企业承接境内运输业务,收取运费价税合计444万元;当月购进柴油并取得增值税专用发票,注明价款400万元、税款52万元;当月购进两辆货车用于货物运输,取得增值税专用发票,注明价款60万元、税款7.8万元;当月对外承接将货物由境内载运出境的业务,收取价款70万美元。该企业退税率为11%,汇率为1∶6.7。

【分析要求】

请结合本项目的内容,试分析该企业本期"免、抵、退"税额、应退税额和免抵税额。

项目实训

【实训项目】

流转税——增值税的应用

【实训情境】

一般纳税人增值税的计算

甲为生产企业,乙为运输企业,丙为商业零售企业。甲、乙、丙均为增值税一般纳税人,销售货物的税率为13%,乙的运输劳务税率为9%。2023年4月三家企业分别发生以下业务:

(1)甲出售给丙一台设备自用,采用委托银行收款方式结算,货已发出并办妥托收手续,开具的防伪税控系统增值税专用发票上注明的销售额为30万元,税金为3.9万元;丙当月付款60%,其余下月付清。货物由乙负责运输,乙收取不含税运输费用0.50万元并开具增值税专用发票,合同规定该款项应由丙承担,但是由甲代垫运费,甲将抬头为丙的增值税专用发票转交给丙,丙将运费付给甲。

(2)甲当月购进一批生产用原材料,由乙负责运输,已支付货款和运费,取得的增值税专用发票上注明的货物销售额为20万元,税金为2.6万元,货已入库,取得的增值税专用发票上注明运输费用0.7万元。

(3)甲从丙购进货物,取得增值税专用发票上注明的销售额为5万元,税金为0.65万元。此前将上月购进的已抵税外购成本为4万元(含0.2万元的运费成本)的货物发给职工使用。

(4)因质量问题,丙退回上月从甲进货中的50件,每件不含税价0.08万元(已抵扣过进项税额),丙取得税务机关开具的进货退出证明单,退货手续符合规定。

(5)本月10日甲又以销售折扣方式卖给丙一批货物,开具防伪税控系统增值税专用发票上注明销售额18万元,合同约定的折扣规定是5/10、2/20、n/30。丙提货后于本月18日全部付清了货款,并将专用发票拿到税务机关认证。货物由乙负责运输,甲支付给乙的不含税运费为0.30万元,取得乙开具的增值税专用发票。

(6)丙本月零售货物,取得零售收入35.10万元,当月还取得其他企业依据销售额返还的收入1.13万元。

(7)乙当月购入税控收款机1台,取得增值税专用发票,注明价税合计1 130元。

【实训任务】

1. 计算甲、乙、丙各自应纳的增值税。
2. 撰写《流转税——增值税的应用》实训报告。

《流转税——增值税的应用》实训报告			
项目实训班级：	项目小组：		项目组成员：
实训时间：　　年　　月　　日	实训地点：		实训成绩：
实训目的：			
实训步骤：			
实训结果：			
实训感言：			

项目三　流转税——消费税

● **知识目标**

理解：消费税的概念、特点；出口应税消费品退（免）税处理。
熟知：消费税的征税范围和税率；消费税的计税依据；消费税的征收管理。
掌握：消费税的纳税环节；消费税的纳税人；消费税的计算。

● **技能目标**

具备消费税应纳税额、从价定率征收应纳税额、从量定额征收应纳税额、从价定率和从量定额复合征收应纳税额、应税消费品已纳税款的扣除、自产自用应税消费品应纳税额、委托加工应税消费品应纳税额、批发和零售应税消费品应纳税额、进口应税消费品应纳税额等计算的能力。

● **素质目标**

运用所学的消费税基本原理知识研究相关案例，培养和提高学生在特定业务情境中分析问题与决策设计的能力；结合行业规范或标准，运用消费税知识分析行为的善恶，强化学生的职业道德素质。

● **思政目标**

能够正确地理解"不忘初心"的核心要义和精神实质；树立正确的世界观、人生观和价值观，做到学思用贯通、知信行统一；通过消费税知识丰富自己的职业态度和职业素养，从而具备合格的职业人格和职业意识；通过勤奋劳动实现自身发展。

● **项目引例**

铂金、钻石是否纳税

美华公司为一家珠宝首饰有限公司，星云公司为一家铂金、钻石饰品生产厂。星云公司销售一批价值1 000万元的铂金、钻石饰品给美华公司，美华公司又将其中的30%以零售方式对外销售给顾客。

请问：

（1）美华公司和星云公司是否需要缴纳消费税？

(2)已知铂金、钻石饰品的消费税税率为 5%,其应缴纳的消费税金额为多少?

● 知识精讲

任务一　消费税概述

一、消费税的概念

消费税是一个古老的税种,其雏形最早产生于古罗马帝国时期。当时,由于农业、手工业的发展,以及城市的兴起与商业的繁荣,盐税、酒税等产品税相继开征,这就是消费税的原型。早在公元前 81 年,汉昭帝为避免酒的专卖"与商人争市利",改酒专卖为征税,允许地主、商人自行酿酒卖酒,每升酒缴税四文,征税环节为酒的销售环节,而非生产环节,此即中国早期的消费税。我国早在唐代就对鱼、茶、燃料等征收过消费税。发展至今,消费税已成为世界各国普遍征收的税种。

国际上对消费税有两种通行解释:一种解释认为消费税是指对消费品或消费行为课征的税收,属于间接税的范畴,税收随价格及交易行为的完成,转嫁给消费者负担。此种含义下的消费税属于间接税范畴。另一种解释认为消费税是指对个人的消费支出课征的税,可称之为消费支出税。消费税是所得课税的一种特殊形式,课征对象是个人及家庭在一定时期的应税消费额,即所得额扣除所得税和储蓄额后的余额。我国现行税收制度中的消费税属于前者,即在间接税范畴内征收的商品税。

消费税在开征国和地区税收收入总额中占有相当比重,特别是发展中国家,大多以商品课税为主体,而消费税又是其中的一个主要税种,地位尤其重要。19 世纪以来,由于以所得税为主体的直接税制的发展,消费税占各国税收收入的比重有所下降,但因其具有独特的调节作用,仍然受到各国的普遍重视。

1993 年 12 月 13 日国务院令第 135 号发布、2008 年 11 月 10 日国务院令第 539 号修订《中华人民共和国消费税暂行条例》(以下简称《消费税暂行条例》),2008 年 12 月 15 日财政部、国家税务总局令第 51 号发布《中华人民共和国消费税暂行条例实施细则》(以下简称《消费税暂行条例实施细则》)。根据《消费税暂行条例》规定,消费税是指对我国境内从事生产、委托加工和进口应税消费品的单位和个人,就其销售额或销售数量,在特定环节征收的一种税。简单地说,就是对特定的消费品和消费行为征收的一种间接税。

动漫视频

消费税

二、消费税的特点

(一)征税项目具有选择性

各国目前征收的消费税实际上都属于对特定消费品或消费行为征收的税种。尽管各国的征税范围宽窄有别,但都是在人们普遍消费的大量消费品或消费行为中有选择地确定若干个征税项目,在税法中列举征税。我国 1994 年实行的税制中,消费税主要包括了特殊消费品、奢侈品、高能耗消费品,不可再生的资源消费品和税基宽广、消费普遍、不影响人民群众生活水平,但又具有一定财政意义的普通消费品,随着经济的发展和个人消费水平的提高,消费税的范围有一些调整,目前我国消费税税目有 15 个。

(二)征税环节具有单一性

消费税原则是在生产(进口)、流通或消费的某一环节一次征收(卷烟和高档汽车除外),而不是在消费品生产、流通或消费的每个环节多次征收,即通常所说的一次课征制。当然,这种单一性并不是固定的,只是整体上表现为单一环节征税的特点,少数税目也存在双环节征税的情况。

(三)征收方法具有多样性

消费税的计税方法比较灵活。为了适应不同应税消费品的情况,消费税在征收方法上不力求一致,有些产品采取从价定率的方式征收,有些产品则采取从量定额的方式征收。在具体操作上,对一部分价格差异较大,且便于按价格核算的应税消费品,依消费品或消费行为的价格实行从价定率征收;对一部分价格差异较小,品种、规格比较单一的大宗应税消费品,依消费品的数量实行从量定额征收。由于两种方法各有其优点和缺点,因此,目前对有些产品在实行从价定率征收的同时,还对其实行从量定额征收。

(四)税收调节具有特殊性

消费税属于国家运用税收杠杆对某些消费品或消费行为特殊调节的税种。这一特殊性表现在两个方面:①不同的征税项目税负差异较大,对需要限制或控制消费的消费品规定较高的税率,体现特殊的调节目的;②消费税往往同有关税种配合实行加重或双重调节,通常采取增值税与消费税双重调节的办法,对某些需要特殊调节的消费品或消费行为在征收增值税的同时,再征收一道消费税,形成一种特殊的对消费品双层次调节的税收调节体系。

(五)消费税最终有转嫁性

凡列入消费税征税范围的消费品,一般都是高价高税产品。因此,消费税无论采取价内税形式还是价外税形式,也无论在哪个环节征收,消费品中所含的消费税税款最终都要转嫁到消费者身上,由消费者负担,税负具有转嫁性。消费税转嫁性的特征,要较其他商品课税形式更为明显。

三、消费税与增值税的异同

消费税与增值税的异同比较如表3—1所示。

表3—1 消费税与增值税的异同比较

	不 同	相 同
征收范围	消费税征收范围目前为15种应税消费品;而增值税为所有的资产和应税劳务、应税行为	对于应税消费品,既要缴纳增值税也要缴纳消费税,在某一指定的环节两个税同时征收时,从价定率方法下两者的计税依据相同
征税环节	消费税(一般)是一次性征收;而增值税是在货物的每一个流转环节全部征收	
计税方法	消费税是从价征收、从量征收和复合征收,根据应税消费品选择一种计税方法;而增值税是根据纳税人选择计税方法	

任务二 消费税的基本法律

一、消费税的征税范围

消费税的征税范围具体税目共有15个,其中,有些税目还包括若干子目。

(一)烟

烟是指以烟叶为原料加工生产的特殊消费品。本税目下设卷烟、雪茄烟和烟丝3个子目。

(1)卷烟。卷烟按价格和来源分为以下两类:

①甲类卷烟,是指每标准条(200支)不含增值税调拨价在70元(含)以上的卷烟、进口卷烟和政府规定的其他卷烟(如白包卷烟、手工卷烟);

②乙类卷烟,是指每标准条不含增值税调拨价在70元以下的卷烟。

(2)雪茄烟。雪茄烟包括各种规格、型号的雪茄烟。

(3)烟丝。烟丝包括以烟叶为原料生产加工的未经卷制的散装烟,如斗烟、莫合烟、烟末、水烟、黄红烟丝等。

(4)电子烟。电子烟是指用于产生气溶胶供人抽吸等的电子传输系统,包括烟弹、烟具以及烟弹与烟具组合销售的电子烟产品。烟弹是指含有雾化物的电子烟组件。烟具是指将雾化物雾化为可吸入气溶胶的电子装置。

(二)酒

酒是指酒精度在1度以上的各种酒类饮料。本税目下设白酒、黄酒、啤酒、其他酒4个子目。

(1)白酒是指以高粱、玉米、大米、小麦、薯类等为原料,经过糖化、发酵后,采用蒸馏方法酿制的酒。

(2)黄酒是指以糯米、粳米、玉米、大米、小麦、薯类等为原料,经加温、糖化、发酵压榨酿制的酒。其征税范围包括各种原料酿制的黄酒和酒度超过12度(含)的土甜酒。

(3)啤酒是指以大麦或其他粮食为原料,加入啤酒花,经糖化、发酵、过滤酿制的含有二氧化碳的酒。其征税范围包括各种包装和散装的啤酒。

【提示】饮食业、商业、娱乐业举办的啤酒屋(啤酒坊)利用啤酒生产设备生产的啤酒,应征消费税。对无醇啤酒、啤酒源、菠萝啤酒和果酒比照啤酒征税。

(4)其他酒是指除白酒、黄酒、啤酒以外的,酒精度在1度以上的各种酒,包括糠麸白酒、其他原料白酒、土甜酒、复制酒、果木酒、汽酒、药酒等。根据国家税务总局公告2011年第53号规定,对以蒸馏酒或食用酒精为酒基,同时符合以下条件的配制酒,按"其他酒"适用税率征收消费税:①具有国家相关部门批准的国食健字或卫字健字文号;②酒精度低于38度(含)。

以发酵酒为酒基,酒精度低于29度(含)的酿制酒,也按"其他酒"征税。其他配制酒,按白酒税率征收消费税。

【提示】调味料酒不征收消费税。

(三)高档化妆品

高档化妆品是指生产(进口)环节销售(完税)价格(不含增值税)在10元/毫升(克)或15元/片(张)及以上的美容、修饰类化妆品和护肤类化妆品,包括高档美容、修饰类化妆品,高档护肤类化妆品和成套化妆品。

【提示】舞台、戏剧、影视演员化妆用的上妆油、卸妆油、油彩,不属于消费税征税范围。

【注意】自2016年10月1日起,取消对普通美容、修饰类化妆品征收消费税。

(四)贵重首饰及珠宝玉石

贵重首饰包括以金、银、白金、宝石、珍珠、钻石、翡翠、珊瑚、玛瑙等贵重、稀有物质及其他金属、人造宝石等制作的纯金银首饰及镶嵌首饰。

珠宝玉石包括钻石、珍珠、松石、青金石、欧泊石、橄榄石、长石、玉、石英、玉髓、石榴石、锆石、尖晶石、黄玉、碧玺、金绿玉、刚玉、琥珀、珊瑚、煤玉、龟甲、合成刚玉、合成宝石、双合石、玻璃仿制品。

【提示】宝石坯是经采掘、打磨、初级加工的珠宝玉石半成品,应按规定征收消费税。

(五)鞭炮、焰火

鞭炮是指多层纸密裹火药,接以药引线制成的一种爆炸品;焰火是指烟火剂。

【提示】体育上用的发令纸、鞭炮药引线,不属于本税目征税范围。

(六)成品油

本税目下设汽油、柴油、溶剂油、航空煤油、石脑油、润滑油、燃料油7个子目。

(1)汽油是指用原油或其他原料生产的辛烷值不小于66的可用作汽油发动机燃料的各种轻质汽油。以汽油、汽油组分调和生产的甲醇汽油、乙醇汽油也属于本税目。

(2)柴油是指用原油或其他原料生产的倾点或凝点在－50号至30号的可用作柴油发动机燃料的各种轻质柴油和以柴油组分为主、经调和精制可以用作柴油发动机的非标油。

自2009年1月1日起,对同时符合下列条件的纯生物柴油免征消费税:①生产原料中废弃的动物油和植物油用量所占比重不低于70%。②生产的纯生物柴油符合国家《柴油机燃料调和生物柴油(BD100)》标准。

对不符合规定的生物柴油,或者以柴油、柴油组分调和生产的生物柴油也照章征收消费税。

(3)溶剂油是用原油或其他原料生产的用于涂料、油漆、食用油、印刷油墨、皮革、农药、橡胶、化妆品生产和机械清洗、胶粘行业的轻质油。橡胶填充油、溶剂油原料,属于溶剂油征税范围。

(4)航空煤油也称喷气燃料,是以原油或其他原料生产的用于喷气发动机和喷气推进系统燃料的各种轻质油。

(5)石脑油也称化工轻油,是以原油或其他原料生产的用于化工原料的轻质油。

(6)润滑油是用原油或其他原料生产的用于内燃机、机械加工过程的润滑产品。

(7)燃料油也称重油、渣油,是用原油或其他原料生产的主要用于电厂发电、锅炉用燃料、加热炉燃料、冶金和其他工业炉燃料。自2012年11月1日起,催化料、焦化料属于燃料油的征税范围,应征收消费税。

【注意】自2009年1月1日起,对成品油生产企业在生产成品油过程中,作为燃料、动力及原料消耗掉的自产成品油,免征消费税。对用于其他用途或直接对外销售的成品油照章征收消费税。

(七)摩托车

本税目包括轻便摩托车、摩托车。

(1)轻便摩托车是指最大设计车速不超过50千米/小时、发动机汽缸总工作容积不超过50毫升的两轮机动车。

(2)摩托车是指最大设计车速超过50千米/小时、发动机汽缸总工作容积超过50毫升、空车重量不超过400千克的两轮或三轮机动车。

【提示】自2014年12月1日起,汽车轮胎和气缸容量250毫升(不含)以下的小排量摩托车不再征收消费税。

(八)小汽车

本税目下设乘用车、中轻型商用客车和超豪华小汽车3个子目。

(1)乘用车包括含驾驶员座位在内最多不超过9个座位(含)的、在设计和技术特性上用于载运乘客和货物的各类乘用车。

(2)中轻型商用客车包括含驾驶员座位在内的座位数在10~23座(含23座)的、在设计和技术特性上用于载运乘客和货物的各类中轻型商用客车。用排气量小于1.5升(含)的乘用车底盘(车架)改装、改制的车辆属于乘用车征收范围。用排气量大于1.5升的乘用车底盘(车架)或用中轻型商用客车底盘(车架)改装、改制的车辆属于中轻型商用客车征收范围。

【提示】车身长度大于7米(含),并且座位在10~23座(含)以下的商用客车,不属于中轻型商用客车,不征收消费税。

(3)超豪华小汽车为每辆零售价格130万元(不含增值税)及以上的乘用车和中轻型商用客车,即乘用车和中轻型商用客车子目中的超豪华小汽车。

【提示】电动汽车、沙滩车、雪地车、卡丁车、高尔夫车,不征收消费税。

(九)高尔夫球及球具

高尔夫球及球具是指从事高尔夫球运动所需的各种专用装备,包括高尔夫球、高尔夫球杆、高尔夫球包(袋)等。高尔夫球杆的杆头、杆身和握把属于本税目征税范围。

(十)高档手表

高档手表是指不含增值税销售价格每只在10 000元(含)以上的各类手表。

(十一)游艇

游艇是指艇身长度大于8米(含)小于90米(含),内置发动机,可以在水上移动,主要用于水上运动和休闲娱乐等非营利活动的各类机动艇。

(十二)木制一次性筷子

木制一次性筷子是指以木材为原料,经锯断、浸泡、旋切、刨切、烘干、筛选、包装等环节加工而成的一次性使用的筷子。未经打磨、倒角的木制一次性筷子属于本税目征税范围。

(十三)实木地板

实木地板是指以木材为原料,经锯割、干燥、刨光、截断、开榫等工序加工而成的地面装饰材料,包括各类规格的实木地板、实木指接地板、实木复合地板及用于装饰墙壁、天棚的侧端面为榫、槽的实木装饰板。未经涂饰的素板属于本税目征税范围。

(十四)电池

电池是一种将化学能、光能等直接转换为电能的装置,一般由电极、电解质、容器、极端,通常还有隔离层组成的基本功能单元,以及用一个或多个基本功能单元装配成的电池组,包括原电池、蓄电池、燃料电池、太阳能电池和其他电池。

对无汞原电池、金属氢化物镍蓄电池(又称氢镍蓄电池或镍氢蓄电池)、锂原电池、锂离子蓄电池、太阳能电池、燃料电池和全钒液流电池,免征消费税。

(十五)涂料

涂料是指涂于物体表面能形成具有保护、装饰或特殊性能的固态涂膜的一类液体或固体材料之总称。对施工状态下挥发性有机物(Volatile Organic Compounds,VOC)含量低于420克/升(含)的涂料,免征消费税。

外购电池、涂料大包装改成小包装或者外购电池、涂料不经加工只贴商标的行为,视同应税消费税品的生产行为。

【学中做3—1】 (单项选择题)下列行为涉及的货物,属于消费税征税范围的有(　　)。
A. 批发商批发销售的雪茄烟　　　　　　B. 竹木制品厂销售的竹制一次性筷子
C. 鞭炮加工厂销售的田径比赛用发令纸　D. 商场零售的金银首饰

二、消费税的纳税人

消费税纳税人是指在中华人民共和国境内生产、委托加工和进口《消费税暂行条例》规定的应税消费品的单位和个人,以及国务院确定的销售《消费税暂行条例》规定的消费品的其他单位和个人。其中,在中华人民共和国境内,是指生产、委托加工和进口属于应当缴纳消费税的消费品的起运地或者所在地在境内;单位,是指企业、行政单位、事业单位、军事单位、社会团体及其他单位;个人,是指个体工商户及其他个人。

【提示】一般来讲,消费税大多在生产环节进行缴纳,纳税人为应税消费品的生产者(金、银、铂、钻除外),属于直接纳税方式。

在中国境内生产、委托加工和进口应税消费品的单位和个人,以及国务院确定的销售应税消费品的其他单位和个人为消费税的纳税人。这具体包括:

(1)生产销售(包括自用)应税消费品的,以生产销售的单位和个人为纳税人,由生产者直接纳税。

(2)委托加工应税消费品的,除受托方为个人外,由受托方在向委托方交货时代收代缴税款。

委托个人加工应税消费品的,由委托方收回后缴纳消费税。

(3)进口应税消费品的,以进口的单位和个人为纳税人,由海关代征。个人携带或者邮寄进境的应税消费品的消费税,连同关税一并计征。

(4)在我国境内从事卷烟批发业务的单位和个人。

此外,金银首饰、钻石及钻石饰品消费税的纳税人,为在我国境内从事商业零售金银首饰、钻石及钻石饰品的单位和个人。消费者个人携带、邮寄进境的金银首饰,以消费者个人为纳税人。经营单位进口的金银首饰,在进口时不缴纳消费税,待其在国内零售时再纳税。

电子烟消费税生产环节、批发环节消费税纳税人的规定:

①电子烟生产环节消费税纳税人是指取得烟草专卖生产企业许可证,并取得或经许可使用他人电子烟产品注册商标(以下简称持有商标)的企业。其中,取得或经许可使用他人电子烟产品注册商标应当依据《中华人民共和国商标法》的有关规定确定。

【注意】按照《财政部、海关总署、税务总局关于对电子烟征收消费税的公告》(2022年第33号公告)的规定,通过代加工方式生产电子烟的,由持有商标的企业申报缴纳消费税。因此,只从事代加工电子烟产品业务的企业不属于电子烟消费税纳税人。

②电子烟批发环节消费税纳税人是指取得烟草专卖批发企业许可证并经营电子烟批发业务的企业。

三、消费税的税率

(一)税率的形式

我国现行消费税的税率有比例税率、定额税率和复合税率三种。适用定额税率的税目:啤酒、黄酒、成品油。适用复合税率的税目:卷烟、白酒。应税消费品名称、税率和计量单位对照表,如表3-2所示。

表3-2　　　　　　　　应税消费品名称、税率和计量单位对照表

应税消费品名称	比例税率	定额税率	计量单位
一、烟			
1.卷烟			
(1)工业			
①甲类卷烟(调拨价70元(不含增值税)/条以上(含70元))	56%	30元/万支	万支
②乙类卷烟(调拨价70元(不含增值税)/条以下)	36%	30元/万支	
(2)商业批发	11%	50元/万支	
2.雪茄烟	36%	—	支
3.烟丝	30%	—	千克
4.电子烟			
(1)生产(进口)环节	36%	—	盒
(2)批发环节	11%	—	盒
二、酒			
1.白酒	20%	0.5元/500克(毫升)	500克(毫升)
2.黄酒	—	240元/吨	吨
3.啤酒			
(1)甲类啤酒(出厂价格3 000元(不含增值税)/吨以上(含3 000元))	—	250元/吨	吨
(2)乙类啤酒(出厂价格3 000元(不含增值税)/吨以下)	—	220元/吨	
4.其他酒	10%	—	吨
三、高档化妆品	15%	—	实际使用计量单位

续表

应税消费品名称	比例税率	定额税率	计量单位
四、贵重首饰及珠宝玉石			
1. 金银首饰、铂金首饰和钻石及钻石饰品	5%	—	实际使用计量单位
2. 其他贵重首饰和珠宝玉石	10%	—	
五、鞭炮、焰火	15%	—	实际使用计量单位
六、成品油			
1. 汽油	—	1.52元/升	升
2. 柴油	—	1.20元/升	
3. 航空煤油	—	1.20元/升	
4. 石脑油	—	1.52元/升	
5. 溶剂油	—	1.52元/升	
6. 润滑油	—	1.52元/升	
7. 燃料油	—	1.20元/升	
七、摩托车			
1. 气缸容量(排气量,下同)≤250毫升	3%	—	辆
2. 气缸容量>250毫升	10%	—	
八、小汽车			
1. 乘用车			
(1)气缸容量(排气量,下同)≤1.0升	1%	—	辆
(2)1.0升<气缸容量≤1.5升	3%	—	
(3)1.5升<气缸容量≤2.0升	5%	—	
(4)2.0升<气缸容量≤2.5升	9%	—	
(5)2.5升<气缸容量≤3.0升	12%	—	
(6)3.0升<气缸容量≤4.0升	25%	—	
(7)气缸容量>4.0升	40%	—	
2. 中轻型商用客车	5%	—	
3. 超豪华小汽车	10%	—	
九、高尔夫球及球具	10%	—	实际使用计量单位
十、高档手表	20%	—	只
十一、游艇	10%	—	艘
十二、木制一次性筷子	5%	—	万双
十三、实木地板	5%	—	平方米
十四、电池	4%	—	只
十五、涂料	4%	—	吨

【提示】 15个税目中,黄酒、啤酒、成品油实行的是单一的定额税率,其他大多数应税消费品为单一的比例税率。卷烟、白酒实行"复合税率"复合征收("复合税率"是同时适用比例税率与定额税率的一种特殊形式,其本身并不是一种税率)。

【注意】《财政部、海关总署、税务总局关于对电子烟征收消费税的公告》(2022年第33号公告)规定,电子烟生产(进口)环节的消费税税率为36%,电子烟批发环节的消费税税率为11%。

(二)最高税率的运用

(1)纳税人兼营不同税率应税消费品的,应分别核算其销售额和销售量;未分别核算的,从高适用税率。

(2)纳税人将应税消费品与非应税消费品以及适用不同税率的应税消费品组成套装消费品销售的,应根据成套消费品的销售金额按应税消费品中适用税率最高的消费品税率征收消费税。

(三)适用税率的特殊规定

(1)卷烟适用税率:①生产环节卷烟适用复合税率。从量税率为 0.003 元/支;从价税率按以下类别选择确定:甲类卷烟为 56%,乙类卷烟为 36%。②卷烟批发环节适用复合税率。从价税率 11%,从量税率 0.005 元/支。

(2)白酒适用税率:①外购酒精生产的白酒,按酒精所用原料确定白酒的适用税率。②以外购的不同品种的白酒勾兑的白酒,一律按照白酒的税率征收消费税。③对用粮食和薯类、糠麸等多种原料混合生产的白酒一律按照白酒的税率征收消费税。

(3)啤酒适用税率:啤酒按照出厂价格(含包装物押金,不含供重复使用的塑料周转箱的押金)分类确定:①甲类啤酒,指每吨不含增值税出厂价(含包装物押金)在 3 000 元(含)以上的啤酒和娱乐业、饮食业自制的啤酒,从量税率为 250 元/吨。②乙类啤酒,是指每吨不含增值税出厂价不足 3 000 元的啤酒,从量税率为 220 元/吨。

(4)超豪华小汽车适用税率:对超豪华小汽车,在生产(进口)环节按现行税率(5%)征收消费税的基础上,在零售环节加征消费税,税率为 10%。

四、消费税的减免优惠

消费税的减免优惠范围:①除国家限制出口消费品以外出口的应税消费品;②对航空煤油暂缓征收消费税;③对用外购或委托加工收回的已税汽油生产的乙醇汽油免税;④生产企业将自产石脑油、燃料油用于生产乙烯、芳烃类化工产品的,以及按照国家税务总局的规定定点直供计划销售自产石脑油、燃料油的;⑤施工状态下发挥有机物含量低于 420 克/升(含)的涂料。

任务三 消费税应纳税额的计算

一、消费税的计税依据

(一)实行从量定额的应税消费品计税依据确定

从量定额计征消费税通常以每单位应税消费品的重量、容积或数量为计税依据,并按每单位应税消费品规定固定额。不同应税行为应税数量按下列规定确定:①销售应税消费品的,为应税消费品的销售数量;②自产自用应税消费品的,为应税消费品的移送使用数量;③委托加工应税消费品的,为纳税人收回的应税消费品数量;④进口应税消费品的,为海关核定的应税消费品进口数量。

(二)实行从价定率的应税消费品计税依据确定

1. 销售额的范围

销售额,是指纳税人销售应税消费品向购买方收取的全部价款和价外费用,不包括应向购买方收取的增值税税款。价外费用,是指价外向购买方收取的手续费、补贴、基金、集资费、返还利润、奖励费、违约金、滞纳金、延期付款利息、赔偿金、代收款项、代垫款项、包装费、包装物租金、储备费、优质费、运输装卸费以及其他各种性质的价外收费。但下列项目不包括在销售额内:

(1)同时符合以下条件的代垫运输费用:承运部门的运输费用发票开具给购买方的;纳税人将该项发票转交给购买方的。

(2)同时符合以下条件代为收取的政府性基金或者行政事业性收费:由国务院或者财政部批准设立的政府性基金,由国务院或者省级人民政府及其财政、价格主管部门批准设立的行政事业性收费;收取时开具省级以上财政部门印制的财政票据;所收款项全额上缴财政。

2. 含增值税销售额的换算

应税消费品在缴纳消费税的同时，与一般货物一样，还应缴纳增值税。应税消费品的销售额，不包括应向购货方收取的增值税税款。如果纳税人应税消费品的销售额中未扣除增值税税款或者因不得开具增值税专用发票而发生价款和增值税税款合并收取的，在计算消费税时，应将含增值税的销售额换算为不含增值税税款的销售额。其换算公式为：

$$应税消费品的销售额＝含增值税的销售额÷(1＋增值税税率或者征收率)$$

【提示】在使用换算公式时，应根据纳税人的具体情况分别使用增值税税率或征收率。如果消费税的纳税人同时又是增值税一般纳税人的，应适用13％的增值税税率；如果消费税的纳税人是增值税小规模纳税人的，应适用3％的征收率。

(三)复合计征销售额和销售数量的确定

卷烟和白酒实行从价定率和从量定额相结合的复合计征办法征收消费税。

销售额为纳税人生产销售卷烟、白酒向购买方收取的全部价款和价外费用。销售数量为纳税人生产销售、进口、委托加工、自产自用卷烟、白酒的销售数量、海关核定数量、委托方收回数量和移送使用数量。

(四)特殊情形下销售额和销售数量的确定

(1)纳税人应税消费品的计税价格明显偏低并无正当理由的，由税务机关核定计税价格。其核定权限规定如下：①卷烟、白酒和小汽车的计税价格由国家税务总局核定，送财政部备案；②其他应税消费品的计税价格由省、自治区和直辖市税务局核定；③进口应税消费品的计税价格由海关核定。

(2)纳税人通过自设非独立核算门市部销售的自产应税消费品，应当按照门市部对外销售额或者销售数量征收消费税。

(3)纳税人用于换取生产资料和消费资料、投资入股和抵偿债务等方面的应税消费品，应当以纳税人同类应税消费品的最高销售价格作为计税依据计算消费税。

(4)白酒生产企业向商业销售单位收取的"品牌使用费"是随着应税白酒的销售而向购货方收取的，属于应税白酒销售价款的组成部分，因此，不论企业采取何种方式或以何种名义收取价款，均应并入白酒的销售额中缴纳消费税。

(5)实行从价计征办法征收消费税的应税消费品连同包装销售的，无论包装物是否单独计价以及在会计上如何核算，均应并入应税消费品的销售额中缴纳消费税。

如果包装物不作价随同产品销售，而是收取押金，此项押金则不应并入应税消费品的销售额中征税。但对因逾期未收回的包装物不再退还的或者已收取的时间超过12个月的押金，应并入应税消费品的销售额，缴纳消费税。

对包装物既作价随同应税消费品销售，又另外收取押金的包装物的押金，凡纳税人在规定的期限内没有退还的，均应并入应税消费品的销售额，按照应税消费品的适用税率缴纳消费税。

对酒类生产企业销售酒类产品而收取的包装物押金，无论押金是否返还及会计上如何核算，均应并入酒类产品销售额，征收消费税。

(6)纳税人采用以旧换新(含翻新改制)方式销售的金银首饰，应按实际收取的不含增值税的全部价款确定计税依据征收消费税。

对既销售金银首饰，又销售非金银首饰的生产、经营单位，应将两类商品划分清楚，分别核算销售额。凡划分不清楚或不能分别核算的并在生产环节销售的，一律从高适用税率征收消费税；在零售环节销售的，一律按金银首饰征收消费税。

【注意】金银首饰与其他产品组成成套消费品销售的，应按销售额全额征收消费税。

【提示】金银首饰连同包装物销售的，无论包装是否单独计价，也无论会计上如何核算，均应并入金银首饰的销售额计征消费税。

带料加工的金银首饰,应按受托方销售同类金银首饰的销售价格确定计税依据征收消费税。没有同类金银首饰销售价格的,按照组成计税价格计算纳税。

(7)纳税人销售的应税消费品,以人民币以外的货币结算销售额的,其销售额的人民币折合率可以选择销售额发生的当天或者当月1日的人民币汇率中间价。纳税人应在事先确定采取何种折合率,确定后1年内不得变更。

(8)电子烟消费税计税价格。纳税人从事生产、批发电子烟业务的,按生产、批发电子烟的销售额作为计税价格。其中,电子烟生产环节纳税人采用代销方式销售电子烟的,以经销商(代理商)销售给电子烟批发企业的销售额(含收取的全部价款和价外费用)为电子烟生产环节纳税人的计税价格。

【学中做3—2】 某电子烟消费税纳税人2023年5月生产持有商标的电子烟产品并销售给电子烟批发企业,不含增值税销售额为100万元,该纳税人2023年6月应申报缴纳电子烟消费税为多少万元?如果该纳税人委托经销商(代理商)销售同一电子烟产品,经销商(代理商)销售给电子烟批发企业不含增值税销售额为110万元,则该纳税人2023年6月应申报缴纳电子烟消费税为多少万元?

二、消费税应纳税额的计算方法

(一)从价定率征收应纳税额的计算

从价定率征收,即根据不同的应税消费品确定不同的比例税率。其计算公式为:

$$应纳消费税税额 = 应税消费品的销售额 \times 比例税率$$

(1)公式中的销售额是指纳税人销售应税消费品向购买方收取的全部价款和价外费用,不包括应向购买方收取的增值税税款。价外费用,是指价外向购买方收取的手续费、补贴、基金、集资费、返还利润、奖励费、违约金、滞纳金、延期付款利息、赔偿金、代收款项、代垫款项、包装费、包装物租金、储备费、优质费、运输装卸费及其他各种性质的价外收费。但下列项目不包括在销售额内。

①同时符合以下条件的代垫运输费用:承运部门的运输费用发票开具给购买方的;纳税人将该项发票转交给购买方的。

②同时符合以下条件代为收取的政府性基金或者行政事业性收费:由国务院或者财政部批准设立的政府性基金,由国务院或者省级人民政府及其财政、价格主管部门批准设立的行政事业性收费;收取时开具省级以上财政部门印制的财政票据;所收款项全额上缴财政。

(2)应税消费品在缴纳消费税的同时,与一般货物一样,还要缴纳增值税。因此,按照《消费税暂行条例实施细则》的明确规定,应税消费品的销售额,不包括应向购买方收取的增值税税额。如果纳税人应税消费品的销售额中未扣除增值税税款或者因不得开具增值税专用发票而发生价款和增值税税款合并收取的,在计算消费税时,应当将含增值税的销售额换算为不含增值税的销售额。其换算公式为:

$$应税消费品的销售额 = 含增值税的销售额 \div (1 + 增值税税率或征收率)$$

【提示】 在从价定率征收方法下,应纳税额的计算取决于应纳消费税的销售额和适用税率两个因素,此处的"销售额"与增值税中的"销售额"基本一致(特殊情况除外),销售额为纳税人销售应税消费品向购买方收取的全部价款和价外费用。"销售额"都是不含增值税(价外税)、但含消费税(价内税)的销售额。如果销售额为含增值税的销售额,必须换算成不含增值税的销售额。

【注意】 纳税人用于换取生产资料和消费资料、投资入股和抵偿债务等方面的应税消费品,应当以纳税人同类应税消费品的"最高"销售价格作为计税依据计算征收消费税。纳税人将自己生产的应税消费品用于其他方面的(如发放福利),按照纳税人最近时期同类货物的"平均"销售价格作为计税依据计算征收消费税。

【提示】 纳税人通过自设非独立核算门市部销售的自产应税消费品,应按门市部"对外销售额或者销售数量"征收消费税。

【做中学3-1】 甲实木地板公司为增值税一般纳税人。2023年6月1日,甲向当地一家大型装修批发商场销售一批实木地板,开具增值税专用发票一张,发票上注明不含增值税销售额20万元,增值税税额3.2万元。实木地板的消费税税率为5%。

要求:计算甲实木地板公司上述业务的应纳消费税。

解析:应纳消费税=20×5%=1(万元)

(二)从量定额征收应纳税额的计算

从量定额征收,即根据不同的应税消费品确定不同的单位税额。其计算公式为:

$$应纳消费税税额=应税消费品的销售数量×单位税额$$

公式中的销售数量是指纳税人生产、委托加工或进口应税消费品的数量。具体规定如下:①销售应税消费品的,销售数量为应税消费品的销售数量;②自产自用应税消费品的,销售数量为应税消费品的移送使用数量;③委托加工应税消费品的,销售数量为纳税人收回的应税消费品的数量;④进口的应税消费品,销售数量为海关核定的应税消费品的进口征税数量。

【做中学3-2】 甲啤酒公司自产啤酒40吨,无偿提供给某啤酒节,已知每吨成本为1 500元,无同类产品售价。税务机关核定的消费税单位税额为250元/吨。

要求:计算甲啤酒公司上述业务的应纳消费税。

解析:应纳消费税=250×40=10 000(元)

(三)从价定率和从量定额复合征收应纳税额的计算

从价定率和从量定额复合征收,即以两种方法计算的应纳税额之和为该应税消费品的应纳税额。我国目前只对卷烟和白酒采用复合征收方法。其计算公式为:

$$应纳消费税税额=应税消费品的销售额×比例税率+应税消费品的销售数量×单位定额税率$$

销售额为纳税人生产销售卷烟、白酒向购买方收取的全部价款和价外费用。销售数量为纳税人生产销售、进口、委托加工、自产自用卷烟或白酒的实际销售数量,海关核定的进口征税数量,委托方收回数量和移送使用数量。

【做中学3-3】 甲公司是一家白酒生产企业,为增值税一般纳税人,2023年5月销售粮食白酒10吨,取得不含增值税的销售额为60万元;销售薯类白酒20吨,取得不含增值税的销售额为80万元。白酒消费税的比例税率为20%,定额税率为0.5元/500克。

要求:计算甲公司本月的应纳消费税。

解析:从价定率应纳消费税=(60+80)×20%=28(万元)

从量定额应纳消费税=(10+20)×1 000×2×0.5÷10 000=3(万元)

应纳消费税合计=28+3=31(万元)

(四)应税消费品已纳税款的扣除

(1)由于某些应税消费品是用外购已缴纳消费税的应税消费品连续生产出来的,在对这些连续生产出来的应税消费品计算征税时,税法规定应当按照当期生产领用数量计算准予扣除的外购应税消费品已缴纳的消费税税款。扣除范围包括如下内容:①外购已税烟丝生产的卷烟;②外购已税高档化妆品生产的高档化妆品;③外购已税珠宝玉石生产的贵重首饰及珠宝玉石;④外购已税鞭炮、焰火生产的鞭炮、焰火;⑤外购已税杆头、杆身和握把为原料生产的高尔夫球杆;⑥外购已税木制一次性筷子为原料生产的木制一次性筷子;⑦外购已税实木地板为原料生产的实木地板;⑧外购已税汽油、柴油、石脑油、燃料油、润滑油生产的应税成品油。

【做中学 3—4】 甲卷烟公司为增值税一般纳税人,2023 年 5 月从乙公司购进烟丝,取得增值税专用发票,注明不含税价款 70 万元,其中,60%用于生产 A 牌卷烟(甲类卷烟);本月销售 A 牌卷烟 80 箱(标准箱),取得不含税销售额 700 万元。甲类卷烟消费税从价税率为 56%,从量税率为 150 元/标准箱,烟丝消费税税率为 30%。

要求:计算甲卷烟公司上述业务的应纳消费税。

解析:卷烟的消费税实行复合计征,外购已税烟丝连续生产卷烟的,已纳消费税可以扣除。

应纳消费税=700×56%+150×80÷10 000-70×30%×60%=380.6(万元)

(2)委托加工的应税消费品,委托方用于连续生产应税消费品的,所纳税款准予按规定抵扣;直接出售的,不再缴纳消费税。委托方将收回的应税消费品,以不高于受托方的计税价格出售的,委托加工的应税消费品收回后直接出售的,不再缴纳消费税;委托方以高于受托方的计税价格出售的,不属于直接出售,须按照规定申报缴纳消费税,在计税时准予扣除受托方已代收代缴的消费税。委托个人加工的应税消费品,由委托方收回后缴纳消费税。

委托加工的应税消费品因为已由受托方代收代缴消费税,因此,委托方收回货物后用于连续生产应税消费品的,其已纳税款准予按照规定从连续生产的应税消费品应纳税额中扣除。扣除范围包括如下内容:①以委托加工收回的已税烟丝为原料生产的卷烟。②以委托加工收回的已税高档化妆品为原料生产的高档化妆品。③以委托加工收回的已税珠宝玉石为原料生产的贵重首饰及珠宝玉石。④以委托加工收回的已税鞭炮、焰火为原料生产的鞭炮、焰火。⑤以委托加工收回的已税杆头、杆身和握把为原料生产的高尔夫球杆。⑥以委托加工收回的已税木制一次性筷子为原料生产的木制一次性筷子。⑦以委托加工收回的已税实木地板为原料生产的实木地板。⑧以委托加工收回的已税汽油、柴油、石脑油、燃料油、润滑油为原料生产的应税成品油。

【做中学 3—5】 A 公司(增值税一般纳税人)2023 年 5 月购进原材料一批,取得的增值税专用发票上注明的不含税价款为 32 万元,全部将其提供给 B 公司(增值税一般纳税人)加工成高档化妆品。

提货时,支付的加工费及增值税共 2.26 万元,取得了 B 公司开具的增值税专用发票,同时 B 公司代收代缴了消费税(无同类商品售价)。

A 公司将收回高档化妆品的 2/3 用于连续加工生产高档化妆品。

本月出售自产高档化妆品,取得不含税收入 80 万元。高档化妆品消费税税率为 15%。

要求:(1)计算 B 公司应代收代缴的消费税。

(2)计算 B 公司的增值税销项税额。

(3)计算 A 公司的应纳消费税。

(4)计算 A 公司的应纳增值税。

解析:(1)B 公司应代收代缴的消费税=[32+2.26÷(1+13%)]÷(1-15%)×15%=6(万元)

(2)B 公司的增值税销项税额=2.26÷(1+13%)×13%=0.26(万元)

(3)A 公司应纳消费税=80×15%-6÷3×2=8(万元)

(4)A 公司应纳增值税=80×13%-32×13%-2.26÷(1+13%)×13%=5.98(万元)

【注意】 增值税与消费税抵扣的不同点:在计算增值税一般纳税人的当期增值税应纳税额时,如果取得了增值税专用发票并通过认证的,可以全额抵扣,与当期"生产领用数量"无关,增值税采用的是"购进扣税法";但在计算消费税时,对于外购或委托加工收回的应税消费品用于连续生产应税消费品的,准予抵扣的消费税与当期"生产领用数量"有关,强调配比原则。增值税与消费税抵扣的相同点:消费税抵扣的目的与增值税一样,也是避免重复征税。

（五）自产自用应税消费品应纳税额的计算

纳税人自产自用应税消费品用于连续生产应税消费品的,不纳税;凡用于其他方面的,一律于移送使用时,按视同销售依法缴纳消费税。若为从量征收,则应按自产自用应税消费品的移送使用数量计算纳税;若为从价征收,则应按照纳税人生产的同类消费品的销售价格计算纳税,没有同类消费品销售价格的,按照组成计税价格计算纳税。

上述所称用于其他方面是指包括用于本企业连续生产非应税消费品、在建工程、管理部门、非生产机构、提供劳务、馈赠、赞助、集资、广告、样品、职工福利、奖励等方面。

【注意】 根据《中华人民共和国消费税暂行条例》和《中华人民共和国消费税暂行条例实施细则》有关规定,当纳税人自产自用的应税消费品没有同类消费品销售价格的,则需要使用全国平均成本利润率计算组成计税价格,应税消费品全国平均成本利润率由税务总局确定。因此,根据我国电子烟行业生产经营的实际情况,经商有关部门,暂定电子烟全国平均成本利润率为10%。自2022年11月1日起施行。

(1)实行从价定率办法计算纳税的自产自用应税消费品应纳税额的计算公式:

$$应纳税额 = 同类应税消费品销售价格或者组成计税价格 \times 比例税率$$

其中:

$$组成计税价格 = (成本 + 利润) \div (1 - 比例税率)$$
$$= [成本 \times (1 + 成本利润率)] \div (1 - 比例税率)$$

(2)实行从量定额办法计算纳税的自产自用应税消费品应纳税额的计算公式:

$$应纳税额 = 自产自用数量 \times 定额税率$$

(3)实行复合计税办法计算纳税的自产自用应税消费品应纳税额的计算公式:

$$应纳税额 = 同类应税消费品销售价格或者组成计税价格 \times 比例税率 + 自产自用数量 \times 定额税率$$

其中:

$$组成计税价格 = (成本 + 利润 + 自产自用数量 \times 定额税率) \div (1 - 比例税率)$$
$$= [成本 \times (1 + 成本利润率) + 自产自用数量 \times 定额税率] \div (1 - 比例税率)$$

式中,成本是指应税消费品的产品生产成本;利润是指根据应税消费品的全国平均成本利润率计算的利润。相关规定如表3—3所示。

表3—3　　　　　　　　　　　　　　　平均利润率

货物名称	利润率	货物名称	利润率
1. 甲类卷烟	10%	10. 贵重首饰及珠宝玉石	6%
2. 乙类卷烟	5%	11. 摩托车	6%
3. 雪茄烟	5%	12. 高尔夫球及球具	10%
4. 烟丝	5%	13. 高档手表	20%
5. 粮食白酒	10%	14. 游艇	10%
6. 薯类白酒	5%	15. 木质一次性筷子	5%
7. 其他酒	5%	16. 实木地板	5%
8. 高档化妆品	5%	17. 乘用车	8%
9. 鞭炮、焰火	5%	18. 中轻型商务车	5%

【注意】 用于连续生产的应税消费品,是指作为生产最终应税消费品的直接材料,并构成最终

产品实体的应税消费品,如卷烟公司生产的烟丝用于本公司连续生产卷烟等。因为最终产品卷烟也是应税消费品,需要缴纳消费税,所以在领用烟丝环节就没有必要纳税(外购烟丝或委托加工烟丝用于连续生产卷烟则可以按规定扣除已纳税款),避免重复征税(消费税一般只征一次)。

【做中学3—6】 某白酒企业2022年12月,将新研制的白酒3吨作为元旦福利发放给企业职工,该白酒无同类产品市场销售价格。已知该批白酒生产成本为35 000元,成本利润率为5%,白酒消费税比例税率为20%,定额税率为0.5元/500克。(提示:1吨=2 000斤,1斤=500克)

要求:计算该批白酒应纳消费税税额。

解析:没有同类消费品销售价格的,按照组成计税价格计算纳税。计算过程如下:

(1)组成计税价格=[35 000×(1+5%)+(3×2 000×0.5)]÷(1－20%)=49 687.5(元)

(2)应纳消费税税额=49 687.5×20%+3×2 000×0.5=12 937.5(元)

(六)委托加工应税消费品应纳税额的计算

委托加工的应税消费品,按照受托方的同类消费品的销售价格计算纳税;没有同类消费品销售价格的,按照组成计税价格计算纳税。

(1)实行从价定率办法计算纳税的委托加工应税消费品应纳税额的计算公式:

应纳税额=同类应税消费品销售价格或者组成计税价格×比例税率

其中:

组成计税价格=(材料成本+加工费)÷(1－比例税率)

(2)实行从量定额办法计算纳税的委托加工应税消费品应纳税额的计算公式:

应纳税额=委托加工数量×定额税率

(3)实行复合计税办法计算纳税的委托加工应税消费品应纳税额的计算公式:

应纳税额=同类应税消费品销售价格或者组成计税价格×比例税率+委托加工数量×定额税率

其中:

组成计税价格=(材料成本+加工费+委托加工数量×定额税率)÷(1－比例税率)

【注意】"材料成本"是指委托方所提供加工的材料实际成本。凡未提供材料成本或所在地主管税务机关认为材料成本不合理的,税务机关有权重新核定材料成本。"加工费"是指受托方加工应税消费品向委托方收取的全部费用(包括代垫的辅助材料实际成本)。

【提示】委托加工应税消费品,委托方不涉及缴纳增值税的问题。

【做中学3—7】 B卷烟企业是增值税一般纳税人,2023年7月从农民手中收购烟叶,支付收购款50 000元,开具农产品收购凭证,同时支付价格补贴5 000元及相关烟叶税,当月将收购烟叶全部拨往C加工企业,委托加工成烟丝,支付加工费11 920元,增值税税额1 549.6元,取得增值税专用发票,加工烟丝本月全部收回。

要求:计算C加工企业应代收代缴的消费税税额。

解析:C加工企业应代收代缴的消费税计算如下:

(1)收购烟叶应缴纳的烟叶税=(50 000+5 000)×20%=11 000(元)

收购烟叶允许抵扣的增值税进项税额=(55 000+11 000)×10%=6 600(元)

收购烟叶的不含税成本=50 000+5 000+11 000－6 600=59 400(元)

(2)烟丝消费税计税依据=(59 400+11 920)÷(1－30%)=101 885.71(元)

C加工企业应代收代缴消费税税额=101 885.71×30%=30 565.71(元)

(七)批发、零售应税消费品应纳税额的计算

1. 批发环节应纳税额的计算

批发环节的应税消费品只有卷烟。2015年5月10日起,全国卷烟批发环节从价税率由原

来的5%提高至11%,并按0.005元/支加征从量税。此外,在批发环节卷烟应纳税额的计算还应注意以下问题:

(1)卷烟批发企业之间销售的卷烟不缴纳消费税。只有将卷烟从批发商销售给零售商等其他单位和个人时才缴纳消费税。

(2)卷烟批发企业在计算缴纳消费税时,不得扣除该批卷烟在生产环节已纳的消费税税款。

【做中学3—8】 甲烟草销售公司为增值税一般纳税人,持有烟草批发许可证,2023年6月从卷烟企业批发乙类卷烟300条,每标准条200支。甲公司将其中的200条转手销售给烟草批发商乙,取得含税销售收入12.87万元。另外100条销售给烟草零售商丙专卖店,取得不含税的销售收入6万元。

要求:计算甲公司当月应缴纳的消费税。

解析:由于乙为烟草批发商,烟草批发商之间不征消费税,因此,甲公司当月应缴纳的消费税=60 000×11%+100×200×0.005=6 700(元)。

2. 零售环节应纳税额的计算

零售环节应纳税额的计算仅对应于"金银首饰、铂金首饰和钻石及钻石饰品"。超豪华小汽车在现行税率基础上,在零售环节加征一道消费税。

超豪华小汽车零售环节消费税应纳税额计算公式:

$$应纳税额=零售环节销售额(不含增值税,下同)×零售环节税率$$

国内汽车生产企业直接销售给消费者的超豪华小汽车,消费税税率按照生产环节税率和零售环节税率加总计算。消费税应纳税额计算公式:

$$应纳税额=销售额×(生产环节税率+零售环节税率)$$

(1)纳税人采用以旧换新(含翻新改制)方式销售的金银首饰,应按实际收取的不含增值税的全部价款确定计税依据征收消费税。

(2)对既销售金银首饰,又销售非金银首饰的生产、经营单位,应将两类商品划分清楚,分别核算销售额。凡划分不清楚或不能分别核算并在生产环节销售的,一律从高适用税率征收消费税;在零售环节销售的,一律按金银首饰征收消费税。

(3)金银首饰与其他产品组成成套消费品销售的,应按销售额全额征收消费税。

(4)金银首饰连同包装物销售的,无论包装是否单独计价,也无论会计上如何核算,均应并入金银首饰的销售额计征消费税。

(5)带料加工的金银首饰,应按受托方销售同类金银首饰的销售价格确定计税依据征收消费税。没有同类金银首饰销售价格的,按照组成计税价格计算纳税。

【做中学3—9】 某金店采用"以旧换新"方式零售纯金手镯一副,新手镯对外售价为12 000元,旧手镯作价4 500元,从消费者手中收取新旧差价款7 500元;清洗金银首饰取得含税收入5 265元;为个人提供带料加工金银首饰业务,取得含税收入6 000元。

要求:计算该金店上述业务应纳的消费税。

解析:根据税法的规定,纳税人采用以旧换新(含翻新改制)方式销售的金银首饰,应按实际收取的不含增值税的全部价款确定计税依据征收消费税;修理、清洗金银首饰不征收消费税;为个人提供带料加工金银首饰业务,视同零售,征收消费税。计算过程如下:

应纳消费税=(7 500+6 000)÷(1+13%)×5%=597.35(元)

(八)电子烟应税消费品应纳税额的计算

电子烟生产环节纳税人从事电子烟代加工业务的,应当分开核算持有商标电子烟的销售额和代加工电子烟的销售额;未分开核算的,一并缴纳消费税。

【学中做 3—3】 某电子烟生产企业持有电子烟商标 A 生产电子烟产品。2023 年 5 月,该纳税人生产销售 A 电子烟给电子烟批发企业,不含增值税销售额为 100 万元。同时,当月该纳税人(不持有电子烟商标 B)从事电子烟代加工业务,生产销售 B 电子烟给 B 电子烟生产企业(持有电子烟商标 B),不含增值税销售额为 50 万元。该纳税人分开核算 A 电子烟和 B 电子烟销售额,则该纳税人 2023 年 6 月应申报缴纳电子烟消费税为多少万元?如果该纳税人没有分开核算 A 电子烟和 B 电子烟销售额,则该纳税人 2023 年 6 月应申报缴纳电子烟消费税为多少万元?

(九)进口应税消费品应纳税额的计算

进口的应税消费品按照组成计税价格或进口数量和规定的税率计算纳税。

(1)实行从价定率办法计算纳税的进口应税消费品应纳税额的计算公式:

$$应纳税额 = 组成计税价格 \times 比例税率$$

其中:

$$组成计税价格 = (关税完税价格 + 关税) \div (1 - 比例税率)$$

(2)实行从量定额办法计算纳税的进口应税消费品应纳税额的计算公式:

$$应纳税额 = 海关核定的应税消费品的进口数量 \times 定额税率$$

(3)实行复合计税办法计算纳税的进口应税消费品应纳税额的计算公式:

$$应纳税额 = 组成计税价格 \times 比例税率 + 海关核定的应税消费品的进口数量 \times 定额税率$$

其中:

$$组成计税价格 = \left(关税完税价格 + 关税 + 海关核定的应税消费品的进口数量 \times 定额税率\right) \div (1 - 比例税率)$$

【注意】 消费税在自产自用、委托加工、进口三种情况下的组成计税价格的共同特点是都除以"1-比例税率",这是因为分子部分本身不包含消费税,而消费税属于价内税(指的是消费税应当包含在价格即计税依据中),其计税依据中应当包含消费税本身,这样除以"1-比例税率"就相当于加上了消费税。

任务四 出口应税消费品退(免)税

纳税人出口应税消费品与已纳增值税的出口货物一样,国家都给予退(免)税优惠。出口应税消费品同时涉及退(免)增值税和消费税,且退(免)消费税与出口货物退(免)增值税在退(免)税范围的限定、退(免)税办理程序、退(免)税审核及管理上有许多一致的地方。

一、出口应税消费品退(免)税政策

对纳税人出口应税消费品,免征消费税,国务院另有规定的除外。出口应税消费品退(免)消费税在政策上分为三种情况:

(一)出口免税并退税

出口企业出口或视同出口适用增值税退(免)税的货物,免征消费税;如果属于购进出口的货物,退还前一环节对其已征的消费税。

有出口经营权的外贸企业购进应税消费品直接出口,以及外贸企业受其他外贸企业委托代理出口应税消费品,才可办理退税。外贸企业只有受其他外贸企业委托,代理出口应税消费品才可办理退税。外贸企业受其他企业(主要是非生产性的商贸企业)委托,代理出口应税消费品是不予退(免)税的。

（二）出口免税但不退税

出口企业出口或视同出口适用增值税免税政策的货物，免征消费税，但不退还其以前环节已征的消费税，且不允许在内销应税消费品应纳消费税税款中抵扣。

有出口经营权的生产性企业自营出口或生产企业委托外贸企业代理出口自产的应税消费品，依据其实际出口数量免征消费税，不予办理退还消费税。

（三）出口不免税也不退税

出口企业出口或视同出口适用增值税征税政策的货物，应按规定缴纳消费税，不退还其以前环节已征的消费税，且不允许在内销应税消费品应纳消费税税款中抵扣。

除生产企业、外贸企业外的其他企业（指一般商贸企业）委托外贸企业代理出口应税消费品，一律不予退（免）税。

二、出口退税率

计算出口应税消费品应退消费税的税率或单位税额，依据《消费税暂行条例》所附消费税税目税率（税额）表执行。这是退（免）消费税与退（免）增值税的一个重要区别。当出口的货物是应税消费品时，其退还增值税要按规定的退税率计算，而退还消费税则按该应税消费品所适用的消费税税率计算。

企业应将消费税税率不同的出口应税消费品分开核算和申报，凡划分不清适用税率的，一律从低适用税率计算应退消费税税额。

三、出口应税消费品退税的计算

出口应税消费品只有适用出口免税并退税政策时，才会涉及计算应退消费税的问题。生产企业直接出口应税消费品或委托外贸企业出口应税消费品，按规定直接予以免税的，可不计算应缴消费税。外贸企业出口应税消费品，按规定计算（退）消费税。

（一）消费税退税的计税依据

出口货物消费税应退税额的计税依据，按购进出口货物的消费税专用缴款书和海关进口消费税专用缴款书确定。

属于从价定率计征消费税的，为已征且未在内销应税消费品应纳税额中抵扣的购进出口货物金额；属于从量定额计征消费税的，为已征且未在内销应税消费品应纳税额中抵扣的购进出口货物数量；属于复合计征消费税的，按从价定率和从量定额的计税依据分别确定。

卷烟出口企业经主管税务机关批准，按国家批准的免税出口卷烟计划购进的卷烟免征增值税、消费税。

发生增值税、消费税不应退税或免税但已实际退税或免税的，出口企业和其他单位应当补缴已退或已免税款。

纳税人直接出口的应税消费品办理免税后，发生退关或国外退货，复进口时已予以免税的，可暂不办理补税，待其转为国内销售的当月申报缴纳消费税。

（二）消费税应退税额的计算

应退税额＝从价定率计征消费税的退税计税依据×比例税率
　　　　＋从量定额计征消费税的退税计税依据×定额税率

【做中学 3—10】 某外贸企业为增值税一般纳税人，2023 年 7 月从国外进口 100 辆小轿车，关税完税价格为每辆 20 万元，关税税率为 100%，消费税税率为 5%，当月售出 60 辆，每辆不含税售价为 80 万元。当月从国内一生产厂家（增值税一般纳税人）购进小轿车 200 辆全部出口，每辆车出厂价为15万元(不含税),出口FOB价格为每辆25万元,消费税税率为5%。

要求:计算该外贸企业当月应缴、应退的消费税税额。

解析:该外贸企业当月应缴、应退的消费税计算如下:

纳税人进口应税消费品应纳消费税:

组成计税价格=(2 000+2 000)÷(1−5%)=4 210.53(万元)

应纳消费税税额=4 210.53×5%=210.53(万元)

出口应税消费品应退消费税:

应退消费税税额=15×200×5%=150(万元)

【做中学3—11】 某酒业制造有限公司2023年5月28日委托某进出口公司向美国加利福尼亚州出口黄酒400吨,按规定实行先征后退的方法。

要求:计算该公司应退消费税(黄酒单位税额为240元/吨)。

解析:应退税额=400×240=96 000(元)

四、出口应税消费品办理退(免)税后的管理

适用增值税退(免)税或免税、消费税退(免)税或免税政策的出口企业或其他单位,应办理退(免)税认定。

经过认定的出口企业及其他单位,应在规定的增值税纳税申报期内向主管税务机关申报增值税退(免)税和免税、消费税退(免)税和免税。委托出口的货物,由委托方申报增值税退(免)税和免税、消费税退(免)税和免税。输入特殊区域的水电气,由作为购买方的特殊区域内生产企业申报退税。

出口企业或其他单位骗取国家出口退税款的,经省级以上税务机关批准,可以停止其退(免)税资格。

开展进料加工业务的出口企业若发生未经海关批准将海关保税进口料件作价销售给其他企业加工的,应按规定征收增值税、消费税。

卷烟出口企业经主管税务机关批准,按国家批准的免税出口卷烟计划购进的卷烟免征增值税、消费税。

发生增值税、消费税不应退税或免税但已实际退税或免税的,出口企业和其他单位应当补缴已退或已免税款。

任务五 消费税的征收管理

一、消费税的征收管理

(一)纳税时间

(1)纳税人销售应税消费品。纳税人销售应税消费品的,按不同的销售结算方式确定,分别为:①采取赊销和分期收款结算方式的,为书面合同约定的收款日期的当天;书面合同没有约定收款日期或者无书面合同的,为发出应税消费品的当天。②采取预收货款结算方式的,为发出应税消费品的当天。③采取托收承付和委托银行收款方式的,为发出应税消费品并办妥托收手续的当天。④采取其他结算方式的,为收讫销售款或者取得索取销售款凭据的当天。

(2)纳税人自产自用应税消费品。纳税人自产自用应税消费品的,为移送使用的当天。

(3)纳税人委托加工应税消费品。纳税人委托加工应税消费品的,为纳税人提货的当天。

(4)纳税人进口应税消费品。纳税人进口应税消费品的,为报关进口的当天。

(二)纳税环节

1. 生产应税消费品

生产应税消费品在生产销售环节征税。纳税人将生产的应税消费品换取生产资料、消费资料、投资入股、偿还债务,以及用于连续生产应税消费品以外的其他方面都应缴纳消费税。

【提示】生产销售环节是消费税征收的主要环节。

2. 委托加工应税消费品

委托加工应税消费品是指委托方提供原料和主要材料,受托方只收取加工费和代垫部分辅助材料加工的应税消费品。由受托方提供原材料或其他情形的一律不能视同委托加工应税消费品。

【注意】对于由受托方提供原材料生产的应税消费品,或者受托方先将原材料卖给委托方,然后再接受加工的应税消费品,以及由受托方以委托方名义购进原材料生产的应税消费品,不论在财务上是否作销售处理,都不得作为委托加工应税消费品,而应当按照销售自制应税消费品缴纳消费税。

委托加工的应税消费品,除受托方为个人外,由受托方向委托方交货时代收代缴税款;委托个人加工的应税消费品,由委托方收回后缴纳消费税。

3. 进口应税消费品

单位和个人进口应税消费品,于报关进口时由海关代征消费税。

4. 批发应税消费品

卷烟消费税在生产和批发两个环节征收。自2009年5月1日起,在卷烟批发环节加征一道从价税,在我国境内从事卷烟批发业务的单位和个人,批发销售的所有牌号规格的卷烟,按其销售额(不含增值税)征收5%的消费税。纳税人应将卷烟销售额与其他商品销售额分开核算,未分开核算的,一并征收消费税。纳税人销售给纳税人以外的单位和个人的卷烟于销售时纳税。纳税人之间销售的卷烟不缴纳消费税。卷烟批发企业的机构所在地,总机构与分支机构不在同一地区的,由总机构申报纳税。自2015年5月10日起,将卷烟批发环节从价税税率由5%提高至11%,并按0.005元/支加征从量税。纳税人兼营卷烟批发和零售业务的,应当分别核算批发和零售环节的销售额、销售数量;未分别核算批发和零售环节销售额、销售数量的,按照全部销售额、销售数量计征批发环节消费税。

【提示】烟草批发企业将卷烟销售给"零售单位"的,要加征一道11%的从价税,并按0.005元/支加征从量税;烟草批发企业将卷烟销售给其他烟草"批发企业"的,不缴纳消费税。烟草批发企业在计算应纳税额时,不得扣除卷烟中已含的生产环节的消费税税款。

消费税属于价内税,一般情况下只征收一次,只有"卷烟"和"超豪华小汽车"例外。其中,卷烟在生产环节、批发环节征收两次消费税,但这两个环节一般不是同一个纳税人,卷烟生产企业是生产环节的纳税人,批发企业是批发环节的纳税人。其中,生产环节实行从价定率和从量定额相结合的复合计征方法,自2015年5月10日起批发环节也复合计征。

5. 零售应税消费品

经国务院批准,自1995年1月1日起,金银首饰消费税由生产销售环节征收改为零售环节征收。改在零售环节征收消费税的金银首饰仅限于金基、银基合金首饰以及金、银和金基、银基合金的镶嵌首饰,在零售环节适用的税率为5%,在纳税人销售金银首饰、钻石及钻石饰品时征收。其计税依据是不含增值税的销售额。

对既销售金银首饰又销售非金银首饰的生产、经营单位,应将两类商品划分清楚,分别核算销售额。凡划分不清楚或不能分别核算的:在生产环节销售的,一律从高适用税率征收消费税;在零售环节销售的,一律按金银首饰征收消费税。金银首饰与其他产品组成成套消费品销售的,应按销售额全额征收消费税。

金银首饰连同包装物一起销售的,无论包装物是否单独计价,也无论会计上如何核算,均应并入金银首饰的销售额,计征消费税。

带料加工的金银首饰,应按受托方销售的同类金银首饰的销售价格确定计税依据征收消费税。没有同类金银首饰销售价格的,按照组成计税价格计算纳税。

纳税人采用以旧换新(含翻新改制)方式销售的金银首饰,应按实际收取的不含增值税的全部价款确定计税依据征收消费税。

【提示】上述以旧换新(含翻新改制)方式销售金银首饰计税依据的规定其实质是抵减了旧的部分的价值。这与增值税对于金银首饰的相关规定是一致的。

另外,自2016年12月1日起,"小汽车"税目下增设"超豪华小汽车"子税目。征收范围为每辆零售价格130万元(不含增值税)及以上的乘用车和中轻型商用客车,即乘用车和中轻型商用客车子税目中的超豪华小汽车。对超豪华小汽车,在生产(进口)环节按现行税率征收消费税的基础上,在零售环节加征消费税,税率为10%。将超豪华小汽车销售给消费者的单位和个人为超豪华小汽车零售环节的纳税人。

(三)纳税地点

(1)纳税人销售的应税消费品,以及自产自用的应税消费品,除国务院财政、税务主管部门另有规定外,应当向纳税人机构所在地或者居住地的主管税务机关申报纳税。

(2)委托加工的应税消费品,除受托方为个人外,由受托方向机构所在地或者居住地的主管税务机关解缴消费税税款。受托方为个人的,由委托方向机构所在地的主管税务机关申报纳税。

(3)进口的应税消费品,由进口人或者其代理人向报关地海关申报纳税。

(4)纳税人到外县(市)销售或者委托外县(市)代销自产应税消费品的,于应税消费品销售后,向机构所在地或者居住地主管税务机关申报纳税。

(5)纳税人的总机构与分支机构不在同一县(市)的,应当分别向各自机构所在地的主管税务机关申报纳税。

除卷烟批发企业外,纳税人的总机构与分支机构不在同一县(市),但在同一省(自治区、直辖市)范围内的,经省(自治区、直辖市)财政厅(局)、国家税务局审批同意,可以由总机构汇总向总机构所在地的主管税务机关申报缴纳消费税。

省(自治区、直辖市)财政厅(局)、国家税务局应将审批同意的结果,上报财政部、国家税务总局备案。

(6)纳税人销售的应税消费品,如因质量等原因由购买者退回,经机构所在地或者居住地主管税务机关审核批准后,可退还已缴纳的消费税税款。

(7)纳税人直接出口的应税消费品办理免税后,发生退关或者国外退货,进口时已予以免税的,经机构所在地或者居住地主管税务机关批准,可暂不办理补税,待其转为国内销售时,再申报补缴消费税。

(8)个人携带或者邮寄进境的应税消费品的消费税,连同关税一并计征,具体办法由国务院关税税则委员会会同有关部门制定。

(四)纳税期限

消费税的纳税期限分别为1日、3日、5日、10日、15日、1个月或者1个季度。纳税人的具体纳税期限,由主管税务机关根据纳税人应纳税额的大小分别核定;不能按照固定期限纳税的,可以按次纳税。

纳税人以1个月或者1个季度为1个纳税期的,自期满之日起15日内申报纳税;以1日、3日、5日、10日或者15日为1个纳税期的,自期满之日起5日内预缴税款,于次月1日起至15日内申报纳税并结清上月应纳税款。

纳税人进口应税消费品,应当自海关填发海关进口消费税专用缴款书之日起15日内缴纳税款。

二、消费税的纳税申报

(一)申报表整合后,消费税申报的变化

2021年8月1日起,全国推行增值税、消费税及附加税费申报表整合。按月度申报缴纳增值税、消费税及附加税费的纳税人,申报缴纳所属期为2021年7月及以后的增值税、消费税及附加税费。新申报表中,除实行主税附加税费合并申报外,消费税申报也进行了简并优化。

(1)将原分税目的8张消费税纳税申报表主表整合为1张主表,基本框架结构维持不变,包含销售情况、税款计算和税款缴纳三部分,增加了栏次和列次序号及表内勾稽关系,删除不参与消费税计算的"期初未缴税额"等3个项目,方便纳税人平稳过渡使用新申报表。

(2)将原分税目的22张消费税纳税申报表附表整合为7张附表,其中4张为通用附表,1张成品油消费税纳税人填报的专用附表、2张卷烟消费税纳税人填报的专用附表。

新申报表将原分税目的消费税纳税申报表主表、附表进行了整合。系统根据纳税人登记的消费税征收品目信息,自动带出申报表主表中的"应税消费品名称""适用税率"等内容以及该纳税人需要填报的附表,方便纳税人填报。成品油消费税纳税人、卷烟消费税纳税人需要填报的专用附表,其他纳税人不需填报,系统也不会带出。

(3)受托加工应税消费品的扣缴义务人代扣税款后,开具税收缴款书和申报缴纳代扣的消费税。扣缴义务人代扣消费税税款后,应给委托方开具"中华人民共和国税收缴款书(代扣代收专用)",委托方可凭该缴款书按规定申报抵扣消费税款。

扣缴义务人向主管税务机关申报缴纳代扣的消费税时,不再填报"本期代收代缴税额计算表",应填报通用"代扣代缴、代收代缴税款明细报告表"和"中华人民共和国税收缴款书(代扣代收专用)"附表,并根据系统自动生成的"代扣代缴、代收代缴税款明细报告表""实代扣代缴、代收代缴税额"栏的合计数,缴纳代扣税款。

(二)申报和缴纳税款的方法

纳税人报缴税款的方法,由所在地主管税务机关视不同情况,从下列方法中选择其中一种:

(1)纳税人按期向税务机关填报纳税申报表,并填开纳税缴款书,向其所在地代理金库的银行缴纳税款。

(2)纳税人按期向税务机关填报纳税申报表,由税务机关审核后填发缴款书,按期缴纳。

(3)对会计核算不健全的小型业户,税务机关可根据其产销情况,按季或按年核定其应纳税额,分月缴纳。

(三)相关表单

(1)主表:消费税及附加税费申报表,见表3-4。

(2)本期准予扣除税额计算表,见表3-4-1。

(3)本期准予扣除税额计算表(成品油消费税纳税人适用),见表3-4-2。

(4)本期减(免)税额明细表,见表3-5。

(5)本期委托加工收回情况报告表,见表3-6。

(6)卷烟批发企业月份销售明细清单(卷烟批发环节消费税纳税人适用),见表3-7。

(7)卷烟生产企业合作生产卷烟消费税情况报告表(卷烟生产环节消费税纳税人适用),见表3-8。

(8)消费税附加税费计算表,见表3—9。

表 3—4   消费税及附加税费申报表

税款所属期:自　　年　月　日至　　年　月　日

纳税人识别号(统一社会信用代码):□□□□□□□□□□□□□□□□□□

纳税人名称:　　　　　　　　　　　　　　　　　　　　　金额单位:人民币元(列至角分)

应税消费品名称 \ 项目	适用税率 定额税率	适用税率 比例税率	计量单位	本期销售数量	本期销售额	本期应纳税额
	1	2	3	4	5	6=1×4+2×5
合计	——	——	——	——	——	

	栏次	本期税费额
本期减(免)税额	7	
期初留抵税额	8	
本期准予扣除税额	9	
本期应扣除税额	10=8+9	
本期实际扣除税额	11[10<(6−7),则为10,否则为6−7]	
期末留抵税额	12=10−11	
本期预缴税额	13	
本期应补(退)税额	14=6−7−11−13	
城市维护建设税本期应补(退)税额	15	
教育费附加本期应补(退)费额	16	
地方教育附加本期应补(退)费额	17	

　　声明:此表是根据国家税收法律法规及相关规定填写的,本人(单位)对填报内容(及附带资料)的真实性、可靠性、完整性负责。

　　　　　　　　　　　　　　　　　　　　　　　　　纳税人(签章):　　　年　月　日

经办人: 经办人身份证号: 代理机构签章: 代理机构统一社会信用代码:	受理人: 受理税务机关(章): 受理日期:　　年　月　日

表 3－4－1　　　　　　　　　　　　**本期准予扣除税额计算表**　　　　　　金额单位:元(列至角分)

准予扣除项目		应税消费品名称				合计
一、本期准予扣除的委托加工应税消费品已纳税款计算		期初库存委托加工应税消费品已纳税款	1			
		本期收回委托加工应税消费品已纳税款	2			
		期末库存委托加工应税消费品已纳税款	3			
		本期领用不准予扣除委托加工应税消费品已纳税款	4			
		本期准予扣除委托加工应税消费品已纳税款	5＝1＋2－3－4			
二、本期准予扣除的外购应税消费品已纳税款计算	(一)从价计税	期初库存外购应税消费品买价	6			
		本期购进应税消费品买价	7			
		期末库存外购应税消费品买价	8			
		本期领用不准予扣除外购应税消费品买价	9			
		适用税率	10			
		本期准予扣除外购应税消费品已纳税款	11＝(6＋7－8－9)×10			
	(二)从量计税	期初库存外购应税消费品数量	12			
		本期外购应税消费品数量	13			
		期末库存外购应税消费品数量	14			
		本期领用不准予扣除外购应税消费品数量	15			
		适用税率	16			
		计量单位	17			
		本期准予扣除的外购应税消费品已纳税款	18＝(12＋13－14－15)×16			
三、本期准予扣除税款合计			19＝5＋11＋18			

表 3－4－2　　　　　　　　　　**本期准予扣除税额计算表(成品油消费税纳税人适用)**　　　　金额单位:元(列至角分)

一、扣除税额及库存计算							
扣除油品类别	上期库存数量	本期外购入库数量	委托加工收回连续生产数量	本期准予扣除数量	本期准予扣除税额	本期领用未用于连续生产不准予扣除数量	期末库存数量
1	2	3	4	5	6	7	8＝2＋3＋4－5－7
汽油							
柴油							
石脑油							
润滑油							
燃料油							
合计							

续表

二、润滑油基础油(废矿物油)和变性燃料乙醇领用存				
产品名称	上期库存数量	本期入库数量	本期生产领用数量	期末库存数量
1	2	3	4	5＝2＋3－4
润滑油基础油（废矿物油）				
变性燃料乙醇				

表 3－5　　　　　　　　　　　本期减（免）税额明细表　　　　　　　　金额单位：元(列至角分)

项目 应税消费品名称	减(免)性质代码	减(免)项目名称	减(免)税销售额	适用税率(从价定率)	减(免)税销售数量	适用税率(从量定额)	减(免)税额
1	2	3	4	5	6	7	8＝4×5＋6×7
出口免税	—	—		—		—	
合　计	—	—		—		—	

表 3－6　　　　　　　　　　　本期委托加工收回情况报告表　　　　　　　金额单位：元(列至角分)

一、委托加工收回应税消费品代收代缴税款情况										
应税消费品名称	商品和服务税收分类编码	委托加工收回应税消费品数量	委托加工收回应税消费品计税价格	适用税率		受托方已代收代缴的税款	受托方(扣缴义务人)名称	受托方(扣缴义务人)识别号	税收缴款书(代扣代收专用)号码	税收缴款书(代扣代收专用)开具日期
^	^	^	^	定额税率	比例税率	^	^	^	^	^
1	2	3	4	5	6	7＝3×5＋4×6	8	9	10	11

二、委托加工收回应税消费品领用存情况					
应税消费品名称	商品和服务税收分类编码	上期库存数量	本期委托加工收回入库数量	本期委托加工收回直接销售数量	本期委托加工收回用于连续生产数量	本期结存数量
1	2	3	4	5	6	7＝3＋4－5－6

表 3—7　　　　卷烟批发企业月份销售明细清单（卷烟批发环节消费税纳税人适用）

卷烟条包装商品条码	卷烟牌号规格	卷烟类别	卷烟类型	销售价格	销售数量	销售额	备注
1	2	3	4	5	6	7	8

表 3—8　　　卷烟生产企业合作生产卷烟消费税情况报告表（卷烟生产环节消费税纳税人适用）

品牌输出方		品牌输入方		卷烟条包装商品条码	卷烟牌号规格	销量	销售价格	销售额	品牌输入方已缴纳税款
企业名称	统一社会信用代码	企业名称	统一社会信用代码						
1	2	3	4	5	6	7	8	9	10
合　计							……		

表 3—9　　　　　　　　　　　　消费税附加税费计算表　　　　　　　金额单位：元（列至角分）

税（费）种	计税（费）依据 消费税税额	税（费）率(%)	本期应纳税（费）额	本期减免税（费）额		本期是否适用增值税小规模纳税人"六税两费"减征政策 □是 □否		本期已缴税（费）额	本期应补（退）税（费）额
				减免性质代码	减免税（费）额	减征比例(%)	减征额		
	1	2	3=1×2	4	5	6	7=(3-5)×6	8	9=3-5-7-8
城市维护建设税									
教育费附加									
地方教育附加									
合计		—		—		—			

（四）办理税款抵扣手续

纳税人在办理纳税申报时，如需办理消费税税款抵扣手续，除应按有关规定提供纳税申报所需资料外，还应当提供以下资料：

（1）外购应税消费品连续生产应税消费品的，提供外购应税消费品增值税专用发票（抵扣联）原件和复印件。如果外购应税消费品的增值税专用发票属于汇总填开，除提供增值税专用发票（抵扣联）原件和复印件外，还应提供随同增值税专用发票取得的由销售方开具并加盖财务专用章或发票专用章的销货清单原件和复印件。

（2）委托加工收回应税消费品连续生产应税消费品的，提供"代扣代收税款凭证"原件和复印件。

（3）进口应税消费品连续生产应税消费品的，提供"海关进口消费税专用缴款书"原件和复印件。

（五）开具税收通用缴款书，结清税款

纳税人在规定期限内向税务机关指定为代理金库的银行缴纳税款时，应开具税收通用缴款书。税收通用缴款书共六联，纳税人缴纳税款后，将经国库经收处收款签章的"收据联"作为完税凭证，证明纳税义务已完成，并将其作为会计核算的依据。

应知考核

一、单项选择题

1. 根据消费税法的有关规定，下列行为中应缴纳消费税的是（   ）。
   A. 进口雪茄烟   B. 零售粮食白酒   C. 零售化妆品   D. 进口服装
2. 依据消费税法的有关规定，下列消费品中属于消费税征税范围的是（   ）。
   A. 用中轻型商用客车底盘改装的商务车   B. 电动汽车
   C. 护肤护发品   D. 高尔夫车
3. 下列单位经营的应税消费品中，不需缴纳消费税的是（   ）。
   A. 啤酒屋利用啤酒生产设备生产的啤酒
   B. 商场销售高档手表
   C. 出国人员免税商店销售金银首饰
   D. 汽车制造厂公益性捐赠的自产小轿车
4. 依据消费税法的有关规定，下列货物中属于消费税征税范围的是（   ）。
   A. 高尔夫球包   B. 竹制筷子   C. 鞭炮药引线   D. 电动汽车
5. 下列各项中，属于消费税纳税义务人的是（   ）。
   A. 进口金银首饰的外贸企业   B. 受托加工烟丝的工业企业
   C. 生产护手霜销售的工业企业   D. 将自产卷烟用于抵债的卷烟厂

二、多项选择题

1. 下列贵重首饰中，在零售环节缴纳消费税的有（   ）。
   A. 包金首饰   B. 镀金首饰
   C. 金基、银基合金首饰   D. 钻石饰品
2. 下列业务中，应当征收消费税的有（   ）。
   A. 化妆品厂将自产的香水作为样品赠送给客户
   B. 卷烟厂将自产的烟丝用于继续生产卷烟
   C. 鞭炮厂将自产的鞭炮用于职工福利
   D. 地板厂将自产的实木地板用于抵偿债务
3. 下列属于复合计征消费税的货物有（   ）。
   A. 烟丝   B. 卷烟   C. 啤酒   D. 粮食白酒
4. 下列关于消费税纳税申报的陈述中，正确的有（   ）。
   A. 自产应税消费品于销售环节纳税
   B. 委托加工应税消费品，由受托方办理代收代缴消费税申报
   C. 委托加工应税消费品，委托方应向税务机关提供已由受托方代收代缴税款完税证明
   D. 纳税人进口应税消费品，应当自海关填发进口消费税专用缴款书之日起10日内申报缴纳税款

5. 根据现行税法的规定,下列消费品的生产经营环节既征收增值税又征收消费税的有( )。
A. 批发环节销售的卷烟　　　　　　B. 零售环节销售的金基合金首饰
C. 批发环节销售的白酒　　　　　　D. 申报进口的高尔夫球具

三、判断题

1. 在现行消费税的征税范围中,除卷烟、白酒外,其他一律不得采用从价定率和从量定额相结合的混合计税方法。　　　　　　　　　　　　　　　　　　　　　　　　　　( )
2. 对委托加工应税消费品,当受托方没有代扣代缴消费税时,应在税务检查中要求受托方补缴税款并对受托方进行处罚。　　　　　　　　　　　　　　　　　　　　　　　( )
3. 应税消费品征收消费税的,其税基含有增值税;应税消费品征收增值税的,其税基不含消费税。　　　　　　　　　　　　　　　　　　　　　　　　　　　　　　　　　( )
4. 纳税人除委托个体经营者加工应税消费品一律于委托方收回后在委托方所在地缴纳消费税外,其余的委托加工应税消费品均由受托方在向委托方交货时代收代缴消费税。　　( )
5. 外贸企业只有受其他外贸企业委托,代理出口应税消费品才可办理消费税的退税。( )

四、简述题

1. 简述消费税的特点。
2. 简述消费税的减免优惠。
3. 简述应税消费品已纳税款的扣除范围。
4. 简述消费税纳税申报和缴纳税款的方法。
5. 简述我国出口应税消费品退(免)消费税政策。

应会考核

■ 观念应用

卷烟的消费税应用

某烟草进出口公司10月从国外进口卷烟80 000条(每条200支),支付买价2 000 000元,支付到达我国海关前的运输费用120 000元、保险费用80 000元。关税完税价格2 200 000元。(假定进口卷烟关税税率为20%。)

【考核要求】
计算进口卷烟消费税、增值税。

■ 技能应用

酒业公司的消费税

某酒业公司12月发生以下业务:
(1)以外购粮食白酒和自产糠麸白酒勾兑的散装白酒1吨并销售,取得不含税收入3.8万元,货款已收到。
(2)自制粮食白酒5吨,对外售出4吨,收到不含税销售额20万元(含包装费3万元),另收取包装物押金(单独核算)0.2万元。
(3)以自制白酒1 000斤继续加工成药酒1 200斤,全部售出,普通发票上注明销售额7.2万元。

(4)从另一酒业公司购入粮食白酒800斤(已纳消费税0.4万元),全部勾兑成低度白酒出售,数量1 000斤,取得不含税收入2.5万元。

(5)为庆祝活动特制白酒4 000斤,全部发放职工,无同类产品售价,成本为每斤7.5元。

白酒定额税率为0.5元/斤,比例税率为20%;其他酒比例税率为10%;粮食白酒的成本利润率为10%。

【技能要求】

计算该酒业公司本月应纳消费税。

■ 案例分析

安心地板公司的消费税分析

安心地板公司系增值税一般纳税人,2022年5月发生如下业务:

(1)进口松木花纹实木地板一批,海关审定的关税完税价格为8万元。

(2)从达生实木地板公司购进未经涂饰的素板,取得的增值税专用发票上注明的价款为5万元,增值税为0.8万元。当月领用进口实木地板,松木花纹实木地板的20%和未经涂饰素板的70%用于继续生产B型实木地板,生产完成后以直接收款的方式将部分B型实木地板对外出售,取得不含税销售收入32万元。

(3)采取赊销方式向某商场销售剩余的B型实木地板,不含税销售额为150万元,合同约定当月15日付款,由于商场资金周转不开,实际于下月20日支付该笔货款。

(4)将自产的一批C型实木地板作价200万元投资给某商店,该批实木地板的最低不含增值税销售价格为160万元,平均不含增值税销售价格为180万元,最高不含增值税销售价格为200万元。

(5)将新生产的豪华实木地板赠送给重要客户,该批实木地板的成本为90万元,市场上无同类产品的销售价格。

其他相关资料:实木地板消费税税率为5%,成本利润率为5%,进口关税税率为30%。上述相关票据均已经过比对认证。

【分析要求】

(1)计算安心地板公司应缴纳的进口环节增值税和消费税。

(2)计算安心地板公司应向税务机关缴纳的消费税。

(3)计算消费税的先后顺序。

项目实训

【实训项目】

流转税——消费税的应用

【实训情境】

消费税的计算

白云卷烟有限公司(以下简称"白云卷烟公司")为增值税一般纳税人,主要生产销售白云牌卷烟。白云牌卷烟平均售价为80元/条(不含增值税)。2023年5月,公司发生下列经济业务:

(1)移送烟叶一批委托某县城加工企业加工烟丝1.2吨,烟叶成本20万元,该加工企业提供辅料,加工后直接发给白云卷烟公司,共收取辅料及加工费8万元,开具增值税专用发票给白云卷烟公司(受托方没有同类产品售价)。白云卷烟公司收到加工厂的消费税代收代缴税款凭证,凭证上注明的消费税为12万元[(20+8)÷(1−30%)×30%]。白云卷烟公司生产车间本月领用委托加工收回烟丝的60%用于继续生产白云牌卷烟。

(2)外购已税烟丝,取得防伪税控增值税专用发票,注明金额40万元、增值税5.2万元,本月生产领用其中的80%用于生产白云牌卷烟。

(3)向当地某烟草商贸公司销售白云牌卷烟120标准箱(1标准箱=250标准条,1标准条=200支),取得不含税销售额240万元,并收取包装物租金共计34.8万元。

(4)本月没收白云牌卷烟逾期包装物押金6.96万元。

另外,上月应缴未缴消费税为98万元,本月12日缴纳上月应缴未缴消费税98万元[卷烟定额税率为每支0.003元;比例税率为每标准条对外调拨价格在70元以上(含70元)的,税率为56%,70元以下的,税率为36%;烟丝消费税税率为30%]。

【实训任务】

1. 计算白云卷烟公司2023年5月的应纳消费税。
2. 撰写《流转税——消费税的应用》实训报告。

《流转税——消费税的应用》实训报告		
项目实训班级：	项目小组：	项目组成员：
实训时间： 年 月 日	实训地点：	实训成绩：
实训目的：		
实训步骤：		
实训结果：		
实训感言：		

项目四 流转税——关税

● 知识目标

> 理解:关税的概念、特点和分类。
> 熟知:关税的征税对象;关税的纳税人;关税的计税依据;进出口税则与税率。
> 掌握:关税的减免;关税的计算;关税的征收管理。

● 技能目标

> 掌握从价税计算方法、从量税计算方法、复合税计算方法、滑动税的计算方法。

● 素质目标

> 运用所学的关税基本原理知识研究相关案例,培养和提高学生在特定业务情境中分析问题与决策设计的能力;结合行业规范或标准,运用关税知识分析行为的善恶,强化学生的职业道德素质。

● 思政目标

> 能够正确地理解"不忘初心"的核心要义和精神实质;树立正确的世界观、人生观和价值观,做到学思用贯通、知信行统一;通过关税知识加强职业责任感,树立主权意识和风险防范意识,明确关税对维护国家主权的意义;树立税收筹划意识,最大限度地维护纳税人的合法权益,实现企业财务利益最大化的目标。

● 项目引例

帮助小王分析纳税情况

小王 2022 年发生如下情况:
(1)出国旅游时,受张梅委托从境外购买一部高档手机,并由自己带回境内给张梅。
(2)出国旅游时,受小程委托购买化妆品,但由于小程邮寄不方便,便从境外邮寄化妆品给小程的好友小红,并委托小红转交给小程。
(3)给远在美国的丈夫李明邮寄了茶叶等家乡特产。
请问:这些经济活动是否需要缴纳关税?上述活动涉及的关税的纳税义务人分别是谁?

● 知识精讲

任务一 关税概述

一、关税的概念

关税是由海关根据国家制定的有关法律,以进出关境的货物和物品为征税对象而征收的一种商品税。关境又称税境,是指一国海关法规可以全面实施的境域。国境是一个主权国家的领土范围。一般情况下,一国的关境和国境是一致的,如日本,但当一个国家在境内设立自由贸易区或自由港时,国境大于关境,如我国;当几个国家结成关税同盟,组成统一的关境,实施统一的关税法令和统一的对外税则,只对来自或运往其他国家的货物进出共同关境征收关税时,国境小于关境,如欧盟。

从以下三个方面,可以加深对关税概念的理解:①关税是一种税收形式。关税与其他税收的性质是一样的,征税主体都是国家。不同的是其他税收主要由税务机关征收,而关税由海关征收。②关税的征税对象是货物和物品。关税只对有形的货品征收,对无形的货品不征。③关税的征税范围是进出关境的货物和物品。

我国关税的相关法律、法规主要包括国务院颁布的《中华人民共和国进出口关税条例》(以下简称《进出口关税条例》)、《中华人民共和国海关进出口税则》(以下简称《海关进出口税则》)以及1987年1月22日第六届全国人大常委会第十九次会议通过、2017年11月4日第十二届全国人大常委会第三十次会议第五次修正的《中华人民共和国海关法》(以下简称《海关法》)。

二、关税的特点

(一)以货物和物品为征税对象

关税不同于因商品交换或提供劳务取得收入而课征的流转税,也不同于因取得所得或拥有财产而课征的所得税或财产税,而是对特定货物和物品途经海关通道进出口征税。

(二)关税是单一环节的价外税

关税的完税价格中不包括关税,即在征收关税时,以实际成交价格为计税依据,关税不包括在内。但海关代为征收增值税、消费税时,其计税依据包括关税在内。

(三)关税由海关代表国家征收

关税的征收管理一般独立于其他国内税收,我国关税由专门负责进出口事务管理的海关总署及其所属机构具体管理和征收。

(四)关税具有较强涉外统一性

征收关税不仅仅是为了满足政府财政的需要,更重要的是利用关税来贯彻执行统一的对外经济政策,实现国家的政治和经济目标。关税税率可以调节进出口贸易。在出口方面,通过低税、免税和退税来鼓励商品出口;在进口方面,通过税率的高低、减免来调节商品的进口。

(五)关税实行复式税则的特点

可以对同一进口货物设置优惠税率和普通税率。优惠税率是一般的、正常的税率,适用于同我国签订了贸易条约或协定的国家;普通税率适用于同我国没有签订贸易条约或协定的国家。这种复式税则充分反映了关税具有维护国家主权、平等互利发展国际贸易往来和经济技术合作的特点。

三、关税的分类

(一)按征税对象,可分为进口关税、出口关税和过境关税

1. 进口关税

进口关税是海关对进口货物和物品所征收的关税,是关税中最主要的一种征收形式。目前,许多国家已不征收出口关税和过境关税,因此,我们经常提到的关税,一般都指进口关税。进口关税是保护关税政策的主要手段,在各国财政收入中占有一定地位。

进口关税有正税和附加税之分。正税是按照税则中的法定税率征收的进口税;附加税则是在征收进口正税的基础上额外加征的关税,主要为了在保护本国生产和增加财政收入两个方面补充正税的不足,通常属于临时性的限制进口措施。附加税的名称繁多,如反倾销税、反补贴税、报复关税、紧急进口税等。

【注意】附加税不是一个独立的税种,是从属于进口正税的。

【提示】反倾销税,是针对实行商品倾销的进口商品而征收的一种进口附加税。反补贴税,是对直接或间接接受奖金或补贴的进口货物和物品征收的一种进口附加税。

【注意】我国政府规定,任何国家或地区对其进口的原产于中华人民共和国的货物征收歧视性关税或者给予其他歧视性待遇的,我国海关对原产于该国家或地区的进口货物,可以征收特别关税。

2. 出口关税

出口关税是海关对出口货物和物品所征收的关税。欧洲国家在18世纪以前曾以出口关税作为重要财源,后来各国重视了关税的经济作用,认识到征收出口关税不利于本国的生产和经济发展。目前,各发达国家一般都取消了出口关税,也有部分国家基于限制本国某些产品或自然资源的输出等原因,对部分出口货物征收出口关税。

3. 过境关税

过境货物是指由境外起运、通过境内继续运往境外的货物。对过境货物所征收的关税称为过境关税。过境关税的前身是使用费,在重商主义时代曾盛行一时,征收过境关税主要是为了增加财政收入。19世纪后半期,各国相继取消过境关税,仅在外国货物通过时征收少量的签证费、印花税、统计费等。

【提示】目前,世界上大多数国家不征收过境关税,我国也不征收。

(二)按征收标准,可分为从价税、从量税、复合税、选择税和滑准税

1. 从价税

从价税是一种最常用的关税计税标准。它以货物的价格或者价值为征税标准,以应征税额占货物价格或者价值的百分比为税率,价格越高则税额越高。目前,我国海关计征关税的标准主要是从价税。

2. 从量税

从量税是以货物的数量、重量、体积和容量等计量单位为计税标准,以每计量单位货物的应征税额为税率。我国目前对原油、啤酒和胶卷等进口商品征收从量税。

3. 复合税

复合税又称混合税,即订立从价、从量两种税率。随着完税价格和进口数量而变化,征收时两种税率合并计征。它是对某种进口货物混合使用从价税和从量税的一种关税计征标准。我国目前仅对录像机、放像机、摄像机、数字照相机和摄录一体机等进口商品征收复合税。

4. 选择税

在税则的同一税目中,有从价和从量两种税率,征税时由海关选择其中一种计征的称为选择

税。海关一般选择税额较高的一种,有时也选择税额较低的。实行选择税,多根据产品价格的高低来定。当物价上涨时,使用从价税;当物价下跌时,使用从量税。这样,不仅能保证国家的财政收入,还可较好地发挥保护本国产业的作用。

5. 滑准税

滑准税又称滑动税,是根据货物的不同价格适用不同税率的一类特殊的从价税。它是一种关税税率随进口货物价格由高至低而由低至高设置计征关税的方法。我国目前仅对进口新闻纸实行滑准税。

(三)按征税性质,可分为普通关税、优惠关税和差别关税

1. 普通关税

普通关税又称一般关税,是对与本国没有签署贸易或经济互惠等友好协定的国家原产的货物征收的非优惠性关税。普通关税与优惠关税的税率差别一般较大。

2. 优惠关税

优惠关税一般是互惠关税,即签订优惠协定的双方互相给对方以优惠关税待遇,但也有单向优惠关税,即只对受惠国给予优惠待遇,而没有反向优惠。优惠关税一般有特定优惠关税、普遍优惠制和最惠国待遇三种。

(1)特定优惠关税,又称特惠税,是指某国对另一国或某些国家对另一些国家的某些方面给予特定优惠关税待遇,而他国不得享受的一种关税制度。特定优惠关税实际上是殖民主义的产物,最早始于宗主国与殖民地附属国之间的贸易交往,具有排他性,因此税率低于协定优惠关税税率。

(2)普遍优惠制,简称普惠制,是发达国家对从发展中国家或地区输入的产品(特别是制成品和半制成品)普遍给予优惠关税待遇的一种制度,因此普惠制还可称为普税制。采取普惠制的目的是增加发展中国家的制成品向经济发达国家的出口,从而增加其财政收入,促使发展中国家尽快实现工业化,加快其经济增长速度。

(3)最惠国待遇,是国际贸易协定中的一项重要内容,它规定缔约国双方相互间现在和将来所给予任何第三国的优惠待遇,同样适用于对方。目前,由于最惠国待遇的适用范围很广,因此,在签订条约或协定时,应多对最惠国待遇的范围加以列举或限定,在列举或限定以外的产品,不适用最惠国待遇。

3. 差别关税

差别关税实际上是保护主义政策的产物,是保护一国产业所采取的特别手段。差别关税最早产生并运用于欧洲,在重商主义全盛时代曾广为流行。直至近代,由于新重商主义的出现和贸易保护主义的抬头,差别关税再次出现,并得到进一步发展。

一般意义上的差别关税主要分为加重关税、反补贴关税、反倾销关税、报复关税等。

(1)加重关税。加重关税是出于某种原因或为达到某种目的,而对某国货物或某种货物的输入加重征收的关税,如间接输入货物加重税等。

(2)反补贴关税。反补贴关税又称抵销关税,是对接受任何津贴或补贴的外国进口货物所附加征收的一种关税,是差别关税的重要形式之一。货物输出国为了增强本国输出产品在国际市场上的竞争力,往往对输出产品提供津贴、补贴或奖励,以降低其成本,在国外市场上廉价销售。输入国为防止他国补贴货物进入本国市场,威胁本国产业的发展,对凡接受政府、垄断财团补贴、津贴或奖励的他国输入产品,课征与补贴、津贴或奖励额相等的反补贴关税,以抵消他国输入货物因接受补贴、津贴或奖励所形成的竞争优势。

(3)反倾销关税。反倾销关税是对外国的倾销商品征收正常进口关税的同时附加征收的一种关税,是差别关税的又一种重要形式。

(4)报复关税。报复关税是指他国政府以不公正、不平等、不友好的态度对待本国输出的货物时,为维护本国利益,报复该国对本国输出货物的不公正、不平等、不友好待遇,对该国输入本国的货物加重征收的关税。

【提示】普通关税、优惠关税和差别关税主要适用于进口关税。

【学中做 4—1】 (多项选择题)差别关税实际上是保护主义政策的产物,是保护一国产业所采取的特别手段。它主要分为( )。

　　A. 加重关税　　　　B. 优惠关税　　　　C. 反补贴关税　　　　D. 报复关税

(四)按保护形式和程度,可分为关税壁垒和非关税壁垒

1. 关税壁垒

关税壁垒是指一国政府以提高关税的办法限制外国商品进口的措施。关税壁垒的目的是抵制外国商品进入本国市场,最大限度地削弱外国商品在本国市场上的竞争力,保护本国商品竞争优势,垄断国内市场。高额关税就像高墙一样阻止或限制外国商品输入,因此称之为关税壁垒。

2. 非关税壁垒

非关税壁垒是指除关税以外的一切限制进口的措施,有直接非关税壁垒和间接非关税壁垒之分。直接非关税壁垒是通过对本国产品和进口商品的差别待遇或迫使出口国限制商品出口等措施,以直接限制进口。其措施有政府采购、海关估价、进口许可制度、进口配额制、关税配额制等。间接非关税壁垒是指并非对商品进口进行直接限制,而是采取同样能起到限制商品进口效果的各种措施,如外汇管制、进出口国家垄断、复杂的海关手续、苛刻的卫生安全和技术标准等。

任务二　关税的基本法律

一、关税的征税对象

关税的征税对象仅限于准许进出境的货物或物品。货物是指贸易性的进出口商品;物品是指非贸易性的进出口商品,包括入境旅客随身携带的行李物品,个人邮递进境的物品,各种运输工具上的服务人员携带的进口物品、馈赠物品以及以其他方式进境的个人物品。关税在货物或物品进出关境的环节一次性征收。

二、关税的纳税人

进口货物的收货人、出口货物的发货人、进出境物品的所有人,是关税的纳税人。进出口货物的收货人和发货人是依法取得对外贸易经营权,并从事进口或者出口货物业务的法人或者其他社会团体。进出境物品的所有人包括该物品的所有人和推定为所有人的人。一般情况下,对携带进境的物品,推定其携带人为所有人;对分离运输的行李,推定相应的进出境旅客为所有人。对以邮递方式进境的物品,推定其收件人为所有人;对以邮递或其他运输方式出境的物品,推定其寄件人或托运人为所有人。

三、进出口税则与税率

(一)进出口税则

关税的进出口税则是指一国政府制定并公布实施的进出口货物和物品应税的关税税率表。我国现行税则包括《进出口关税条例》《税率适用说明》《海关进出口税则》,以及进口商品从量税、复合税、滑准税税目税率表,进口商品关税配额税目税率表,进口商品税则暂定税率表,出口商品税则暂

定税率表,非全税目信息技术产品税率表等。

税率表作为税则主体,包括税则商品分类目录和税率栏两大部分。税则商品分类目录是把种类繁多的商品加以综合,按照不同特点分门别类地简化成数量有限的商品类目,分别编号,按序排列,称为税则号列,并逐项列出该号中应列入的商品名称。商品分类的原则即归类规则,包括归类总规则和各类、章、目的具体注释。税率栏是按商品分类目录逐项定出的税率栏目。我国现行进口税则为四栏税率,出口税则为一栏税率。税则归类就是按照税则的规定,将每项具体进出口商品按其特性在税则中找出其最适合的某一个税号,即"对号入座",以便确定其适用的税率,计算关税税额。税则归类错误会导致关税多征或少征,影响关税作用的发挥。

关税的税目和税率由《海关进出口税则》规定。《海关进出口税则》是根据世界海关组织(WCO)发布的《商品名称及编码协调制度》(以下简称《协调制度》)制定的。该制度是科学、系统的国际贸易商品分类体系,是国际上多个商品分类目录协调的产物,能满足与国际贸易有关的多方面的需要,如海关、统计、贸易、运输、生产等,是国际贸易商品分类的一种"标准语言"。它包括三个部分:归类总规则、进口税率表、出口税率表。其中,归类总规则是进出口货物分类的具有法律效力的原则和方法。

《协调制度》是国际上多个商品分类目录综合的产物,其最大特点就是适合与国际贸易有关的各方面的需要,是国际贸易商品分类的"标准语言"。加入《商品名称及编码协调制度公约》的成员均使用《协调制度》作为编制本国税则及统计目录的基础,即这些国家和地区的进出口税则及海关统计商品目录的前六位数都与《协调制度》相同。目前,使用《协调制度》的国家和地区涵盖了国际贸易总量的98%。

我国于1992年正式加入《商品名称及编码协调制度公约》,现行的进出口税则及海关统计商品目录都是以《协调制度》为基础制定的。为适应国际贸易形式的变化及科技的发展,世界海关组织每4~6年对《协调制度》进行一次全面修订。《协调制度》是我国制定进出口税则,实施贸易管制、贸易统计以及其他各项进出口管理措施的基础目录。为适应国际贸易的发展,世界海关组织发布了2022年版《协调制度》修订目录,于2022年1月1日起生效。

(二)关税的税率

我国现行关税的税率分为进口关税税率和出口关税税率两类。

1. 进口关税税率

加入WTO之前,我国进口税则设有两栏税率,即普通税率和优惠税率。对原产于与我国未订有关税互惠协议的国家或地区的进口货物,按照普通税率征税;对原产于与我国订有关税互惠协议的国家或地区的进口货物,按照优惠税率征税。

加入WTO之后,为履行我国在加入WTO关税减让谈判中承诺的有关义务,享有WTO成员应有的权利,自2002年1月1日起,我国进口税则设有最惠国税率、协定税率、特惠税率、普通税率和关税配额税率等税率。

此外,对进口货物在一定期限内可以实行暂定税率。不同税率的运用是以进口货物的原产地为标准的,确定进境货物原产地的主要原因之一是便于正确运用进口税则的各栏税率,对产自不同国家或地区的进口货物适用不同的关税税率。

我国采用"全部产地生产标准""实质性加工标准"两种国际通用的原产地标准。

(1)全部产地生产标准是指进口货物"完全在一个国家(地区)内生产或制造",生产或制造国即为该货物的原产地。

(2)实质性加工标准是用于确定有两个或两个以上国家(地区)参与生产的产品的原产地标准,其基本含义是:经过几个国家(地区)加工、制造的进口货物,以最后一个对货物进行经济上可以视为实质性加工的国家(地区)作为有关货物的原产地。实质性加工是指产品加工后,在进出口税则中四位数税号一级的税则归类已经有了改变,或者加工增值部分所占新产品总值的比例已超过30%。

此外,按照规定实行关税配额管理的进口货物,如对部分进口农产品和化肥产品实行关税配额制度。关税配额内的,适用较低的关税配额税率;关税配额外的,税率的适用按上述税率的形式的规定执行,适用较高的配额外税率。

根据经济发展的需要,我国对部分进口原材料、零部件、农药原药和中间体、乐器及生产设备实行暂定税率。适用最惠国税率的进口货物有暂定税率的,应当适用暂定税率;适用协定税率、特惠税率的进口货物有暂定税率的,应当从低适用税率;适用普通税率的进口货物,不适用暂定税率。进境物品税调整方案自2016年4月15日起实施。我国进境物品进口税率如表4—1所示。

表4—1　　　　　　　　　　　我国进境物品进口税率

税号	物品名称	税率(%)
1	书报、刊物、教育用影视资料;计算机、视频摄录一体机、数字照相机等信息技术产品;食品、饮料;金银;家具;玩具、游戏品、节日或其他娱乐用品	15
2	运动用品(不含高尔夫球及球具)、钓鱼用品;纺织品及其制成品;电视摄像机及其他电器用具;自行车;税号1、3中未包含的其他商品	30
3	烟、酒、贵重首饰及珠宝玉石;高尔夫球及球具;高档手表;化妆品	60

注:税号3所列商品的具体范围与消费税征收范围一致。

2. 出口关税税率

我国出口税则为一栏税率,即出口税率。国家仅对少数资源性产品及易于竞相杀价、盲目出口、需要规范出口秩序的半制成品征收出口关税。现行税则对100余种商品计征出口关税,主要是鳗鱼苗、部分有色金属矿砂及精矿、生锑、磷、氟钽酸钾、苯、山羊板皮、部分铁合金、钢铁废碎料、铜和铝原料及制品、镍锭、锌锭、锑锭。对上述范围内的部分商品实行0～25%的暂定税率,此外,根据需要对其他200种商品征收暂定税率。与进口暂定税率一样,出口暂定税率优先适用于出口税则中规定的出口税率。我国真正征收出口关税的商品只有20种,税率也较低。

(三)税率的运用

《进出口关税条例》规定,进出口货物应当依照税则规定的归类原则归入合适的税号,并按照适用的税率征税。

(1)进出口货物,应当按照纳税义务人申报进口或者出口之日实施的税率征税。

(2)进口货物到达前,经海关核准先行申报的,应当按照装载此货物的运输工具申报进境之日实施的税率征税。

(3)进出口货物的补税和退税,适用该进出口货物原申报进口或者出口之日所实施的税率,但下列情况除外:

①按照特定减免税办法批准予以减免税的进口货物,后因情况改变经海关批准转让或出售或移作他用需予补税的,适用海关接受纳税人再次填写报关单申报办理纳税及有关手续之日实施的税率征税。

②加工贸易进口料件等属于保税性质的进口货物,如经批准转为内销,应按向海关申报转为内销之日实施的税率征税;如未经批准擅自转为内销,则按海关查获日期所实施的税率征税。

③暂时进口货物转为正式进口需予补税的,应按其申报正式进口之日实施的税率征税。

④分期支付租金的租赁进口货物,分期缴税时,适用海关接受纳税人再次填写报关单申报办理纳税及有关手续之日实施的税率征税。

⑤溢卸、误卸货物事后确定需征税时,应按原运输工具申报进口日期所实施的税率征税。如原进口日期无法查明的,可按确定补税当天实施的税率征税。

⑥对由于税则归类的改变、完税价格的审定或其他工作差错而需补税的,应按原征税日期实施的税率征税。

⑦经批准缓税进口的货物以后缴税时,不论是分期还是一次缴清税款,都应按货物原进口之日实施的税率征税。

⑧查获的走私进口货物需补税时,应按查获日期实施的税率征税。

四、进出口关税调整

根据《国务院关税税则委员会关于 2022 年关税调整方案的通知》(税委会〔2021〕18 号)所附《2022 年关税调整方案》,自 2022 年 1 月 1 日起对部分商品的进出口关税进行调整。

(一)《2022 年关税调整方案》主要内容

1. 进口关税税率

(1)最惠国税率

①根据税则转版和税目调整情况,相应调整最惠国税率及普通税率。

②对《中华人民共和国加入世界贸易组织关税减让表修正案》附表所列信息技术产品最惠国税率自 2022 年 7 月 1 日起实施第七步降税。

③对 954 项商品(不含关税配额商品)实施进口暂定税率;自 2022 年 7 月 1 日起,取消 7 项信息技术协定扩围产品进口暂定税率。

④对原产于塞舌尔共和国、圣多美和普林西比民主共和国的进口货物适用最惠国税率。

(2)关税配额税率

继续对小麦等 8 类商品实施关税配额管理,税率不变。其中,对尿素、复合肥、磷酸氢铵 3 种化肥的配额税率继续实施进口暂定税率,税率不变。继续对配额外进口的一定数量棉花实施滑准税,税率不变。

(3)协定税率及特惠税率

①根据我国与有关国家或地区已签署并生效的自贸协定或优惠贸易安排,继续对 17 个协定项下、原产于 28 个国家或地区的部分进口货物实施协定税率。

②根据《区域全面经济伙伴关系协定》(RCEP),对日本、新西兰等 9 个已生效缔约方的 RCEP 项下原产货物实施协定第一年税率,后续生效缔约方实施时间由国务院关税税则委员会另行公布。按照协定"关税差异"等条款规定,根据进口货物的 RCEP 原产国来适用我国在 RCEP 项下对其他已生效缔约方相应的协定税率。同时,允许进口货物收货人或者其代理人(以下简称"进口人")申请适用我国在 RCEP 项下对其他已生效缔约方的最高协定税率;在进口人能够提供有关证明的情况下,允许其申请适用我国对与该货物生产相关的其他已生效缔约方的最高协定税率。

③根据《中华人民共和国政府和柬埔寨王国政府自由贸易协定》,对原产于柬埔寨的部分进口货物实施协定第一年税率。

④当最惠国税率低于或等于协定税率时,协定有规定的,按相关协定的规定执行;协定无规定的,二者从低适用。

⑤对与我国建交并完成换文手续的安哥拉共和国等 44 个最不发达国家实施特惠税率。

2. 出口关税税率

继续对铬铁等 106 项商品实施出口关税,提高黄磷以外的其他磷和粗铜 2 项商品的出口关税。

3. 税则税目

我国进出口税则税目随《商品名称及编码协调制度》2022年转版同步调整,根据国内需要,对部分税则税目、注释进行调整。调整后,2022年税则税目数共计8 930个。

4. 实施时间及其他

以上方案,除另有规定外,自2022年1月1日起实施,具体税目、税率以《2022年关税调整方案》为准。

(二)进出口通关有关事项

1.《进出口税则商品及品目注释》

根据世界海关组织发布的2022年版《商品名称及编码协调制度注释》及相关修订情况,海关总署对《进出口税则商品及品目注释》进行同步修订,并调整部分翻译内容,已发布于海关总署门户网站(http://www.customs.gov.cn)。

2.《中华人民共和国海关进出口商品规范申报目录》

根据《2022年关税调整方案》调整的关税税目、税率内容及《中华人民共和国海关进出口商品规范申报目录》(2022年版)均可通过海关总署门户网站查询,供通关参考。

3. 商品归类决定及行政裁定

根据《中华人民共和国海关行政裁定管理暂行办法》(海关总署令第92号)、《中华人民共和国海关进出口货物商品归类管理规定》(海关总署令第252号)规定,因税目调整等原因失效的商品归类决定、行政裁定清单已发布于海关总署门户网站并动态更新。

4. 海关商品编号

为有效实施2022年信息技术产品最惠国税率、进出口商品暂定税率和反倾销、反补贴措施,海关总署编制了"2022年非全税目信息技术产品对应海关商品编号表""2022年非全税目进出口商品暂定税率对应海关商品编号表""2022年反倾销、反补贴商品对应海关商品编号调整表"(见附件1~3)供有关企业申报参考,政策、措施适用范围以《2022年关税调整方案》及反倾销、反补贴措施公告内容为准。

附件1~3

任务三 关税的税收优惠

关税的税收优惠主要体现在减免政策上,由法定减免税、特定减免税和临时减免税三部分组成。

一、法定减免税

法定减免税是税法中明确列出的减税或免税。符合税法规定可予减免税的进出口货物,纳税义务人无须提出申请,海关可按规定直接予以减免税。海关对法定减免税货物一般不进行后续管理。

(1)下列进出口货物,免征关税:①关税税额在人民币50元以下的货物。②无商业价值的广告品和货样。③外国政府、国际组织无偿赠送的物资。④在海关放行前损失的货物。⑤进出境运输工具装载的途中必需的燃料、物料和饮食用品。

【提示】在海关放行前遭受损坏的货物,可以根据海关认定的受损程度减征关税。

【注意】因品质或者规格等原因,出口货物自出口之日起1年内原状复运进境的,不征收进口关税;进口货物自进口之日起1年内原状复运出境的,不征收出口关税。

(2)下列进出口货物,可以暂不缴纳关税:①在展览会、交易会、会议及类似活动中展示或者使用的货物。②文化、体育交流活动中使用的表演、比赛用品。③进行新闻报道或者摄制电影、电视节目使用的仪器、设备及用品。④开展科研、教学、医疗活动使用的仪器、设备及用品。⑤在第①项至第④项所列活动中使用的交通工具及特种车辆。⑥货样。⑦供安装、调试、检测设备时使用的仪器、工具。⑧盛装货物的容器。⑨其他用于非商业目的的货物。

以上货物在进境或者出境时纳税人向海关缴纳相当于应纳税款的保证金或者提供其他担保的,可以暂不缴纳关税,并应当自进境或者出境之日起6个月内复运出境或者复运进境;经纳税人申请,海关可以根据海关总署的规定延长复运出境或者复运进境的期限。暂准进境货物在规定的期限内未复运出境的,或者暂准出境货物在规定的期限内未复运进境的,海关应当依法征收关税。

(3)有下列情形之一的,纳税义务人自缴纳税款之日起1年内,可以申请退还关税,并应当以书面形式向海关说明理由,提供原缴款凭证及相关资料:①已征进口关税的货物,因品质或者规格原因,原状退货复运出境的。②已征出口关税的货物,因品质或者规格原因,原状退货复运进境,并已重新缴纳因出口而退还的国内环节有关税收的。③已征出口关税的货物,因故未装运出口、申报退关的。

二、特定减免税

特定减免税也称政策性减免税,是指在法定减免税以外,由国务院或国务院授权的机关颁布法规、规章特别规定的减免税。特定减免税货物一般有特定地区、特定企业和特定用途的限制,海关需要进行后续管理,并进行减免税统计,主要有以下内容:

目前,实施特定减免税的项目主要有:①外商投资项目投资额度内进口自用设备,免关税,进口环节增值税照章征收;②外商投资企业自用资金项目,属国家鼓励发展产业的外商投资企业,外商投资比例≥25%,免关税,进口环节增值税照章征收;③国内投资项目进口自用设备,属国家重点鼓励发展产业的国内投资项目,免关税,进口环节增值税照章征收;④贷款项目进口物资,项目额度或投资总额内进口的自用设备,以及随合同进口技术及配套件,免进口关税,对贷款项目进口自用设备,经确认按有关规定增值税进项税款无法抵扣的,同时免征进口环节增值税;⑤重大技术装备,免关税和进口环节增值税;⑥特定区域(保税区、出口加工区)物资可以免税;⑦科教用品,按国际惯例,免关税、进口环节增值税、消费税;⑧科技开发用品,按国际惯例,免关税、进口环节增值税、消费税;⑨救灾捐赠物资,主体为民间组织、企业、友好人士,免关税、进口环节增值税、消费税;⑩扶贫、慈善捐赠物资,免关税、进口环节增值税;⑪残疾人用品,按国际惯例,免关税、进口环节增值税、消费税;⑫集成电路项目进口物资,政策性扶持,发展自主知识产权,免关税,进口环节增值税照章征收;⑬海上石油、陆上石油项目进口物资,能源,免关税、进口环节增值税;⑭远洋渔业项目进口自捕水产品,境外捕捞,境外获得应缴税,但用自己的船出去作业,并且符合国际公法,优惠或不征关税和进口环节增值税;⑮无偿援助项目进口物资,按照我国缔结或者参加的国际条约规定减征、免征关税的货物、物品,无偿援助项目进口物资,性质上属于法定减免税范畴,但是按照特定减免税货物管理。

三、临时减免税

临时减免税是指在法定和特定减免税以外的其他减免税,即由国务院根据《海关法》对某个单位、某类商品、某个项目或某批进出口货物的特殊情况给予特别照顾,一案一批,专文下达的减免税。一般有单位、品种、期限、金额或数量等限制,不能比照执行。

任务四 关税应纳税额的计算

一、关税的计税依据

我国对进出口货物主要采取从价计征的办法,以商品价格为标准征收关税。因此,关税主要以进出口货物的完税价格作为计税依据。

(一)一般贸易项下进口货物关税完税价格

一般贸易项下进口的货物将以海关审定的成交价格为基础的到岸价格作为完税价格。所谓到岸价格,是指包括货价以及货物运抵我国关境内输入地点起卸前的包装费、运费、保险费和其他劳务费等费用的一种价格,其中还应包括为了在境内生产、制造、使用或出版、发行而向境外支付的与该进口货物有关的专利、商标、著作权,以及专有技术、计算机软件和资料等费用。

而成交价格是一般贸易项下进口货物的买方为购买该项货物向卖方实际支付或应当支付的价格。但在计算以成交价格为基础进口货物关税完税价格时,需要注意以下几点:

1. 下列项目未包含在进口货物成交价格中,应一并计入完税价格

(1)由买方负担的下列费用:①由买方负担的除购货佣金以外的佣金和经纪费;②由买方负担的与该货物视为一体的容器费用;③由买方负担的包装材料和包装劳务费用。

在货物成交过程中,进口人在成交价格外另支付给卖方的佣金,应计入成交价格,而向境外采购代理人支付的买方佣金则不能列入,如已包括在成交价格中应予以扣除。卖方付给进口人的正常回扣,应从成交价格中扣除。卖方违反合同规定延期交货的罚款,卖方在货价中冲减时,罚款则不能从成交价格中扣除。

(2)与该货物有关并作为该货物向我国境内销售的条件,应当由买方直接或间接支付的特许权使用费。

(3)与该货物的生产和向我国境内销售有关的,在境外开发、设计等相关服务的费用。

(4)卖方直接或间接从买方对该货物进口后转售、处置或使用所得中获得的收益。

2. 进口货物的价款中单独列明的下列税收、费用,不计入该货物的完税价格

(1)厂房、机械或者设备等货物进口后发生的建设、安装、装配、维修或者技术援助费用,但是保修费用除外。

(2)进口货物运抵我国境内输入地起卸后发生的运输及其相关费用、保险费。

(3)进口关税、进口环节海关代征税及其他国内税。

(4)为在境内复制进口货物而支付的费用。

(5)境内外技术培训及境外考察费用。

(6)同时符合下列条件的为进口货物融资产生的利息费用:①利息费用是买方为购买进口货物而融资所产生的;②有书面融资协议的;③利息费用单独列明的;④纳税义务人可以证明有关利率不高于在融资当时、当地此类交易通常应当具有的利率水平,且没有融资安排的相同或者类似进口货物的价格与进口货物的实付、应付价格非常接近的。

为避免低报、瞒报价格偷逃关税,进口货物的到岸价格不能确定时,本着公正、合理原则,海关应当按照规定估定完税价格。

进口货物完税价格＝成交价格＋采购费用(包括货物运抵中国关境内输入地起卸前的运输、保险和其他劳务等费用)±调整项目

(二)特殊贸易下进口货物的完税价格

对于某些特殊、灵活的贸易方式(如寄售等)下进口的货物,在进口时没有"成交价格"可作依据,为此,《进出口关税条例》对这些进口货物制定了确定其完税价格的方法,主要有以下内容:

1. 运往境外加工的货物的完税价格

出境时已向海关报明,并在海关规定期限内复运进境的,以加工后货物进境时的到岸价格与原出境货物价格的差额作为完税价格。如果无法得到原出境货物的到岸价格,可以用与原出境货物相同或类似货物的再进境时的到岸价格,或用原出境货物申报出境时的离岸价格代替。如果这些

方法都不行,则可用原出境货物在境外支付的工缴费加上运抵中国关境输入点起卸前的包装费、运费、保险费和其他劳务费等作为完税价格。

2. 运往境外修理的机械器具、运输工具或者其他货物的完税价格

出境向海关报明并在海关规定期限内复运进境的,以经海关审定的境外修理费和料件费作为完税价格。

3. 租赁方式进口货物的完税价格

(1)以租金方式对外支付的租赁货物,在租赁期间内以海关审查确定的货物租金作为完税价格。

(2)留购的租赁货物,以海关审定的留购价格作为完税价格。

(3)承租人申请一次性缴纳税款的,经海关同意,按照一般进口货物估价办法的规定估定完税价格。

4. 留购的进口货样

对于境内留购的进口货样、展览品和广告陈列品,以海关审定的留购价格作为完税价格。对于留购货样、展览品和广告陈列品的买方,除按留购价格付款外,又直接或间接给卖方一定利益的,海关可以另行确定上述货物的完税价格。

5. 逾期未出境的暂进口货物的完税价格

对于经海关批准暂时进口的施工机械、工程车辆、供安装使用的仪器和工具、电视或电影摄制机械,以及盛装的货物容器等,若入境超过半年仍留在国内使用的,应自第 7 个月起,按月征收进口关税,其关税价格按原货进口时的到岸价格确定。每月的税款计算公式为:

$$每月关税 = 货物原到岸价格 \times 关税税率 \times 1 \div 48$$

6. 转让出售减免税货物予以补税的完税价格

按照特定减免税办法予以减税或免税进口的货物,在转让或出售时需予补税时,应当以海关审定的货物原进口时的价格,扣除折旧部分作为完税价格。其计算公式为:

$$完税价格 = 海关审定的该货物原进口时的价格 \times [1 - 补税时实际已使用的时间(月) \div (监管年限 \times 12)]$$

补税时实际已进口的时间按月计算,不足 1 个月但是超过 15 日的,按照 1 个月计算,不超过 15 日的,不予计算。

(三)出口货物的完税价格

出口货物应当以海关审定的货物售予境外的离岸价格,扣除出口关税后作为完税价格。其计算公式为:

$$出口货物完税价格 = 离岸价格 \div (1 + 出口税率)$$

而离岸价格应以该项货物运离关境前的最后一个口岸的离岸价格作为实际离岸价格。若该项货物从内地起运,则从内地口岸至最后出境口岸所支付的国内段运输费用、保险费及其他相关费用应予扣除。

在确认出口货物的完税价格时,应注意以下几点:①在货物价款中单独列明的货物运至我国境内输出地点装载后的运输及费用、保险费不应计入完税价格;②离岸价格不包括装船以后发生的费用;③出口货物在成交价格以外支付给国外的佣金应予扣除,未单独列明的则不予扣除;④出口货物在成交价格以外,买方还另行支付的货物包装费,应计入成交价格;⑤出口关税不应计入出口货物的完税价格。

(四)进出口货物完税价格的审定及相关税费的核定

1. 进出口货物完税价格的审定

对于进出口货物的收发货人或其代理人向海关申报进出口货物的成交价格明显偏低,又不能提供合法证据和正当理由的;申报价格明显低于海关掌握的相同或类似货物的国际市场上公开成交的价格,又不能提供合法证据和正当理由的;经海关调查认定买卖双方之间有特殊经济关系或对货物的使用、转让订有特殊条件或特殊安排,影响成交价格的,以及其他特殊成交情况,海关认为需要估价的,则按以下方法依次估定完税价格:

(1)相同货物成交价格法,即以从同一出口国家或者地区购进的相同货物的成交价格作为该被估货物完税价格的依据。采用这种比照价格时,相同货物必须已经在被估价货物进口时或大约同时向进口国进口。若有好几批相同货物完全符合条件,应采用其中最低的价格。另外,相同货物与被估货物在商业水平、数量、运输方式、运输距离等贸易上的差别也要作调整。

(2)类似货物成交价格法,即以从同一出口国家或者地区购进的类似货物的成交价格作为被估货物的完税价格的依据。选择相似货物时,主要应考虑货物的品质、信誉和现有商标。

(3)国际市场价格法,即以与进口货物相同或类似货物在国际市场上公开的成交价格作为该进口货物的完税价格。

(4)国内市场价格倒扣法,即以与进口货物相同或类似货物在国内市场上的批发价格,扣除合理的税、费、利润后的价格,作为该货物的完税价格的依据。

(5)合理方法估定的价格。如果按照上述几种方法估价仍不能确定其完税价格,则可由海关按照合理方法估定,即它是以客观量化的数据资料为基础审查确定进口货物完税价格的估价方法。

海关在采用合理方法确定进口货物的完税价格时,不得使用以下价格:①境内生产的货物在境内的销售价格;②可供选择的价格中较高的价格;③货物在出口地市场的销售价格;④以计算价格估价方法规定的有关各项之外的价值或费用计算的价格;⑤出口到第三国或地区的货物的销售价格;⑥最低限价或武断、虚构的价格。

2. 进出口货物相关费用的核定

(1)进口货物的运费。进口货物的运费应当按照实际支付的费用计算。如果进口货物的运费无法确定,海关应当按照该货物的实际运输成本或者该货物进口同期运输行业公布的运费率(额)计算运费。运输工具作为进口货物,利用自身动力进境的,海关在审查确定完税价格时,不再另行计入运费。

(2)进口货物的保险费。进口货物的保险费应当按照实际支付的费用计算。如果进口货物的保险费无法确定或者未实际发生,海关应当按照"货价"和"运费"两者总额的3‰计算保险费。其计算公式为:

$$保险费 = (货价 + 运费) \times 3‰$$

邮运进口的货物,应当以邮费作为运输及其相关费用、保险费。

(3)其他相关费用。以境外边境口岸价格条件成交的铁路或者公路运输进口货物,海关应当按照境外边境口岸价格的1‰计算运输及其相关费用、保险费。

二、关税应纳税额的计算方法

(一)从价税的计算方法

从价税是最普遍的关税计征方法,它以进(出)口货物的完税价格作为计税依据。进(出)口货物应纳关税税额的计算公式为:

$$关税应纳税额 = 应税进(出)口货物数量 \times 单位完税价格 \times 适用税率$$

(二)从量税的计算方法

从量税是以进口商品的数量为计税依据的一种关税计征方法。其应纳关税税额的计算公式为：
$$关税应纳税额＝应税进口货物数量×关税单位税额$$

（三）复合税的计算方法

复合税是对某种进口货物同时使用从价和从量计征的一种关税计征方法。其应纳关税税额的计算公式为：
$$关税应纳税额＝应税进口货物数量×关税单位税额＋应税进口货物数量×单位完税价格×适用税率$$

（四）滑动税的计算方法

滑动税是指关税的税率随着进出口商品价格的变动而反方向变动的一种税率形式，即价格越高，税率越低，税率为比例税率。因此，实行滑动税率的进出口商品应纳关税税额的计算方法与从价税的计算方法相同。
$$关税应纳税额＝应税进（出）口货物数量×单位完税价格×滑动税税率$$

【做中学 4—1】 某商场于 2023 年 2 月进口了一批高档美容修饰类化妆品。该批货物在国外的买价是 120 万元，货物运抵我国入关前发生的运输费、保险费和其他费用分别为 10 万元、6 万元、4 万元。货物报关后，该商场按规定缴纳了进口环节的增值税和消费税并取得了海关开具的缴款书。将化妆品从海关运往商场所在地取得增值税专用发票，注明运输费用 5 万元、增值税进项税额 0.45 万元。该批化妆品当月在国内全部销售完，取得不含税销售额 520 万元（假定化妆品进口关税税率 20%、增值税税率 13%、消费税税率 15%）。请计算该批化妆品进口环节应缴纳的关税、增值税、消费税和国内销售环节应缴纳的增值税。

解析：
(1) 关税完税价格＝120＋10＋6＋4＝140（万元）
(2) 应缴纳进口关税＝140×20%＝28（万元）
(3) 进口环节的组成计税价格＝(140＋28)÷(1－15%)＝197.65（万元）
(4) 进口环节应缴纳增值税＝197.65×13%＝25.69（万元）
(5) 进口环节应缴纳消费税＝197.65×15%＝29.65（万元）
(6) 国内销售环节应缴纳增值税＝520×13%－0.45－25.69＝41.46（万元）

任务五 关税的征收管理

一、关税的缴纳

（一）申报时间

申报时间有两种：进口货物自运输工具申报进境之日起 14 日内；出口货物在运抵海关监管区后装货的 24 小时以前。

（二）纳税期限

关税的纳税义务人或其代理人，应在海关填发税款缴款书之日起 15 日内向指定银行缴纳。不能按期缴纳税款，经海关总署批准，可延期缴纳，但最长不得超过 6 个月。

二、关税的强制执行

纳税人未在关税缴纳期限内缴纳税款，即构成关税滞纳。为了保证海关征收关税决定的有效执行和国家财政收入的及时入库，《海关法》赋予海关对滞纳关税的纳税人强制执行的权力。强制措施主要有以下两类：

(一)征收滞纳金

滞纳金自关税缴纳期限届满之日起,至纳税人缴清关税之日止,按滞纳税款5‰的比例按日征收,周末或法定节假日不予扣除。其计算公式为:

$$关税滞纳金金额=滞纳关税税额\times 5‰\times 滞纳天数$$

滞纳金的起征点为50元。

(二)强制征收

纳税人自海关填发缴款书之日起3个月仍未缴纳税款的,经海关关长批准,海关可以采取强制措施扣缴。强制措施主要有强制扣缴和变价抵缴两种。

(1)强制扣缴。强制扣缴是指海关依法自行或向人民法院申请采取从纳税人的开户银行或者其他金融机构的存款中将相当于纳税人应纳税款的款项强制划拨入国家金库的措施,即书面通知其开户银行或者其他金融机构从其存款中扣缴税款。

(2)变价抵缴。变价抵缴是指如果纳税人的银行账户中没有存款或存款不足以强制扣缴时,海关可以将未放行的应税货物依法变卖,以销售货物所得价款抵缴应纳税款。如果该货物已经放行,海关可以将该纳税人的其他价值相当于应纳税款的货物或其他财产依法变卖,以变卖所得价款抵缴应纳税款。

强制扣缴和变价抵缴的税款含纳税人未缴纳的税款滞纳金。

三、关税的退还

关税的退还是指关税纳税人缴纳税款后,因某种原因的出现,海关将实际征收多于应当征收的税款退还给原纳税人的一种行政行为。根据《海关法》的规定,海关发现多征税款的,应当立即通知纳税人办理退税手续,纳税人应当自收到海关通知之日起3个月内办理有关退税手续。

有下列情形之一的,纳税人可以自缴纳税款之日起1年内,书面声明理由,连同原缴税凭证及相关资料向海关申请退还税款并加算银行同期活期存款利息,逾期不予受理:①因海关误征,多纳税款的;②海关核准免验进口的货物,在完税后发现有短缺情况,经海关审查认可的;③已征出口关税的货物,因故未装运出口,申报退关,经海关查明属实的。

对已征出口关税的出口货物和已征进口关税的进口货物,因货物品种或规格原因(非其他原因)原状复运进境或出境的,经海关查验属实的,也应退还已征关税,海关应当在受理退税申请之日起30日内作出书面答复并通知退税申请人。

四、关税的补征和追征

关税的补征和追征是海关在纳税人按海关规定缴纳关税后,发现实际征收税额少于应当征收的税额时,责令纳税人补缴所差税款的一种行政行为。

(1)关税补征是非因纳税人违反海关规定造成少征关税。根据《海关法》的规定,进出境货物或物品放行后,海关发现少征或漏征税款,应当自缴纳税款或者货物、物品放行之日起1年内,向纳税人补征。

(2)关税追征是由于纳税人违反海关规定造成少征关税。因纳税人违反规定而造成的少征或者漏征的税款,自纳税人应缴纳税款之日起3年以内可以追征,并从缴纳税款之日起按日加收少征或者漏征税款5‰的滞纳金。

五、关税的纳税争议

为保护纳税人合法权益,《海关法》《关税条例》都规定了纳税人对海关确定的进出口货物的征税、减税、补税或者退税等有异议时,有提出申诉的权利。在纳税人同海关发生纳税争议时,可以向海关申请复议,但同时应当在规定期限内按海关核定的税额缴纳关税,逾期则构成滞纳,海关有权按规定采取强制执行措施。

纳税争议的内容一般为进出境货物和物品的纳税人对海关在原产地认定、税则归类、税率或汇率适用、完税价格确定,以及关税减征、免征、追征、补征和退还等征税行为是否合法或适当,是否侵害了纳税人的合法权益,而对海关征收关税的行为表示异议。

纳税争议的申诉程序:纳税义务人自海关填发税款缴款书之日起30日内,向原征税海关的上一级海关书面申请复议。逾期申请复议的,海关不予受理。海关应当自收到复议申请之日起60日内作出复议决定,并以复议决定书的形式正式答复纳税人;纳税人对海关复议决定仍然不服的,可以自收到复议决定书之日起15日内,向人民法院提起诉讼。

应知考核

一、单项选择题

1. 凡是我国允许进口或出口的( ),在进出关境时,除另有规定外,都应依照《海关进出口税则》的规定征收进口关税和出口关税。
   A. 各种货物　　　　　　　　B. 货物、物品
   C. 货物、运输工具和人员　　D. 物品

2. 关税纳税义务人因不可抗力或者在国家税收政策调整的情形下,不能按期缴纳税款的,经海关总署批准,可以延期缴纳税款,但最多不得超过( )个月。
   A. 3　　　　B. 6　　　　C. 9　　　　D. 12

3. 关税税率随进口商品价格由高到低而由低到高设置,这种计征关税的方法称为( )。
   A. 从价税　　B. 从量税　　C. 复合税　　D. 滑准税

4. 在缴纳关税时,纳税义务人应当自海关填发税款缴款书之日起( )日内,向指定银行缴纳税款。
   A. 15　　　　B. 20　　　　C. 25　　　　D. 30

5. 下列各项中,符合关税法定免税规定的是( )。
   A. 残疾人专用品
   B. 边境贸易进出口的基建物资和生产用车辆
   C. 关税税款在人民币100元以下的一票货物
   D. 经海关核准进口的无商业价值的广告品和货样

二、多项选择题

1. 根据关税法律制度的规定,下列各项属于法定减免关税的有( )。
   A. 关税税额、进口环节增值税或者消费税税额在人民币80元以下的一票货物
   B. 国际组织无偿赠送的物资
   C. 无商业价值的广告品
   D. 进出境运输工具装载途中必需的饮食用品

2. 发生下列情形的进口货物,经海关查明属实,可以酌情减免关税的有( )。
   A. 在境外运输途中或在起卸时遭受损坏或损失的货物
   B. 起卸后海关放行前,因自然灾害遭受损坏或者损失的货物
   C. 海关查验时货物已经破漏、损坏或者腐烂,经证明是由保管不慎造成的

D. 在起卸后海关放行后,因不可抗力遭受损坏或者损失的货物
3. 下列关于出口货物关税完税价格的说法中,正确的有( )。
A. 出口关税不计入完税价格
B. 在输出地点装载前发生的运费,计入完税价格中
C. 在货物价款中单独列明由卖方承担的佣金不计入完税价格
D. 出口货物完税价格包含增值税销项税额
4. 进口关税计征方法包括( )。
A. 从价税　　　　B. 从量税　　　　C. 复合税　　　　D. 反倾销税
5. 目前,我国既可以采用从价又可以采用从量计征方式的税种有( )。
A. 进口关税　　B. 进口环节增值税　C. 进口环节消费税　D. 出口关税

三、判断题
1. 我国目前对进出口货物试行从量关税、复合关税和滑准关税。（　）
2. 出口货物应以海关审定的成交价格为基础的离岸价格作为关税的完税价格。（　）
3. 关税纳税人同海关就进口增值税、消费税发生纳税争议,可在缴纳税款后向税务机关申请复议。（　）
4. 为了鼓励出口,我国只对进口货物或物品征收关税,不征出口关税。（　）
5. 我国对少数进口商品计征关税时所采用的滑准税实质上是一种特殊的从价税。（　）

四、简述题
1. 简述对关税概念的理解。
2. 简述关税的特点。
3. 简述关税的分类。
4. 简述进出口货物完税价格的审定方法。
5. 简述关税应纳税额的计算方法。

应会考核

■ 观念应用

关税完税价格的应用

2023年7月,某贸易公司进口一批货物。合同中约定成交价格为人民币600万元,支付境内特许销售权费用人民币10万元、卖方佣金人民币5万元。该批货物运抵境内输入地点起卸前发生的运费和保险费共计人民币8万元。

【考核要求】
计算该批货物的关税完税价格。

■ 技能应用

进口关税的计算

某企业2023年5月将一台账面余值为55万元的进口设备运往境外修理,当月在海关规定的期限内复运进境。经海关审定的境外修理费4万元、料件费6万元。假定该设备的进口关税税率为30%。

【技能要求】

计算该企业进口设备应纳的进口关税。

■ 案例分析

出口关税的分析

我国某公司 2023 年 6 月从国内甲港口出口一批锌锭到国外,成交价格为 170 万元(不含出口关税),其中包括货物运抵甲港口装载前的运输费 10 万元、单独列明支付给境外的佣金 12 万元。甲港口到国外目的地港口之间的运输保险费 20 万元。锌锭出口关税税率为 20%。

【分析要求】

计算该公司出口锌锭应纳的出口关税。

项目实训

【实训项目】

流转税——关税的应用

【实训情境】

试分析进口环节应缴纳的关税

深圳华涛进出口公司从美国进口货物一批,货物以离岸价格成交,成交价折合人民币为 2 820 万元(包括单独计价并经海关审查属实的向境外采购代理人支付的购货租金 20 万元,但不包括为使用该货物而向境外支付的软件费 100 万元、向卖方支付的佣金 30 万元),另支付货物运抵我国深圳港的运费、保险费等 70 万元。假设该货物适用的关税税率为 20%。

【实训任务】

1. 要求:根据资料,分析并计算该公司进口环节应缴纳的关税。
2. 撰写《流转税——关税的应用》实训报告。

《流转税——关税的应用》实训报告		
项目实训班级:	项目小组:	项目组成员:
实训时间:　　年　　月　　日	实训地点:	实训成绩:
实训目的:		
实训步骤:		
实训结果:		
实训感言:		

项目五　所得税——企业所得税

● **知识目标**

　　理解：企业所得税的概念、特点；企业所得税的类型和功能。
　　熟知：企业所得税的纳税人；企业所得税的征税对象。
　　掌握：企业所得税的税率；企业所得税的优惠政策；企业所得税的征收管理。

● **技能目标**

　　掌握企业所得税的应纳税所得额、应纳税额、收入总额、不征税收入和免税收入的计算，以及具备对准予扣除项目、不得扣除项目、准予限额扣除项目、亏损弥补、非居民企业的应纳税所得额、企业资产所得税的处理能力。

● **素质目标**

　　运用所学的企业所得税法基本原理知识研究相关案例，培养和提高学生在特定业务情境中分析问题与决策设计的能力；结合行业规范或标准，运用企业所得税法知识分析行为的善恶，强化学生的职业道德素质。

● **思政目标**

　　能够正确地理解"不忘初心"的核心要义和精神实质；树立正确的世界观、人生观和价值观，做到学思用贯通、知信行统一；通过企业所得税知识培养对职业的主观体验，树立职业认同感，提升自己的"实践认识"能力。

● **项目引例**

鸿星尔克"不忘初心，方得始终"

　　鸿星尔克实业有限公司创立于 2000 年 6 月，总部位于福建省厦门市，总裁吴荣照。2013 年 12 月 31 日，福建鸿星尔克的股东变更为冠基投资有限公司 100% 持股，冠基投资在英属维尔京群岛注册。2021 年 7 月 21 日，国产运动品牌鸿星尔克宣布，通过郑州慈善总会、壹基金紧急捐赠 5 000 万元物资驰援河南灾区。鸿星尔克这个品牌上一次出现在大众视线中恐怕是十几年前了，在大家都以为这个品牌没落甚至快要倒闭的时候，鸿星尔克悄悄地在连会员都没有开通的官博上放出捐赠 5 000 万元物资的消息。鸿星尔克不计得失，即便在自己经营困难的情况下，依旧不遗余力地向河南受灾群众捐款,给予他们帮助,感动了全中国。

请问:

(1)为什么鸿星尔克是实打实的国货,公司注册地却在英属维尔京群岛?知名企业李宁注册在开曼群岛,阿里巴巴、百度、腾讯、分众传媒等都相继选择了开曼群岛。为什么这些内资企业选择在离岸金融中心注册,然后对内地投资、开展业务呢?

(2)《中华人民共和国企业所得税法》对企业发生的公益性捐赠支出是如何规定的?

(3)为了鼓励大学生自主创业,国家出台了创业的相关政策,鸿星尔克董事长吴荣照的大爱精神值得学习,那么我们如何本着"不忘初心、牢记使命"地做好一名创业者的本分?

● 知识精讲

任务一　企业所得税概述

一、企业所得税的概念

企业所得税是对企业和其他取得收入的组织的生产经营所得和其他所得征收的一种税。企业所得税法是调整企业所得税征纳关系的法律规范的总称。2007年3月16日第十届全国人民代表大会第五次会议通过、2017年2月24日第十二届全国人大常委会第二十六次会议修正、2018年12月29日第十三届全国人大常委会第七次会议修改的《中华人民共和国企业所得税法》(以下简称《企业所得税法》),2007年12月6日国务院发布、2019年4月23日国务院令第714号修订的《中华人民共和国企业所得税法实施条例》(以下简称《企业所得税法实施条例》),以及国家财政、税务主管部门制定、发布的系列部门规章和规范性文件,构成了我国企业所得税法律制度的主要内容。

二、企业所得税的特点

(一)征税对象是特定的所得额

企业所得税的征税对象,是纳税人每一纳税年度的收入总额扣除各项成本、费用开支之后的净所得。作为征税对象的企业净所得,不完全等同于企业按照财务会计制度、方法计算出来的会计利润,也不是企业提供的商品劳务价值中的增值额,更不是企业销售额。

【注意】应纳税所得额是收入总额扣除允许扣除的项目金额后的余额,与企业的本年利润是不相同的。

(二)纳税人与负税人是一致的

企业所得税的纳税人和实际负税人是一致的,因而可以直接调节纳税人的收入,而且由于直接对企业征收所得税,还可以较好地发挥国家通过制定税收制度实现经济调控的作用。

(三)体现量能负担为基本原则

企业所得税以纳税人的生产、经营所得和其他所得为计税依据,贯彻量能负担的原则,按照纳税人负担能力的大小和有无所得确定所得税的税收负担,实现所得多的多征、所得少的少征、无所得的不征。这种将所得税负担和纳税人所得多少联系起来征税的办法便于体现税收公平原则。

(四)计算方法程序上比较复杂

由于企业所得税的计税依据是应纳税所得额,它是在企业按照财务会计制度规定进行核算得出的利润的基础上,根据税法的规定增加或减少某些项目,并作出相应的调整后得到的。因此,应纳税所得额的计算要涉及一定期间的成本、费用的归集与分摊,并且为了对纳税人的不同所得项目实行区别对待,需要通过不予计列项目,将某些收入所得排除在应税所得之外,或对某些项目的支出给予一定的限制,从而使得应纳税所得额的计算程序较为复杂。

(五)实行按年计征、分期预缴

会计利润是计算应纳税所得额的基础,而利润是企业一定时期生产、经营成果的最终反映。由于通过利润来综合反映企业的经营业绩,一般是按年度计算和衡量的。因此,企业所得税也一般以全年的应纳税所得额为计税依据,分月或分季预缴,年终汇算清缴。这既反映了所得税的本质要求,同时也有利于税款的均匀入库和税款的征收管理。

三、企业所得税的类型

在实践中,各国企业所得税制度存在比较大的差异,依据对企业分配利润以后的股东所得是否需要纳税,可以将企业所得税划分为三种类型:

(一)古典制

古典制以会计实体理论和现代公司法为基础,认为企业是具有独立人格的法律实体,对企业法人所得征税与对股东所得征税,属于对不同的纳税主体进行征收的行为。企业获得收入后,扣除为取得收入而发生的相关费用以及税法允许的扣除项目后,按照应纳税所得征收企业所得税,而股东按照收到的股利缴纳税款,留存收益不再缴纳其他税收,以鼓励企业保留利润。美国、荷兰、希腊、丹麦以及除英国外的大部分英联邦国家均执行该类型的企业所得税。

(二)两率制

两率制将企业实现的利润划分为分配利润和保留利润两个部分,对分配利润和保留利润分别规定不同的企业所得税税率。通常对分配利润规定较低的税率,股东取得股息以后再按照相应的税率分别缴纳个人所得税或者企业所得税,而对保留利润征收较高的税率。这种税制鼓励企业支付股利,尤其是两种税率存在较大差异的情况下,就更具有促进分配的作用。例如,日本、德国对企业未做分配股息的所得征收基本税率,而对作为股息分配的所得征收相对较低的税率。

(三)归集抵免制

归集抵免制受"法人虚构说"理论的影响,认为法人不过是一种法律上的虚构物,它仅仅是所有股东的集合体,通过集中所有股东的资金进行投资,如果对企业法人的所得征税,就应该完全排除对股东股息的双重征税,应将作为虚拟法人的企业缴纳的企业所得税进行归集,按照股东的持股比例,部分或全部地抵免股东的个人所得税。通过税收抵免的方式,将企业所得税和个人所得税结合起来,以缓解或彻底消除对企业分配股息的双重征税。这是消除经济性双重征税的最佳方法,目前英国、比利时、加拿大、土耳其以及我国台湾地区都实行该类型的企业所得税。

四、企业所得税的功能

(一)组织财政收入

企业的征税对象是应纳税所得额,反映的是企业在一段时间内的净收益,而且体现量能负担的原则,因此,虽然企业所得税筹集财政收入的功能不如流转税,但是它的征税对象却更加真实可信,只要国家经济稳定发展和企业经营效益不断提高,就能够为政府组织充足而稳定的财政收入。正因为如此,从企业所得税产生以来,一直就是政府的主要税种之一。

(二)实现经济调节

政府可以通过减轻或加重税收负担以鼓励或限制纳税人的经济行为,企业所得税除了可以设置优惠税率外,还可以通过放宽或收紧扣除项目、扣除标准,以及直接调整应纳税所得额等方式来影响纳税人的税收负担,还可以通过加计扣除、加速折旧、定期减免税等多种优惠方式,对国家重点鼓励发展的产业和项目给予优惠,实现国家产业政策和社会政策。因此,企业所得税在为国家组织财政收入的同时,通过企业所得税税收政策的鼓励或惩罚,来优化产业结构和提升科技创新竞争能力。

(三)促进企业发展

企业所得税与纳税人的实际纳税能力直接相关,也反映出政府与企业之间的分配关系,因此,对纳税人而言,企业所得税就是取得经营最终成果而必须缴纳给政府的一种成本。规范统一的企业所得税制度有利于促使企业改善经营管理,努力降低经营成本,提高盈利能力和管理水平。

任务二　企业所得税的基本法律

一、企业所得税的纳税人

企业所得税纳税人是指在我国境内的企业和其他取得收入的组织,包括各类企业、事业单位、社会团体、民办非企业单位和从事经营活动的其他组织。

【注意】个人独资企业、合伙企业属于自然人性质企业,不具有法人资格,不是企业所得税纳税人。

为了有效行使税收管辖权,最大限度维护税收利益,我国企业所得税法选择了收入来源地管辖权和居民管辖权相结合的混合管辖权方式,采用了登记注册地标准和实际管理机构标准相结合的办法,把企业分为居民企业和非居民企业,分别承担不同的纳税义务。

(一)居民企业

居民企业是指依法在中国境内成立,或者依照外国法律成立但实际管理机构在中国境内的企业。

这里的企业包括国有企业、集体企业、私营企业、联营企业、股份制企业、外商投资企业、外国企业以及有生产经营所得的其他组织。实际管理机构是指对企业的生产经营、人员、账务、财产等实施实质性全面管理和控制的机构。

(二)非居民企业

非居民企业是指依照外国(地区)法律成立且实际管理机构不在中国境内,但在中国境内设立机构、场所,或在中国境内未设立机构、场所,但有来源于中国境内所得的企业。

"机构、场所"是指在中国境内从事生产经营活动的机构、场所,包括:管理机构、营业机构、办事机构;工厂、农场、开采自然资源的场所;提供劳务的场所;从事建筑、安装、装配、修理、勘探等工程作业的场所;其他从事生产经营活动的机构、场所。

非居民企业委托营业代理人在中国境内从事生产经营活动的,包括委托单位或者个人经常代其签订合同,或者储存、交付货物等,该营业代理人视为非居民企业在中国境内设立的机构、场所。

二、企业所得税的征税对象

企业所得税征税对象是指企业取得的生产经营所得、其他所得和清算所得。

(一)居民企业的征税对象

居民企业负无限纳税义务,应就来源于中国境内、境外的所得向中国境内缴纳企业所得税。"所得"包括销售货物所得、提供劳务所得、转让财产所得、股息红利等权益性投资所得、利息所得、租金所得、特许权使用费所得、接受捐赠所得和其他所得。

(二)非居民企业的征税对象

非居民企业负有限纳税义务。非居民企业在中国境内设立机构、场所的,应当就其所设机构、场所取得的来源于中国境内的所得,以及发生在中国境外但与其所设机构、场所有实际联系的所得,缴纳企业所得税。非居民企业在中国境内未设立机构、场所,或者虽设立机构、场所但取得的所得与其所设机构、场所没有实际联系的,应当就其来源于中国境内的所得缴纳企业所得税。

"实际联系"是指非居民企业在中国境内设立的机构、场所拥有据以取得所得的股权、债权,以及拥有、管理、控制据以取得所得的财产等。

(三)所得来源地确定

根据《企业所得税法》及其实施条例的规定,所得来源地的确定应遵循如下原则:①销售货物所得,为交易活动发生地。②提供劳务所得,为劳务发生地。③财产转让所得:不动产转让所得,为不动产所在地;动产转让所得,为转让动产的企业或机构、场所所在地;权益性投资资产转让所得,为被投资企业所在地。④股息、红利等权益性投资所得,为分配所得的企业所在地。⑤利息、租金、特许权使用费所得,为负担支付所得的企业或机构、场所所在地,或负担支付所得的个人住所地。⑥其他所得,由国务院财政、税务主管部门确定。

【学中做 5-1】 (单项选择题)依据企业所得税法的规定,下列各项所得中,应按照负担、支付所得的企业所在地,或者按照机构、场所所在地确定所得来源地的是( )。

A. 销售货物所得　　　　　　B. 权益性投资所得
C. 动产转让所得　　　　　　D. 特许权使用费所得

三、企业所得税的税率

(一)基本税率

企业所得税的基本税率为25%,适用于居民企业和在中国境内设有机构、场所且取得的所得与其所设机构、场所有实际联系的非居民企业。

(二)优惠税率

(1)对符合条件的小型微利企业,减按20%的税率征收企业所得税。

【提示】自2022年1月1日至2024年12月31日,对小型微利企业年应纳税所得额超过100万元但不超过300万元的部分,减按25%计入应纳税所得额,按20%的税率缴纳企业所得税。

(2)对国家需要重点扶持的高新技术企业,减按15%的税率征收企业所得税。

(3)非居民企业在中国境内未设立机构、场所的,或者虽设立机构、场所但取得的所得与其所设机构、场所没有实际联系的所得,适用税率为20%,但实际征税时减按10%的税率征收企业所得税,以支付人为扣缴义务人。

(4)非居民企业预提所得税,适用10%的税率。

(5)技术先进型服务企业,减按15%的税率征收。

(6)符合条件的集成电路生产企业,减按15%的税率征收。

(7)国家规划布局内的重点软件企业、集成电路设计企业,如当年未享受免税优惠的,可减按10%的税率征收。

(8)自2019年1月1日至2023年12月31日,对符合条件的从事污染防治的第三方企业减按15%的税率征收企业所得税。

我国企业所得税实行比例税率。相关规定如表5-1所示。

表 5—1　　　　　　　　　　　　企业所得税适用税率汇总表

企业类型		所得来源	税率
居民企业	一般企业	境内、境外所得	25%
	小型微利企业		20%
	国家重点扶持的高新技术企业		15%
非居民企业	在我国境内设立机构场所的	与机构场所有实际联系的境内、境外所得	25%
		与机构场所没有实际联系的境内所得	10%
	在我国境内没有设立机构场所的	境内所得	10%

【注意】 小型微利企业减按 20% 税率、国家重点扶持的高新技术企业减按 15% 税率征收企业所得税是一种税收优惠。

任务三　企业所得税的税收优惠

一、免征与减征优惠

(一)从事农、林、牧、渔业项目的所得

1. 免征企业所得税项目

企业从事下列项目的所得,免征企业所得税:①蔬菜、谷物、薯类、油料、豆类、棉花、麻类、糖料、水果、坚果的种植;②农作物新品种的选育;③中药材的种植;④林木的培育和种植;⑤牲畜、家禽的饲养;⑥林产品的采集;⑦灌溉、农产品的初加工、兽医、农技推广、农机作业和维修等农、林、牧、渔服务业项目;⑧远洋捕捞。

2. 减半征收企业所得税项目

企业从事下列项目的所得,减半征收企业所得税:①花卉、茶以及其他饮料作物和香料作物的种植;②海水养殖、内陆养殖。

3. 农林牧渔项目所得税优惠政策和征收管理

(1)企业从事属于《产业结构调整指导目录(2013 年版)》限制和淘汰类的项目不得享受优惠政策。

(2)农作物新品种选育免税所得,是指企业对农作物进行品种和育种材料选育形成的成果,以及由这些成果形成的种子(苗)等繁殖材料的生产、初加工、销售一体化取得的所得。

(3)林木的培育和种植免税所得,是指企业对树木、竹子的育种和育苗、抚育和管理以及规模造林活动取得的所得,包括企业通过拍卖或收购方式取得林木所有权并经过一定的生长周期,对林木进行再培育取得的所得。

(4)企业从事下列项目所得的税务处理:①猪、兔的饲养,按"牲畜、家禽的饲养"项目处理;②饲养牲畜、家禽产生的分泌物、排泄物,按"牲畜、家禽的饲养"项目处理;③观赏性作物的种植,按"花卉、茶及其他饮料作物和香料作物的种植"项目处理;④"牲畜、家禽的饲养"以外的生物养殖项目,按"海水养殖、内陆养殖"项目处理。

(5)农产品初加工相关事项:①企业根据委托合同,受托对符合规定的农产品进行初加工服务,其所收取的加工费,可以按照农产品初加工的免税项目处理。②"油料植物初加工"工序包括"冷却、过滤"等;"糖料植物初加工"工序包括"过滤、吸附、解析、碳脱、浓缩、干燥"等。③企业从事适用

企业所得税减半优惠的种植、养殖项目,并直接进行初加工且符合农产品初加工目录范围的,企业应合理划分不同项目的各项成本、费用支出,分别核算种植、养殖项目和初加工项目的所得,并各按适用的政策享受税收优惠。④企业对外购茶叶进行筛选、分装、包装后进行销售的所得,不享受农产品初加工的优惠政策。

(6)对取得农业农村部颁发的"远洋渔业企业资格证书"并在有效期内的远洋渔业企业,从事远洋捕捞业务取得的所得免征企业所得税。

(7)企业将购入的农、林、牧、渔产品,在自有或租用的场地进行育肥、育秧等再种植、养殖,经过一定的生长周期,使其生物形态发生变化,且并非由于本环节对农产品进行加工而明显增加了产品的使用价值的,可视为农产品的种植、养殖项目享受相应的税收优惠。

(8)企业同时从事适用不同企业所得税政策规定项目的,应分别核算,单独计算优惠项目的计税依据及优惠数额;分别核算不清的,可由主管税务机关按照比例分摊法或其他合理方法进行核定。

(9)企业委托其他企业或个人从事实施规定的农、林、牧、渔业项目取得的所得,可享受相应的税收优惠政策。企业受托从事规定的农、林、牧、渔业项目取得的收入,比照委托方享受相应的税收优惠政策。

(10)企业购买农产品后直接进行销售的贸易活动产生的所得,不能享受农、林、牧、渔业项目的税收优惠政策。

(二)从事国家重点扶持的公共基础设施项目投资经营的所得

从事国家重点扶持的公共基础设施项目投资经营的所得,是指《公共基础设施项目企业所得税优惠目录》规定的港口码头、机场、铁路、公路、电力、水利等项目。

从事国家重点扶持的公共基础设施项目投资经营的所得自取得第一笔生产经营收入所属纳税年度起,第1~3年免征企业所得税,第4~6年减半征收企业所得税,即"三免三减半"。

【注意】企业承包经营、承包建设和内部自建自用的项目,不得享受上述规定的企业所得税优惠。

自2013年1月1日起,居民企业从事符合《公共基础设施项目企业所得税优惠目录(2008年版)》规定条件和标准的电网(输变电设施)的新建项目,可依法享受"三免三减半"的企业所得税优惠政策。

(三)从事符合条件的环境保护、节能节水项目所得

符合条件的环境保护、节能节水项目,包括公共污水处理、公共垃圾处理、沼气综合开发利用、节能减排技术改造、海水淡化等。

环境保护、节能节水项目所得,自项目取得第一笔生产经营收入所属纳税年度起,三免三减半。

符合条件的环境保护、节能节水项目,在减免税期限内转让的,受让方自受让之日起,可在剩余期限内享受规定的减免税优惠;减免税期限届满后转让的,受让方不得就该项目重复享受减免税待遇。

(四)符合条件的技术转让所得

符合条件的技术转让所得免征、减征企业所得税,是指一个纳税年度内,居民企业转让技术所有权所得不超过500万元的部分,免征企业所得税;超过500万元的部分,减半征收企业所得税。

技术转让的范围,包括居民企业转让专利技术、计算机软件著作权、集成电路布图设计权、植物新品种、生物医药新品种、5年(含)以上非独占许可使用权,以及财政部和国家税务总局确定的其他技术。

享受减免企业所得税优惠的技术转让应符合以下条件:享受优惠的技术转让主体是企业所得

税法规定的居民企业;技术转让属于财政部、国家税务总局规定的范围;境内技术转让经省级以上科技部门认定;向境外转让技术经省级以上商务部门认定;国务院税务主管部门规定的其他条件。

对企业投资者持有2019—2023年发行的铁路债券取得的利息收入,减半征收企业所得税。

二、高新技术企业优惠

(一)国家需要重点扶持的高新技术企业减按15%的税率征收企业所得税

国家需要重点扶持的高新技术企业,是指拥有核心自主知识产权,并同时符合下列八个条件的企业:

(1)企业申请认定时须注册成立一年以上。

(2)企业通过自主研发、受让、受赠、并购等方式,获得对其主要产品(服务)在技术上发挥核心支持作用的知识产权的所有权。

(3)对企业主要产品(服务)发挥核心支持作用的技术属于《国家重点支持的高新技术领域》规定的范围。

(4)企业从事研发和相关技术创新活动的科技人员占企业当年职工总数的比例不低于10%。

(5)企业近三个会计年度(实际经营期不满三年的按实际经营时间计算,下同)的研究开发费用总额占同期销售收入总额的比例符合如下要求:

①最近一年销售收入小于5 000万元(含)的企业,比例不低于5%;

②最近一年销售收入在5 000万元至2亿元(含)的企业,比例不低于4%;

③最近一年销售收入在2亿元以上的企业,比例不低于3%。

其中,企业在中国境内发生的研究开发费用总额占全部研究开发费用总额的比例不低于60%。

(6)近一年高新技术产品(服务)收入占企业同期总收入的比例不低于60%。

(7)企业创新能力评价应达到相应要求。

(8)企业申请认定前一年内未发生重大安全、重大质量事故或严重环境违法行为。

(二)高新技术企业境外所得适用税率及税收抵免

自2010年1月1日起,以境内、境外全部生产经营活动有关的研究开发费用总额、总收入、销售收入总额、高新技术产品(服务)收入等指标申请并经认定的高新技术企业,对其来源于境外所得可以按照15%的优惠税率缴纳企业所得税,在计算境外抵免限额时,可按照15%的优惠税率计算境内外应纳税总额。

(三)对经济特区和上海浦东新区内的高新技术企业的优惠政策

对经济特区和上海浦东新区内在2008年1月1日(含)之后完成登记注册的国家需要重点扶持的高新技术企业(以下简称"新设高新技术企业"),在经济特区和上海浦东新区内取得的所得,自取得第一笔生产经营收入所属纳税年度起,两免三减半。同时在区外有经营的,单独计算其在经济特区和上海浦东新区内取得的所得,并合理分摊企业的期间费用;没有单独计算的,不得享受企业所得税优惠。

三、加计扣除优惠

(一)科技型中小企业研究开发费

(1)除烟草制造业、住宿和餐饮业、批发和零售业、房地产业、租赁和商务服务业、娱乐业以外的科技型中小企业,开展研发活动中实际发生的研发费用,未形成无形资产计入当期损益的,在按规定据实扣除的基础上,自 2022 年 1 月 1 日起,再按照实际发生额的 100% 在税前加计扣除;形成无形资产的,自 2022 年 1 月 1 日起,按照无形资产成本的 200% 在税前摊销。

(2)科技型中小企业是指依托一定数量的科技人员从事科学技术研究开发活动,取得自主知识产权并将其转化为高新技术产品或服务,从而实现可持续发展的中小企业。

科技型中小企业需同时满足以下条件:①在中国境内(不包括港、澳、台地区)注册的居民企业;②职工总数不超过 500 人、年销售收入不超过 2 亿元、资产总额不超过 2 亿元;③企业提供的产品和服务不属于国家规定的禁止、限制和淘汰类;④企业在填报上一年及当年内未发生重大安全、重大质量事故和严重环境违法、科研严重失信行为,且企业未列入经营异常名录和严重违法失信企业名单;⑤企业根据科技型中小企业评价指标进行综合评价所得分值不低于 60 分,且科技人员指标得分不得为 0 分。

符合以上第①~④项条件的企业,若同时符合下列条件中的一项,则可直接确认符合科技型中小企业条件:企业拥有有效期内高新技术企业资格证书;企业近五年内获得过国家级科技奖励,并在获奖单位中排在前三名;企业拥有经认定的省部级以上研发机构;企业近五年内主导制定过国际标准、国家标准或行业标准。

企业可按照上述条件进行自主评价,并按照自愿原则到全国科技型中小企业信息服务平台填报企业信息,经公示无异议的,纳入全国科技型中小企业信息库,取得科技型中小企业入库登记编号。

各省级科技管理部门按企业成立日期和提交自评信息日期,在科技型中小企业入库登记编号上进行标识。其中,入库年度之前成立且 5 月 31 日前提交自评信息的,其登记编号第 11 位为 0;入库年度之前成立但 6 月 1 日(含)以后提交自评信息的,其登记编号第 11 位为 A;入库年度当年成立的,其登记编号第 11 位为 B。入库登记编号第 11 位为 0 的企业,可在上年度汇算清缴中享受科技型中小企业研发费用加计扣除政策。

(3)企业委托境内的外部机构或个人进行研发活动发生的费用,按照费用实际发生额的 80% 计入委托方研发费用并按规定计算加计扣除;委托境外(不包括境外个人)进行研发活动所发生的费用,按照费用实际发生额的 80% 计入委托方的委托境外研发费用。委托境外研发费用不超过境内符合条件的研发费用三分之二的部分,可按规定在企业所得税前加计扣除。

(4)企业共同合作开发的项目,由合作各方就自身实际承担的研发费用分别计算加计扣除。

(5)企业集团根据生产经营和科技开发的实际情况,对技术要求高、投资数额大,需要集中研发的项目,其实际发生的研发费用,可以按照权利和义务相一致、费用支出和收益分享相配比的原则,合理确定研发费用的分摊方法,在受益成员企业之间进行分摊,由相关成员企业分别计算加计扣除。

(二)研发费用税前加计扣除归集范围

1. 人员人工费用

人员人工费用是指直接从事研发活动人员的工资薪金、基本养老保险费、基本医疗保险费、失业保险费、工伤保险费、生育保险费和住房公积金,以及外聘研发人员的劳务费。

直接从事研发活动人员包括研究人员、技术人员、辅助人员。研究人员是指主要从事研究开发项目的专业人员;技术人员是指具有工程技术、自然科学和生命科学中一个或一个以上领域的技术知识和经验,在研究人员指导下参与研发工作的人员;辅助人员是指参与研究开发活动的技工。外聘研发人员是指与本企业或劳务派遣企业签订劳务用工协议(合同)和临时聘用的研究人员、技术人员、辅助人员。

(1)接受劳务派遣的企业按照协议(合同)约定支付给劳务派遣企业,且由劳务派遣企业实际支付给外聘研发人员的工资薪金等费用,属于外聘研发人员的劳务费用。

(2)工资薪金包括按规定可以在税前扣除的对研发人员股权激励的支出。

(3)直接从事研发活动的人员、外聘研发人员同时从事非研发活动的,企业应对其人员活动情况做必要记录,并将其实际发生的相关费用按实际工时占比等合理方法在研发费用和生产经营费用间分配,未分配的不得加计扣除。

2. 直接投入费用

直接投入费用是指研发活动直接消耗的材料、燃料和动力费用;用于中间试验和产品试制的模具、工艺装备开发及制造费,不构成固定资产的样品、样机及一般测试手段购置费,试制产品的检验费;用于研发活动的仪器、设备的运行维护、调整、检验、维修等费用,以及通过经营租赁方式租入的用于研发活动的仪器、设备租赁费。

(1)以经营租赁方式租入的用于研发活动的仪器、设备,同时用于非研发活动的,企业应对其仪器设备使用情况做必要记录,并将其实际发生的租赁费按实际工时占比等合理方法在研发费用和生产经营费用间分配,未分配的不得加计扣除。

(2)企业研发活动直接形成产品或作为组成部分形成的产品对外销售的,研发费用中对应的材料费用不得加计扣除。产品销售与对应的材料费用发生在不同纳税年度且材料费用已计入研发费用的,可在销售当年以对应的材料费用发生额直接冲减当年的研发费用,不足冲减的,结转以后年度继续冲减。

3. 折旧费用

折旧费用是指用于研发活动的仪器、设备的折旧费。

(1)用于研发活动的仪器、设备,同时用于非研发活动的,企业应对其仪器设备使用情况做必要记录,并将其实际发生的折旧费按实际工时占比等合理方法在研发费用和生产经营费用间分配,未分配的不得加计扣除。

(2)企业用于研发活动的仪器、设备,符合税法规定且选择加速折旧优惠政策的,在享受研发费用税前加计扣除政策时,就税前扣除的折旧部分计算加计扣除。

4. 无形资产摊销费用

无形资产摊销费用是指用于研发活动的软件、专利权、非专利技术(包括许可证、专有技术、设计和计算方法等)的摊销费用。

(1)用于研发活动的无形资产,同时用于非研发活动的,企业应对其无形资产使用情况做必要记录,并将其实际发生的摊销费用按实际工时占比等合理方法在研发费用和生产经营费用间分配,未分配的不得加计扣除。

(2)用于研发活动的无形资产,符合税法规定且选择缩短摊销年限的,在享受研发费用税前加计扣除政策时,就税前扣除的摊销部分计算加计扣除。

5. 新产品设计费、新工艺规程制定费、新药研制的临床试验费、勘探开发技术的现场试验费

这是指企业在新产品设计、新工艺规程制定、新药研制的临床试验、勘探开发技术的现场试验过程中发生的与开展该项活动有关的各类费用。

6. 其他相关费用

其他相关费用是指与研发活动直接相关的其他费用,如技术图书资料费,资料翻译费,专家咨询费,高新科技研发保险费,研发成果的检索、分析、评议、论证、鉴定、评审、评估、验收费用,知识产权的申请费、注册费、代理费,差旅费,会议费,职工福利费,补充养老保险费,补充医疗保险费。

此类费用总额不得超过可加计扣除研发费用总额的10%。企业在一个纳税年度内同时开展

多项研发活动的,统一计算全部研发项目"其他相关费用"限额。

7. 其他事项

(1)企业取得的政府补助,会计处理时采用直接冲减研发费用方法且税务处理时未将其确认为应税收入的,应按冲减后的余额计算加计扣除金额。

(2)企业取得研发过程中形成的下脚料、残次品、中间试制品等特殊收入,在计算确认收入当年的加计扣除研发费用时,应从已归集研发费用中扣减该特殊收入,不足扣减的,加计扣除研发费用按零计算。

(3)企业开展研发活动中实际发生的研发费用形成无形资产的,其资本化的时点与会计处理保持一致。

(4)失败的研发活动所发生的研发费用可享受税前加计扣除政策。

(5)"研发活动发生费用"是指委托方实际支付给受托方的费用。无论委托方是否享受研发费用税前加计扣除政策,受托方均不得加计扣除。委托方委托关联方开展研发活动的,受托方需向委托方提供研发过程中实际发生的研发项目费用支出明细情况。

【提示】企业应按照国家财务会计制度要求,对研发支出进行会计处理;同时,对享受加计扣除的研发费用按研发项目设置辅助账,准确归集核算当年可加计扣除的各项研发费用实际发生额。企业在一个纳税年度内进行多项研发活动的,应按照不同研发项目分别归集可加计扣除的研发费用。

【注意】企业应对研发费用和生产经营费用分别核算,准确、合理归集各项费用支出,对划分不清的,不得实行加计扣除。

(三)不适用税前加计扣除政策的行业

①烟草制造业;②住宿和餐饮业;③批发和零售业;④房地产业;⑤租赁和商务服务业;⑥娱乐业。

(四)安置残疾人员所支付的工资

企业安置残疾人员的,在按照支付给残疾职工工资据实扣除的基础上,可以在计算应纳税所得额时按照支付给残疾职工工资的100%加计扣除。加计扣除应同时具备如下条件:

(1)依法与安置的每位残疾人签订了1年以上(含1年)的劳动合同或服务协议,并且安置的每位残疾人在企业实际上岗工作。

(2)为安置的每位残疾人按月足额缴纳了企业所在区县人民政府根据国家政策规定的基本养老保险、基本医疗保险、失业保险和工伤保险等社会保险。

(3)定期通过银行等金融机构向安置的每位残疾人实际支付了不低于企业所在区县适用的经省级人民政府批准的最低工资标准的工资。

(4)具备安置残疾人上岗工作的基本设施。

四、创投企业优惠

创投企业采取股权投资方式投资于未上市的中小高新技术企业2年以上,凡符合以下条件的,可以按照其对中小高新技术企业投资额的70%,在股权持有满2年的当年抵扣该创业投资企业的应纳税所得额;当年不足抵扣的,可在以后纳税年度结转抵扣:

(1)创投企业,是指依照《创业投资企业管理暂行办法》依法成立,并在中国境内设立的专门从事创业投资活动的企业或其他经济组织。其经营范围符合《创业投资企业管理暂行办法》规定,且登记为"创业投资有限责任公司""创业投资股份有限公司"等专业性法人创业投资企业。

(2)投资的中小高新技术企业,应通过高新技术企业认定,应符合职工人数不超过500人、年销售(营业)额不超过 2 亿元、资产总额不超过 2 亿元的条件。

中小企业接受创业投资之后,经认定符合高新技术企业标准的,应自其被认定为高新技术企业的年度起,计算创业投资企业的投资期限。该期限内中小企业接受创业投资后,企业规模超过中小企业标准,但仍符合高新技术企业标准的,不影响创业投资企业享受有关税收优惠。

五、加速折旧优惠

(一)一般性加速折旧

企业固定资产,由于以下原因确需加速折旧的,可以缩短折旧年限或者采取加速折旧的方法:①由于技术进步,产品更新换代较快的固定资产。②常年处于强震动、高腐蚀状态的固定资产。

采取缩短折旧年限方法的,最低折旧年限不得低于规定折旧年限的 60%;采取加速折旧方法的,可以采取双倍余额递减法或者年数总和法。

企业在 2018 年 1 月 1 日至 2023 年 12 月 31 日期间新购进的设备、器具,单位价值不超过 500 万元的,允许一次性计入当期成本费用在计算应纳税所得额时扣除,不再分年度计算折旧。

(二)特殊性加速折旧

财税〔2014〕75 号文件,对有关固定资产加速折旧企业所得税政策问题的规定如下:

(1)对生物药品制造业,专用设备制造业,铁路、船舶、航空航天和其他运输设备制造业,计算机、通信和其他电子设备制造业,仪器仪表制造业,信息传输、软件和信息技术服务业六个行业的企业,2014 年 1 月 1 日后新购进的固定资产,可缩短折旧年限或采取加速折旧的方法。

对上述六个行业的小型微利企业 2014 年 1 月 1 日后新购进的研发和生产经营共用的仪器、设备,单位价值不超过 100 万元的,允许一次性计入当期成本费用在计算应纳税所得额时扣除,不再分年度计算折旧;单位价值超过 100 万元的,可缩短折旧年限或采取加速折旧的方法。

(2)对所有行业企业 2014 年 1 月 1 日后新购进的专门用于研发的仪器、设备,单位价值不超过 100 万元的,允许一次性计入当期成本费用在计算应纳税所得额时扣除,不再分年度计算折旧;单位价值超过 100 万元的,可缩短折旧年限或采取加速折旧的方法。

(3)对所有行业企业持有的单位价值不超过 5 000 元的固定资产,允许一次性计入当期成本费用在计算应纳税所得额时扣除,不再分年度计算折旧。

(4)企业按上述第(1)条、第(2)条规定缩短折旧年限的,最低折旧年限不得低于企业所得税法规定折旧年限的 60%;采取加速折旧方法的,可采取双倍余额递减法或者年数总和法。第(1)至(3)条规定之外的企业固定资产加速折旧所得税处理问题,继续按照《企业所得税法》及其实施条例和现行税收政策规定执行。

(三)四个领域重点行业加速折旧

根据国家税务总局公告 2015 年第 68 号规定,四个领域重点行业加速折旧政策如下:

(1)对轻工、纺织、机械、汽车四个领域重点行业(以下简称"四个领域重点行业")企业 2015 年 1 月 1 日后新购进的固定资产(包括自行建造,下同),允许缩短折旧年限或采取加速折旧方法。

四个领域重点行业企业是指以上述行业业务为主营业务,其固定资产投入使用当年的主营业务收入占企业收入总额 50%(不含)以上的企业。

(2)对四个领域重点行业小型微利企业 2015 年 1 月 1 日后新购进的研发和生产经营共用的仪器、设备,单位价值不超过 100 万元(含)的,允许在计算应纳税所得额时一次性全额扣除;单位价值超过 100 万元的,允许缩短折旧年限或采取加速折旧方法。

(3)企业按第(1)条、第(2)条规定缩短折旧年限的,对其购置的新固定资产,最低折旧年限不得低于税法规定的折旧年限的 60%;对其购置的已使用过的固定资产,最低折旧年限不得低于税法规定的最低折旧年限减去已使用年限后剩余年限的60%。最低折旧年限一经确定,不得改变。

自2019年1月1日起,适用《财政部、国家税务总局关于完善固定资产加速折旧企业所得税政策的通知》(财税〔2014〕75号)和《财政部、国家税务总局关于进一步完善固定资产加速折旧企业所得税政策的通知》(财税〔2015〕106号)规定固定资产加速折旧优惠的行业范围,扩大至全部制造业领域。

六、减计收入优惠

企业以《资源综合利用企业所得税优惠目录》规定的资源作为主要原材料,生产国家非限制和禁止并符合国家和行业相关标准的产品取得的收入,减按90%计入收入总额。

自2019年6月1日至2025年12月31日,提供社区养老、托育、家政服务取得的收入,在计算应纳税所得额时,减按90%计入收入总额。

七、税额抵免优惠

企业购置并实际使用《环境保护专用设备企业所得税优惠目录》《节能节水专用设备企业所得税优惠目录》等规定的环境保护、节能节水、安全生产等专用设备的,该专用设备投资额的10%可以从企业当年的应纳税额中抵免;当年不足抵免的,可在以后5个纳税年度结转抵免。

企业购置上述专用设备在5年内转让、出租的,应当停止享受企业所得税优惠,并补缴已经抵免的企业所得税税款;转让的受让方可以按照该专用设备投资额的10%抵免当年企业所得税应纳税额;当年应纳税额不足抵免的,可在以后5个纳税年度结转抵免。

如增值税进项税额允许抵扣,其专用设备投资额不再包括增值税进项税额;如增值税进项税额不允许抵扣,其专用设备投资额应为增值税专用发票上注明的价税合计金额。企业购买专用设备取得普通发票的,其专用设备投资额为普通发票上注明的金额。

八、非居民企业优惠

非居民企业减按10%的所得税税率征收企业所得税。该类非居民企业取得的下列所得免征企业所得税:①外国政府向中国政府提供贷款取得的利息所得。②国际金融组织向中国政府和居民企业提供优惠贷款取得的利息所得。③经国务院批准的其他所得。

九、小型微利企业优惠

小型微利企业,是指从事国家非限制和禁止行业,且同时符合年度应纳税所得额不超过300万元、从业人数不超过300人、资产总额不超过5 000万元三个条件的企业。

(1)小型微利企业年应纳税所得额不超过100万元、超过100万元但不超过300万元的部分,分别减按12.5%、25%计入应纳税所得额,按20%的税率缴纳企业所得税。

【学中做5—2】C企业2023年第1季度不符合小型微利企业条件,第2季度和第3季度符合小型微利企业条件,第1季度至第3季度预缴企业所得税时,相应的累计应纳税所得额分别为20万元、100万元、200万元。

解析:C企业在预缴2023年第1季度至第3季度企业所得税时,实际应纳税所得额和减免税额的计算过程如表5—2所示。

表 5－2

计算过程	第 1 季度	第 2 季度	第 3 季度
预缴时,判断是否为小型微利企业	不符合小型微利企业条件	符合小型微利企业条件	符合小型微利企业条件
应纳税所得额(累计值,万元)	20	100	200
实际应纳所得税额(累计值,万元)	20×25％＝5	100×12.5％×20％＝2.5	100×12.5％×20％＋(200－100)×25％×20％＝7.5
本期应补(退)所得税额(万元)	5	0 (2.5－5＜0,本季度应缴税款为 0)	7.5－5＝2.5
已纳所得税额(累计值,万元)	5	5＋0＝5	5＋0＋2.5＝7.5
减免所得税额(累计值,万元)	20×25％－5＝0	100×25％－2.5＝22.5	200×25％－7.5＝42.5

综上,C 企业预缴 2023 年第 1、2、3 季度企业所得税时,分别减免企业所得税 0 元、22.5 万元、42.5 万元,分别缴纳企业所得税 5 万元、0 元、2.5 万元。

(2)居民企业在中国境内设立不具有法人资格的营业机构的,应当汇总计算并缴纳企业所得税。现行企业所得税实行法人税制,企业应以法人为主体,计算并缴纳企业所得税。因此,企业设立不具有法人资格分支机构的,应当先汇总计算总机构及其各分支机构的从业人数、资产总额、年度应纳税所得额,再依据各指标的合计数判断是否符合小型微利企业条件。

(3)小型微利企业在预缴和汇算清缴企业所得税时均可享受优惠政策,享受政策时无须备案,通过填写企业所得税纳税申报表相关栏次,即可享受。对于通过电子税务局申报的小型微利企业,纳税人只需要填报从业人数、资产总额等基础信息,税务机关将为纳税人提供自动识别、自动计算、自动填报的智能服务,进一步减轻纳税人填报负担。

(4)预缴企业所得税时,企业从事国家非限制和禁止行业,可直接按当年度截至本期末的资产总额、从业人数、应纳税所得额等情况判断是否为小型微利企业。其中,资产总额、从业人数指标按照相关政策标准中"全年季度平均值"的计算公式,计算截至本期末的季度平均值。

季度平均值＝(季初值＋季末值)÷2

全年季度平均值＝全年各季度平均值之和÷4

【注意】年度中间开业或者终止经营活动的,以其实际经营期作为一个纳税年度确定上述相关指标。

【提示】目前,小型微利企业的判断标准为:从事国家非限制和禁止行业,且同时符合截至本期末的资产总额季度平均值不超过 5 000 万元、从业人数季度平均值不超过 300 人、应纳税所得额不超过 300 万元。

【学中做 5－3】 A 企业 2020 年成立,从事国家非限制和禁止行业,2023 年各季度的资产总额、从业人数以及累计应纳税所得额情况如表 5－3 所示。

表 5－3

季 度	从业人数 期 初	从业人数 期 末	资产总额(万元) 期 初	资产总额(万元) 期 末	应纳税所得额(累计值,万元)
第 1 季度	120	200	2 000	4 000	150
第 2 季度	400	500	4 000	6 600	200

续表

季 度	从业人数 期初	从业人数 期末	资产总额(万元) 期初	资产总额(万元) 期末	应纳税所得额(累计值,万元)
第3季度	350	200	6 600	7 000	280
第4季度	220	210	7 000	2 500	350

解析：A 企业在预缴 2023 年度企业所得税时，判断是否符合小型微利企业条件的具体过程如表 5—4 所示。

表 5—4

指 标		第1季度	第2季度	第3季度	第4季度
从业人数	季初	120	400	350	220
	季末	200	500	200	210
	季度平均值	(120+200)÷2=160	(400+500)÷2=450	(350+200)÷2=275	(220+210)÷2=215
	截至本期末季度平均值	160	(160+450)÷2=305	(160+450+275)÷3=295	(160+450+275+215)÷4=275
资产总额(万元)	季初	2 000	4 000	6 600	7 000
	季末	4 000	6 600	7 000	2 500
	季度平均值	(2 000+4 000)÷2=3 000	(4 000+6 600)÷2=5 300	(6 600+7 000)÷2=6 800	(7 000+2 500)÷2=4 750
	截至本期末季度平均值	3 000	(3 000+5 300)÷2=4 150	(3 000+5 300+6 800)÷3=5 033.33	(3 000+5 300+6 800+4 750)÷4=4 962.5
应纳税所得额(累计值,万元)		150	200	280	350
判断结果		符合	不符合(从业人数超标)	不符合(资产总额超标)	不符合(应纳税所得额超标)

综上，A 企业预缴第 1 季度企业所得税时，可以享受小型微利企业所得税优惠政策；预缴第 2、3、4 季度企业所得税时，不可以享受小型微利企业所得税优惠政策。

【学中做 5—4】 B 企业 2023 年 5 月成立，从事国家非限制和禁止行业，2023 年各季度的资产总额、从业人数以及累计应纳税所得额情况如表 5—5 所示。

表 5—5

季 度	从业人数 期初	从业人数 期末	资产总额(万元) 期初	资产总额(万元) 期末	应纳税所得额(累计值,万元)
第2季度	100	200	1 500	3 000	200
第3季度	260	300	3 000	5 000	350
第4季度	280	330	5 000	6 000	280

解析：B 企业在预缴 2023 年度企业所得税时，判断是否符合小型微利企业条件的具体过程如表 5—6 所示。

表 5-6

指 标		第2季度	第3季度	第4季度
从业人数	季初	100	260	280
	季末	200	300	330
	季度平均值	(100+200)÷2=150	(260+300)÷2=280	(280+330)÷2=305
	截至本期末季度平均值	150	(150+280)÷2=215	(150+280+305)÷3=245
资产总额（万元）	季初	1 500	3 000	5 000
	季末	3 000	5 000	6 000
	季度平均值	(1 500+3 000)÷2=2 250	(3 000+5 000)÷2=4 000	(5 000+6 000)÷2=5 500
	截至本期末季度平均值	2 250	(2 250+4 000)÷2=3 125	(2 250+4 000+5 500)÷3=3 916.67
应纳税所得额（累计值,万元）		200	350	280
判断结果		符合	不符合（应纳税所得额超标）	符合

综上，B 企业预缴第 2、4 季度企业所得税时，可以享受小型微利企业所得税优惠政策；预缴第 3 季度企业所得税时，不可以享受小型微利企业所得税优惠政策。

（5）小型微利企业的征收管理。

①符合规定条件的小型微利企业，无论是采取查账征收方式还是采取核定征收方式，均可享受小型微利企业所得税优惠政策。

②符合规定条件的小型微利企业自行申报享受优惠。汇算清缴时，小型微利企业通过填报企业所得税年度纳税申报表中"从业人数、资产总额"等栏次履行备案手续。

③小型微利企业统一实行按季度预缴企业所得税。按月度预缴企业所得税的企业，在年度中间 4 月、7 月、10 月的纳税申报期进行预缴申报时，如果按照规定判断为小型微利企业的，其纳税期限将统一调整为按季度预缴。同时，为了避免年度内频繁调整纳税期限，一经调整为按季度预缴，当年度内不再变更。

④企业预缴时享受小型微利企业所得税优惠政策，按照以下规定执行：

a. 查账征收企业。上一纳税年度符合小型微利企业条件的，分别按照以下情况处理：按照实际利润预缴企业所得税的，预缴时累计实际利润不超过 30 万元（含，下同）的，可以享受减半征税政策；按照上一纳税年度应纳税所得额平均额预缴企业所得税的，预缴时可以享受减半征税政策。

b. 定率征收企业。上一纳税年度符合小型微利企业条件，预缴时累计应纳税所得额不超过 30 万元的，可以享受减半征税政策。

c. 定额征收企业。根据优惠政策规定需要调减定额的，由主管税务机关按照程序调整，依照原办法征收。

d. 本年度新办小型微利企业，预缴时累计实际利润或应纳税所得额不超过 30 万元的，可以享受减半征税政策。

⑤企业预缴时享受了减半征税政策，但汇算清缴时不符合规定条件的，应当按照规定补缴税款。

十、小微企业"六税两费"减免政策

财政部、税务总局联合下发了2022年第10号公告,对增值税小规模纳税人、小型微利企业、个体工商户可以在50%的税额幅度内减征资源税、城市维护建设税、房产税、城镇土地使用税、印花税(不含证券交易印花税)、耕地占用税和教育费附加、地方教育附加(以下简称"六税两费")。

按照企业所得税有关规定,纳税人在办理年度汇算清缴后才能最终确定是否属于小型微利企业。企业办理汇算清缴后确定是小型微利企业的,可自办理汇算清缴当年的7月1日至次年6月30日享受"六税两费"减免优惠;2022年1月1日至6月30日期间,纳税人依据2021年办理2020年度汇算清缴的结果确定是否按照小型微利企业享受"六税两费"减免优惠。

在首次办理汇算清缴前,新设立企业尚无法准确预判是否属于小型微利企业。为增强政策确定性和可操作性,判断标准为:

(1)登记为增值税一般纳税人的新设立企业,从事国家非限制和禁止行业,且同时符合申报期上月末从业人数不超过300人、资产总额不超过5 000万元两项条件的,在首次办理汇算清缴前,可按照小型微利企业申报享受"六税两费"减免优惠。

(2)登记为增值税一般纳税人的新设立企业,从事国家非限制和禁止行业,且同时符合设立时从业人数不超过300人、资产总额不超过5 000万元两项条件的,设立当月依照有关规定按次申报有关"六税两费"时,可申报享受"六税两费"减免优惠。

【注意】办理首次汇算清缴后确定不属于小型微利企业的一般纳税人,按次申报的,自首次办理汇算清缴确定不属于小型微利企业之日起至次年6月30日,不得再申报享受"六税两费"减免优惠。

新设立企业按规定办理首次汇算清缴后确定不属于小型微利企业,自办理汇算清缴的次月1日至次年6月30日,不得申报享受"六税两费"减免优惠;新设立企业按规定办理首次汇算清缴后,按规定申报当月及之前的"六税两费"的,依据首次汇算清缴结果确定是否可申报享受减免优惠。

增值税小规模纳税人按规定登记为一般纳税人的,自一般纳税人生效之日起不再按照增值税小规模纳税人适用"六税两费"减免政策。增值税年应税销售额超过小规模纳税人标准应当登记为一般纳税人而未登记,经税务机关通知,逾期仍不办理登记的,自逾期次月起不再按照增值税小规模纳税人申报享受"六税两费"减免优惠。

【注意】2021年新设立企业,登记为增值税一般纳税人的,在首次办理汇算清缴前,按照新设立企业条件判定是否可按照小型微利企业申报享受"六税两费"减免优惠。2024年办理2023年度汇算清缴后确定为小型微利企业的,纳税人申报享受"六税两费"减免优惠的日期截止到2024年12月31日。

十一、促进节能服务产业发展的优惠

对符合条件的节能服务公司实施合同能源管理项目,符合企业所得税法有关规定的,自项目取得第一笔生产经营收入所属纳税年度起三免三减半。

所称"符合条件",是指同时满足以下条件:

(1)具有独立法人资格,注册资金不低于100万元,且能够单独提供用能相关服务的专业化节能服务公司。

(2)相关技术应符合《合同能源管理技术通则》规定的技术要求。

(3)签订节能效益分享型合同,其合同格式和内容符合《合同法》《合同能源管理技术通则》

规定。

(4)符合(财税〔2009〕166号)"节能减排技术改造"类中第一项至第八项规定的项目和条件。

(5)节能服务公司投资额不低于实施合同能源管理项目投资总额的70％。

(6)节能服务公司拥有匹配的专职技术人员和合同能源管理人才,具有保障项目顺利实施和稳定运行的能力。

十二、西部大开发税收优惠

自2021年1月1日至2030年12月31日,对设在西部地区的鼓励类产业企业减按15％的税率征收企业所得税。鼓励类产业企业是指以《西部地区鼓励类产业目录》中规定的产业项目为主营业务,且其主营业务收入占企业收入总额60％以上的企业。

十三、民族自治地方的优惠

民族自治地方的自治机关对本民族自治地方的企业应缴纳的企业所得税中属于地方分享的部分,可以决定减征或者免征。自治州、自治县决定减征或者免征,须报省、自治区、直辖市人民政府批准。

对民族自治地方属于国家限制和禁止行业的企业,不得减征或者免征企业所得税。

十四、债券利息减免税

对企业取得的2012年及以后年度发行的地方政府债券利息收入,免征企业所得税。

自2021年11月7日至2025年1月6日,对境外机构投资境内债券市场取得的债券利息收入暂免征收企业所得税。暂免征收企业所得税的范围不包括境外机构在境内设立的机构、场所取得的与该机构、场所有实际联系的债券利息。

对企业投资者持有2019—2023年发行的铁路债券取得的利息收入,减半征收企业所得税。铁路债券是指以国家铁路集团有限公司为发行和偿还主体的债券,包括中国铁路建设债券、中期票据、短期融资券等债务融资工具。

任务四　企业所得税应纳税额的计算

一、企业所得税的应纳税所得额

企业所得税应纳税所得额是企业所得税的计税依据。按照《企业所得税法》的规定,应纳税所得额为企业每一个纳税年度的收入总额减去不征税收入额、免税收入额、各项扣除额,以及准予弥补的以前年度亏损额之后的余额。企业的应纳税额取决于应纳税所得额和适用税率两个因素。

企业应纳税所得额有两种计算方法。

(1)直接计算法下的计算公式为:

$$应纳税所得额＝收入总额－不征税收入额－免税收入额－各项扣除额\\－准予弥补的以前年度亏损额$$

(2)间接计算法下的计算公式为:

$$应纳税所得额＝利润总额\pm纳税调整项目金额$$

企业所得税应纳税额的计算公式为:

$$应纳税额＝应纳税所得额\times适用税率－减免税额－抵免税额$$

减免税额和抵免税额,是指依照《企业所得税法》和国务院的税收优惠规定减征、免征和准予抵免的应纳税额。

【注意】由于我国的财务会计只设置一套账表,而税务会计不需单独设置一套账表,因此对于税法与会计规定不一致的内容,应当在会计利润的基础上,根据税法规定对其进行纳税调整,以求得税法口径的应纳税所得额。

企业应纳税所得额的计算,应当以权责发生制为原则。

【提示】会计利润与应纳税所得额是两个不同计算口径的所得,一个反映会计收益,另一个反映税收收益,计算应纳企业所得税的依据是税收收益。

二、收入总额

(一)一般收入的确认

企业以货币形式和非货币形式从各种来源取得的收入,为收入总额,包括销售货物收入、提供劳务收入、转让财产收入、股息和红利等权益性投资收益、利息收入、租金收入、特许权使用费收入、接受捐赠收入和其他收入。

1. 销售货物收入

销售货物收入,是指企业销售商品、产品、原材料、包装物、低值易耗品以及其他存货取得的收入。除法律法规另有规定外,企业销售货物收入的确认,必须遵循权责发生制原则和实质重于形式原则。

(1)符合收入确认条件,采取下列商品销售方式的,应按以下规定确认收入实现时间:①销售商品采用托收承付方式,在办妥托收手续时确认收入。②销售商品采用预收款方式,在发出商品时确认收入。③销售商品需要安装和检验,在购买方接受商品以及安装和检验完毕时确认收入。如果安装程序比较简单,可在发出商品时确认收入。④销售商品采用支付手续费方式委托代销的,在收到代销清单时确认收入。

(2)采用售后回购方式销售商品的,销售的商品按售价确认收入,回购的商品作为购进商品处理。有证据表明不符合销售收入确认条件的,如以销售商品方式进行融资,收到的款项应确认为负债,回购价格大于原售价的,差额应在回购期间确认为利息费用。

(3)销售商品以旧换新的,销售商品应当按照销售商品收入确认条件确认收入,回收的商品作为购进商品处理。

(4)企业为促进商品销售而在商品价格上给予的价格扣除属于商业折扣,商品销售涉及商业折扣的,应当按照扣除商业折扣后的金额确定销售商品收入金额。

(5)债权人为鼓励债务人在规定的期限内付款而向债务人提供的债务扣除属于现金折扣,销售商品涉及现金折扣的,应当按扣除现金折扣前的金额确定销售商品收入金额,现金折扣在实际发生时作为财务费用扣除。

(6)企业因售出商品的质量不合格等原因而在售价上给予的减让属于销售折让。企业因售出商品质量、品种不符合要求等原因而发生的退货属于销售退回。企业已经确认销售收入的售出商品发生销售折让和销售退回的,应当在发生当期冲减当期销售商品收入。

(7)采取买一赠一方式组合销售本企业商品时,应将总的销售金额按照各商品公允价值的比例来分摊确认各项的销售收入。

【做中学 5-1】 2023 年 6 月,苏宁电器(增值税一般纳税人,假设增值税税率为 13%)采取"买冰箱送电水壶"的方式进行促销,销售冰箱 30 台。冰箱单位零售价为 4 520 元,成本为 3 000 元,赠送的电水壶单位零售价为 120 元,成本为 80 元。

请问：苏宁电器开展"买一赠一"活动，增值税和企业所得税应如何处理？

解析：苏宁电器所得税处理中，应确认销售收入＝4 520×30÷(1＋13％)＝120 000(元)，其中冰箱的销售收入＝120 000×4 520÷(4 520＋120)≈116 897(元)，应确认成本＝3 000×30＝90 000(元)；电水壶的销售收入＝120 000×120÷(4 520＋120)≈3 103(元)，应确认成本＝30×80＝2 400(元)。所得税处理中，应将以上确认的收入120 000元计入收入总额，计入可以扣除的成本＝90 000＋2 400＝92 400(元)，以此为基础计算应纳所得税额。

增值税中，该公司"买冰箱送电水壶"应计算的增值税销项税额＝30×(4 520＋120)÷(1＋13％)×13％≈16 014.16(元)。

2. 提供劳务收入

提供劳务收入，是指提供增值税劳务、"营改增"服务的收入。具体包括企业从事建筑安装、修理修配、交通运输、仓储租赁、金融保险、邮电通信、咨询经纪、文化体育、科学研究、技术服务、教育培训、餐饮住宿、中介代理、卫生保健、社区服务、旅游、娱乐、加工以及其他劳务服务活动取得的收入。

3. 转让财产收入

转让财产收入，是指企业转让固定资产、生物资产、无形资产、股权、债权等财产取得的收入。转让财产收入应当按照从财产受让方已收或应收的合同或协议价款确认收入。

4. 股息、红利等权益性投资收益

股息、红利等权益性投资收益，是指企业因权益性投资从被投资方取得的收入。除国务院财政、税务主管部门另有规定外，企业取得股息、红利等权益性投资收益，应当按照被投资方作出利润分配决定的日期确认收入的实现。

5. 利息收入

利息收入，是指企业将资金提供他人使用但不构成权益性投资，或者因他人占用本企业资金取得的收入，包括存款利息、贷款利息、债券利息、欠款利息等收入。企业应当按照合同约定的债务人应付利息的日期确认收入的实现，按照有关借款合同或协议约定的金额确定利息收入金额。

6. 租金收入

租金收入，是指企业提供固定资产、包装物或者其他有形资产的使用权取得的收入。企业应当按照合同约定的承租人应付租金的日期确认收入的实现，以有关租赁合同或协议约定的金额全额确定租金收入金额。如果交易合同或协议中规定租赁期限跨年度，且租金提前一次性支付，出租人可对上述已确认的收入，在租赁期内，分期均匀计入相关年度收入。

7. 特许权使用费收入

特许权使用费收入，是指企业提供专利权、非专利技术、商标权、著作权以及其他特许权的使用权取得的收入。企业应当按照合同约定的特许权使用人应付特许权使用费的日期确认收入的实现，以有关使用合同或协议约定的金额全额确定特许权使用费收入金额。

8. 接受捐赠收入

接受捐赠收入，是指企业接受的来自其他企业、组织或者个人无偿给予的货币性资产、非货币性资产。企业应当按照实际收到捐赠资产的日期确认收入的实现。

【注意】企业以买一赠一等方式组合销售本企业商品的，不属于捐赠，应将总的销售金额按各项商品的公允价值的比例来分摊确认各项的销售收入。

【做中学5－2】 某公司2023年6月接受捐赠机器设备一台，收到的增值税专用发票上注明价款20万元，增值税2.6万元；公司另支付运输费用0.9万元，取得增值税专用发票上注明的增值税税额为0.08万元。

请问:该公司受赠资产应交的企业所得税为多少?
解析:固定资产原值＝20＋0.9＝20.9(万元)
可以抵扣的增值税＝2.6＋0.08＝2.68(万元)
应纳税所得额＝20＋0.9＝20.9(万元)
应纳所得税＝20.9×25%≈5.23(万元)

9. 其他收入

其他收入,是指企业取得《企业所得税法》具体列举的收入外的其他收入,包括企业资产溢余收入、逾期未退包装物押金收入、确实无法偿付的应付款项、已作坏账损失处理后又收回的应收款项、债务重组收入、补贴收入、违约金收入、汇兑收益等。企业应当按照实际收入额或相关资产的公允价值确定其他收入金额。

(二)特殊收入的确认

(1)以分期收款方式销售货物,按照合同约定的收款日期确认收入的实现。

(2)企业受托加工制造大型机械设备、船舶、飞机,以及从事建筑、安装、装配工程业务或者提供其他劳务等,持续时间超过12个月的,按照纳税年度内完工进度或者完成的工作量确认收入的实现。

(3)采取产品分成方式取得收入,按照企业分得产品的日期确认收入的实现,其收入额按照产品的公允价值确定。

(4)企业发生非货币性资产交换,以及将货物、财产、劳务用于捐赠、偿债、赞助、集资、广告、样品、职工福利或者利润分配等用途的,应当视同销售货物、转让财产或者提供劳务,按照公允价值确定其收入,但国务院财政、税务主管部门另有规定的除外。

(三)处置资产收入的确认

(1)作为内部处置资产的情形。企业发生下列情形的处置资产,除将资产转移至境外以外,由于资产所有权属在形式和实质上均不发生改变,可作为内部处置资产,不视同销售确认收入,相关资产的计税基础延续计算:①将资产用于生产、制造、加工另一产品;②改变资产形状、结构和性能;③改变资产用途(如自建商品房转为自用或经营);④将资产在总机构及其分支机构之间转移;⑤上述两种或两种以上情形的混合;⑥其他不改变资产所有权属的用途。

(2)资产移送他人的情形。企业将资产移送他人的下列情形,因资产所有权属已发生改变而不属于内部处置资产,应按规定视同销售确定收入:①用于市场推广或销售;②用于职工奖励或福利;③用于股息分配;④用于对外捐赠;⑤其他改变资产所有权属的用途。

(3)视同销售的情形。企业发生上述视同销售的情形时,属于企业自制的资产,应按企业同类资产同期对外销售价格确定销售收入;属于外购的资产,可按购入时的价格确定销售收入。

三、不征税收入和免税收入

国家为了扶持和鼓励某些特殊的纳税人和特定的项目,或者避免因征税影响企业的正常经营,对企业取得的某些收入予以不征税或免税的特殊政策。

(一)不征税收入

不征税收入,是指从性质和根源上不属于企业营利性活动带来的经济利益,不作为应纳税所得额组成部分的收入,不应列为征收范围的收入。

(1)财政拨款。财政拨款,是指各级人民政府对纳入预算管理的事业单位、社会团体等组织拨付的财政资金,但国务院和国务院财政、税务主管部门另有规定的除外。县级以上人民政府将国有资产无偿划入企业,且指定专门用途并按规定进行管理的,企业可作为不征税收入进行企业所得税处理。其中,该项资产属于非货币性资产的,应按政府确定的接收价值计算不征税收入。

(2)依法收取并纳入财政管理的行政事业性收费、政府性基金。行政事业性收费,是指依照法律法规等有关规定,按照国务院规定程序批准,在实施社会公共管理,以及在向公民、法人或者其他组织提供特定公共服务过程中,向特定对象收取并纳入财政管理的费用。政府性基金,是指企业依照法律、行政法规等有关规定,代政府收取的具有专项用途的财政资金。

(3)国务院规定的其他不征税收入。国务院规定的其他不征税收入,是指企业取得的,由国务院财政、税务主管部门规定专项用途并经国务院批准的财政性资金。财政性资金是指企业取得的来源于政府及其有关部门的财政补助、补贴、贷款贴息,以及其他各类财政专项资金,包括直接减免的增值税和即征即退、先征后退、先征后返的各种税收,但不包括企业按规定取得的出口退税款。

【提示】不征税收入是根本不属于企业所得税征税范围的收入,现在不纳税,以后也不会纳税。免税收入是属于企业所得税征税范围的收入,但是现在的政策是免税的,以后有可能会征税。

【注意】企业的不征税收入用于支出所形成的费用,不得在计算应纳税所得额时扣除;企业的不征税收入用于支出所形成的资产,其计算的折旧、摊销不得在计算应纳税所得额时扣除。

(二)免税收入

免税收入,是指属于企业的应税所得但按照税法规定免予征收企业所得税的收入。

企业的下列收入为免税收入:

(1)国债利息收入。

(2)符合条件的居民企业之间的股息、红利等权益性投资收益(该收益是指居民企业直接投资于其他居民企业取得的投资收益,且该收益不包括连续持有居民企业公开发行并上市流通的股票不足12个月取得的投资收益)。

(3)在中国境内设立机构、场所的非居民企业从居民企业取得与该机构、场所有实际联系的股息、红利等权益性投资收益(该收益不包括连续持有居民企业公开发行并上市流通的股票不足12个月取得的投资收益)。

(4)符合条件的非营利组织的收入。

(5)非营利组织其他免税收入。具体包括:接受其他单位或者个人捐赠的收入;除《企业所得税法》第七条规定的财政拨款以外的其他政府补助收入,但不包括因政府购买服务取得的收入;按照省级以上民政、财政部门规定收取的会费;不征税收入和免税收入孳生的银行存款利息收入;财政部、国家税务总局规定的其他收入。

【注意】不征税收入和免税收入都是企业"收入"。不征税收入属于"非营利性活动"带来的经济收益,理论上不应列为应税所得范畴,其本身就不负有纳税义务;而免税收入属于应税收入的组成部分,是国家为了实现某些经济和社会目标,在特定时期对特定项目取得的经济利益给予的税收优惠。也就是说,不征税收入是本身就不负有纳税义务的收入;而免税收入是本来应当纳税,但国家免除其纳税义务的收入。

四、准予扣除项目

税前扣除项目包括成本、费用、税金、损失和其他支出。

(1)成本,是指企业销售商品(产品、材料废料等)、提供劳务、转让无形资产、固定资产的成本。

(2)费用,是指企业在生产经营活动中发生的销售费用、管理费用和财务费用,已经计入成本的有关费用除外。

(3)税金,是指企业发生的除企业所得税和允许抵扣的增值税以外的各项税金及其附加。

【提示】可以扣除的"税金"是指各项税金及附加,包括消费税、资源税、土地增值税、关税、城镇土地使用税、房产税、车船税、印花税、城市维护建设税及教育费附加等,但缴纳的企业所得税和增值税不得扣除。

如何理解企业所得税和增值税不得税前扣除？要看税金能否税前扣除,可以结合会计中的利润表来分析。只要在利润表中"利润总额"项目之前能够体现的税金都可以扣除。"税前扣除"中的"税"字指的是企业所得税。企业所得税税前可以扣除的税金自然不包括企业所得税本身。另外,增值税是价外税,其计算与缴纳均不会影响到损益,不在利润表中体现。

(4)损失,是指企业在生产经营活动中发生的固定资产和存货的盘亏、毁损、报废损失,转让财产损失,呆账损失,坏账损失,自然灾害等不可抗力因素造成的损失以及其他损失。企业发生的损失,减除责任人赔偿和保险赔款后的余额,依照国务院财政、税务主管部门的规定扣除。企业已经作为损失处理的资产,在以后纳税年度又全部收回或者部分收回时,应当计入当期收入。

(5)其他支出,是指除成本、费用、税金、损失外,企业在生产经营活动中发生的与生产经营活动有关的、合理的支出,以及国务院财政、税务主管部门规定的其他支出。

【提示】自2019年1月1日至2025年12月31日,企业通过公益性社会组织或者县级(含县级)以上人民政府及其组成部门和直属机构,用于目标脱贫地区的扶贫捐赠支出,准予在计算企业所得税应纳税所得额时据实扣除。

五、不得扣除项目

不得扣除项目包括以下内容：
(1)向投资者支付的股息、红利等权益性投资收益款项。
(2)企业所得税税款。
(3)税收滞纳金。
(4)罚金、罚款和被没收财物的损失。

【注意】合同违约金、银行罚息、罚款(经营性罚款)和诉讼费可以在企业所得税税前扣除。行政性罚款不得在企业所得税税前扣除,如企业因排污超标而被环保部门处以的罚款等。

(5)企业发生的公益性捐赠支出以外的捐赠支出。
(6)赞助支出,是指企业发生的与生产经营活动无关的各种非广告性支出。

【注意】广告费和业务宣传费支出应与赞助支出严格区分,如果是广告性质的赞助支出,则在广告费的标准限额内扣除。

(7)未经核准的准备金支出,是指企业未经国务院财政、税务主管部门核定而提取的各项资产减值准备、风险准备等准备金。
(8)企业之间支付的管理费、企业内营业机构之间支付的租金和特许权使用费,以及非银行企业内营业机构之间支付的利息。
(9)与取得收入无关的其他支出。

六、准予限额扣除项目

准予限额扣除项目包括但不限于以下内容：
(1)工资、薪金。企业发生的合理的工资、薪金支出,准予扣除。
(2)社会保险费和住房公积金。
①企业依照国务院有关主管部门或者省级人民政府规定的范围和标准为职工缴纳的"五险一金",即基本养老保险费、基本医疗保险费、失业保险费、工伤保险费、生育保险费等基本社会保险费和住房公积金,准予扣除。

②企业为投资者或者职工支付的补充养老保险费、补充医疗保险费,在国务院财政、税务主管部门规定的范围和标准内,准予扣除。企业依照国家有关规定为特殊工种职工支付的人身安全保险费和符合国务院财政、税务主管部门规定可以扣除的商业保险费准予扣除。

③企业参加财产保险,按照规定缴纳的保险费,准予扣除,企业为投资者或者职工支付的商业保险费,不得扣除。

(3)职工福利费、工会经费、职工教育经费。企业发生的职工福利费支出,不超过工资、薪金总额14%的部分,准予扣除。企业拨缴的工会经费,不超过工资、薪金总额2%的部分,准予扣除。除国务院财政、税务主管部门或者省级人民政府另有规定外,企业发生的职工教育经费支出,不超过工资、薪金总额2.5%的部分,准予扣除;超过部分,准予结转以后纳税年度扣除。自2018年1月1日起,将一般企业的职工教育经费税前扣除限额与高新技术企业的限额统一,从2.5%提高至8%。

【注意】在职工福利费、工会经费、职工教育经费这三项经费中,只有"职工教育经费"支出可以结转以后纳税年度扣除,其他两项不能结转到以后纳税年度扣除。

【做中学5-3】 甲公司为一家居民企业,本年实际发生工资支出300万元,职工福利费50万元,工会经费5万元,职工教育经费36万元。

要求:计算甲公司本年计算应纳税所得额时,应调增的应纳税所得额。

解析:第一,职工福利费不超过工资、薪金总额14%的部分,准予扣除。

工资、薪金总额的14%=300×14%=42(万元)

职工福利费应调增所得额=50-42=8(万元)

第二,工会经费不超过工资、薪金总额2%的部分,准予扣除。

工资、薪金总额的2%=300×2%=6(万元)

工会经费的发生额为5万元,未超支,不需要纳税调整。

第三,职工教育经费不超过工资、薪金总额8%的部分,准予扣除。

工资、薪金总额的8%=300×8%=24(万元)

职工教育经费应调增应纳税所得额=36-24=12(万元)

合计应调增应纳税所得额=8+12=20(万元)

(4)业务招待费。企业发生的与生产经营活动有关的业务招待费支出,按照发生额的60%扣除,但最高不得超过当年销售(营业)收入的5‰。

【做中学5-4】 甲公司为一家居民企业,本年实现销售货物收入2 800万元,让渡专利使用权收入600万元,包装物出租收入100万元,视同销售货物收入200万元,转让商标所有权收入280万元,接受捐赠收入60万元,债务重组收益30万元,发生业务招待费70万元。

要求:计算甲公司本年可在企业所得税税前列支的业务招待费金额。

解析:转让商标所有权收入、接受捐赠收入、债务重组收益均属于企业所得税税收法律制度中的营业外收入范畴,不能作为计算业务招待费扣除限额的基数。可在企业所得税税前列支的业务招待费的扣除基数,即当年销售(营业)收入=2 800+600+100+200=3 700(万元)。

第一标准为发生额的60%,即70×60%=42(万元)。

第二标准为当年销售(营业)收入的5‰,即3 700×5‰=18.5(万元)。

由于18.5万元<42万元,因此本年可在企业所得税税前列支的业务招待费金额为18.5万元。

(5)广告费和业务宣传费。企业发生的符合条件的广告费和业务宣传费支出,除国务院财政、税务主管部门另有规定外,不超过当年销售(营业)收入15%的部分,准予扣除;超过部分,准予结转以后纳税年度扣除。

【注意】"广告费和业务宣传费支出"可以结转以后纳税年度扣除,而"业务招待费"不能结转以后纳税年度扣除。

【提示】在计算业务招待费、广告费和业务宣传费的扣除限额时,销售(营业)收入包括销售货物收入、提供劳务收入、租金收入、视同销售收入等,但不包括"营业外收入"。同时,销售收入为不含增值税的收入。

【做中学 5—5】 甲公司为一家居民企业,本年实现商品销售收入 1 800 万元,发生现金折扣 60 万元,接受捐赠收入 70 万元,转让无形资产所有权收入 30 万元。该公司当年实际发生业务招待费 35 万元,广告费 230 万元,业务宣传费 90 万元。

要求:计算甲公司本年可税前扣除的业务招待费、广告费、业务宣传费的合计额。

解析:销售商品涉及现金折扣,应按照扣除现金折扣前的金额确定销售收入。接受捐赠收入、转让无形资产所有权收入属于营业外收入范畴,不能作为计算业务招待费、广告费、业务宣传费扣除限额的基数。

业务招待费按发生额的 60% 扣除,但不得超过当年销售收入的 5‰,可扣除业务招待费=1 800×5‰=9(万元)<35×60%=21(万元)。

广告费和业务宣传费不超过当年销售收入 15% 的部分准予扣除,可扣除广告费、业务宣传费=1 800×15%=270(万元)<230+90=320(万元)。

合计可扣除金额=9+270=279(万元)。

(6)利息费用。企业在生产经营活动中发生的下列利息支出,准予扣除:

①非金融企业向金融企业借款的利息支出、金融企业的各项存款利息支出和同业拆借利息支出、企业经批准发行债券的利息支出;

②非金融企业向非金融企业借款的利息支出,不超过按照金融企业同期同类贷款利率计算的数额的部分。

(7)借款费用。企业在生产、经营活动中发生的合理的不需要资本化的借款费用,准予扣除。企业为购置、建造固定资产、无形资产和经过 12 个月以上的建造才能达到预定可销售状态的存货发生借款的,在有关资产购置、建造期间发生的合理的借款费用,应当予以资本化,作为资本性支出计入有关资产的成本,并依照税法的规定扣除;有关资产交付使用后发生的借款利息,可在发生当期扣除。

(8)公益性捐赠支出。企业发生的公益性捐赠支出,不超过年度利润总额 12% 的部分,准予在计算应纳税所得额时扣除;超过年度利润总额 12% 的部分,准予结转以后 3 年内在计算应纳税所得额时扣除。

【提示】年度利润总额,是指企业依照国家统一会计制度的规定计算的年度会计利润。公益性捐赠,是指企业通过公益性社会团体或者县级以上人民政府及其部门,用于《中华人民共和国公益事业捐赠法》规定的公益事业的捐赠。

纳税人"直接"向受赠人的捐赠不属于公益性捐赠,不允许在企业所得税税前扣除。

【注意】非公益性捐赠支出金额不得在企业所得税税前扣除;公益性捐赠支出在年度利润总额 12% 内的部分准予在企业所得税税前扣除。

(9)依照法律、法规规定准予扣除的其他项目。

七、亏损弥补

纳税人发生年度亏损的,可以用下一纳税年度的所得弥补;下一纳税年度的所得不足弥补的,可以逐年延续弥补,但是延续弥补期最长不得超过 5 年。5 年内不管是盈利还是亏损,都作为实际弥补期限。税法所指亏损的概念,不是企业财务会计报告中反映的亏损额,而是企业财务会计报告中的亏损额经税务机关按税法规定核实调整后的金额。自2018年1月1日起,将高新技术企业和科技型中小企业亏损结转年限由5年延长至10年。

对电影行业的企业2020年度发生的亏损,最长结转年限由5年延长至8年。

八、非居民企业的应纳税所得额

对于在中国境内未设立机构、场所的,或者虽设立机构、场所但取得的所得与其所设机构、场所没有实际联系的非居民企业的所得,按照下列方法计算应纳税所得额:

(1)股息、红利等权益性投资收益和利息、租金、特许权使用费所得,以收入全额为应纳税所得额。"营改增"试点中的非居民企业,应以不含增值税的收入全额作为应纳税所得额。

(2)转让财产所得,以收入全额减除财产净值后的余额为应纳税所得额。财产净值是指财产的计税基础减除已经按照规定扣除的折旧、折耗、摊销、准备金等后的余额。

(3)其他所得,参照前两项规定的方法计算应纳税所得额。

对此类非居民企业纳税人的所得实行源泉扣缴,以支付人为扣缴义务人。扣缴企业所得税应纳税额的计算公式为:

$$扣缴企业所得税应纳税额=应纳税所得额\times 实际征收率$$

【做中学5—6】 境外某公司在中国境内未设立机构、场所,2022年取得境内A公司支付的利息收入120万元,取得境内B公司支付的财产转让收入50万元,该项财产原值30万元,已提折旧20万元。

要求:计算2022年度该境外公司在我国应缴纳的企业所得税。

解析:应纳企业所得税=120×10%+[50-(30-20)]×10%=16(万元)。

任务五 企业所得税的征收管理

一、纳税期限

企业所得税实行按年计征、分月或分季预缴、年终汇算清缴、多退少补的征纳方法。纳税年度自公历1月1日起至12月31日止。自2020年10月1日起,纳税人需申报缴纳企业所得税(预缴)、城镇土地使用税、房产税、土地增值税、印花税中一个或多个税种时,可选择综合申报。综合申报主要适用于企业所得税按实际利润额按季预缴的查账征收企业,暂不涵盖按月预缴企业、核定征收企业和跨地区经营汇总纳税企业。

按月或按季预缴的,应当自月份或者季度终了之日起15日内,向税务机关报送预缴企业所得税纳税申报表,预缴税款。企业所得以人民币以外的货币计算的,预缴企业所得税时,应当按照月度或者季度最后1日的人民币汇率中间价,将其折合成人民币计算应纳税所得额。

企业应当自年度终了之日起5个月内,向税务机关报送年度企业所得税纳税申报表,并汇算清缴,结清应缴税款或应退税款。

企业在一个纳税年度中间开业,或者终止经营活动,使该纳税年度的实际经营期不足12个月的,应当以其实际经营期为1个纳税年度。企业依法清算时,应当以清算期间作为1个纳税年度。

企业在年度中间终止经营活动的,应当自实际经营终止之日起60日内,向税务机关办理当期企业所得税汇算清缴。依法清算时,应当以清算期间作为一个纳税年度。

二、纳税地点

(一)居民企业的纳税地点

除税收法律、行政法规另有规定外,居民企业以企业登记注册地为纳税地点;但登记注册地在境外的,以实际管理机构所在地为纳税地点;居民企业在中国境内设立不具有法人资格的营业机构的,应当汇总计算并缴纳企业所得税。

(二)非居民企业的纳税地点

非居民企业在中国境内设立机构、场所取得的所得,以及发生在中国境外但与其所设机构、场所有实际联系的所得,应当以机构、场所所在地为纳税地点;非居民企业在中国境内未设立机构、场所,或者虽设立机构、场所但取得的所得与其所设机构、场所没有实际联系的非居民企业,以扣缴义务人所在地为纳税地点;非居民企业在中国境内设立两个或者两个以上机构、场所的,经税务机关审核批准,可以选择由其主要机构、场所汇总缴纳企业所得税。

非居民企业经批准汇总缴纳企业所得税后,需要增设、合并、迁移、关闭机构或场所,或者停止机构、场所业务的,应当事先由负责汇总申报缴纳企业所得税的主要机构、场所向其所在地税务机关报告;需要变更汇总缴纳企业所得税的主要机构、场所的,依照前述规定办理。

三、源泉扣缴

(一)扣缴义务人

在中国境内未设立机构、场所,或者虽设立机构、场所但取得的所得与其所设机构、场所没有实际联系的非居民企业,就其取得的来源于中国境内的所得应缴纳的所得税,实行源泉扣缴,以支付人为扣缴义务人。税款由扣缴义务人在每次支付或者到期应支付时,从支付或者到期应支付的款项中扣缴。

对非居民企业在中国境内取得工程作业和劳务所得应缴纳的所得税,税务机关可以指定工程价款或者劳务费的支付人为扣缴义务人。

(二)扣缴方法

扣缴企业所得税应纳税额的计算公式为:

$$扣缴企业所得税应纳税额 = 应纳税所得额 \times 实际征收率$$

式中,实际征收率是指《企业所得税法》及其实施条例等相关法律法规规定的税率,或者税收协定规定的更低的税率。

(1)股息、红利等权益性投资收益和利息、租金、特许权使用费所得,以收入全额为应纳税所得额,不得扣除税法规定之外的税费支出;

(2)转让财产所得,以收入全额减除财产净值后的余额为应纳税所得额;

(3)其他所得参照前两项规定。

(三)扣缴管理

扣缴义务人,由县级以上税务机关指定,并同时告知扣缴义务人所扣税款的计算依据、计算方法、扣缴期限和扣缴方式。扣缴义务人每次代扣的税款,应当自代扣之日起 7 日内缴入国库。

▼ 应知考核

一、单项选择题

1. 符合条件的小型微利企业,减按( )的税率征收企业所得税。

A. 10% B. 15% C. 20% D. 25%
2. 国家需要重点扶持的高新技术企业,减按( )的税率征收企业所得税。
A. 10% B. 15% C. 20% D. 25%
3. 现行企业所得税的适用税率是( )。
A. 10% B. 15% C. 20% D. 25%
4. 下列各项中,在计算企业应纳税所得额时,不准从收入总额中扣除的是( )。
A. 增值税 B. 印花税 C. 资源税 D. 关税
5. 下列税种中,在计算企业应纳税所得额时,不准从收入总额中扣除的是( )。
A. 增值税 B. 消费税 C. 城建税 D. 土地增值税

二、多项选择题

1. 属于企业所得税纳税人的有( )。
   A. 国有企业
   B. 外商投资企业和外国企业
   C. 个人独资企业
   D. 个人合伙企业
2. 下列各项中,按《企业所得税法》规定应当提取折旧的有( )。
   A. 大修理停用的机器设备
   B. 按规定提取维检费的固定资产
   C. 以融资租赁方式租入的固定资产
   D. 以经营租赁方式租入的固定资产
3. 根据《企业所得税法》的规定,企业的下列收入中不征收企业所得税的有( )。
   A. 财政拨款
   B. 依法收取并纳入财政管理的行政事业性收费、政府性基金
   C. 国务院规定的其他不征税收入
   D. 接受捐赠收入
4. 企业发生的下列支出中,在计算应纳税所得额时不予扣除的有( )。
   A. 市场监管机构所处罚款
   B. 银行加收的罚息
   C. 司法机关所处罚金
   D. 税务机关加收的税收滞纳金
5. 根据企业所得税法律制度的有关规定,下列各项中,属于计算企业应纳税所得额时准予扣除的项目有( )。
   A. 缴纳的消费税
   B. 缴纳的税收滞纳金
   C. 市场监管机构所处罚款
   D. 缴纳的财产保险费

三、判断题

1. 企业纳税年度发生的亏损,准予向以后年度结转,用以后年度的所得弥补,但结转年限最长不得超过5年。( )
2. 在计算应纳税所得额时,企业财务会计处理办法与税收法律、行政法规的规定不一致的,应当依照税收法律、行政法规的规定计算。( )
3. 居民企业在中国境内设立不具有法人资格的营业机构的,应当汇总计算并缴纳企业所得税。( )
4. 企业发生的公益性捐赠支出,在年度利润总额12%以内的部分,准予在计算应纳税所得额时扣除。( )
5. 企业的应纳税所得额乘以适用税率,减除依照税法规定减免和抵免的税额后的余额,为应纳税额。( )

四、简述题

1. 简述企业所得税的概念和特点。
2. 简述企业所得税的类型。
3. 简述企业所得税的功能。
4. 简述企业所得税的征税对象。
5. 简述企业所得税税前扣除项目的内容。

▼ 应会考核

■ 观念应用

小微企业所得税的应用

明光公司为一家小型微利企业,2022 年纳税调整前所得额为 28 万元。该企业 2022 年度购入符合规定的环保设备,价格为 25 万元。

【考核要求】

计算明光公司 2022 年度应纳企业所得税税额。

■ 技能应用

安淮公司的应纳税所得额的应用

安淮公司 2022 年度有关财务资料如下:①全年销售收入 3 000 万元,营业外收入 620 万元,其中包括依法收取的政府性基金 200 万元,国债利息收入 20 万元,直接投资 A 公司取得红利收益 100 万元,租金收入 140 万元,特许权使用费收入 160 万元;②有关销售成本支出 1 800 万元,缴纳增值税 336 万元,预缴企业所得税 120 万元;③管理费用 280 万元,财务费用 100 万元,销售费用 220 万元;④营业外支出 80 万元,其中非公益性捐赠 20 万元;⑤上年度未弥补亏损 12 万元。

【技能要求】

(1)安淮公司收入是多少?
(2)安淮公司不征税收入是多少?
(3)安淮公司免税收入是多少?
(4)安淮公司不允许扣除的项目有哪些?
(5)安淮公司应纳税所得额是多少?

■ 案例分析

应纳税所得额的调整

安淮公司(一般纳税人)2022 年 5 月为总经理配备一辆轿车并投入使用,用于企业的业务经营管理,取得机动车销售统一发票,上面注明的价款为 40 万元,增值税为 5.2 万元,缴纳车辆购置税和牌照费支出 5.6 万元(该公司确定折旧年限为 4 年,残值率为 5%)。2022 年底,会计师事务所审计人员审计时发现此项业务未进行会计处理。

【分析要求】

请结合本项目的内容进行此案例的分析。

▼ 项目实训

【实训项目】

所得税——企业所得税的应用

【实训情境】

大理公司的企业所得税

大理公司经税务机关核定，其2022年度的生产经营情况如下：全年取得产品销售收入5 600万元，发生产品销售成本4 000万元；其他业务收入800万元，其他业务成本660万元；购买国债取得利息收入40万元；缴纳税金及附加（不含增值税）300万元；发生管理费用760万元，其中业务招待费70万元；发生财务费用200万元；取得营业外收入100万元，发生营业外支出250万元（含公益性捐赠38万元）。利润总额中含在M国分公司取得的税前所得100万元人民币，在M国缴纳企业所得税16.5万元人民币。该公司适用的企业所得税税率为25%。

【实训任务】

1. 计算大理公司2022年应纳企业所得税税额。
2. 撰写《所得税——企业所得税的应用》实训报告。

《所得税——企业所得税的应用》实训报告		
项目实训班级：	项目小组：	项目组成员：
实训时间：　　年　　月　　日	实训地点：	实训成绩：
实训目的：		
实训步骤：		
实训结果：		
实训感言：		

项目六　所得税——个人所得税

- **知识目标**

　　理解：个人所得税的概念；个人所得税的特点。
　　熟知：个人所得税的纳税人；个人所得税的税率。
　　掌握：个人所得税的税收优惠；个人所得税的计算；个人所得税的征收管理。

- **技能目标**

　　掌握个人所得税应纳税额的计算、个人所得税法修改后有关优惠政策的能力。

- **素质目标**

　　运用所学的个人所得税法的基本原理知识研究相关案例，培养和提高学生在特定业务情境中分析问题与决策设计的能力；结合行业规范或标准，运用个人所得税知识分析行为的善恶，强化学生的职业道德素质。

- **思政目标**

　　能够正确地理解"不忘初心"的核心要义和精神实质；树立正确的世界观、人生观和价值观，做到学思用贯通、知信行统一；通过个人所得税知识提升自己的自主纳税意识，激发创新创造活力和职业荣誉感。

- **项目引例**

明星偷税该不该重罚？

　　近年来，每一次曝光明星逃税案都被人们广泛关注，当然，这里所说的逃税主要是逃避缴纳个人所得税，而逃税的金额、方式以及处罚也自然成为老百姓茶余饭后的谈资。"阴阳合同"的签订，意味着大部分收入没有照章纳税。在逃税金额让我们感叹自己赚得实在太少的同时，逃税方式也让我们大开眼界，而相应的处罚让我们时刻警醒。个人所得税就是对个人取得的所得征税，它从诞生之初就广受争议，而后的每一次改革也会带来一场大讨论。

　　请思考：
　　(1)为什么要征收个人所得税？
　　(2)从公平角度看，个人所得税如何设计更加合理？

- 知识精讲

任务一　个人所得税概述

一、个人所得税的概念

个人所得税是以个人(自然人)取得的各项应税所得为征税对象所征收的一种税。个人所得税于 1799 年诞生于英国，直到 1874 年，才逐渐趋于稳定并发展成熟，正式成为英国的"永久性税收"。由于个人所得税同时具有筹集财政收入、调节个人收入和维持宏观经济稳定等多重功能，因而成为世界上大多数国家，尤其是西方发达国家税制结构中最为重要的税种。

【提示】个人，是指区别于法人的自然人，既包括作为要素所有者的个人，如财产所有者个人，也包括作为经营者的个人，如个体工商户、合伙企业的合伙人和独资企业的业主。所得，是指个人通过各种方式所获得的一切利益。

我国个人所得税的正式征收始于改革开放之后，由于当时我国居民收入普遍较低，个人所得税实际上仅适用于外籍个人。随着我国经济社会不断发展，为适应社会发展状况，我国个人所得税法进行了多次修改，2018 年 8 月 31 日，第十三届全国人大常委会第五次会议表决通过了关于修改个人所得税法的决定，这是 1980 年个人所得税法出台以来第 7 次改革，被舆论称为是一次根本性变革。我国现行的个人所得税是 2019 年 1 月 1 日起施行的《中华人民共和国个人所得税法》(以下简称《个人所得税法》)。

二、个人所得税的特点

(一)综合与分类相结合的征收模式

世界各国施行的个人所得税制度一般有分类所得税制、综合所得税制和混合所得税制三种征收模式，这三种模式各有特点。我国现行的个人所得税实行综合＋分类所得税制，将个人取得的收入分为 9 类，并将其中的工资薪金所得、劳务报酬所得、稿酬所得和特许权使用费所得合并为综合所得，单独适用计税方法，其他 5 类所得分别计税。

(二)超额累进税率与比例税率并用

比例税率计算简便，便于实行源泉扣缴；超额累进税率可以合理调节收入分配，体现公平。我国现行个人所得税根据各类个人所得的不同性质和特点，将这两种形式的税率综合运用。对工资、薪金所得，个体工商户生产经营所得，企事业单位承包、承租经营所得，采用超额累进税率；对除此之外的其他所得，采用比例税率。

(三)费用扣除计算办法具有多样性

个人所得税的纳税人取得的不同类别的所得，在减除费用时采用定额、定率或计算扣除办法。比如，综合所得中的劳务报酬、稿酬所得和特许权使用费，采用定率扣除 20% 计算收入额，财产租赁采用定额和定率相结合的费用扣除办法，而经营所得采用计算扣除。

【提示】我国个人所得税的费用扣除采取总额扣除法，免去了对个人实际生活费用支出逐项计算的麻烦。各类所得项目实行分类计算，并且有明确的费用扣除规定，计算方法易于掌握。

(四)采取源泉扣缴和个人申报征纳

纳税人的应纳税额分别采取由支付单位或个人源泉扣缴和纳税人纳税申报两种方法。凡是可以在应税所得的支付环节扣缴个人所得税税款的，均由扣缴义务人代扣代缴税款，没有扣缴义务人或扣缴义务人未扣缴税款或按照税法要求需要自行申报的，由纳税人自行纳税申报。

任务二　个人所得税的基本法律

一、个人所得税的纳税人

个人所得税的纳税人以住所和居住时间为标准，分为居民个人和非居民个人。

在中国境内有住所，是指因户籍、家庭、经济利益关系而在中国境内习惯性居住；所称从中国境内和中国境外取得的所得，分别是指来源于中国境内的所得和来源于中国境外的所得。

除国务院财政、税务主管部门另有规定外，下列所得，不论支付地点是否在中国境内，均为来源于中国境内的所得：①因任职、受雇、履约等而在中国境内提供劳务取得的所得；②在中国境内开展经营活动而取得与经营活动相关的所得；③将财产出租给承租人在中国境内使用而取得的所得；④许可各种特许权在中国境内使用而取得的所得；⑤转让中国境内的不动产、土地使用权取得的所得，转让对中国境内企事业单位和其他经济组织投资形成的权益性资产取得的所得，在中国境内转让动产以及其他财产取得的所得；⑥由中国境内企事业单位和其他经济组织以及居民个人支付或负担的稿酬所得、偶然所得；⑦从中国境内企事业单位和其他经济组织或者居民个人取得的利息、股息、红利所得。

（一）居民个人

在中国境内有住所，或者无住所而一个纳税年度内在中国境内居住累计满183天的个人，为居民个人。居民个人从中国境内和境外取得的所得，依照规定缴纳个人所得税。

在中国境内无住所的个人，在中国境内居住累计满183天的年度连续不满6年的，经向主管税务机关备案，其来源于中国境外且由境外单位或者个人支付的所得，免予缴纳个人所得税；在中国境内居住累计满183天的任一年度中有一次离境超过30天的，其在中国境内居住累计满183天的年度的连续年限重新起算。

无住所个人一个纳税年度在中国境内累计居住满183天的，如果此前六年在中国境内每年累计居住天数都满183天而且没有任何一年单次离境超过30天，该纳税年度来源于中国境内、境外所得应当缴纳个人所得税；如果此前六年的任一年在中国境内累计居住天数不满183天或者单次离境超过30天，该纳税年度来源于中国境外且由境外单位或者个人支付的所得，免予缴纳个人所得税。

【提示】"此前六年"是指该纳税年度的前一年至前六年的连续六个年度，此前六年的起始年度自2019年（含）以后年度开始计算。

（二）非居民个人

在中国境内无住所又不居住，或者无住所而一个纳税年度内在中国境内居住累计不满183天的个人，为非居民个人。非居民个人从中国境内取得的所得，依照规定缴纳个人所得税。

在中国境内无住所，且在一个纳税年度中在中国境内连续或者累计居住不超过90天的个人，其来源于中国境内的所得，由境外雇主支付并且不由该雇主在中国境内的机构、场所负担的部分，免予缴纳个人所得税。

二、个人所得税的应税项目

居民个人取得下列第（一）项至第（四）项所得（以下称"综合所得"），按纳税年度合并计算个人所得税；非居民个人取得下列第（一）项至第（四）项所得，按月或者按次分项计算个人所得税。纳税人取得下列第（五）项至第（九）项所得，分别计算个人所得税。

(一)工资、薪金所得

工资、薪金所得,是指个人因任职或者受雇而取得的工资、薪金、奖金、年终加薪、劳动分红、津贴、补贴以及与任职或者受雇有关的其他所得。

1. 工资、薪金所得涵盖范围

一般来说,工资、薪金所得属于非独立个人劳动所得。所谓非独立个人劳动,是指个人所从事的是由他人指定、安排并接受管理的劳动,工作或服务于公司、工厂、行政事业单位的人员(私营企业主除外)均为非独立劳动者。

除工资、薪金以外,奖金、年终加薪、劳动分红、津贴、补贴也被确定为工资、薪金范畴。其中,年终加薪、劳动分红不分种类和取得情况,一律按工资、薪金所得课税。奖金是指所有具有工资性质的奖金,免税奖金的范围在税法中另有规定。此外,还有一些所得的发放被视为取得工资、薪金所得的情形。例如,公司职工取得的用于购买企业国有股权的劳动分红,按"工资、薪金所得"项目计征个人所得税;出租汽车经营单位对出租车驾驶员采取单车承包或承租方式运营,出租车驾驶员从事客货营运取得的收入,按工资、薪金所得征税。

2. 个人取得的津贴、补贴,不计入工资、薪金所得的项目

根据我国目前个人收入的构成情况,税法规定对于一些不属于工资、薪金性质的补贴、津贴或者不属于纳税人本人工资、薪金所得项目的收入,不予征税。这些项目包括:

(1)独生子女补贴。

(2)执行公务员工资制度未纳入基本工资总额的补贴、津贴差额和家属成员的副食品补贴。

(3)托儿补助费。

(4)差旅费津贴、误餐补助。其中,误餐补助是指按照财政部的规定,个人因公在城区、郊区工作,不能在工作单位或返回就餐的,根据实际误餐顿数,按规定的标准领取的误餐费。

【注意】单位以误餐补助名义发给职工的补助、津贴不能包括在内。

(5)外国来华留学生领取的生活津贴费、奖学金,不属于工资、薪金范畴,不征个人所得税。

3. 军队干部取得的补贴、津贴不计入工资、薪金所得的项目

军队干部取得的补贴、津贴中有8项不计入工资、薪金所得项目征税,即:①政府特殊津贴;②福利补助;③夫妻分居补助费;④随军家属无工作生活困难补助;⑤独生子女保健费;⑥子女保教补助费;⑦机关在职军以上干部公勤费(保姆费);⑧军粮差价补贴。

4. 军队干部取得的暂不征税的补贴、津贴

不征税的补贴、津贴包括:①军人职业津贴;②军队设立的艰苦地区补助;③专业性补助;④基层军官岗位津贴(营连排长岗位津贴);⑤伙食补贴。

5. 工资、薪金所得的特殊规定

(1)内部退养取得一次性收入的征税问题。内部退养是指未办理退休手续,只是提前离开工作岗位。企业减员增效和行政事业单位、社会团体在机构改革过程中实行内部退养的人员,在办理内部退养手续后从原任职单位取得的一次性收入,应按办理内部退养手续后至法定离退休年龄之间的所属月份进行平均,并与当月领取的"工资、薪金所得"合并后减除当月费用扣除标准,以余额为基数确定适用税率,再将当月工资、薪金加上取得的一次性收入,减去费用扣除标准,按适用税率计征个人所得税。个人在办理内部退养手续后至法定离退休年龄之间重新就业取得的"工资、薪金所得",应与其从原任职单位取得的同一月份的"工资、薪金所得"合并,并依法自行向主管税务机关申报缴纳个人所得税。

(2)提前退休取得一次性补贴收入的征税问题。机关、企事业单位对未达到法定退休年龄、正式办理提前退休手续的个人,按照统一标准支付一次性补贴,其不属于免税的离退休金收入。个人

因办理提前退休手续而取得的一次性补贴收入,按照"工资、薪金所得"项目征收个人所得税,应按照办理提前退休手续至法定退休年龄之间实际年度数平均分摊,确定税率和速算扣除数,单独适用综合所得税率表计算纳税。其计算公式为:

应纳所得税额=[(一次性补贴收入÷办理提前退休手续至法定退休年龄的实际年度数—费用扣除标准)×适用税率—速算扣除数]×办理提前退休手续至法定退休年龄的实际年度数

(3)个人因与用人单位解除劳动关系而取得的一次性补偿收入的征税问题。个人因与用人单位解除劳动关系而取得的一次性补偿收入(包括用人单位发放的经济补偿金、生活补助费和其他补助费),其收入在当地上年职工平均工资3倍数额以内的部分免税;超过3倍数额的部分,不并入当年综合所得,单独适用综合所得税率表计算纳税。个人在解除劳动合同后再任职、受雇的,已纳税的一次性补偿收入不再与再任职、受雇的工资薪金所得合并计算补缴个人所得税。个人领取一次性补偿收入时,按照国家和地方政府规定的比例实际缴纳的住房公积金、基本医疗保险费、基本养老保险费、失业保险费可以在计征其一次性补偿收入的个人所得税时予以扣除。

(4)退休人员再任职取得的收入的征税问题。退休人员再任职取得的收入,符合相关条件的,在减除按税法规定的费用扣除标准后,按"工资、薪金所得"项目缴纳个人所得税。

(5)离退休人员从原任职单位取得补贴等的征税问题。离退休人员除按规定领取离退休金或养老金外,另从原任职单位取得的各类补贴、奖金、实物,不属于免税的退休金、离休金、离休生活补助费,应按"工资、薪金所得"项目的规定缴纳个人所得税。

(6)个人取得公务交通、通信补贴收入的征税问题。个人因公务用车和通信制度改革而取得的公务用车、通信补贴收入,扣除一定标准的公务费用后,按"工资、薪金所得"项目计征个人所得税。按月发放的,并入当月"工资、薪金所得"计征个人所得税;不按月发放的,分解到所属月份并与该月份"工资、薪金所得"合并后计征个人所得税。公务费用的扣除标准,由省级税务局根据纳税人公务交通、通信费用的实际发生情况调查测算,报经省级人民政府批准后确定,并报国家税务总局备案。

(7)公司职工取得的用于购买企业国有股权的劳动分红的征税问题。公司职工取得的用于购买企业国有股权的劳动分红按"工资、薪金所得"项目计征个人所得税。

(8)个人取得股票增值权所得和限制性股票所得的征税问题。个人因任职、受雇从上市公司取得的股票增值权所得和限制性股票所得,由上市公司或其境内机构按照"工资、薪金所得"项目和股票期权所得个人所得税计税方法,依法扣缴其个人所得税。

(9)关于失业保险费的征税问题。城镇企业、事业单位及其职工个人实际缴付的失业保险费,超过《失业保险条例》规定比例的,应将其超过规定比例缴付的部分计入职工个人当期的工资、薪金收入,依法计征个人所得税。

(10)关于保险金的征税问题。企业为员工支付各项免税之外的保险金,应在企业向保险公司缴付时(即该保险落到被保险人的保险账户)并入员工当期的工资收入,按"工资、薪金所得"项目计征个人所得税,税款由企业负责代扣代缴。

(11)企业年金、职业年金的征税问题。企业和事业单位超过国家有关政策规定的标准,为在本单位任职或者受雇的全体职工缴付的企业年金或职业年金(以下统称"年金")的单位缴费部分,应并入个人当期的"工资、薪金所得",依法计征个人所得税。税款由建立年金的单位代扣代缴,并向主管税务机关申报解缴。个人根据国家有关政策规定缴付的年金个人缴费部分,超过本人缴费工资计税基数4%的部分,应并入个人当期的"工资、薪金所得",依法计征个人所得税。税款由建立年金的单位代扣代缴,并向主管税务机关申报解缴。个人达到国家规定的退休年龄之后领取的年金,不并入综合所得,全额单独计算应纳税款。其中,按月领取的,适用按月换算后的综合所得税率表(以下简称"月度税率表")计算纳税;按季领取的,平均分摊计入各月,按每月领取额适用月度税率表计算纳税;按年领取的,适用综合所得税率表计算纳税。

个人因出境定居而一次性领取的年金个人账户资金,或个人死亡后,其指定的受益人或法定继承人一次性领取的年金个人账户余额,适用综合所得税率表计算纳税。对个人除上述特殊原因外一次性领取年金个人账户资金或余额的,适用月度税率表计算纳税。

(12)兼职律师从律师事务所取得工资、薪金性质的所得的征税问题。兼职律师是指取得律师资格和律师执业证书,不脱离本职工作从事律师职业的人员。兼职律师从律师事务所取得工资、薪金性质的所得,律师事务所在代扣代缴其个人所得税时,不再减除个人所得税法规定的费用扣除标准,以收入全额(取得分成收入的,为扣除办理案件支出费用后的余额)直接确定适用税率,计算扣缴个人所得税。

(13)科技人员取得职务科技成果转化现金奖励征税问题。依法批准设立的非营利性研究开发机构和高等学校根据《中华人民共和国促进科技成果转化法》的规定,从职务科技成果转化收入中给予科技人员的现金奖励,可减按50%计入科技人员当月"工资、薪金所得",依法缴纳个人所得税。

(14)单位为员工统一购买的商业健康保险产品支出,应分别计入员工个人的工资、薪金所得,依法缴纳个人所得税。

(二)劳务报酬所得

劳务报酬所得,是指个人从事劳务取得的所得。其内容包括设计、装潢、安装、制图、化验、测试、医疗、法律、会计、咨询、讲学、翻译、审稿、书画、雕刻、影视、录音、录像、演出、表演、广告、展览、技术服务、介绍服务、经纪服务、代办服务及其他劳务。

区分"劳务报酬所得"和"工资、薪金所得",主要看是否存在雇用与被雇用的关系。"工资、薪金所得"是个人从事非独立劳动,从所在单位(雇主)领取的报酬,存在雇用与被雇用的关系,即在机关、团体、学校、部队、企事业单位及其他组织中任职、受雇而得到的报酬。而"劳务报酬所得"是指个人独立从事某种技艺,独立提供某种劳务而取得的报酬,一般不存在雇佣关系。

(1)个人兼职取得的收入应按照"劳务报酬所得"项目缴纳个人所得税。

(2)律师以个人名义聘请其他人员为其工作而支付的报酬,应由该律师按照"劳务报酬所得"项目代扣代缴个人所得税。

(3)保险营销员、证券经纪人取得的佣金收入,属于劳务报酬所得,自2019年1月1日起,以不含增值税的收入减除20%的费用后的余额为收入额,收入额减去展业成本以及附加税费后,并入当年综合所得,计算缴纳个人所得税。保险营销员、证券经纪人展业成本按照收入额的25%计算。

(4)个人担任董事职务所取得的董事费收入分两种情形:个人担任公司董事、监事,且不在公司任职、受雇的,其取得的上述收入属于劳务报酬性质,按"劳务报酬所得"项目征税;个人在公司(包括关联公司)任职、受雇,同时兼任董事、监事的,应将董事费、监事费与个人工资收入合并,统一按"工资、薪金所得"项目缴纳个人所得税。

(5)自2004年1月20日起,对于商品营销活动中,企业和单位对营销业绩突出的雇员以培训班、研讨会、工作考察的名义组织旅游活动,通过免收差旅费、旅游费对个人实行营销业绩奖励,应将所发生费用全额并入营销人员的工资、薪金所得,按"工资、薪金所得"项目征收个人所得税。

对营销业绩突出的非雇员实行的上述奖励,应根据所发生费用全额作为该营销人员当期的劳务收入,按照"劳务报酬所得"项目征收个人所得税,并由提供上述费用的企业和单位代扣代缴。

(三)稿酬所得

稿酬所得是指个人因其作品以图书、报刊形式出版、发表而取得的所得。这里所说的作品,包括文学作品、书画作品、摄影作品，以及其他作品。作者去世后，财产继承人取得的遗作稿酬，也应征收个人所得税。

根据《国家税务总局关于个人所得税若干业务问题的批复》（国税函〔2002〕146号），对报纸、杂志、出版等单位的职员在本单位的刊物上发表作品、出版图书取得所得的征税问题明确如下：

（1）任职、受雇于报纸、杂志等单位的记者、编辑等专业人员，因在本单位的报纸、杂志上发表作品而取得的所得，属于因任职、受雇而取得的所得，应与其当月工资收入合并，按"工资、薪金所得"项目征收个人所得税。

除上述专业人员以外，其他人员在本单位的报纸、杂志上发表作品取得的所得，应按"稿酬所得"项目征收个人所得税。

（2）出版社的专业作者撰写、编写或翻译的作品，由本社以图书形式出版而取得的稿费收入，应按"稿酬所得"项目征收个人所得税。

（四）特许权使用费所得

特许权使用费所得，是指个人提供专利权、商标权、著作权、非专利技术以及其他特许权的使用权取得的所得。提供著作权的使用权取得的所得，不包括稿酬所得。

（1）对于作者将自己的文字作品手稿原件或复印件公开拍卖（竞价）取得的所得，属于提供著作权的使用权取得的所得，应按"特许权使用费所得"项目征收个人所得税。

（2）对于剧本作者从电影、电视剧的制作单位取得的剧本使用费，不再区分剧本的使用方是否为其任职单位，统一按照特许权使用费所得项目计算缴纳个人所得税。

（3）对于个人取得的专利赔偿所得，应按"特许权使用费所得"项目缴纳个人所得税。

（五）经营所得

经营所得，是指以下内容：

（1）个体工商户从事生产、经营活动取得的所得，个人独资企业投资人、合伙企业的个人合伙人来源于境内注册的个人独资企业、合伙企业生产、经营的所得。个体工商户以业主为个人所得税纳税义务人。

（2）个人依法从事办学、医疗、咨询以及其他有偿服务活动取得的所得。

（3）个人对企业、事业单位承包经营、承租经营以及转包、转租取得的所得。

承包项目可分为多种，如生产经营、采购、销售、建筑安装等各种承包。转包包括全部转包或部分转包。

（4）个人从事其他生产、经营活动取得的所得。例如，个人因从事彩票代销业务而取得的所得，或者从事个体出租车运营的出租车驾驶员取得的收入，都应按照"经营所得"项目计征个人所得税。这里所说的从事个体出租车运营，包括出租车属个人所有，但挂靠出租汽车经营单位或企事业单位，驾驶员向挂靠单位缴纳管理费的，或出租汽车经营单位将出租车所有权转移给驾驶员的。

【提示】个体工商户和从事生产、经营的个人，取得与生产、经营活动无关的其他各项应税所得，应分别按照其他应税项目的有关规定，计算征收个人所得税。如取得银行存款的利息所得、对外投资取得的股息所得，应按"利息、股息、红利所得"项目单独计征个人所得税。

个人独资企业、合伙企业的个人投资者以企业资金为本人、家庭成员及其相关人员支付与企业生产经营无关的消费性支出及购买汽车、住房等财产性支出，视为企业对个人投资者的利润分配，并入投资者个人的生产经营所得，依照"经营所得"项目计征个人所得税。

（六）利息、股息、红利所得

利息、股息、红利所得，是指个人拥有债权、股权而取得的利息、股息、红利所得。利息，是指个人拥有债权而取得的利息，包括存款利息、贷款利息和各种债券的利息。按税法的规定，个人取得的利息所得,除国债和国家发行的金融债券利息外,应当依法缴纳个人所得税。股息、红利,是指个人拥有股权取得的股息、红利。按照一定的比率对每股发放的息金为股息;公司、企业应分配的利润,按股份分配的为红利。股息、红利所得,除另有规定外,都应当缴纳个人所得税。

除个人独资企业、合伙企业以外的其他企业的个人投资者,以企业资金为本人、家庭成员及其相关人员支付与企业生产经营无关的消费性支出及购买汽车、住房等财产性支出,视为企业对个人投资者的红利分配,依照"利息、股息、红利所得"项目计征个人所得税。企业的上述支出不允许在所得税前扣除。

纳税年度内个人投资者从其投资企业(个人独资企业、合伙企业除外)借款,在该纳税年度终了后既不归还又未用于企业生产经营的,其未归还的借款可视为企业对个人投资者的红利分配,依照"利息、股息、红利所得"项目计征个人所得税。

(1)个人投资者收购企业股权后,将企业原有盈余积累转增股本个人所得税问题。一名或多名个人投资者以股权收购方式取得被收购企业100%的股权,股权收购前,被收购企业原账面金额中的"资本公积、盈余公积、未分配利润"等盈余积累未转增股本,而在股权交易时将其一并计入股权转让价格并履行所得税纳税义务。股权收购后,企业将原账面金额中的盈余积累向个人投资者(新股东,下同)转增股本,有关个人所得税问题区分以下情形处理:

①新股东以不低于净资产价格收购股权的,企业原盈余积累已全部计入股权交易价格,新股东取得盈余积累转增股本的部分,不征收个人所得税。

②新股东以低于净资产价格收购股权的,企业原盈余积累中,对于股权收购价格减去原股本的差额部分已经计入股权交易价格,新股东取得盈余积累转增股本的部分,不征收个人所得税;对于股权收购价格低于原所有者权益的差额部分未计入股权交易价格,新股东取得盈余积累转增股本的部分,应按照"利息、股息、红利所得"项目征收个人所得税。

新股东以低于净资产价格收购企业股权后转增股本,应按照下列顺序进行:先转增应税的盈余积累部分,再转增免税的盈余积累部分。

(2)个人从公开发行和转让市场取得的上市公司股票,持股期限在1个月以内(含1个月)的,其股息红利所得全额计入应纳税所得额;持股期限在1个月以上至1年(含1年)的,减按50%计入应纳税所得额;上述所得统一适用20%的税率计征个人所得税。对个人持有的上市公司限售股,解禁后取得的股息红利,按照上市公司股息红利差别化个人所得税政策规定计算纳税,持股时间自解禁日起计算;解禁前取得的股息红利继续暂减按50%计入应纳税所得额,适用20%的税率计征个人所得税。

自2019年7月1日至2024年6月30日,个人持有全国中小企业股份转让系统挂牌公司股票,持股期限超过1年的,对股息红利所得暂免征收个人所得税。持股期限在1个月以内(含1个月)的,其股息红利所得全额计入应纳税所得额;持股期限在1个月以上至1年(含1年)的,其股息红利所得暂减按50%计入应纳税所得额;上述所得统一适用20%的税率计征个人所得税。

对证券投资基金从挂牌公司取得的股息红利所得,按照前述规定计征个人所得税。

(七)财产租赁所得

财产租赁所得,是指个人出租不动产、机器设备、车船以及其他财产取得的所得。

(1)个人取得的财产转租收入,属于"财产租赁所得"的征税范围,由财产转租人缴纳个人所得税。

(2)房地产开发企业与商店购买者个人签订协议规定,房地产开发企业按优惠价格出售其开发的商店给购买者个人,但购买者个人在一定期限内必须将购买的商店无偿提供给房地产开发企业对外出租使用。其实质是购买者个人以所购商店交由房地产开发企业出租而取得的房屋租赁收入支付了部分购房价款。对购买者个人少支出的购房价款,应视同个人财产租赁所得,按照"财产租赁所得"项目征收个人所得税。每次财产租赁所得的收入额,按照少支出的购房价款和协议规定的租赁月份数平均计算确定。

(八)财产转让所得

财产转让所得,是指个人转让有价证券、股权、合伙企业中的财产份额、不动产、机器设备、车船以及其他财产取得的所得。

对个人取得的各项财产转让所得,除股票转让所得外,都要征收个人所得税。具体规定如下:

(1)股票转让所得。对股票转让所得暂不征收个人所得税。

(2)量化资产股份转让。集体所有制企业在改制为股份合作制企业时,对职工个人以股份形式取得的拥有所有权的企业量化资产,暂缓征收个人所得税;待个人将股份转让时,就其转让收入额,减除个人取得该股份时实际支付的费用支出和合理转让费用后的余额,按"财产转让所得"项目计征个人所得税。

(3)个人将投资于在中国境内成立的企业或组织(不包括个人独资企业和合伙企业)的股权或股份,转让给其他个人或法人的行为,按照"财产转让所得"项目,依法计算缴纳个人所得税,具体包括以下情形:①出售股权;②公司回购股权;③发行人首次公开发行新股时,被投资企业股东将其持有的股份以公开发行方式一并向投资者发售;④股权被司法或行政机关强制过户;⑤以股权对外投资或进行其他非货币性交易;⑥以股权抵偿债务;⑦其他股权转移行为。

(4)个人因各种原因终止投资、联营、经营合作等行为,从被投资企业或合作项目、被投资企业的其他投资者以及合作项目的经营合作人取得股权转让收入、违约金、补偿金、赔偿金及以其他名目收回的款项等,均属于个人所得税应税收入,应按照"财产转让所得"项目适用的税率计算缴纳个人所得税。

(5)个人以非货币性资产投资,属于个人转让非货币性资产和投资同时发生。对个人转让非货币性资产的所得,应按照"财产转让所得"项目依法计算缴纳个人所得税。

(6)纳税人收回转让的股权征收个人所得税的方法。

①股权转让合同履行完毕、股权已作变更登记,且所得已经实现的,转让人取得的股权转让收入应当依法缴纳个人所得税。转让行为结束后,当事人双方签订并执行解除原股权转让合同、退回股权的协议,是另一次股权转让行为,对前次转让行为征收的个人所得税税款不予退回。

②股权转让合同未履行完毕,因执行仲裁委员会作出的解除股权转让合同及补充协议的裁决,停止执行原股权转让合同,并原价收回已转让股权的,由于其股权转让行为尚未完成、收入未完全实现,随着股权转让关系的解除,股权收益不复存在,纳税人不应缴纳个人所得税。

(7)自2010年1月1日起,对个人转让限售股取得的所得,按照"财产转让所得"适用20%的比例税率征收个人所得税。个人转让限售股,以每次限售股转让收入,减除股票原值和合理税费后的余额,为应纳税所得额,即:

$$应纳税所得额 = 限售股转让收入 - (限售股原值 + 合理税费)$$

$$应纳税额 = 应纳税所得额 \times 20\%$$

式中,限售股转让收入是指转让限售股股票实际取得的收入。限售股原值是指限售股买入时的买入价及按照规定缴纳的有关费用。合理税费是指转让限售股过程中发生的印花税、佣金、过户费等与交易有关的税费。

(8)个人通过招标、竞拍或其他方式购置债权以后,通过相关司法或行政程序主张债权而取得的所得,应按照"财产转让所得"项目缴纳个人所得税。

(9)个人通过网络收购玩家的虚拟货币,加价后向他人出售取得的收入,属于个人所得税应税所得,应按照"财产转让所得"项目计算缴纳个人所得税。

(九)偶然所得

偶然所得,是指个人得奖、中奖、中彩以及其他偶然性质的所得。得奖是指参加各种有奖竞赛活动,取得名次得到的奖金;中奖、中彩是指参加各种有奖活动,如有奖销售、有奖储蓄或者购买彩票,经过规定程序,抽中、摇中号码而取得的奖金。偶然所得应缴纳的个人所得税税款,一律由发奖单位或机构代扣代缴。

(1)对个人购买社会福利有奖募捐券、体育彩票一次中奖收入不超过1万元的,暂免征收个人所得税;超过1万元的,按全额征税。

(2)企业对累积消费达到一定额度的顾客,给予额外抽奖机会,个人的获奖所得,按照"偶然所得"项目,全额适用20%的税率缴纳个人所得税。

(3)个人取得单张有奖发票奖金所得超过800元的,应全额按照"偶然所得"项目征收个人所得税。税务机关或其指定的有奖发票兑奖机构,是有奖发票奖金所得个人所得税的扣缴义务人。

(4)个人为单位或他人提供担保获得收入,按照"偶然所得"项目计算缴纳个人所得税。

(5)房屋产权所有人将房屋产权无偿赠与他人的,受赠人因无偿受赠房屋取得的受赠收入,按照"偶然所得"项目计算缴纳个人所得税。符合以下情形的,对当事双方不征收个人所得税:

①房屋产权所有人将房屋产权无偿赠与配偶、父母、子女、祖父母、外祖父母、孙子女、外孙子女、兄弟姐妹;

②房屋产权所有人将房屋产权无偿赠与对其承担直接抚养或者赡养义务的抚养人或者赡养人;

③房屋产权所有人死亡,依法取得房屋产权的法定继承人、遗嘱继承人或者受遗赠人。

对受赠人无偿受赠房屋计征个人所得税时,其应纳税所得额为房地产赠与合同上标明的赠与房屋价值减除赠与过程中受赠人支付的相关税费后的余额。赠与合同标明的房屋价值明显低于市场价格或房地产赠与合同未标明赠与房屋价值的,税务机关可依据受赠房屋的市场评估价格或采取其他合理方式确定受赠人的应纳税所得额。

(6)企业在业务宣传、广告等活动中,随机向本单位以外的个人赠送礼品(包括网络红包,下同),以及企业在年会、座谈会、庆典以及其他活动中向本单位以外的个人赠送礼品,个人取得的礼品收入,按照"偶然所得"项目计算缴纳个人所得税,但企业赠送的具有价格折扣或折让性质的消费券、代金券、抵用券、优惠券等礼品除外。

企业赠送的礼品是自产产品(服务)的,按该产品(服务)的市场销售价格确定个人的应税所得;是外购商品(服务)的,按该商品(服务)的实际购置价格确定个人的应税所得。

个人取得的所得,难以界定应纳税所得项目的,由国务院税务主管部门确定。

【提示】居民个人取得工资、薪金所得,劳务报酬所得,稿酬所得,特许权使用费所得(以下称综合所得),按纳税年度合并计算个人所得税;有扣缴义务人的,由扣缴义务人按月或者按次预扣预缴税款;需要办理汇算清缴的,应当在取得所得的次年3月1日至6月30日内办理汇算清缴。

【注意】非居民个人取得工资、薪金所得;劳务报酬所得;稿酬所得和特许权使用费所得按月或者按次分项计算个人所得税,不办理汇算清缴。

三、个人所得税的税率

(一)综合所得

综合所得,适用3%~45%的超额累进税率,个人所得税税率表如表6-1所示。

表 6—1　　　　　　　　　　　　　综合所得个人所得税税率

级数	全年应纳税所得额	税率(%)	速算扣除数(元)
1	不超过 36 000 元的	3	0
2	超过 36 000 元至 144 000 元的部分	10	2 520
3	超过 144 000 元至 300 000 元的部分	20	16 920
4	超过 300 000 元至 420 000 元的部分	25	31 920
5	超过 420 000 元至 660 000 元的部分	30	52 920
6	超过 660 000 元至 960 000 元的部分	35	85 920
7	超过 960 000 元的部分	45	181 920

注：(1)本表所称全年应纳税所得额是指依照《个人所得税法》第六条的规定，居民个人取得综合所得以每一纳税年度收入额减除费用 6 万元以及专项扣除、专项附加扣除和依法确定的其他扣除后的余额。

(2)非居民个人取得工资、薪金所得，劳务报酬所得，稿酬所得和特许权使用费所得，依照本表按月换算后计算应纳税额。

(二)个体工商户、个人独资企业、合伙企业以及个人从事其他生产经营活动的经营所得

经营所得、适用 5%～35% 的五级超额累进税率，适用个人所得税税率表如表 6—2 所示。

表 6—2　　　　　　　　　　　　经营所得适用个人所得税税率

级数	全年应纳税所得额	税率(%)	速算扣除数(元)
1	不超过 30 000 元的	5	0
2	超过 30 000 元至 90 000 元的部分	10	1 500
3	超过 90 000 元至 300 000 元的部分	20	10 500
4	超过 300 000 元至 500 000 元的部分	30	40 500
5	超过 500 000 元的部分	35	65 500

注：本表所称全年应纳税所得额是指依照《个人所得税法》第六条的规定，以每一纳税年度的收入总额减除成本、费用以及损失后的余额。

(三)个人所得税预扣率

国家税务总局关于发布《个人所得税扣缴申报管理办法(试行)》的公告(国家税务总局公告 2018 年第 61 号)，相关内容如表 6—3、表 6—4、表 6—5 所示。

表 6—3　　　　　　　　　　　　　个人所得税预扣率(一)
（居民个人工资、薪金所得预扣预缴适用）

级数	累计预扣预缴应纳税所得额	预扣率(%)	速算扣除数(元)
1	不超过 36 000 元的	3	0
2	超过 36 000 元至 144 000 元的部分	10	2 520
3	超过 144 000 元至 300 000 元的部分	20	16 920
4	超过 300 000 元至 420 000 元的部分	25	31 920
5	超过 420 000 元至 660 000 元的部分	30	52 920
6	超过 660 000 元至 960 000 元的部分	35	85 920
7	超过 960 000 元的部分	45	181 920

表6－4　　　　　　　　　　　　　个人所得税预扣率(二)
（居民个人劳务报酬所得预扣预缴适用）

级数	预扣预缴应纳税所得额	预扣率（%）	速算扣除数（元）
1	不超过20 000元的	20	0
2	超过20 000元至50 000元的部分	30	2 000
3	超过50 000元的部分	40	7 000

表6－5　　　　　　　　　　　　　个人所得税税率
（非居民个人工资、薪金所得，劳务报酬所得，稿酬所得，特许权使用费所得适用）

级数	应纳税所得额	税率（%）	速算扣除数（元）
1	不超过3 000元的	3	0
2	超过3 000元至12 000元的部分	10	210
3	超过12 000元至25 000元的部分	20	1 410
4	超过25 000元至35 000元的部分	25	2 660
5	超过35 000元至55 000元的部分	30	4 410
6	超过55 000元至80 000元的部分	35	7 160
7	超过80 000元的部分	45	15 160

任务三　个人所得税的税收优惠

一、免税项目

（1）省级人民政府、国务院部委和中国人民解放军军以上单位，以及外国组织、国际组织颁发的科学、教育、技术、文化、卫生、体育、环境保护等方面的奖金。

（2）国债和国家发行的金融债券利息。其中，国债利息，是指个人持有中华人民共和国财政部发行的债券而取得的利息；国家发行的金融债券利息，是指个人持有经国务院批准发行的金融债券而取得的利息所得。

（3）按照国家统一规定发给的补贴、津贴，是指按照国务院规定发放的政府特殊津贴、院士津贴、资深院士津贴，以及国务院规定免征个人所得税的其他补贴、津贴。

（4）福利费、抚恤金、救济金。其中，福利费是指根据国家有关规定，从企业、事业单位、国家机关、社会团体提留的福利费或者从工会经费中支付给个人的生活补助费；救济金是指国家民政部门支付给个人的生活困难补助费。

（5）保险赔款。

（6）军人的转业费、复员费。

（7）按照国家统一规定发给干部、职工的安家费、退职费、退休金、离休金、离休生活补助费。其中，退职费是指符合《国务院关于工人退休、退职的暂行办法》规定的退职条件，并按该办法规定的退职费标准所领取的退职费。

(8)依照我国有关法律规定应予免税的各国驻华使馆、领事馆的外交代表、领事官员和其他人员的所得。

(9)中国政府参加的国际公约、签订的协议中规定免税的所得。

(10)按照国家规定,单位为个人缴付的住房公积金、基本医疗保险费、基本养老保险费、失业保险费,从纳税义务人的应纳税所得额中扣除。

(11)按照国家有关城镇房屋拆迁管理办法规定的标准,个人取得的拆迁补偿款免征个人所得税。

(12)自2020年1月1日至2023年12月31日,对参加疫情防治工作的医务人员和防疫工作者按照政府规定标准取得的临时性工作补助和奖金,免征个人所得税。政府规定标准包括各级政府规定的补助和奖金标准。

(13)自2020年1月1日至2023年12月31日,单位发给个人用于预防新型冠状病毒感染的肺炎的药品、医疗用品和防护用品等实物(不包括现金),不计入工资、薪金收入,免征个人所得税。

(14)经国务院财政部门批准免税的其他所得。

二、减税项目

(1)有下列情形之一的,可以减征个人所得税,减征幅度和期限由省、自治区、直辖市人民政府规定:①残疾、孤老人员和烈属的所得;②因严重自然灾害造成重大损失的项目;③其他经国务院财政部门批准减免的项目。

(2)对个人投资者持有2019—2023年发行的铁路债券取得的利息收入,减按50%计入应纳税所得额计算征收个人所得税。税款由兑付机构在向个人投资者兑付利息时代扣代缴。

(3)自2019年1月1日至2023年12月31日,一个纳税年度内在船航行时间累计满183天的远洋船员,其取得的工资薪金收入减按50%计入应纳税所得额,依法缴纳个人所得税。

三、暂免征税项目

根据《财政部、国家税务总局关于个人所得税若干政策问题的通知》和有关文件的规定,对下列所得暂免征收个人所得税:

(1)外籍个人以非现金形式或实报实销形式取得的住房补贴、伙食补贴、搬迁费、洗衣费。

(2)外籍个人按合理标准取得的境内、境外出差补贴。

(3)外籍个人取得的语言训练费、子女教育费等,经当地税务机关审核批准为合理的部分。

(4)外籍个人从外商投资企业取得的股息、红利所得。

(5)凡符合下列条件之一的外籍专家取得的工资、薪金所得,可免征个人所得税:①根据世界银行专项借款协议,由世界银行直接派往我国工作的外国专家;②联合国组织直接派往我国工作的专家;③为联合国援助项目来华工作的专家;④援助国派往我国专为该国援助项目工作的专家;⑤根据两国政府签订的文化交流项目来华工作2年以内的文教专家,其工资、薪金所得由该国政府机构负担的;⑥根据我国大专院校国际交流项目来华工作2年以内的文教专家,其工资、薪金所得由该国负担的;⑦通过民间科研协定来华工作的专家,其工资、薪金所得由该国政府机构负担的。

(6)对股票转让所得,暂不征收个人所得税。

(7)个人举报、协查各种违法、犯罪行为而获得的奖金。

(8)个人办理代扣代缴手续,按规定取得的扣缴手续费。

(9)个人转让自用达5年以上,并且是唯一的家庭生活用房取得的所得,暂免征收个人所得税。

(10)达到离休、退休年龄,但确因工作需要,适当延长离休、退休年龄的高级专家(指享受国家发放的政府特殊津贴的专家、学者),其在延长离休、退休年龄期间的工资、薪金所得,视同离休、退休金,免征个人所得税。

(11)对国有企业职工,因企业依照《中华人民共和国企业破产法》宣告破产,从破产企业取得的一次性安置费收入,免予征收个人所得税。

(12)职工与用人单位解除劳动关系取得的一次性补偿收入(包括用人单位发放的经济补偿金、生活补助费和其他补助费用),在当地上年职工年平均工资3倍数额内的部分,可免征个人所得税。

(13)个人领取原提存的住房公积金、基本医疗保险金、基本养老保险金,以及失业保险金,免予征收个人所得税。

(14)对工伤职工及其近亲属按照《工伤保险条例》规定取得的工伤保险待遇,免征个人所得税。

(15)自2008年10月9日(含)起,对储蓄存款利息所得暂免征收个人所得税。

(16)个体工商户、个人独资企业和合伙企业或个人从事种植业、养殖业、饲养业、捕捞业取得的所得,暂不征收个人所得税。

(17)企业在销售商品(产品)和提供服务过程中向个人赠送礼品,属于下列情形之一的,不征收个人所得税:①企业通过价格折扣、折让方式向个人销售商品(产品)和提供服务;②企业在向个人销售商品(产品)和提供服务的同时给予赠品,如通信企业对个人购买手机赠话费、入网费,或者购话费赠手机等;③企业对累积消费达到一定额度的个人按消费积分反馈礼品。

【提示】税收法律、行政法规、部门规章和规范性文件中明确规定纳税人享受减免税必须经税务机关审批的,或者纳税人无法准确判断其取得的所得是否应享受个人所得税减免的,必须经主管税务机关按照有关规定审核或批准后,方可减免个人所得税。

(18)对参加新型冠状病毒感染的肺炎疫情防治工作的医务人员和防疫工作者按照政府规定标准取得的临时性工作补助和奖金,免征个人所得税。政府规定标准包括各级政府规定的补助和奖金标准。对省级及省级以上人民政府规定的对参与疫情防控人员的临时性工作补助和奖金,比照执行。

【注意】单位发给个人用于预防新型冠状病毒感染的肺炎的药品、医疗用品和防护用品等实物(不包括现金),不计入工资、薪金收入,免征个人所得税。

(19)自2020年1月1日至2024年12月31日,对在海南自由贸易港工作的高端人才和紧缺人才,其个人所得税实际税负超过15%的部分,予以免征。享受上述优惠政策的所得包括来源于海南自由贸易港的综合所得、经营所得以及经海南省认定的人才补贴性所得。

(20)自2015年9月8日起,我国实施上市公司股息、红利差别化个人所得税政策,具体包括下列内容:①个人从公开发行和转让市场取得的上市公司股票,持股期限在1个月以内(含1个月)的,其股息、红利所得全额计入应纳税所得额;②持股期限在1个月以上至1年(含1年)的,暂减按50%计入应纳税所得额;③个人从公开发行和转让市场取得的上市公司股票,持股期限超过1年的,股息、红利所得暂免征收个人所得税。

(21)重点群体创业就业优惠,具体包括以下几点:

①扶持自主就业退役士兵创业就业税额扣减。自2019年1月1日至2023年12月31日,自主就业退役士兵从事个体经营的,自办理个体工商户登记当月起,在3年(36个月)内按每户每年12 000元为限额依次扣减其当年实际应缴纳的增值税、城市维护建设税、教育费附加、地方教育附加和个人所得税。限额标准最高可上浮20%,各省、自治区、直辖市人民政府可根据本地区实际情况在此幅度内确定具体限额标准。

②支持和促进重点群体创业就业税额扣减。自2019年1月1日至2025年12月31日,建档立卡贫困人口、持《就业创业证》(注明"自主创业税收政策"或"毕业年度内自主创业税收政策")或

《就业失业登记证》(注明"自主创业税收政策")的人员从事个体经营的,自办理个体工商户登记当月起,在 3 年(36 个月)内以每户每年 12 000 元为限额依次扣减其当年实际应缴纳的增值税、城市维护建设税、教育费附加、地方教育附加和个人所得税。限额标准最高可上浮 20%,各省、自治区、直辖市人民政府可根据本地区实际情况在此幅度内确定具体限额标准。

【提示】上述人员是指:①纳入全国扶贫开发信息系统的建档立卡贫困人口。②在人力资源社会保障部门公共就业服务机构登记失业半年以上的人员。③零就业家庭、享受城市居民最低生活保障家庭劳动年龄内的登记失业人员。④毕业年度内高校毕业生。高校毕业生是指实施高等学历教育的普通高等学校、成人高等学校应届毕业的学生;毕业年度是指毕业所在自然年,即 1 月 1 日至 12 月 31 日。

③随军家属从事个体经营,自领取税务登记证之日起,3 年内免征个人所得税。

④自主择业的军队转业干部从事个体经营,自领取税务登记证之日起,3 年内免征个人所得税。

⑤对残疾人个人取得的劳动所得,按照省(不含计划单列市)人民政府规定的减征幅度和期限减征个人所得税。

四、居民换购住房个人所得税政策

(1)在 2022 年 10 月 1 日至 2023 年 12 月 31 日期间,对出售自有住房并在现住房出售后 1 年内在市场重新购买住房的纳税人,对其出售现住房已缴纳的个人所得税予以退税。

【学中做 6—1】 纳税人小周 2022 年 12 月出售了一套住房,2023 年 7 月在同一城市重新购买一套住房,由于小周出售和新购住房的时间均在 2022 年 10 月 1 日至 2023 年 12 月 31 日期间,故符合政策规定的时间条件。

(2)在 2022 年 10 月 1 日至 2023 年 12 月 31 日期间,对符合退税条件的纳税人,当其新购住房金额大于或等于现住房转让金额时,全部退还已缴纳的个人所得税;当其新购住房金额小于现住房转让金额时,按照新购住房金额占现住房转让金额的比例退还现住房已缴纳的个人所得税。计算公式为:

①新购住房金额大于或等于现住房转让金额的,退税金额=现住房转让时缴纳的个人所得税;

②新购住房金额小于现住房转让金额的,退税金额=(新购住房金额÷现住房转让金额)×现住房转让时缴纳的个人所得税。

其中,现住房转让金额和新购住房金额均不含增值税。

【学中做 6—2】 2022 年 12 月,小杨出售了一套住房,转让金额为 240 万元,缴纳个人所得税 4 万元。2023 年 5 月,其在同一城市重新购买了一套住房,新购住房金额为 300 万元。假定小杨同时满足享受换购住房个人所得税政策的其他条件,由于新购住房金额大于现住房转让金额,小杨可申请的退税金额为现住房转让时缴纳的个人所得税 4 万元。若小杨新购住房金额为 150 万元,则可申请的退税金额为 2.5 万元(150÷240×4)。(假设以上均为不含增值税价格)

(3)出售多人共同持有住房的,纳税人的退税金额。

对于出售多人共同持有住房或新购住房为多人共同持有的,应按照纳税人所占产权份额确定该纳税人现住房转让金额或新购住房金额。

【学中做 6—3】 小李和小马共同持有一套住房,各占房屋产权的 50%。2023 年 1 月,两人以 200 万元的价格转让该住房,各缴纳个人所得税 2 万元。同年 5 月,小李在同一城市以 150 万元的价格重新购买一套住房,小李申请退税时,其现住房转让金额为 100 万元(200×50%),新购住房金额为 150 万元,其退税金额=现住房转让时缴纳的个人所得税=2 万元。

同年7月,小马和他人在同一城市以200万元的价格共同购买了一套住房,小马占房屋产权的40%。小马申请退税时,其现住房转让金额为100万元(200×50%),新购住房金额为80万元(200×40%),退税金额为1.6万元(80÷100×2)。(假设以上均为不含增值税价格)

【提示】 出售现住房的时间,以纳税人出售住房时个人所得税完税时间为准。新购住房为二手房的,购买住房时间以纳税人购房时契税的完税时间或不动产权证载明的登记时间为准。税务机关将为纳税人预填上述涉税信息,纳税人可以与缴税时取得的完税证明上标注的时间进行核对。新购住房为新房的,购买住房时间以在住房城乡建设部门办理房屋交易合同备案的时间为准,纳税人可以依据房屋交易合同据实填写。

【注意】 纳税人因新购住房的房屋交易合同解除、撤销或无效等原因导致不再符合退税政策享受条件的,应当在合同解除、撤销或无效等情形发生的次月15日内向主管税务机关主动缴回已退税款;纳税人逾期缴回退税的,税务机关将依法加收滞纳金。税务部门将通过与住房城乡建设部门的相关共享信息,加强退税审核和撤销合同后缴回税款的管理。

任务四　个人所得税应纳税额的计算

一、个人所得税的计税依据

个人所得税的计税依据为应纳税所得额。除特殊项目外,一般是指个人的应税收入减去必要成本或费用后的余额。正确计算应纳税所得,是依法计征所得税的基础和前提。

个人所得税或所得在未计算征税之前属于"毛收入"。这是因为个人在取得收入或所得过程中,需支付一些必要的成本或费用。从世界各国征收个人所得税的实践来看,一般都允许纳税人从其收入或所得总额中扣除必要的费用,仅就扣除费用后的余额征税。

【注意】 由于各国具体情况不同,各自的扣除项目、扣除标准及方法也不同。

由于个人所得税的应税项目不同,并且取得某项所得所需费用也不相同,因此,计算个人所得税应纳税所得额,需按不同应税项目分项计算。以某项应税项目的收入额减去税法规定的该项目费用减除标准后的余额,为该应税项目的应纳税所得额。两个以上的个人共同取得同一项目收入的,应当对每个人取得的收入分别按照个人所得税法的规定计算纳税。

(一)每次收入的确定

个人所得税的征收方法有三种:一是按年计征,如经营所得、居民个人取得的综合所得;二是按月计征,如非居民个人取得的工资、薪金所得;三是按次计征,如利息、股息、红利所得,财产租赁所得,偶然所得,非居民个人取得的劳务报酬所得、稿酬所得、特许权使用费所得。

关于"次"的具体规定如下:

(1)非居民个人取得劳务报酬所得、稿酬所得、特许权使用费所得,根据不同所得项目的特点,分别规定如下:

①凡属于一次性收入的,以取得该项收入为一次,按次确定应纳税所得额。例如,提供设计、安装、装潢、制图、化验等劳务,往往是接受客户的委托,按照客户的要求,完成一次劳务后取得收入,因此,属于一次性的收入,应以每次提供劳务取得的收入为一次。

就稿酬来看,以每次出版、发表取得的收入为一次,不论出版单位是预付还是分笔支付稿酬,或者加印该作品后再付稿酬,均应合并其稿酬所得按一次计征个人所得税。

就特许权使用费来看,以某项使用权的一次转让所取得的收入为一次。一个非居民个人,可能不仅拥有一项特许权利,而且每一项特许权的使用权也可能不止一次地向我国境内提供。因此,对特许权使用费所得的"次"的界定,明确为每一项使用权的每次转让所取得的收入为一次。如果该次转让取得的收入是分笔支付的,则应将各笔收入相加为一次的收入,计征个人所得税。

②凡属于同一项目连续性收入的,以一个月内取得的收入为一次,据以确定应纳税所得额。例如,某歌手与一家酒吧签约,2020年全年每天到酒吧演唱一次,每次演出后付酬300元。在计算其劳务报酬所得时,应将其视为同一事项的连续性收入,以其1个月内取得的收入为一次计征个人所得税,而不能以每天取得的收入为一次。

(2)财产租赁所得,以1个月内取得的收入为一次。

(3)利息、股息、红利所得,以支付利息、股息、红利时取得的收入为一次。

(4)偶然所得,以每次收入为一次。

(二)应纳税所得额和费用减除标准

1. 居民个人取得综合所得

居民个人取得综合所得,以每年收入额减除费用60 000元以及专项扣除、专项附加扣除和依法确定的其他扣除后的余额,为应纳税所得额。

(1)专项扣除。专项扣除,包括居民个人按照国家规定的范围和标准缴纳的基本养老保险、基本医疗保险、失业保险等社会保险费和住房公积金等。

(2)专项附加扣除。专项附加扣除,包括子女教育、继续教育、大病医疗、住房贷款利息或者住房租金、赡养老人、3岁以下婴幼儿照护等支出。取得综合所得和经营所得的居民个人可以享受专项附加扣除。

①子女教育。纳税人年满3岁的子女接受学前教育和学历教育的相关支出,按照每个子女每月1 000元(每年12 000元)的标准定额扣除。

学前教育包括年满3岁至小学入学前教育;学历教育包括义务教育(小学、初中教育)、高中阶段教育(普通高中、中等职业、技工教育)、高等教育(大学专科、大学本科、硕士研究生、博士研究生教育)。

父母可以选择由其中一方按扣除标准的100%扣除,也可以选择由双方分别按扣除标准的50%扣除,具体扣除方式在一个纳税年度内不得变更。

纳税人子女在中国境外接受教育的,纳税人应当留存境外学校录取通知书、留学签证等相关教育的证明资料备查。

计算时间:学前教育阶段,自子女年满3周岁当月至小学入学前一月。学历教育,自子女接受全日制学历教育入学的当月至全日制学历教育结束的当月。

②继续教育。纳税人在中国境内接受学历(学位)继续教育的支出,在学历(学位)继续教育期间按照每月400元(每年4 800元)定额扣除。同一学历(学位)继续教育的扣除期限不能超过48个月(4年)。纳税人接受技能人员职业资格继续教育、专业技术人员职业资格继续教育支出,在取得相关证书的当年,按照3 600元定额扣除。

个人接受本科及以下学历(学位)继续教育,符合税法规定扣除条件的,可以选择由其父母扣除,也可以选择由本人扣除。

纳税人接受技能人员职业资格继续教育、专业技术人员职业资格继续教育的,应当留存相关证书等资料备查。

计算时间:学历(学位)继续教育,自在中国境内接受学历(学位)继续教育入学的当月至学历(学位)继续教育结束的当月。技能人员职业资格继续教育、专业技术人员职业资格继续教育,为取得相关证书的当年。

上述规定的学历教育和学历(学位)继续教育的期间,包含因病或其他非主观原因休学但学籍继续保留的休学期间,以及施教机构按规定组织实施的寒暑假等假期。

③大病医疗。在一个纳税年度内,纳税人发生的与基本医保相关的医药费用支出,扣除医保报销后个人负担(指医保目录范围内的自付部分)累计超过15 000元的部分,由纳税人在办理年度汇算清缴时,在80 000元限额内据实扣除。

纳税人发生的医药费用支出可以选择由本人或者其配偶扣除；未成年子女发生的医药费用支出可以选择由其父母一方扣除。纳税人及其配偶、未成年子女发生的医药费用支出,应按前述规定分别计算扣除额。

纳税人应当留存医药服务收费及医保报销相关票据原件(或复印件)等资料备查。医疗保障部门应当向患者提供在医疗保障信息系统记录的本人年度医药费用信息查询服务。

计算时间:医疗保障信息系统记录的医药费用实际支出的当年。

④住房贷款利息。纳税人本人或配偶,单独或共同使用商业银行或住房公积金个人住房贷款,为本人或其配偶购买中国境内住房,发生的首套住房贷款利息支出,在实际发生贷款利息的年度,按照每月1 000元(每年12 000元)的标准定额扣除,扣除期限最长不超过240个月(20年)。纳税人只能享受一套首套住房贷款利息扣除。

所称首套住房贷款是指购买住房享受首套住房贷款利率的住房贷款。

经夫妻双方约定,可以选择由其中一方扣除,具体扣除方式在确定后,一个纳税年度内不得变更。

夫妻双方婚前分别购买住房发生的首套住房贷款,其贷款利息支出,婚后可以选择其中一套购买的住房,由购买方按扣除标准的100%扣除,也可以由夫妻双方对各自购买的住房分别按扣除标准的50%扣除,具体扣除方式在一个纳税年度内不得变更。

纳税人应当留存住房贷款合同、贷款还款支出凭证备查。

计算时间:自贷款合同约定开始还款的当月至贷款全部归还或贷款合同终止的当月。

⑤住房租金。纳税人在主要工作城市没有自有住房而发生的住房租金支出,可以按照以下标准定额扣除：

直辖市、省会(首府)城市、计划单列市以及国务院确定的其他城市,扣除标准为每月1 500元(每年18 000元)。除上述所列城市外,市辖区户籍人口超过100万人的城市,扣除标准为每月1 100元(每年13 200元)；市辖区户籍人口不超过100万人的城市,扣除标准为每月800元(每年9 600元)。

市辖区户籍人口,以国家统计局公布的数据为准。

所称主要工作城市是指纳税人任职受雇的直辖市、计划单列市、副省级城市、地级市(地区、州、盟)全部行政区域范围；纳税人无任职受雇单位的,为受理其综合所得汇算清缴的税务机关所在城市。

夫妻双方主要工作城市相同的,只能由一方扣除住房租金支出。

住房租金支出由签订租赁住房合同的承租人扣除。

纳税人及其配偶在一个纳税年度内不得同时分别享受住房贷款利息专项附加扣除和住房租金专项附加扣除。

纳税人应当留存住房租赁合同、协议等有关资料备查。

计算时间:自租赁合同(协议)约定的房屋租赁期开始的当月至租赁期结束的当月。提前终止合同(协议)的,以实际租赁期限为准。

⑥赡养老人。纳税人赡养一位及以上被赡养人的赡养支出,统一按以下标准等额扣除：

纳税人为独生子女的,按照每月2 000元(每年24 000元)的标准定额扣除；纳税人为非独生子女的,由其与兄弟姐妹分摊每月 2 000 元(每年 24 000 元)的扣除额度,每人分摊的额度最高不得超过每月 1 000 元(每年 12 000 元)。可以由赡养人均摊或者约定分摊,也可以由被赡养人指定分摊。约定或者指定分摊的须签订书面分摊协议,指定分摊优于约定分摊。具体分摊方式和额度在一个纳税年度内不得变更。

所称被赡养人是指年满 60 岁的父母,以及子女均已去世的年满 60 岁的祖父母、外祖父母。

计算时间:自被赡养人年满 60 周岁的当月至赡养义务终止的年末。

上述所称父母,是指生父母、继父母、养父母;子女,是指婚生子女、非婚生子女、继子女、养子女。父母之外的其他人担任未成年人的监护人的,比照执行。

⑦3 岁以下婴幼儿照护。纳税人照护 3 岁以下婴幼儿子女的相关支出,按照每个婴幼儿每月 1 000 元的标准定额扣除。

父母可以选择由其中一方按扣除标准的 100% 扣除,也可以选择由双方分别按扣除标准的 50% 扣除,具体扣除方式在一个纳税年度内不能变更。

计算时间:3 岁以下婴幼儿照护,为婴幼儿出生的当月至年满 3 周岁的前一个月。这一期限,起始时间与婴幼儿出生月份保持一致,终止时间与子女教育专项附加扣除时间有效衔接,纳税人终止享受 3 岁以下婴幼儿照护专项附加扣除后,可按规定接续享受子女教育专项附加扣除。

【提示】3 岁以下婴幼儿照护个人所得税专项附加扣除自 2022 年 1 月 1 日起实施。

(3)依法确定的其他扣除。依法确定的其他扣除,包括个人缴付符合国家规定的企业年金、职业年金,个人购买符合国家规定的商业健康保险、税收递延型商业养老保险的支出,以及国务院规定可以扣除的其他项目。

①企业年金、职业年金。企业年金和职业年金是指事业单位及其工作人员在依法参加基本养老保险的基础上,建立的补充养老保险制度。

个人因出境定居而一次性领取的年金个人账户资金,或个人死亡后,其指定的受益人或法定继承人一次性领取的年金个人账户余额,适用综合所得税率表计算纳税。对个人除上述特殊原因外一次性领取年金个人账户资金或余额的,适用月度税率表计算纳税。

②商业健康保险。对取得工资薪金所得、连续性劳务报酬所得的个人,以及取得个体工商户生产经营所得、对企事业单位的承包承租经营所得的个体工商户业主、个人独资企业投资者、合伙企业合伙人和承包承租经营者购买符合规定的商业健康保险产品的支出,允许在当年(月)计算应纳税所得额时予以税前扣除,扣除限额为 2 400 元/年(200 元/月)。单位统一为员工购买符合规定的商业健康保险产品的支出,应分别计入员工个人工资薪金,视同个人购买,按上述限额予以扣除。

连续性劳务报酬所得,是指纳税人连续 3 个月以上(含 3 个月)为同一单位提供劳务而取得的所得。

对取得工资薪金所得或连续性劳务报酬所得的个人,单位统一(或自行)购买符合规定的商业健康保险产品的,扣缴单位自购买产品(或个人提交保单凭证)的次月起,在不超过 200 元/月的标准内按月扣除。一年内保费金额超过 2 400 元的部分,不得税前扣除。以后年度续保时,按上述规定执行。个人自行退保时,应及时告知扣缴义务人。

个体工商户业主、企事业单位承包承租经营者、个人独资企业和合伙企业自然人投资者自行购买符合条件的商业健康保险产品的,在不超过 2 400 元/年的标准内据实扣除。一年内保费金额超过 2 400 元的部分,不得税前扣除。以后年度续保时,按上述规定执行。

③税收递延型商业养老保险。对试点地区个人通过个人商业养老资金账户购买符合规定的商业养老保险产品的支出,允许在一定标准内税前扣除;记入个人商业养老资金账户的投资收益,暂不征收个人所得税;个人领取商业养老金时再征收个人所得税。

【提示】专项扣除、专项附加扣除和依法确定的其他扣除,以居民个人一个纳税年度的应纳税所得额为限额;一个纳税年度扣除不完的,不得结转以后年度扣除。

④个人养老金。个人缴费享受税前扣除优惠时,以个人养老金信息管理服务平台出具的扣除凭证为扣税凭据。取得工资薪金所得、按累计预扣法预扣预缴个人所得税劳务报酬所得的,其缴费可以选择在当年预扣预缴或次年汇算清缴时在限额标准内据实扣除。选择在当年预扣预缴的,应及时将相关凭证提供给扣缴单位。扣缴单位应按照本公告有关要求,为纳税人办理税前扣除有关事项。取得其他劳务报酬、稿酬、特许权使用费等所得或经营所得的,其缴费在次年汇算清缴时在限额标准内据实扣除。个人按规定领取个人养老金时,由开立个人养老金资金账户所在市的商业银行机构代扣代缴其应缴的个人所得税。

【注意】自2022年1月1日起,对个人养老金实施递延纳税优惠政策。在缴费环节,个人向个人养老金资金账户的缴费,按照12 000元/年的限额标准,在综合所得或经营所得中据实扣除;在投资环节,记入个人养老金资金账户的投资收益暂不征收个人所得税;在领取环节,个人领取的个人养老金,不并入综合所得,单独按照3%的税率计算缴纳个人所得税,其缴纳的税款记入"工资、薪金所得"项目。

2. 非居民个人取得工资、薪金所得

非居民个人的工资、薪金所得,以每月收入额减除费用5 000元后的余额为应纳税所得额;劳务报酬所得、稿酬所得、特许权使用费所得,以每次收入额为应纳税所得额。

3. 经营所得

经营所得,以每一纳税年度的收入总额减除成本、费用以及损失后的余额,为应纳税所得额。

所称成本、费用,是指生产、经营活动中发生的各项直接支出和分配计入成本的间接费用以及销售费用、管理费用、财务费用;所称损失,是指生产、经营活动中发生的固定资产和存货的盘亏、毁损、报废损失,转让财产损失,坏账损失,自然灾害等不可抗力因素造成的损失以及其他损失。

对个体工商户业主、个人独资企业和合伙企业自然人投资者的生产经营所得依法计征个人所得税时,个体工商户业主、个人独资企业和合伙企业自然人投资者本人的费用扣除标准统一确定为60 000元/年(5 000元/月)。

对企事业单位的承包经营、承租经营所得,以每一纳税年度的收入总额,减除必要费用后的余额为应纳税所得额。每一纳税年度的收入总额,是指纳税义务人按照承包经营、承租经营合同规定分得的经营利润和工资、薪金性质的所得;所说的减除必要费用,是指按年减除60 000元。

4. 财产租赁所得

财产租赁所得,每次收入不超过4 000元的,减除费用为800元;每次收入在4 000元以上的,减除20%的费用,其余额为应纳税所得额。

5. 财产转让所得

财产转让所得,以转让财产的收入额减除财产原值和合理费用后的余额,为应纳税所得额。财产原值,是指以下内容:①有价证券,为买入价以及买入时按照规定缴纳的有关费用;②建筑物,为建造费或者购进价格以及其他有关费用;③土地使用权,为取得土地使用权所支付的金额、开发土地的费用以及其他有关费用;④机器设备、车船,为购进价格、运输费、安装费以及其他有关费用;⑤其他财产,参照以上方法确定。

纳税义务人未提供完整、准确的财产原值凭证,不能正确计算财产原值的,由主管税务机关核定其财产原值。

合理费用,是指卖出财产时按照规定支付的有关费用。

6. 利息、股息、红利所得和偶然所得

利息、股息、红利所得和偶然所得,以每次收入额为应纳税所得额。

(三)公益慈善事业捐赠的扣除

(1)个人通过中华人民共和国境内公益性社会组织、县级以上人民政府及其部门等国家机关,向教育、扶贫、济困等公益慈善事业的捐赠(以下简称"公益捐赠"),发生的公益捐赠支出,可以按照个人所得税法有关规定在计算应纳税所得额时扣除。

(2)个人发生的公益捐赠支出金额,按照下列规定确定:①捐赠货币性资产的,按照实际捐赠金额确定;②捐赠股权、房产的,按照个人持有股权、房产的财产原值确定;③捐赠除股权、房产以外的其他非货币性资产的,按照非货币性资产的市场价格确定。

(3)居民个人按照以下规定扣除公益捐赠支出:

①居民个人发生的公益捐赠支出可以在财产租赁所得、财产转让所得、利息股息红利所得、偶然所得(以下统称"分类所得")、综合所得或者经营所得中扣除。在当期一个所得项目扣除不完的公益捐赠支出,可以按规定在其他所得项目中继续扣除。

②居民个人发生的公益捐赠支出,在综合所得、经营所得中扣除的,扣除限额分别为当年综合所得、当年经营所得应纳税所得额的30%;在分类所得中扣除的,扣除限额为当月分类所得应纳税所得额的30%。

③居民个人根据各项所得的收入、公益捐赠支出、适用税率等情况,自行决定在综合所得、分类所得、经营所得中扣除公益捐赠支出的顺序。

(4)居民个人在综合所得中扣除公益捐赠支出的,应按照以下规定处理:

①居民个人取得工资、薪金所得的,可以选择在预扣预缴时扣除,也可以选择在年度汇算清缴时扣除。

居民个人选择在预扣预缴时扣除的,应按照累计预扣法计算扣除限额,其捐赠当月的扣除限额为截至当月累计应纳税所得额的30%(全额扣除的从其规定,下同)。个人从两处以上取得工资、薪金所得,选择其中一处扣除,选择后当年不得变更。

②居民个人取得劳务报酬所得、稿酬所得、特许权使用费所得的,预扣预缴时不扣除公益捐赠支出,统一在汇算清缴时扣除。

③居民个人取得全年一次性奖金、股权激励等所得,且按规定采取不并入综合所得而单独计税方式处理的,公益捐赠支出扣除比照本公告分类所得的扣除规定处理。

(5)居民个人发生的公益捐赠支出,可在捐赠当月取得的分类所得中扣除。当月分类所得应扣除未扣除的公益捐赠支出,可以按照以下规定追补扣除:

①扣缴义务人已经代扣但尚未解缴税款的,居民个人可以向扣缴义务人提出追补扣除申请,退还已扣税款。

②扣缴义务人已经代扣且解缴税款的,居民个人可以在公益捐赠之日起90日内提请扣缴义务人向征收税款的税务机关办理更正申报追补扣除,税务机关和扣缴义务人应当予以办理。

③居民个人自行申报纳税的,可以在公益捐赠之日起90日内向主管税务机关办理更正申报追补扣除。

居民个人捐赠当月有多项多次分类所得的,应先在其中一项一次分类所得中扣除。已经在分类所得中扣除的公益捐赠支出,不再调整到其他所得中扣除。

(6)在经营所得中扣除公益捐赠支出,应按以下规定处理:

①个体工商户发生的公益捐赠支出,在其经营所得中扣除。

②个人独资企业、合伙企业发生的公益捐赠支出,其个人投资者应当按照捐赠年度合伙企业的分配比例(个人独资企业分配比例为100%),计算归属于每一个人投资者的公益捐赠支出,个人投

资者应将其归属的个人独资企业、合伙企业公益捐赠支出和本人需要在经营所得扣除的其他公益捐赠支出合并,在其经营所得中扣除。

③在经营所得中扣除公益捐赠支出的,可以选择在预缴税款时扣除,也可以选择在汇算清缴时扣除。

④经营所得采取核定征收方式的,不扣除公益捐赠支出。

(7)非居民个人发生的公益捐赠支出,未超过其在公益捐赠支出发生的当月应纳税所得额30%的部分,可以从其应纳税所得额中扣除。扣除不完的公益捐赠支出,可以在经营所得中继续扣除。

非居民个人按规定可以在应纳税所得额中扣除公益捐赠支出而未实际扣除的,可按照上述规定追补扣除。

(8)国务院规定对公益捐赠全额税前扣除的,按照规定执行。个人同时发生按30%扣除和全额扣除的公益捐赠支出,自行选择扣除次序。

(9)公益性社会组织、国家机关在接受个人捐赠时,应当按照规定开具捐赠票据;个人索取捐赠票据的,应予以开具。

个人发生公益捐赠时不能及时取得捐赠票据的,可以暂时凭公益捐赠银行支付凭证扣除,并向扣缴义务人提供公益捐赠银行支付凭证复印件。个人应在捐赠之日起90日内向扣缴义务人补充提供捐赠票据,如果个人未按规定提供捐赠票据的,扣缴义务人应在30日内向主管税务机关报告。

机关、企事业单位统一组织员工开展公益捐赠的,纳税人可以凭汇总开具的捐赠票据和员工明细单扣除。

(10)个人通过扣缴义务人享受公益捐赠扣除政策,应当告知扣缴义务人符合条件可扣除的公益捐赠支出金额,并提供捐赠票据的复印件,其中捐赠股权、房产的还应出示财产原值证明。扣缴义务人应当按照规定在预扣预缴、代扣代缴税款时予以扣除,并将公益捐赠扣除金额告知纳税人。

个人自行办理或扣缴义务人为个人办理公益捐赠扣除的,应当在申报时一并报送"个人所得税公益慈善事业捐赠扣除明细表"。个人应留存捐赠票据,留存期限为5年。

个人通过非营利的社会团体和国家机关向教育事业、红十字事业、农村义务教育、公益性青少年活动场所、福利性或非营利性的老年服务机构的捐赠,准予在缴纳个人所得税前的所得额中全额扣除。

(四)应纳税所得额的其他规定

(1)劳务报酬所得、稿酬所得、特许权使用费所得以收入减除20%的费用后的余额为收入额。稿酬所得的收入额减按70%计算。个人兼有不同的劳务报酬所得,应当分别减除费用,计算缴纳个人所得税。

(2)个人所得的形式,包括现金、实物、有价证券和其他形式的经济利益;所得为实物的,应当按照取得的凭证上所注明的价格计算应纳税所得额,无凭证的实物或者凭证上所注明的价格明显偏低的,参照市场价格核定应纳税所得额;所得为有价证券的,根据票面价格和市场价格核定应纳税所得额;所得为其他形式的经济利益的,参照市场价格核定应纳税所得额。

(3)对个人从事技术转让、提供劳务等过程中所支付的中介费,如能提供有效、合法凭证的,允许从其所得中扣除。

二、个人所得税应纳税额的计算方法

(一)居民个人综合所得应纳税额的计算方法

(1)工资、薪金所得全额计入收入额;而劳务报酬所得、特许权使用费所得的收入额为实际取得劳务报酬、特许权使用费收入的80%;此外,稿酬所得的收入额在扣除20%费用的基础上,再减按70%计算,即稿酬所得的收入额为实际取得稿酬收入的56%。

(2)居民个人取得的综合所得,以每一纳税年度的收入额减除费用60 000元以及专项扣除、专项附加扣除和依法确定的其他扣除后的余额,为应纳税所得额。

居民个人综合所得应纳税额的计算公式为:

应纳税额＝∑(每一级数的全年应纳税所得额×对应级数的适用税率)
　　　　＝∑[(每一级数的全年收入额－60 000元－专项扣除－享受的专项附加扣除
　　　　　－享受的其他扣除)×对应级数的适用税率]

或者按下列公式计算:

应纳税额＝全年应纳税所得额×适用税率－速算扣除数
　　　　＝(全年收入额－60 000元－专项扣除－享受的专项附加扣除－享受的其他扣除)
　　　　　×适用税率－速算扣除数

【做中学6－1】 小张2022年工资总额为15万元,缴纳社保和住房公积金3万元,除住房贷款利息专项附加扣除外,该纳税人不享受其余专项附加扣除和税法规定的其他扣除。

要求:计算其当年应纳个人所得税税额。

解析:全年应纳税所得额＝150 000－60 000－30 000－12 000＝48 000(元)

应纳税额＝48 000×10%－2 520＝2 280(元)

【做中学6－2】 小刘为独生子女,其2022年工资总额为26万元,缴纳社保和住房公积金6万元,取得劳务报酬1万元、稿酬1万元。该纳税人有两个孩子在读小学,且均由其扣除子女教育专项附加扣除。该纳税人的父母健在且均已年满60岁。

要求:计算其当年应纳个人所得税税额。

解析:全年应纳税所得额＝260 000－60 000－60 000＋10 000×(1－20%)＋10 000×(1－20%)×70%－12 000×2－24 000＝105 600(元)

应纳税额＝105 600×10%－2 520＝8 040(元)

(二)非居民个人取得工资、薪金所得,劳务报酬所得,稿酬所得和特许权使用费所得应纳税额的计算方法

非居民个人取得的劳务报酬所得、稿酬所得、特许权使用费所得均以收入减除20%的费用后的余额为收入额。其中,稿酬所得的收入额减按70%计算。

非居民个人取得的工资、薪金所得,以每月收入额减除费用5 000元后的余额为应纳税所得额;劳务报酬所得、稿酬所得、特许权使用费所得,以每次收入额为应纳税所得额。

【做中学6－3】 在某外商投资企业工作的英国专家为非居民个人,2023年2月取得由该企业发放的工资10 400元人民币,此外还从别处取得劳务报酬5 000元人民币。

要求:计算当月该专家应纳个人所得税税额。

解析:该专家当月工资、薪金应纳税额＝(10 400－5 000)×10%－210＝330(元)

该专家当月劳务报酬所得应纳税额＝5 000×(1－20%)×10%－210＝190(元)

(三)经营所得应纳税额的计算方法

经营所得应纳税额的计算公式为:

应纳税额＝全年应纳税所得额×适用税率－速算扣除数
或　　　　＝(全年收入总额－成本、费用以及损失)×适用税率－速算扣除数

1. 个体工商户应纳税额的计算

个体工商户应纳税所得额的计算,以权责发生制为原则,属于当期的收入和费用,不论款项是

否收付,均作为当期的收入和费用;不属于当期的收入和费用,即使款项已经在当期收付,均不作为当期收入和费用。财政部、国家税务总局另有规定的除外。其基本规定如下:

(1)计税基本规定

①个体工商户的生产、经营所得,以每一纳税年度的收入总额,减除成本、费用、税金、损失、其他支出以及允许弥补的以前年度亏损后的余额,为应纳税所得额。

②个体工商户从事生产经营以及与生产经营有关的活动(以下简称"生产经营活动")取得的货币形式和非货币形式的各项收入,为收入总额。这包括:销售货物收入、提供劳务收入、转让财产收入、利息收入、租金收入、接受捐赠收入、其他收入。其他收入包括个体工商户资产溢余收入、逾期一年以上的未退包装物押金收入、确实无法偿付的应付款项、已作坏账损失处理后又收回的应收款项、债务重组收入、补贴收入、违约金收入、汇兑收益等。

③成本,是指个体工商户在生产经营活动中发生的销售成本、销货成本、业务支出以及其他耗费。

④费用,是指个体工商户在生产经营活动中发生的销售费用、管理费用和财务费用,已经计入成本的有关费用除外。

⑤税金,是指个体工商户在生产经营活动中发生的除个人所得税和允许抵扣的增值税以外的各项税金及其附加。

⑥损失,是指个体工商户在生产经营活动中发生的固定资产和存货的盘亏、毁损、报废损失,转让财产损失,坏账损失,自然灾害等不可抗力因素造成的损失以及其他损失。

个体工商户发生的损失,减除责任人赔偿和保险赔款后的余额,参照财政部、国家税务总局有关企业资产损失税前扣除的规定扣除。

个体工商户已经作为损失处理的资产,在以后纳税年度又全部收回或者部分收回时,应当计入收回当期的收入。

⑦其他支出,是指除成本、费用、税金、损失外,个体工商户在生产经营活动中发生的与生产经营活动有关的、合理的支出。

⑧个体工商户发生的支出应当区分收益性支出和资本性支出。收益性支出在发生当期直接扣除;资本性支出应当分期扣除或者计入有关资产成本,不得在发生当期直接扣除。

所称支出,是指与取得收入直接相关的支出。

除税收法律法规另有规定外,个体工商户实际发生的成本、费用、税金、损失和其他支出,不得重复扣除。

⑨个体工商户下列支出不得扣除:个人所得税税款;税收滞纳金;罚金、罚款和被没收财物的损失;不符合扣除规定的捐赠支出;赞助支出;用于个人和家庭的支出;与取得生产经营收入无关的其他支出;国家税务总局规定不准扣除的支出。其中,赞助支出是指个体工商户发生的与生产经营活动无关的各种非广告性质的支出。

⑩个体工商户在生产经营活动过程中,应当分别核算生产经营费用和个人、家庭生活费用。对于生产经营与个人、家庭生活混用难以分清的费用,其40%视为与生产经营有关的费用,准予扣除。

⑪个体工商户纳税年度发生的亏损,准予向以后年度结转,用以后年度的生产经营所得弥补,但结转年限最长不得超过5年。亏损,是指个体工商户依照税法规定计算的应纳税所得额小于零的数额。

⑫个体工商户使用或者销售存货,按照规定计算的存货成本,准予在计算应纳税所得额时扣除。

⑬个体工商户转让资产,该项资产的净值准予在计算应纳税所得额时扣除。

⑭个体工商户与企业联营而分得的利润,按"利息、股息、红利所得"项目征收个人所得税。

⑮个体工商户和从事生产、经营的个人,取得与生产经营活动无关的各项应税所得,应按规定分别计算征收个人所得税。

(2)扣除项目及标准

①个体工商户实际支付给从业人员的、合理的工资薪金支出,准予扣除。个体工商户业主的费用扣除标准为 60 000 元/年。个体工商户业主的工资薪金支出不得税前扣除。

②个体工商户按照国务院有关主管部门或者省级人民政府规定的范围和标准为其业主和从业人员缴纳的基本养老保险费、基本医疗保险费、失业保险费、生育保险费、工伤保险费和住房公积金,准予扣除。

个体工商户为从业人员缴纳的补充养老保险费、补充医疗保险费,分别在不超过从业人员工资总额 5% 标准内的部分据实扣除;超过部分,不得扣除。

个体工商户业主本人缴纳的补充养老保险费、补充医疗保险费,以当地(地级市)上年度社会平均工资的 3 倍为计算基数,分别在不超过该计算基数 5% 标准内的部分据实扣除;超过部分,不得扣除。

③除个体工商户依照国家有关规定为特殊工种从业人员支付的人身安全保险费和财政部、国家税务总局规定可以扣除的其他商业保险费外,个体工商户业主本人或者为从业人员支付的商业保险费,不得扣除。

④个体工商户在生产经营活动中发生的合理的不需要资本化的借款费用,准予扣除。

个体工商户为购置、建造固定资产、无形资产和经过 12 个月以上的建造才能达到预定可销售状态的存货发生借款的,在有关资产购置、建造期间发生的合理的借款费用,应当作为资本性支出计入有关资产的成本并按规定扣除。

⑤个体工商户在生产经营活动中发生的下列利息支出,准予扣除:向金融企业借款的利息支出;向非金融企业和个人借款的利息支出,不超过按照金融企业同期同类贷款利率计算的数额的部分。

⑥个体工商户在货币交易中,以及纳税年度终了时将人民币以外的货币性资产、负债按照期末即期人民币汇率中间价折算为人民币时产生的汇兑损失,除已经计入有关资产成本部分外,准予扣除。

⑦个体工商户向当地工会组织拨缴的工会经费、实际发生的职工福利费支出、职工教育经费支出分别在工资薪金总额的 2%、14%、2.5% 的标准内据实扣除。

工资薪金总额是指允许在当期税前扣除的工资薪金支出数额。

职工教育经费的实际发生数额超出规定比例当期不能扣除的数额,准予在以后纳税年度结转扣除。

个体工商户业主本人向当地工会组织缴纳的工会经费、实际发生的职工福利费支出、职工教育经费支出,以当地(地级市)上年度社会平均工资的 3 倍为计算基数,分别在 2%、14%、2.5% 的标准内据实扣除。

⑧个体工商户发生的与生产经营活动有关的业务招待费,按照实际发生额的 60% 扣除,但最高不得超过当年销售(营业)收入的 5‰。业主自申请营业执照之日起至开始生产经营之日止所发生的业务招待费,按照实际发生额的 60% 计入个体工商户的开办费。

⑨个体工商户每一纳税年度发生的与其生产经营活动直接相关的广告费和业务宣传费不超过当年销售(营业)收入 15% 的部分,可以据实扣除;超过部分,准予在以后纳税年度结转扣除。

⑩个体工商户代其从业人员或者他人负担的税款,不得税前扣除。

⑪个体工商户按照规定缴纳的摊位费、行政性收费、协会会费等,按实际发生数额扣除。

⑫个体工商户根据生产经营活动需要租入固定资产支付的租赁费,按照以下方法扣除:以经营租赁方式租入固定资产发生的租赁费支出,按照租赁期限均匀扣除;以融资租赁方式租入固定资产发生的租赁费支出,按照规定构成融资租入固定资产价值的部分应当提取折旧费用,分期扣除。

⑬个体工商户参加财产保险,按照规定缴纳的保险费,准予扣除。

⑭个体工商户发生的合理的劳动保护支出,准予扣除。

⑮个体工商户自申请营业执照之日起至开始生产经营之日止所发生符合规定的费用,除为取得固定资产、无形资产的支出,以及应计入资产价值的汇兑损益、利息支出外,作为开办费,个体工商户可以选择在开始生产经营的当年一次性扣除,也可以自生产经营月份起在不短于3年期限内摊销扣除,但扣除方法一经选定,不得改变。

开始生产经营之日为个体工商户取得第一笔销售(营业)收入的日期。

⑯个体工商户通过公益性社会团体或者县级以上人民政府及其部门,用于《中华人民共和国公益事业捐赠法》规定的公益事业的捐赠,捐赠额不超过其应纳税所得额30%的部分可以据实扣除。

财政部、国家税务总局规定可以全额在税前扣除的捐赠支出项目,按有关规定执行。

个体工商户直接对受益人的捐赠不得扣除。

公益性社会团体的认定,按照财政部、国家税务总局、民政部有关规定执行。

⑰个体工商户研究开发新产品、新技术、新工艺所发生的开发费用,以及研究开发新产品、新技术而购置单台价值在10万元以下的测试仪器和试验性装置的购置费准予直接扣除;单台价值在10万元以上(含10万元)的测试仪器和试验性装置,按固定资产管理,不得在当期直接扣除。

【做中学6—4】 大家庭酒店为个体经营户,账证比较健全,2022年12月取得营业额320 000元,购进菜、肉、蛋、面粉、大米等原料的费用为90 000元,电费、水费、房租、煤气费等费用为25 000元,缴纳其他税费合计9 600元。当月支付给4名雇员工资共48 000元。1—11月累计应纳税所得额为155 600元(未扣除业主费用减除标准),1—11月累计已预缴个人所得税20 620元。除经营所得外,业主本人没有其他收入,且2020年全年享受赡养老人专项附加扣除。假设不考虑专项扣除和符合税法规定的其他扣除。

要求:计算该个体经营户12月应缴纳的个人所得税。

解析:全年应纳税所得额=320 000−90 000−25 000−9 600−48 000+155 600−60 000−24 000=219 000(元)

全年应纳个人所得税=219 000×20%−10 500=33 300(元)

2022年12月应纳个人所得税=33 300−20 620=12 680(元)

2. 个人独资企业和合伙企业应纳税额的计算

个人独资企业和合伙企业生产经营所得个人所得税应纳税额的计算有以下两种方法:

(1)查账征收

①自2019年1月1日起,个人独资企业和合伙企业自然人投资者的生产经营所得依法计征个人所得税时,个人独资企业和合伙企业自然人投资者本人的费用扣除标准统一确定为60 000元/年,即5 000元/月。投资者的工资不得在税前扣除。

②投资者及其家庭发生的生活费用不允许在税前扣除。投资者及其家庭发生的生活费用与企业生产经营费用混合在一起,并且难以划分的,全部视为投资者个人及其家庭发生的生活费用,不允许在税前扣除。

③企业生产经营和投资者及其家庭生活共用的固定资产,难以划分的,由主管税务机关根据企

业的生产经营类型、规模等具体情况,核定准予在税前扣除的折旧费用的数额或比例。

④企业向其从业人员实际支付的合理的工资、薪金支出,允许在税前据实扣除。

⑤企业拨缴的工会经费、发生的职工福利费、职工教育经费支出分别在工资薪金总额2%、14%、2.5%的标准内据实扣除。

⑥每一纳税年度发生的广告费和业务宣传费用不超过当年销售(营业)收入15%的部分,可据实扣除;超过部分,准予在以后纳税年度结转扣除。

⑦每一纳税年度发生的与其生产经营业务直接相关的业务招待费支出,按照发生额的60%扣除,但最高不得超过当年销售(营业)收入的5‰。

⑧企业计提的各种准备金不得扣除。

⑨投资者兴办两个或两个以上企业,并且企业性质全部是独资的,年度终了后,汇算清缴时,应纳税款的计算按以下方法进行:汇总其投资兴办的所有企业的经营所得作为应纳税所得额,以此确定适用税率,计算出全年经营所得的应纳税额,再根据每个企业的经营所得占所有企业经营所得的比例,分别计算出每个企业的应纳税额和应补缴税额。其计算公式为:

$$应纳税所得额=\sum 各个企业的经营所得$$

$$应纳税额=应纳税所得额\times 适用税率-速算扣除数$$

$$本企业应纳税额=应纳税额\times 本企业的经营所得\div \sum 各个企业的经营所得$$

$$本企业应补缴的税额=本企业应纳税额-本企业预缴的税额$$

⑩投资者兴办两个或两个以上企业的,根据前述规定准予扣除的个人费用,由投资者选择在其中一个企业的生产经营所得中扣除。

⑪企业的年度亏损,允许用本企业下一年度的生产经营所得弥补,下一年度所得不足弥补的,允许逐年延续弥补,但最长不得超过5年。

投资者兴办两个或两个以上企业的,企业的年度经营亏损不能跨企业弥补。

⑫投资者来源于中国境外的生产经营所得,已在境外缴纳所得税的,可以按照个人所得税法的有关规定计算扣除已在境外缴纳的所得税。

(2)核定征收

核定征收方式包括定额征收、核定应税所得率征收以及其他合理的征收方式。

①有下列情形之一的,主管税务机关应采取核定征收方式征收个人所得税:企业依照国家有关规定应当设置但未设置账簿的;企业虽设置账簿,但账目混乱或者成本资料、收入凭证、费用凭证残缺不全,难以查账的;纳税人发生纳税义务,未按照规定的期限办理纳税申报,经税务机关责令限期申报,逾期仍不申报的。

②实行核定应税所得率征收方式的,应纳所得税额的计算公式为:

$$应纳所得税额=应纳税所得额\times 适用税率$$

$$应纳税所得额=收入总额\times 应税所得率$$

$$=成本费用支出额\div (1-应税所得率)\times 应税所得率$$

应税所得率应按规定的标准执行(见表6—6)。

表6—6　　　　　　　　　个人所得税核定征收应税所得率表

行　业	应税所得率(%)
工业、交通运输业、商业	5～20
建筑业、房地产开发业	7～20

续表

行　业	应税所得率(%)
饮食服务业	7～25
娱乐业	20～40
其他行业	10～30

企业经营多种业务的,无论其经营项目是否单独核算,均应根据其主营项目确定其适用的应税所得率。

③实行核定征收的投资者,不能享受个人所得税的优惠政策。

④实行查账征收方式的个人独资企业和合伙企业改为核定征收方式后,在查账征收方式下认定的年度经营亏损未弥补完的部分,不得再继续弥补。

⑤个体工商户、个人独资企业和合伙企业因在纳税年度中间开业、合并、注销及其他原因,导致该纳税年度的实际经营期不足1年的,对个体工商户业主、个人独资企业投资者与合伙企业自然人合伙人的生产经营所得计算个人所得税时,以其实际经营期为1个纳税年度。投资者本人的费用扣除标准,应按照其实际经营月份数,以每月5 000元的减除标准确定。其计算公式为:

应纳税所得额＝该年度收入总额－成本、费用及损失－当年投资者本人的费用扣除额

当年投资者本人的费用扣除额＝月减除费用(5 000元/月)×当年实际经营月份数

应纳税额＝应纳税所得额×税率－速算扣除数

【提示】个人独资企业和合伙企业对外投资分回的利息或者股息、红利,不并入企业的收入,而应单独作为投资者个人取得的利息、股息、红利所得,按"利息、股息、红利所得"项目计算缴纳个人所得税。

企业进行清算时,投资者应当在注销登记之前,向主管税务机关结清有关税务事宜。企业的清算所得应当视为年度生产经营所得,由投资者依法缴纳个人所得税。

(四)财产租赁所得应纳税额的计算方法

1. 应纳税所得额

财产租赁所得一般以个人每次取得的收入,定额或定率减除规定费用后的余额为应纳税所得额。每次收入不超过4 000元的,定额减除费用800元;每次收入在4 000元以上的,定率减除20%的费用。财产租赁所得以1个月内取得的收入为一次。

在确定财产租赁所得的应纳税所得额时,纳税人在出租财产过程中缴纳的税金和教育费附加,可持完税(缴款)凭证,从其财产租赁收入中扣除。准予扣除的项目除了规定费用和有关税费外,还准予扣除能够提供有效、准确的凭证,证明由纳税人负担的该出租财产实际开支的修缮费用。允许扣除的修缮费用,以每次800元为限。一次扣除不完的,准予在下一次继续扣除,直到扣完为止。

个人出租财产取得的财产租赁收入,在计算缴纳个人所得税时,应依次扣除以下费用:①财产租赁过程中缴纳的税金和国家能源交通重点建设基金、国家预算调节基金、教育费附加;②由纳税人负担的该出租财产实际开支的修缮费用;③税法规定的费用扣除标准。

财产租赁所得应纳税所得额的计算公式为:

(1)每次(月)收入不超过4 000元的:

应纳税所得额＝每次(月)收入额－准予扣除项目－修缮费用(800元为限)－800元

(2)每次(月)收入超过4 000元的:

应纳税所得额＝[每次(月)收入额－准予扣除项目－修缮费用(800元为限)]×(1－20%)

2. 个人房屋转租应纳税额的计算

个人将承租房屋转租取得的租金收入,属于个人所得税应税所得,应按"财产租赁所得"项目计算缴纳个人所得税。

具体规定为:

(1)取得转租收入的个人向房屋出租方支付的租金,凭房屋租赁合同和合法支付凭据允许在计算个人所得税时,从该项转租收入中扣除。

(2)有关财产租赁所得个人所得税税前扣除税费的扣除次序调整为:①财产租赁过程中缴纳的税费;②向出租方支付的租金;③由纳税人负担的租赁财产实际开支的修缮费用;④税法规定的费用扣除标准。

3. 应纳税额的计算方法

财产租赁所得适用20%的比例税率。但对个人按市场价格出租的居民住房取得的所得,自2001年1月1日起暂减按10%的税率征收个人所得税。其应纳税额的计算公式为:

$$应纳税额 = 应纳税所得额 \times 适用税率$$

【做中学6—5】 小王于2023年1月将其自有的面积为150平方米的公寓按市场价出租给张某居住。每月租金收入6 500元,全年租金收入78 000元。

要求:计算小王全年租金收入应缴纳的个人所得税(不考虑其他税费)。

解析:每月应纳税额=6 500×(1−20%)×10%=520(元)

全年应纳税额=520×12=6 240(元)

【提示】 如果对租金收入计征城市维护建设税、房产税和教育费附加等,还应将其从收入中先扣除后再计算应缴纳的个人所得税。

【做中学6—6】 假定在做中学6—5中,当年2月因下水道堵塞找人修理,发生修理费用1 000元,有维修人员的正式收据。

要求:计算2月和3月的应纳税额。

解析:2月应纳税额=(6 500−800)×(1−20%)×10%=456(元)

3月应纳税额=(6 500−200)×(1−20%)×10%=504(元)

(五)财产转让所得应纳税额的计算

1. 一般情况下财产转让所得应纳税额的计算

财产转让所得应纳税额的计算公式为:

$$应纳税额 = 应纳税所得额 \times 适用税率 = (收入总额 - 财产原值 - 合理税费) \times 20\%$$

【做中学6—7】 张三建房一幢,造价360 000元,支付其他费用50 000元。张三建成后将房屋出售,售价600 000元,在售房过程中按规定支付交易费等相关税费35 000元。其应纳个人所得税税额的计算过程为:

应纳税所得额=财产转让收入−财产原值−合理费用=600 000−(360 000+50 000)−35 000=155 000(元)

应纳税额=155 000×20%=31 000(元)

2. 个人住房转让所得应纳税额的计算

自2006年8月1日起,个人转让住房所得应纳个人所得税的计算具体规定如下:

(1)以实际成交价格为转让收入。纳税人申报的住房成交价格明显低于市场价格且无正当理由的,税务机关依法有权根据有关信息核定其转让收入,但必须保证各税种计税价格一致。

(2)纳税人可凭原购房合同、发票等有效凭证经税务机关审核后,允许从其转让收入中减除房屋原值、转让住房过程中缴纳的税金及有关合理费用。

转让住房过程中缴纳的税金是指纳税人在转让住房时实际缴纳的城市维护建设税、教育费附加、土地增值税、印花税等金。

合理费用是指纳税人按照规定实际支付的住房装修费用、住房贷款利息、手续费、公证费等费用。

(3)纳税人未提供完整、准确的房屋原值凭证不能正确计算房屋原值和应纳税额的,税务机关可对其实行核定征收。具体比例由省级税务局或者省级税务局授权的地市级税务局根据纳税人出售住房的所处区域、地理位置、建造时间、房屋类型、住房平均价格水平等因素,在住房转让收入1‰~3‰的幅度内确定。

(4)关于个人转让离婚析产房屋的征税问题。

①通过离婚析产的方式分割房屋产权是夫妻双方对共有财产的处置,个人因离婚办理房屋产权过户手续,不征收个人所得税。

②个人转让离婚析产房屋所取得的收入允许扣除其相应的财产原值和合理费用后,余额按照规定的税率缴纳个人所得税;其相应的财产原值为房屋初次购置全部原值和相关税费之和乘以转让者占房屋所有权的比例。

③个人转让离婚析产房屋所取得的收入符合家庭生活自用5年以上唯一住房的,可以申请免征个人所得税,其购置时间按照个人购买住房以取得的房屋产权证或契税完税证明上注明的时间作为其购买房屋的时间执行。

3. 个人转让股权应纳税额的计算

个人转让股权,以股权转让收入减除股权原值和合理费用后的余额为应纳税所得额,按"财产转让所得"项目缴纳个人所得税。合理费用是指股权转让时按照规定支付的有关税费。

4. 个人转让债券类债权时原值的确定

转让债券类债权,采用加权平均法确定其应予减除的财产原值和合理费用。即以纳税人购进的同一种类债券买入价和买进过程中缴纳的税费总和,除以纳税人购进的该种类债券数量之和,乘以纳税人卖出的该种类债券数量,再加上卖出该种类债券过程中缴纳的税费。用公式表示为:

$$一次卖出某一种类债券允许扣除的买入价和费用 = \frac{纳税人购进的该种类债券买入价和买进过程中缴纳的税费总和}{纳税人购进的该种类债券总数量} \times 一次卖出的该种类债券的数量 + 卖出该种类债券过程中缴纳的税费$$

(六)利息、股息、红利所得和偶然所得应纳税额的计算

利息、股息、红利所得和偶然所得应纳税额的计算公式为:

$$应纳税额 = 应纳税所得额 \times 适用税率$$
$$= 每次收入额 \times 20\%$$

(七)应纳税额计算中的特殊问题处理

1. 全年一次性奖金的规定

全年一次性奖金是指行政机关、企事业单位等扣缴义务人根据其全年经济效益和对雇员全年工作业绩的综合考核情况,向雇员发放的一次性奖金。一次性奖金包括年终加薪、实行年薪制和绩效工资办法的单位根据考核情况兑现的年薪和绩效工资。

居民个人取得全年一次性奖金,在2023年12月31日前,可选择不并入当年综合所得,按以下计税办法纳税,由扣缴义务人于发放时代扣代缴。

(1)将居民个人取得的全年一次性奖金,除以12个月,按其商数依照按月换算后的综合所得税率表确定适用税率和速算扣除数。在一个纳税年度内,对每一个纳税人,该计税办法只允许采用一次。实行年薪制和绩效工资的单位,居民个人取得年终兑现的年薪和绩效工资按上述方法执行。

计算公式为：
$$应纳税额＝全年一次性奖金收入×适用税率－速算扣除数$$

(2)居民个人取得全年一次性奖金,也可以选择并入当年综合所得计算纳税。

居民个人取得除全年一次性奖金以外的其他各种名目的奖金,如半年奖、季度奖、加班奖、先进奖、考勤奖等,一律与当月工资、薪金收入合并,按税法规定缴纳个人所得税。

自2024年1月1日起,居民个人取得全年一次性奖金,应并入当年综合所得计算缴纳个人所得税。

【做中学6-8】 居民个人李四2022年12月31日一次性领取年终含税奖金60 000元。李四选择全年一次性奖金不并入当年综合所得计算纳税。

要求:计算李四取得年终奖金应缴纳的个人所得税。

解析:(1)年终奖金适用的税率和速算扣除数为:60 000÷12＝5 000(元),根据按月换算后的综合所得七级超额累进税率,确定适用的税率和速算扣除数分别为10%和210元。

(2)年终奖金应缴纳的个人所得税为:

$$应纳税额＝年终奖金收入×适用税率－速算扣除数＝60\,000×10\%－210＝5\,790(元)$$

2. 中央企业负责人取得年度绩效薪金延期兑现收入和任期奖励的规定

中央企业负责人取得年度绩效薪金延期兑现收入和任期奖励,符合《国家税务总局关于中央企业负责人年度绩效薪金延期兑现收入和任期奖励征收个人所得税问题的通知》(国税发〔2007〕118号)规定的,在2023年12月31日前,参照全年一次性奖金执行;2024年1月1日之后的政策另行明确。

3. 雇主为雇员承担全年一次性奖金部分税款有关个人所得税的计算方法

(1)雇主为雇员负担全年一次性奖金部分个人所得税税款,属于雇员额外增加了收入,应将雇主负担的这部分税款并入雇员的全年一次性奖金,换算为应纳税所得额后,按照规定方法计征个人所得税。

(2)将不含税全年一次性奖金换算为应纳税所得额的计算方法。

①雇主为雇员定额负担税款的计算公式:

$$应纳税所得额＝雇员取得的全年一次性奖金＋雇主替雇员定额负担的税款\\－当月工资薪金低于费用扣除标准的差额$$

②雇主为雇员按一定比例负担税款的计算公式:

应纳税所得额＝(未含雇主负担税款的全年一次性奖金收入－当月工资薪金低于费用扣除标准的差额－不含税级距的速算扣除数A×雇主负担比例)÷(1－不含税级距的适用税率A×雇主负担比例)

(3)将应纳税所得额除以12,根据其商数找出对应的适用税率B和速算扣除数B,据以计算税款。其计算公式为:

$$应纳税额＝应纳税所得额×适用税率B－速算扣除数B$$
$$实际缴纳税额＝应纳税额－雇主为雇员负担的税额$$

(4)雇主为雇员负担的个人所得税款,应属于个人工资薪金的一部分,凡单独作为企业管理费用列支的,在计算企业所得税时不得税前扣除。

4. 对在中国境内无住所的个人一次取得数月奖金或年终加薪、劳动分红(以下简称"奖金",不包括应按月支付的奖金)的计税方法

对在中国境内无住所的个人取得的奖金,可单独作为1个月的工资、薪金所得计算纳税。由于对每月的工资、薪金所得计税时已按月扣除了费用,因此,对上述奖金不再减除费用,全额作为应纳

税所得额直接按适用税率计算应纳税额,并且不再按居住天数进行划分计算。

5. 企事业单位以低于购置或建造成本价格销售住房给职工的个人所得税征收规定

(1)根据住房制度改革政策的有关规定,国家机关、企事业单位及其他组织在住房制度改革期间,按照所在地县级以上人民政府规定的房改成本价格向职工出售公有住房,职工因支付的房改成本价格低于房屋建造成本价格或市场价格而取得的差价收益,免征个人所得税。

(2)除上述符合规定的情形外,单位按低于购置或建造成本价格出售住房给职工,职工因此而少支出的差价部分,不并入当年综合所得,以差价收入除以 12 个月得到的数额,按照月度税率表确定适用税率和速算扣除数,单独计算纳税。其计算公式为:

应纳税额=职工实际支付的购房价款低于该房屋的购置或建造成本价格的差额
×适用税率－速算扣除数

(3)对职工取得的上述应税所得,比照全年一次性奖金的征税办法计算征收个人所得税。此前未征税款不再追征,已征税款不予退还。

6. 企业为股东个人购买汽车的个人所得税征税方法

企业为股东购买车辆并将车辆所有权登记到股东个人名下,其实质为企业对股东进行了红利性质的实物分配,应按照"利息、股息、红利所得"项目征收个人所得税。考虑到该股东个人名下的车辆同时也为企业经营使用的实际情况,允许合理减除部分所得;减除的具体数额由主管税务机关根据车辆的实际使用情况合理确定。

7. 以企业资金为个人购房的个人所得税征税方法

(1)个人取得以下情形的房屋或其他财产,不论所有权人是否将财产无偿或有偿交付企业使用,其实质均为企业对个人进行了实物性质的分配,应依法计征个人所得税:

①企业出资购买房屋及其他财产,将所有权登记为投资者个人、投资者家庭成员或企业其他人员的。

②企业投资者个人、投资者家庭成员或企业其他人员向企业借款用于购买房屋及其他财产,将所有权登记为投资者个人、投资者家庭成员或企业其他人员,且借款年度终了后未归还借款的。

(2)对个人独资企业、合伙企业的个人投资者或其家庭成员取得的上述所得,视为企业对个人投资者的利润分配,按照"经营所得"项目计征个人所得税;对除个人独资企业、合伙企业以外其他企业的个人投资者或其家庭成员取得的上述所得,视为企业对个人投资者的红利分配,按照"利息、股息、红利所得"项目计征个人所得税;对企业其他人员取得的上述所得,按照"工资、薪金所得"项目计征个人所得税。

8. 个人取得拍卖收入的个人所得税征收规定

(1)自 2007 年 5 月 1 日起,个人通过拍卖市场拍卖个人财产,对其取得所得按以下规定征税:

①作者将自己的文字作品手稿原件或复印件拍卖取得的所得,应以其转让收入额减除 800 元(转让收入额 4 000 元以下)或者 20%(转让收入额 4 000 元以上)后的余额为应纳税所得额,按照"特许权使用费所得"项目适用 20%的税率缴纳个人所得税。

②个人拍卖除文字作品原稿及复印件外的其他财产,应以其转让收入额减除财产原值和合理费用后的余额为应纳税所得额,按照"财产转让所得"项目适用 20%的税率缴纳个人所得税。

(2)对个人财产拍卖所得征收个人所得税时,以该项财产最终拍卖成交价格为其转让收入额。

(3)个人财产拍卖所得适用"财产转让所得"项目计算应纳税所得额时,纳税人凭合法有效凭证(税务机关监制的正式发票、相关境外交易单据或海关报关单据、完税证明等),从其转让收入额中减除相应的财产原值、拍卖财产过程中缴纳的税金及有关合理费用。

①财产原值,是指售出方个人取得该拍卖品的价格(以合法有效凭证为准)。具体为:通过商

店、画廊等途径购买的,为购买该拍卖品时实际支付的价款;通过拍卖行拍得的,为拍得该拍卖品实际支付的价款及缴纳的相关税费;通过祖传收藏的,为其收藏该拍卖品而发生的费用;通过赠送取得的,为其受赠该拍卖品时发生的相关税费;通过其他形式取得的,参照以上原则确定财产原值。

②拍卖财产过程中缴纳的税金,是指在拍卖财产时纳税人实际缴纳的相关税金及附加。

③有关合理费用,是指拍卖财产时纳税人按照规定实际支付的拍卖费(佣金)、鉴定费、评估费、图录费、证书费等费用。

(4)纳税人如不能提供合法、完整、准确的财产原值凭证,不能正确计算财产原值的,按转让收入额的3%征收率计算缴纳个人所得税;拍卖品经文物部门认定为海外回流文物的,按转让收入额的2%征收率计算缴纳个人所得税。

(5)纳税人的财产原值凭证内容填写不规范,或者一份财产原值凭证包括多件拍卖品且无法确认每件拍卖品一一对应的原值的,不得将其作为扣除财产原值的计算依据,应视为不能提供合法、完整、准确的财产原值凭证,并按上述规定的征收率计算缴纳个人所得税。

(6)纳税人能够提供合法、完整、准确的财产原值凭证,但不能提供有关税费凭证的,不得按征收率计算纳税,应当就财产原值凭证上注明的金额据实扣除,并按照税法规定计算缴纳个人所得税。

(7)个人财产拍卖所得应纳的个人所得税税款由拍卖单位负责代扣代缴,并按规定向拍卖单位所在地主管税务机关办理纳税申报。

9. 创业投资企业和天使投资个人有关税收优惠政策

自2019年1月1日至2023年12月31日期间已投资满2年及新发生的投资,应符合以下条件:

(1)公司制创业投资企业采取股权投资方式直接投资于种子期、初创期科技型企业(以下简称初创科技型企业)满2年(24个月,下同)的,可以按照投资额的70%在股权持有满2年的当年抵扣该公司制创业投资企业的应纳税所得额;当年不足抵扣的,可以在以后纳税年度结转抵扣。

(2)有限合伙制创业投资企业(以下简称合伙创投企业)采取股权投资方式直接投资于初创科技型企业满2年的,该合伙创投企业的合伙人分别按以下方式处理:

①法人合伙人可以按照对初创科技型企业投资额的70%抵扣法人合伙人从合伙创投企业分得的所得;当年不足抵扣的,可以在以后纳税年度结转抵扣。

②个人合伙人可以按照对初创科技型企业投资额的70%抵扣个人合伙人从合伙创投企业分得的经营所得;当年不足抵扣的,可以在以后纳税年度结转抵扣。

(3)天使投资个人采取股权投资方式直接投资于初创科技型企业满2年的,可以按照投资额的70%抵扣转让该初创科技型企业股权取得的应纳税所得额;当期不足抵扣的,可以在以后取得转让该初创科技型企业股权的应纳税所得额时结转抵扣。

(4)天使投资个人投资多个初创科技型企业的,对其中办理注销清算的初创科技型企业,天使投资个人对其投资额的70%尚未抵扣完的,可自注销清算之日起36个月内抵扣天使投资个人转让其他初创科技型企业股权取得的应纳税所得额。

初创科技型企业,应同时符合以下条件:①在中国境内(不含港、澳、台地区)注册成立、实行查账征收的居民企业;②接受投资时,从业人数不超过300人,其中具有大学本科以上学历的从业人数不低于30%;资产总额和年销售收入均不超过5 000万元;③接受投资时设立时间不超过5年(60个月);④接受投资时以及接受投资后2年内未在境内外证券交易所上市;⑤接受投资当年及下一纳税年度,研发费用总额占成本费用支出的比例不低于20%。

创业投资企业,应同时符合以下条件:①在中国境内(不含港、澳、台地区)注册成立、实行查账征收的居民企业或合伙创投企业,且不属于被投资初创科技型企业的发起人;②符合《创业投资企业管理暂行办法》(发展改革委等 10 部门令第 39 号)规定或者《私募投资基金监督管理暂行办法》(证监会令第 105 号)关于创业投资基金的特别规定,按照上述规定完成备案且规范运作;③投资后 2 年内,创业投资企业及其关联方持有被投资初创科技型企业的股权比例合计应低于 50%。

天使投资个人,应同时符合以下条件:①不属于被投资初创科技型企业的发起人、雇员或其亲属(包括配偶、父母、子女、祖父母、外祖父母、孙子女、外孙子女、兄弟姐妹,下同),且与被投资初创科技型企业不存在劳务派遣等关系;②投资后 2 年内,本人及其亲属持有被投资初创科技型企业股权比例合计应低于 50%。

【提示】享受本政策的投资,仅限于通过向被投资初创科技型企业直接支付现金方式取得的股权投资,不包括受让其他股东的存量股权。

10. 个人转让全国中小企业股份转让系统(以下简称"新三板")挂牌公司股票有关个人所得税政策

(1)自 2018 年 11 月 1 日(含)起,对个人转让新三板挂牌公司非原始股取得的所得,暂免征收个人所得税。

(2)对个人转让新三板挂牌公司原始股取得的所得,按照"财产转让所得"项目,适用 20%的比例税率征收个人所得税。

11. 企业转增股本个人所得税规定

(1)股份制企业用资本公积转增股本不属于股息、红利性质的分配,对个人取得的转增股本数额,不作为个人所得,不征收个人所得税。

(2)股份制企业用盈余公积派发红股属于股息、红利性质的分配,对个人取得的红股数额,应作为个人所得征税。

12. 北京 2022 年冬奥会和冬残奥会个人所得税的规定

(1)个人捐赠北京 2022 年冬奥会、冬残奥会、测试赛的资金和物资支出可在计算个人应纳税所得额时予以全额扣除。

(2)对受北京冬奥组委邀请的,在北京 2022 年冬奥会、冬残奥会、测试赛期间临时来华,从事奥运相关工作的外籍顾问以及裁判员等外籍技术官员取得的由北京冬奥组委、测试赛赛事组委会支付的劳务报酬免征个人所得税。

13. 关于外籍个人有关津补贴的政策

(1)2019 年 1 月 1 日至 2023 年 12 月 31 日期间,外籍个人符合居民个人条件的,可以选择享受个人所得税专项附加扣除,也可以选择按照《财政部、国家税务总局关于个人所得税若干政策问题的通知》(财税〔1994〕20 号)、《国家税务总局关于外籍个人取得有关补贴征免个人所得税执行问题的通知》(国税发〔1997〕54 号)和《财政部、国家税务总局关于外籍个人取得港澳地区住房等补贴征免个人所得税的通知》(财税〔2004〕29 号)规定,享受住房补贴、语言训练费、子女教育费等津补贴免税优惠政策,但不得同时享受。外籍个人一经选择,在一个纳税年度内不得变更。

(2)自 2024 年 1 月 1 日起,外籍个人不再享受住房补贴、语言训练费、子女教育费津补贴免税优惠政策,应按规定享受专项附加扣除。

14. 境外所得的税额扣除

(1)下列所得,为来源于中国境外的所得:①因任职、受雇、履约等在中国境外提供劳务取得的所得。②中国境外企业以及其他组织支付且负担的稿酬所得。③许可各种特许权在中国境外使用而取得的所得。④在中国境外从事生产、经营活动而取得的与生产、经营活动相关的所得。⑤从中国境外企业、其他组织以及非居民个人取得的利息、股息、红利所得。⑥将财产出租给承租人在中国境外使用而取得的所得。⑦转让中国境外的不动产、转让对中国境外企业以及其他组织投资形成的股票、股权以及其他权益性资产(以下称"权益性资产")或者在中国境外转让其他财产取得的所得。但转让对中国境外企业以及其他组织投资形成的权益性资产,该权益性资产被转让前三年(连续36个公历月份)内的任一时间,被投资企业或其他组织的资产公允价值50%以上直接或间接来自位于中国境内的不动产的,取得的所得为来源于中国境内的所得。⑧中国境外企业、其他组织以及非居民个人支付且负担的偶然所得。⑨财政部、税务总局另有规定的,按照相关规定执行。

(2)居民个人应当依照《个人所得税法》及其实施条例规定,按照以下方法计算当期境内和境外所得应纳税额:①居民个人来源于中国境外的综合所得,应当与境内综合所得合并计算应纳税额。②居民个人来源于中国境外的经营所得,应当与境内经营所得合并计算应纳税额。居民个人来源于境外的经营所得,按照《个人所得税法》及其实施条例的有关规定计算的亏损,不得抵减其境内或他国(地区)的应纳税所得额,但可以用来源于同一国家(地区)以后年度的经营所得按中国税法规定弥补。③居民个人来源于中国境外的利息、股息、红利所得,财产租赁所得,财产转让所得和偶然所得(以下称"其他分类所得"),不与境内所得合并,应当分别单独计算应纳税额。

(3)居民个人在一个纳税年度内来源于中国境外的所得,依照所得来源国家(地区)税收法律规定在中国境外已缴纳的所得税税额允许在抵免限额内从其该纳税年度应纳税额中抵免。

居民个人来源于一国(地区)的综合所得、经营所得以及其他分类所得项目的应纳税额为其抵免限额,按照下列公式计算:

$$\text{来源于一国(地区)综合所得的抵免限额} = \text{中国境内和境外综合所得依照本公告第二条规定计算的综合所得应纳税额} \times \text{来源于该国(地区)的综合所得收入额} \div \text{中国境内和境外综合所得收入额合计}$$

$$\text{来源于一国(地区)经营所得的抵免限额} = \text{中国境内和境外经营所得依照本公告第二条规定计算的经营所得应纳税额} \times \text{来源于该国(地区)的经营所得应纳税所得额} \div \text{中国境内和境外经营所得应纳税所得额合计}$$

$$\text{来源于一国(地区)其他分类所得的抵免限额} = \text{该国(地区)的其他分类所得依照我国税法规定计算的应纳税额}$$

$$\text{来源于一国(地区)所得的抵免限额} = \text{来源于该国(地区)综合所得抵免限额} + \text{来源于该国(地区)经营所得抵免限额} + \text{来源于该国(地区)其他分类所得抵免限额}$$

(4)可抵免的境外所得税税额,是指居民个人取得境外所得,依照该所得来源国(地区)税收法律应当缴纳且实际已经缴纳的所得税性质的税额。可抵免的境外所得税税额不包括以下情形:

①按照境外所得税法律属于错缴或错征的境外所得税税额;

②按照我国政府签订的避免双重征税协定以及内地与香港、澳门签订的避免双重征税安排(以下统称"税收协定")规定不应征收的境外所得税税额;

③因少缴或迟缴境外所得税而追加的利息、滞纳金或罚款;

④境外所得税纳税人或者其利害关系人从境外征税主体得到实际返还或补偿的境外所得税税款;

⑤按照我国《个人所得税法》及其实施条例规定,已经免税的境外所得负担的境外所得税税款。

(5)居民个人从与我国签订税收协定的国家(地区)取得的所得,按照该国(地区)税收法律享受免税或减税待遇,且该免税或减税的数额按照税收协定饶让条款规定应视同已缴税额在中国的应纳税额中抵免的,该免税或减税数额可作为居民个人实际缴纳的境外所得税税额按规定申报税收抵免。

(6)居民个人一个纳税年度内来源于一国(地区)的所得实际已经缴纳的所得税税额,低于来源于该国(地区)该纳税年度所得的抵免限额的,应以实际缴纳税额作为抵免额进行抵免;超过来源于该国(地区)该纳税年度所得的抵免限额的,应在限额内进行抵免,超过部分可以在以后5个纳税年度内结转抵免。

(7)居民个人取得境外所得的境外纳税年度与公历年度不一致的,取得境外所得的境外纳税年度最后一日所在的公历年度,为境外所得对应的我国纳税年度。

(8)居民个人申报境外所得税收抵免时,除另有规定外,应当提供境外征税主体出具的税款所属年度的完税证明、税收缴款书或者纳税记录等纳税凭证,未提供符合要求的纳税凭证的,不予抵免。

纳税人确实无法提供纳税凭证的,可同时凭境外所得纳税申报表(或者境外征税主体确认的缴税通知书)以及对应的银行缴款凭证办理境外所得抵免事宜。

(9)居民个人取得来源于境外的所得或者实际已经在境外缴纳的所得税税额为人民币以外货币,按照办理纳税申报或者扣缴申报的上一月最后一日人民币汇率中间价,折合成人民币。年度终了后办理汇算清缴的,对已经按月、按季或者按次预缴税款的人民币以外货币所得,不再重新折算;对应当补缴税款的所得部分,按照上一纳税年度最后一日人民币汇率中间价,折合成人民币计算应纳税所得额。

15. 上市公司股权激励

居民个人取得股票期权、股票增值权、限制性股票、股权奖励等股权激励,符合相关政策条件的,在2022年12月31日前,不并入当年综合所得,全额单独适用综合所得税率表,计算纳税。2023年1月1日之后的股权激励政策另行明确。计算公式为:

$$应纳税额 = 股权激励收入 \times 适用税率 - 速算扣除数$$

居民个人一个纳税年度内取得两次以上(含两次)股权激励的,应合并按上述规定计算纳税。

三、对《国家税务总局关于修订个人所得税申报表的公告》的解读

(一)修订申报表的总体情况

(1)根据税法年度汇算有关规定,对没有取得境外所得的居民个人,为便于其更好地理解并办理年度汇算,根据不同情况,将原"个人所得税年度自行纳税申报表"细分为"个人所得税年度自行纳税申报表(A表)""个人所得税年度自行纳税申报表(简易版)""个人所得税年度自行纳税申报表(问答版)",以便各类纳税人结合自身实际选用申报表,降低填报难度。

(2)根据税法及境外所得有关政策规定,制发"个人所得税年度自行纳税申报表(B表)""境外所得个人所得税抵免明细表",以便取得境外所得的纳税人能够较为清晰地计算记录和填报抵免限额,并办理纳税申报。

(3)根据税法及相关政策规定,调整完善了原"个人所得税经营所得纳税申报表(A表)""个人所得税减免税事项报告表"相关填报内容和说明,以便纳税人填报享受捐赠扣除和税收优惠。

(4)根据税法以及"三代"手续费办理的有关要求,设计了"代扣代缴手续费申请表",以便扣缴义务人能够较为便捷规范地申请个人所得税代扣代缴手续费。

【注意】①年度汇算的主体,仅指个人所得税法规定的居民个人。非居民个人,无须办理年度汇算。②年度汇算的范围和内容,仅指纳入综合所得范围的工资薪金、劳务报酬、稿酬、特许权使用费四项所得。利息股息红利所得、财产租赁所得等分类所得均不纳入年度汇算。同时,按照有关文

件规定,纳税人取得的可以不并入综合所得计算纳税的收入,也不在年度汇算范围内。

(二)修订后各申报表的使用

《公告》发布的修订后的表证单书如下:

(1)"个人所得税年度自行纳税申报表(A 表)"。该表适用于纳税年度内仅从中国境内取得工资、薪金所得,劳务报酬所得,稿酬所得,特许权使用费所得(以下称"综合所得")的居民个人,按税法规定进行年度汇算。

"个人所得税年度自行纳税申报表(简易版)"。该表适用于纳税年度内仅从中国境内取得综合所得,且年综合所得收入额不超过 6 万元的居民个人,按税法规定进行年度汇算。

"个人所得税年度自行纳税申报表(问答版)"。该表通过提问的方式引导居民个人完成纳税申报,适用于纳税年度内仅从中国境内取得综合所得的居民个人,按税法规定进行年度汇算。

(2)"个人所得税年度自行纳税申报表(B 表)"。该表适用于纳税年度内取得境外所得的居民个人,按税法规定进行个人所得税年度自行申报。同时,办理境外所得纳税申报时,需一并附报"境外所得个人所得税抵免明细表",以便计算其取得境外所得的抵免限额。

(3)"个人所得税经营所得纳税申报表(A 表)"。该表适用于查账征收和核定征收的个体工商户业主、个人独资企业投资人、合伙企业个人合伙人、承包承租经营者个人以及其他从事生产、经营活动的个人在中国境内取得经营所得,按税法规定办理个人所得税预缴纳税申报。

(4)"个人所得税减免税事项报告表"。该表适用于个人在纳税年度内发生减免税事项,扣缴义务人预扣预缴时或者个人自行纳税申报时填报享受税收优惠。

(5)"代扣代缴手续费申请表"。该表适用扣缴义务人申请个人所得税代扣代缴手续费。

(三)修订后申报表的启用日期

修订后的申报表自 2020 年 1 月 1 日起启用。

| 年度自行纳税申报表(A表)详细解读 | 年度自行纳税申报表(B表)详细解读 | 个人所得税经营所得纳税申报表(A表)详细解读 | 个人所得税减免税事项报告表详细解读 | 代扣代缴手续费申请表详细解读 | 相关申报表格 |

任务五　个人所得税的征收管理

一、个人所得税的代扣代缴

个人所得税以所得人为纳税人,以支付所得的单位或者个人为扣缴义务人。

纳税人有中国居民身份证号码的,以中国居民身份证号码为纳税人识别号;纳税人没有中国居民身份证号码的,由税务机关赋予其纳税人识别号。扣缴义务人扣缴税款时,纳税人应当向扣缴义务人提供纳税人识别号。

有下列情形之一的,纳税人应当依法办理纳税申报:①取得综合所得需要办理汇算清缴;②取得应税所得没有扣缴义务人;③取得应税所得,扣缴义务人未扣缴税款;④取得境外所得;⑤因移居境外注销中国户籍;⑥非居民个人在中国境内从两处以上

动漫视频

个人所得税缴纳规则

取得工资、薪金所得;⑦国务院规定的其他情形。

扣缴义务人应当按照国家规定办理全员全额扣缴申报,并向纳税人提供其个人所得和已扣缴税款等信息。对扣缴义务人按照所扣缴的税款,付给2%的手续费。

二、个人所得税的汇算清缴

居民个人取得综合所得,按年计算个人所得税;有扣缴义务人的,由扣缴义务人按月或者按次预扣预缴税款;需要办理汇算清缴的,应当在取得所得的次年3月1日至6月30日内办理汇算清缴。预扣预缴办法由国务院税务主管部门制定。

【提示】纳税人及为其代办年度汇算的单位需各自将办理年度汇算的相关资料,自年度汇算期结束之日起留存5年。比如,2021年度汇算的相关资料留存期限为自2022年7月1日至2027年6月30日。

需要办理年度汇算的情形,分为退税、补税两类。

1. 退税

该情形适用于预缴税额高于应纳税额,需要申请退税的纳税人。依法申请退税是纳税人的权利。只要纳税人预缴税额大于纳税年度应纳税额,就可以依法申请年度汇算退税。实践中有一些比较典型的情形,将产生或者可能产生退税,主要如下:

(1)纳税年度综合所得年收入额不足6万元,但平时预缴过个人所得税的;

(2)纳税年度有符合享受条件的专项附加扣除,但预缴税款时没有申报扣除的;

(3)因年中就业、退职或者部分月份没有收入等原因,减除费用6万元、"三险一金"等专项扣除、子女教育等专项附加扣除、企业(职业)年金以及商业健康保险、税收递延型养老保险等扣除不充分的;

(4)没有任职受雇单位,仅取得劳务报酬、稿酬、特许权使用费所得,需要通过年度汇算办理各种税前扣除的;

(5)纳税人取得劳务报酬、稿酬、特许权使用费所得,年度中间适用的预扣预缴率高于全年综合所得年适用税率的;

(6)预缴税款时,未申报享受或者未足额享受综合所得税收优惠的,如残疾人减征个人所得税优惠等;

(7)有符合条件的公益慈善事业捐赠支出,但预缴税款时未办理扣除的。

2. 补税

该情形适用于预缴税额小于应纳税额,应当补税的纳税人。依法补税是纳税人的义务。实践中有一些常见情形,将导致年度汇算时需要或可能需要补税,主要如下:

(1)在两个以上单位任职受雇并领取工资薪金,预缴税款时重复扣除了减除费用(5 000元/月);

(2)除工资薪金外,纳税人还有劳务报酬、稿酬、特许权使用费所得,各项综合所得的收入加总后,导致适用综合所得年税率高于预扣预缴率。

居民个人向扣缴义务人提供专项附加扣除信息的,扣缴义务人按月预扣预缴税款时应当按照规定予以扣除,不得拒绝。

$$本期应预扣预缴税额 = \left(累计预扣预缴应纳税所得额 \times 预扣率 - 速算扣除数\right) - 累计减免税额 - 累计已预扣预缴税额$$

$$累计预扣预缴应纳税所得额 = 累计收入 - 累计免税收入 - 累计减除费用 - 累计专项扣除 - 累计专项附加扣除 - 累计依法确定的其他扣除$$

上式中，累计减除费用，按照5 000元/月乘以纳税人当年截至本月在本单位的任职受雇月份数计算。

居民个人向扣缴义务人提供有关信息并依法要求办理专项附加扣除的，扣缴义务人应当按照规定在工资、薪金所得按月预扣预缴税款时予以扣除，不得拒绝。

年度预扣预缴税额与年度应纳税额不一致的，由居民个人于次年3月1日至6月30日内，向主管税务机关办理综合所得年度汇算清缴，税款多退少补。

【做中学6—9】 某居民个人2023年每月取得工资收入20 000元，每月缴纳社保费用和住房公积金1 500元。该居民个人全年均享受住房贷款利息专项附加扣除。

要求：不考虑其他因素，计算该居民个人的工资、薪金所得扣缴义务人2023年1至3月份应代扣代缴的税款金额。

解析：
(1)2023年1月份
应税收入＝20 000－1 500－1 000－5 000＝12 500(元)
代扣个税＝12 500×3％＝375(元)
(2)2023年2月份
1月和2月应税收入＝12 500×2＝25 000(元)
代扣个税＝25 000×3％－375＝375(元)
(3)2023年3月份
1月到3月应税收入＝12 500×3＝37 500(元)
代扣个税＝37 500×10％－2 520－375－375＝480(元)

为更好地贯彻落实党中央、国务院"六保""六稳"精神和要求，进一步减轻毕业学生等年度中间首次入职人员以及实习学生预扣预缴阶段的税收负担，国家税务总局制发了《关于完善调整部分纳税人个人所得税预扣预缴方法的公告》。2020年7月1日之前就业或者实习的纳税人，如存在多预缴个人所得税的，仍可在次年办理综合所得汇算清缴时申请退税。

对一个纳税年度内首次取得工资、薪金所得的居民个人，扣缴义务人在预扣预缴工资、薪金所得个人所得税时，可扣除从年初开始计算的累计减除费用(5 000元/月)。

例如，大学生小李2023年7月毕业后进入某公司工作，公司发放7月份工资、计算当期应预扣预缴的个人所得税时，可减除费用35 000元(7个月×5 000元/月)。

又如，学生小张7月份在某公司实习取得劳务报酬3 000元。扣缴单位在为其预扣预缴劳务报酬所得个人所得税时，可采取累计预扣法预扣预缴税款。如采用该方法，那么小张7月份劳务报酬扣除5 000元减除费用后则无须预缴税款，比预扣预缴方法完善调整前少预缴440元。如小张年内再无其他综合所得，也就无须办理年度汇算退税。

扣缴义务人向居民个人支付劳务报酬所得、稿酬所得、特许权使用费所得时，应当按照以下方法按次或者按月预扣预缴税款：

①劳务报酬所得、稿酬所得、特许权使用费所得以收入减除费用后的余额为收入额。其中，稿酬所得的收入额减按70％计算。

②减除费用：预扣预缴税款时，劳务报酬所得、稿酬所得、特许权使用费所得每次收入不超过4 000元的，减除费用按800元计算；每次收入4 000元以上的，减除费用按收入的20％计算。

③应纳税所得额：劳务报酬所得、稿酬所得、特许权使用费所得，以每次收入额为预扣预缴应纳税所得额，计算应预扣预缴税额。劳务报酬所得适用居民个人劳务报酬所得预扣预缴率表(见表6—4)，稿酬所得、特许权使用费所得适用20％的比例预扣率。

④预扣预缴税额计算公式：

劳务报酬所得应预扣预缴税额＝预扣预缴应纳税所得额×预扣率－速算扣除数

稿酬所得、特许权使用费所得应预扣预缴税额＝预扣预缴应纳税所得额×20%

居民个人办理年度综合所得汇算清缴时，应当依法计算劳务报酬所得、稿酬所得、特许权使用费所得的收入额，并入年度综合所得计算应纳税款，税款多退少补。

扣缴义务人向非居民个人支付工资、薪金所得，劳务报酬所得，稿酬所得和特许权使用费所得时，应当按照以下方法按月或者按次代扣代缴税款：

①非居民个人的工资、薪金所得，以每月收入额减除费用5 000元后的余额为应纳税所得额。

②劳务报酬所得、稿酬所得、特许权使用费所得，以每次收入额为应纳税所得额，适用相应税率表（见表6—5）计算应纳税额。劳务报酬所得、稿酬所得、特许权使用费所得以收入减除20%的费用后的余额为收入额。其中，稿酬所得的收入额减按70%计算。

③税款扣缴计算公式：

非居民个人工资、薪金所得，劳务报酬所得，稿酬所得，特许权使用费所得应纳税额＝应纳税所得额×适用税率－速算扣除数

非居民个人取得工资、薪金所得，劳务报酬所得，稿酬所得和特许权使用费所得，有扣缴义务人的，由扣缴义务人按月或者按次代扣代缴税款，不办理汇算清缴。

纳税人取得经营所得，按年计算个人所得税，由纳税人在月度或者季度终了后15日内向税务机关报送纳税申报表，并预缴税款；在取得所得的次年3月31日前办理汇算清缴。

纳税人取得利息、股息、红利所得，财产租赁所得，财产转让所得和偶然所得，按月或者按次计算个人所得税，有扣缴义务人的，由扣缴义务人按月或者按次代扣代缴税款。

纳税人取得应税所得没有扣缴义务人的，应当在取得所得的次月15日内向税务机关报送纳税申报表，并缴纳税款。

纳税人取得应税所得，扣缴义务人未扣缴税款的，纳税人应当在取得所得的次年6月30日前，缴纳税款；税务机关通知限期缴纳的，纳税人应当按照期限缴纳税款。

居民个人从中国境外取得所得的，应当在取得所得的次年3月1日至6月30日内申报纳税。

非居民个人在中国境内从两处以上取得工资、薪金所得的，应当在取得所得的次月15日内申报纳税。

纳税人因移居境外注销中国户籍的，应当在注销中国户籍前办理税款清算。

扣缴义务人每月或者每次预扣、代扣的税款，应当在次月15日内缴入国库，并向税务机关报送扣缴个人所得税申报表。

纳税人办理汇算清缴退税或者扣缴义务人为纳税人办理汇算清缴退税的，税务机关审核后，按照国库管理的有关规定办理退税。申报退税应当提供本人在中国境内开设的银行账户。

三、简便优化部分纳税人个人所得税预扣预缴方法

国家税务总局《公告》2020年第19号优化了两类纳税人的预扣预缴方法，自2021年1月1日起施行。

(1)上一完整纳税年度各月均在同一单位扣缴申报了工资薪金所得个人所得税且全年工资薪金收入不超过6万元的居民个人。具体来说需同时满足三个条件：①上一纳税年度1—12月均在同一单位任职且预扣预缴申报了工资薪金所得个人所得税；②上一纳税年度1—12月的累计工资薪金收入（包括全年一次性奖金等各类工资薪金所得，且不扣减任何费用及免税收入）不超过6万元；③本纳税年度自1月起，仍在该单位任职受雇并取得工资薪金所得。

(2)按照累计预扣法预扣预缴劳务报酬所得个人所得税的居民个人,如保险营销员和证券经纪人。同样需同时满足以下三个条件:①上一纳税年度 1—12 月均在同一单位取酬且按照累计预扣法预扣预缴申报了劳务报酬所得个人所得税;②上一纳税年度 1—12 月的累计劳务报酬(不扣减任何费用及免税收入)不超过 6 万元;③本纳税年度自 1 月起,仍在该单位取得按照累计预扣法预扣预缴税款的劳务报酬所得。

【做中学 6—10】 小李 2022 年至 2023 年度都是 A 单位员工。A 单位 2022 年 1—12 月每月均为小李办理了全员全额扣缴明细申报。假设小李 2022 年工薪收入合计 54 000 元,则小李 2023 年可适用《公告》。

【做中学 6—11】 小赵 2022 年 3—12 月在 B 单位工作且全年工薪收入 54 000 元。假设小赵 2023 年还在 B 单位工作,但因其上年并非都在 B 单位,则不适用《公告》。

四、优化后的预扣预缴方法

对符合《公告》规定的纳税人,扣缴义务人在预扣预缴本纳税年度个人所得税时,累计减除费用自 1 月份起直接按照全年 6 万元计算扣除。即,在纳税人累计收入不超过 6 万元的月份,不用预扣预缴个人所得税;在其累计收入超过 6 万元的当月及年内后续月份,再预扣预缴个人所得税。同时,依据税法规定,扣缴义务人仍应按税法规定办理全员全额扣缴申报。

【做中学 6—12】 小张为 A 单位员工,2022 年 1—12 月在 A 单位取得工资薪金 50 000 元,单位为其办理了 2022 年 1—12 月的工资薪金所得个人所得税全员全额明细申报。假设 2023 年,A 单位 1 月给其发放 10 000 元工资,2—12 月每月发放 4 000 元工资。在不考虑"三险一金"等各项扣除情况下,按照原预扣预缴方法,小张 1 月需预缴个税 150 元[(10 000-5 000)×3%],其他月份无须预缴个税;全年算账,因其年收入不足 6 万元,故通过汇算清缴可退税 150 元。采用《公告》规定的新预扣预缴方法后,小张自 1 月份起即可直接扣除全年累计减除费用 6 万元而无须预缴税款,年度终了也就不用办理汇算清缴。

【做中学 6—13】 小周为 A 单位员工,2022 年 1—12 月在 A 单位取得工资薪金 50 000 元,单位为其办理了 2022 年 1—12 月的工资薪金所得个人所得税全员全额明细申报。假设 2023 年,A 单位每月给其发放工资 8 000 元,个人按国家标准缴付"三险一金" 2 000 元。在不考虑其他扣除情况下,按照原预扣预缴方法,小周每月需预缴个税 30 元。采用《公告》规定的新预扣预缴方法后,1—7 月份,小周因其累计收入(8 000×7 个月=56 000 元)不足 6 万元而无须缴税;从 8 月份起,小张累计收入超过 6 万元,每月需要预扣预缴的税款计算如下:

8 月预扣预缴税款=(8 000×8-2 000×8-60 000)×3%-0=0(元)
9 月预扣预缴税款=(8 000×9-2 000×9-60 000)×3%-0=0(元)
10 月预扣预缴税款=(8 000×10-2 000×10-60 000)×3%-0=0(元)
11 月预扣预缴税款=(8 000×11-2 000×11-60 000)×3%-0=180(元)
12 月预扣预缴税款=(8 000×12-2 000×12-60 000)×3%-180=180(元)

【注意】 对符合本条件的纳税人,如扣缴义务人预计本年度发放给其的收入将超过 6 万元,纳税人需要纳税记录或者本人有多处所得合并后全年收入预计超过 6 万元等原因,扣缴义务人与纳税人可在当年 1 月份税款扣缴申报前经双方确认后,按照原预扣预缴方法计算并预缴个人所得税。

【做中学 6—14】 承接做中学 6—13,假设 A 单位 2023 年为小周全年发放工资 96 000 元,那么可以在 2024 年 1 月工资发放前和小周确认后,按照原预扣预缴方法每月扣缴申报 30 元税款。

【提示】 扣缴义务人采用自然人电子税务局扣缴客户端和自然人电子税务局 WEB 端扣缴功能申报的,扣缴义务人在计算并预扣本年度 1 月份个人所得税时,系统会根据上一年度扣缴申报情况,自动汇总并提示可能符合条件的员工名单,扣缴义务人根据实际情况核对、确认后,即可按本《公告》规定的方法预扣预缴个人所得税。采用纸质申报的,扣缴义务人则需根据上一年度扣缴申报情况,判断符合《公告》规定的纳税人,再按本公告执行,并需从当年 1 月份税款扣缴申报起,在"个人所得税扣缴申报表"相应纳税人的备注栏填写"上年各月均有申报且全年收入不超过 6 万元"。

五、纳税人办理年度汇算的方式

(1)自己办,即纳税人自行办理。对于独立完成年度汇算存在困难的年长、行动不便等特殊人群,由纳税人提出申请,税务机关还可以提供个性化年度汇算服务。

(2)单位办,即请任职受雇单位办理。考虑到任职受雇单位对纳税人的涉税信息掌握得比较全面、准确,与纳税人联系也比较紧密,有利于更好地帮助纳税人办理年度汇算,纳税人可以通过任职受雇单位代办年度汇算。

(3)请人办,即委托涉税专业服务机构或其他单位及个人办理。纳税人可根据自己的情况和条件,自主委托涉税专业服务机构或其他单位、个人(以下称受托人)办理年度汇算。选择这种方式,受托人需与纳税人签订委托授权书,明确双方的权利、责任和义务。

【注意】单位或者受托人代为办理年度汇算后,应当及时将办理情况告知纳税人。纳税人如果发现年度汇算申报信息存在错误,可以要求其代办或自行办理更正申报。

六、纳税人办理年度汇算的渠道

(1)网络办。纳税人优先选择通过自然人电子税务局办理年度汇算,特别是手机个人所得税 APP 掌上办税。此外,对存在境外所得的居民个人,可以通过自然人电子税务局网页端境外所得申报功能办理年度汇算。

(2)邮寄办。如果纳税人不方便使用网络,也可以邮寄申报表办理年度汇算。各省(区、市)税务局将指定专门受理邮寄申报的税务机关并向社会公告。

(3)大厅办。如果纳税人不方便使用网络或邮寄,也可以到主管税务机关办税服务厅办理。

七、纳税人申报办理年度汇算

纳税人申报办理年度汇算按照方便就近的原则。税务机关,是指受理纳税人提交的年度汇算申报并负责处理年度汇算相关事宜的税务机关,并不等同于办理年度汇算的"物理地点",纳税人在通过网络办理申报时可不受物理空间限制,实行全国通办。

负责受理纳税人年度汇算申报的税务机关,主要分为三种情形:

(1)年度汇算期内,纳税人自行办理或受托人为纳税人代办年度汇算。

①有任职受雇单位的,向其任职受雇单位所在地主管税务机关申报;有两处及以上任职受雇单位的,选择向其中一处申报。按照累计预扣法为纳税人预扣预缴劳务报酬所得个人所得税的单位视同为纳税人的任职受雇单位,这部分纳税人需向单位所在地的主管税务机关办理年度汇算。

②没有任职受雇单位的,向其户籍所在地、经常居住地或者主要收入来源地主管税务机关申报。纳税人已在中国境内申领居住证的,以居住证登记的居住地住址为经常居住地;没有申领居住证的,以当前实际居住地址为经常居住地;纳税人也可以选择主要收入来源地即一个纳税年度内向纳税人累计发放劳务报酬、稿酬及特许权使用费金额最大的扣缴义务人所在地主管税务机关为受理申报机关。纳税人没有任职受雇单位且取得境外所得的,也可以选择向主要收入来源地主管税务机关申报。

(2)年度汇算期内,若由任职受雇单位在年度汇算期内为纳税人代办年度汇算,则向单位的主管税务机关申报。

(3)年度汇算结束后,为便于纳税服务和征收管理,税务部门将为尚未办理年度汇算的纳税人确定主管税务机关。

▼ 应知考核

一、单项选择题

1. 劳务报酬所得、稿酬所得、特许权使用费所得以收入减除( )的费用后的余额为收入额。
 A. 10%　　　　　　B. 15%　　　　　　C. 20%　　　　　　D. 25%

2. 稿酬所得的收入额减按( )计算。
 A. 15%　　　　　　B. 20%　　　　　　C. 60%　　　　　　D. 70%

3. 纳税人的子女接受全日制学历教育的相关支出,按照每个子女每月( )的标准定额扣除。
 A. 1 000 元　　　　B. 2 000 元　　　　C. 3 000 元　　　　D. 4 000 元

4. 居民个人从中国境外取得所得的,应当在取得所得的次年( )内申报纳税。
 A. 3月1日
 B. 6月30日
 C. 3月1日至6月30日
 D. 6月1日至9月30日

5. 在两处或者两处以上取得综合所得,且综合所得年收入额减去专项扣除的余额超过( )万元,应当依法办理汇算清缴。
 A. 6　　　　　　　B. 8　　　　　　　C. 10　　　　　　　D. 12

二、多项选择题

1. 工资、薪金所得,是指个人因任职或者受雇取得的( )。
 A. 年终加薪　　　B. 劳动分红　　　C. 津贴　　　　　D. 偶然所得

2. 财产租赁所得,是指个人出租( )而取得的所得。
 A. 不动产
 B. 土地使用权
 C. 机器设备
 D. 车船以及其他财产

3. 财产转让所得,是指个人转让( )的所得。
 A. 有价证券
 B. 股权
 C. 合伙企业中的财产份额
 D. 不动产

4. 纳税人赡养一位及以上被赡养人的赡养支出,下列说法中正确的有( )。
 A. 纳税人为独生子女的,按照每月 2 000 元的标准定额扣除
 B. 纳税人为非独生子女的,由其与兄弟姐妹分摊每月 2 000 元的扣除额度,每人分摊的额度不能超过每月 1 000 元
 C. 可以由赡养人均摊或者约定分摊,也可以由被赡养人指定分摊
 D. 所称被赡养人是指年满 65 周岁的父母,以及子女均已去世的年满 65 周岁的祖父母、外祖父母

5. 下列各项个人所得中免征个人所得税的有( )。
 A. 国债和国家发行的金融债券利息
 B. 福利费、抚恤金、救济金

C. 保险赔款

D. 军人的转业费、复员费、退役金

三、判断题

1. 在中国境内有住所,或者无住所而一个纳税年度内在中国境内居住累计满183天的个人,为居民个人。（　　）

2. 稿酬所得,是指个人因其作品以图书、报刊形式出版、发表而取得的所得。（　　）

3. 个人所得税综合所得,适用5%～35%的超额累进税率。（　　）

4. 住房租金直辖市、省会(首府)城市、计划单列市以及国务院确定的其他城市,扣除标准为每月1 500元。（　　）

5. 非居民个人在中国境内从两处以上取得工资、薪金所得的,应当在取得所得的次月5日内申报纳税。（　　）

四、简述题

1. 简述个人所得税的特点。
2. 简述个人所得税的纳税人。
3. 简述个人所得的专项附加扣除项目。
4. 简述个人所得税的应税项目。
5. 简述个人所得免征个人所得税的范围。

应会考核

■ 观念应用

新个人所得税的应用

星宇设计院2022年建造住宅楼一幢,建造成本为每平方米3 000元,但是以每平方米2 400元的价格将其销售给了本企业职工。该企业职工徐某2022年10月购买的房屋,面积为100平方米,徐某在该设计院取得当月工资5 400元。取得的其他收入如下:①为其他公司设计产品营销方案,取得一次性设计收入18 000元;②购买福利彩票支出500元,取得一次性中奖收入15 000元。

【考核要求】

计算徐某10月份应缴纳的个人所得税。

■ 技能应用

利息、股息、红利所得的应用

孙某系A市某公司职员,2022年7—12月收入情况如下:

(1)每月取得工资收入4 500元。

(2)9月份取得特许权使用费所得50 000元(不含增值税)。

(3)10月份取得上市公司分配的股息、红利所得20 000元。

(4)每月取得出租居民住房租金收入5 000元(不含增值税,按市场价出租,当期未发生修缮费用)。

【技能要求】

(1)计算1—6月工资应缴纳的个人所得税。

(2)计算特许权使用费应缴纳的个人所得税。

(3)计算股息、红利应缴纳的个人所得税。

(4)计算7—12月租金收入应缴纳的个人所得税(暂不考虑城市维护建设税、教育费附加)。

■ 案例分析

帮助李杰分析新个税税收优惠

李杰就职于华美设计院,2022年取得收入如下:

(1)每月工资收入为6 000元,按所在省人民政府规定比例提取并缴付"五险一金"960元,业余时间在一家设计公司兼职,每月取得兼职收入3 000元。

(2)12月底,华美设计院发放年终奖17 500元。

(3)11月1日,出租自有房屋一套,一次性收取1年房租24 000元。

【分析要求】

李杰是否可以自行申报纳税?纳税金额是多少?

▼ 项目实训

【实训项目】

所得税——个人所得税的应用

【实训情境】

个人所得税预扣预缴及汇算清缴的计算

中国公民王某2018年入职,2022年每月应发工资均为30 000元,每月减除费用5 000元,"三险一金"等专项扣除为4 500元,享受子女教育、赡养老人两项专项附加扣除共计2 000元,假设没有减免收入及减免税额等情况。此外,王某每月取得劳务报酬所得8 000元;11月取得稿酬所得40 000元,12月取得特许权使用费所得2 000元。每月没有其他综合所得收入。

【实训任务】

1. 计算王某每月应预扣预缴的税款及汇算清缴的税款。

2. 撰写《所得税——个人所得税的应用》实训报告。

《所得税——个人所得税的应用》实训报告		
项目实训班级:	项目小组:	项目组成员:
实训时间: 年 月 日	实训地点:	实训成绩:
实训目的:		
实训步骤:		
实训结果:		
实训感言:		

项目七　财产与行为税——财产税

● **知识目标**

理解：财产税的概念、特点和分类。
熟知：财产税的基本法律及相关制度。
掌握：财产税的应纳税额计算及征收管理。

● **技能目标**

能够具备对财产税进行计算的能力，不断提高专业技能水平。

● **素质目标**

运用所学的财产税知识研究相关案例，培养和提高学生在特定业务情境中分析问题与决策设计的能力；结合行业规范或标准，运用财产税知识分析行为的善恶，强化学生的职业道德素质。

● **思政目标**

能够正确地理解"不忘初心"的核心要义和精神实质；树立正确的世界观、人生观和价值观，做到学思用贯通、知信行统一；通过财产税知识加强职业责任感，具备税务人员应具备的内控意识和观念，树立职业道德观。

● **项目引例**

2022年上半年房产税收入1 874亿元，比上年同期增长17.2%

财政部发布2022年上半年财政收支情况。其中土地和房地产相关税收中，契税2 969亿元，比上年同期下降28%；土地增值税3 929亿元，比上年同期下降7.7%；房产税1 874亿元，比上年同期增长17.2%；耕地占用税860亿元，比上年同期增长34.5%；城镇土地使用税1 230亿元，比上年同期增长13.5%。

请问：什么是房产税和城镇土地使用税？财产税有什么特点？

● 知识精讲

任务一　财产税概述

财产与行为税是在我国现行税制结构中处于辅助地位、对主体税种起辅助作用的税类，能补充或发挥主体税种难以替代的特殊功能。其税种设置具有较大的灵活性和因地制宜性，体现国家某种特定的征税目的，是税制结构的重要组成部分。

一、财产税的概念和特点

财产税是以纳税人拥有的财产数量或财产价值为征税对象而开征的一类税种，具体包括房产税、城镇土地使用税、车船税和契税。

财产税一般具有以下特点：

（一）财产税的税收收入为地方政府固定收入

财产税的税收收入归属于地方政府所有。在发达国家，无论是美国等联邦制国家，还是英国等君主立宪制国家，大多数财产税的税收均划归地方政府；许多发展中国家近年来也极为重视财政分配关系的调整，大多把财产税交由地方政府管理与支配。虽然财产税的收入规模在许多国家税收收入总额中的比重普遍不是很高，如发达国家一般为10%~12%，发展中国家一般在5%以下，但其占地方级税收收入的比重却较为可观，已成为地方政府的主要财政收入之一。

财产税收入之所以能够成为地方政府固定收入，与其课税对象固定的特点有关。以房产税为例，作为财产税课税对象的房地产固定不动，与流动性较大的商品和所得相比，更适于由地方政府来征收。因为地方政府对本地区的房地产分布、产权和价值情况更加清楚，征收更有效率；又因课税对象不流动，不易发生税负转嫁，不需进行地区间的再分配，由地方政府征收是公平的选择。由于房地产的地域性特点，从公共财政的角度来看，对房地产征收财产税更有利于地方政府根据居民房地产状况来对公共支出的成本（税收）和受益原则进行分摊，有助于增进公平和提高效率。

（二）财产税属于直接税，税收负担难以转嫁

财产税主要是对使用、消费过程中的财产征收，而对生产、流通中的财产不征税。因此，财产税的纳税人与负税人一致，税负难以转嫁。

（三）财产税的税基组成社会财富的存量部分

作为财产税课税对象的财产，多数为不直接参与流转的财产。这些财产从私人方面看，是私人拥有或支配的财富；从社会方面而言，是社会财富中处于存量的部分。虽然是存量的财富，但并不等于绝对不发生转移，仅是相对于流动性强的所得而言。

（四）财产税在筹集财政收入时兼具调节功能

财产税的课税对象价值比较稳定，不易受社会经济变动的影响，也不会发生大规模的地区性迁移，且税源范围比较广泛，税收收入效应明显，税基具有良好的发展潜力。同时，由于多数国家将财产税划归地方政府，财产税可以给地方政府带来财政能力的提高，改善当地居住环境和公共服务水平，促进外来人口流入并带动当地经济的发展。

财产是一种财富存量，如房屋、土地、交通工具等，财产税实际上也是对纳税人的财富征税。财产多少对法人和自然人的行为有重要影响，因此，对社会财富的存量进行税收调节非常必要。财产税不仅能增加财政收入，而且能调节财产所有人的财富，缩小贫富差距，并弥补其他课税的不足，从而发挥其独特的调节功能。

（五）财产税在征税时会引入第三方评估机制

除机动车和船以外，财产税的课税对象主要以不动产为主，如土地、房屋等。不动产的计税基础是不动产评估的真实价值。由于不动产价值的确定取决于诸多因素，如朝向、面积、年限、地段、交通条件等，难以制定一个适用于全社会的统一标准。基于此，房产税的征收通常要引入第三方评估机制，以保证计税依据的准确与公平。

二、财产税的类型

财产税分类方法较多，理论上可按照下列标准进行分类：

（一）根据征收范围的不同，可分为一般财产税和个别财产税

一般财产税，也称综合财产税，是指对纳税人所拥有的全部财产进行综合课征，但实际征收过程中要考虑负债的扣除标准以及免税条款等。一般财产税按照适用的税率标准不同，又可以进一步划分为比例税率制财产税和累进税率制财产税。

个别财产税，也称特种财产税或特别财产税，是对纳税人所拥有的各类不同财产，比如房屋、土地和其他财产等，分别设置不同的税种进行征收。目前个别财产税的形式，主要包括对土地单独开征的土地税、对房屋单独开征的房产税、对土地和房屋合并开征的房地产税、对土地和房屋及其他不动产合并开征的不动产税、对车辆与船舶等动产开征的税种等。

（二）根据征税对象的形态不同，可分为静态财产税和动态财产税

静态财产税是指在财产所有者持有或保有财产环节进行定期征收的税种，如房产税、城镇土地使用税和车船税。静态财产税的特点是它的征收时间一般具有规律性，往往是定期反复征收。

动态财产税是指在财产产权转移的环节所征收的税种，多为一次性征收。它征收的前提是财产所有权的变动和转移，我国现行财产税中的契税及部分国家征收的遗产税属于此类。

（三）根据计税依据的不同，可分为从价财产税和从量财产税

从价财产税以应税财产的价值量特征作为计税依据，与财产的价值量直接相关，受财产价值变动的影响。根据价值量计算标准的不同，从价财产税又可以分为财产价值税和财产增值税。财产价值税是按财产的价值总量课征的一种税，如依历史成本或者评估价格等进行征收；财产增值税是按财产的增加价值，也就是现值超过原值的部分课征的一种财产税。

从量财产税以应税财产的物理量特征作为计税依据，其基本特点是征税的多少取决于个人的财产数量，而与财产的价值没有关系，价格的变化一般不会对税收收入造成影响。

（四）根据征收时序的不同，可分为经常财产税和临时财产税

经常财产税是指定期课征，可以作为经常性财政收入来源的一种税，经常财产税占财产税总收入的绝大部分。

临时财产税是指只有在非常时期为了特定目的而临时开征的财产税，如在战争期间需要为政府筹集经费等。在现代税制体系中，财产税往往是指经常财产税，很少有临时财产税。

任务二　房产税

一、房产税的概念

房产税是中外各国政府广为开征的古老的税种。欧洲中世纪时，房产税就成为封建君主敛财的一项重要手段，且名目繁多，如"窗户税""灶税""烟囱税"等，这类房产税大多以房屋的某种外部标志作为确定负担的标准。中国古籍《周礼》上所称"廛布"即为最初的房产税。至唐代的间架税、

清代和中华民国时期的房捐,均属房产税性质。

房产税是以房屋为课税对象征收的一种财产税,以房屋的计税余值或租金收入为计税依据,向房屋产权所有人征收的一种财产税。房产税法是调整房产税征纳关系的法律规范的总称。国务院于1986年9月15日发布了《中华人民共和国房产税暂行条例》(2011年1月8日国务院令第588号修订,以下简称《房产税暂行条例》),同年9月25日财政部、国家税务总局印发《关于房产税若干具体问题的解释和暂行规定》,当时规定房产税只对内资企业和中国公民征收,而对涉外企业和外籍人员仍征收原城市房地产税。自2009年1月1日起,外商投资企业、外国企业和组织以及外籍个人,依照《中华人民共和国房产税暂行条例》缴纳房产税。

二、房产税的特点

(1)房产税属于财产税中的个别财产税,其征税对象只是房屋。

(2)征收范围限于城镇的经营性房屋。房产税在城市、县城、建制镇和工矿区范围内征收,为了不增加农民的负担,房产税未将农村划入征税范围。同时,房产税并非针对所有的房屋,而是专门针对用于经营或用于出租的房屋。

(3)区别房屋的经营使用方式规定不同的征税办法,自用的房屋按房产计税余值征收,出租、出典的房屋按租金收入征收。

三、房产税的基本法律

(一)征税范围

房产税的征税对象是房产。所谓房产,是以房屋形态表现的财产,是指有屋面和围护结构(有墙或两边有柱),能遮风避雨,可供人们在其中生产、工作、学习、娱乐、居住或储藏物资的场所。

【注意】房产不等于建筑物。

【提示】与房屋不可分割的各种附属设施或不单独计价的配套设施,也属于房屋,应一并征收房产税。独立于房屋之外的建筑物(如水塔、围墙、加油站罩棚等)不属于房屋,不征房产税。

房产税的征税范围为位于城市、县城、建制镇和工矿区的房屋,对坐落在农村的房屋暂不征收房产税。①城市,是指国务院批准设立的市,包括市区、郊区和市辖县县城,但不包括农村。②县城,是指未设立建制镇的县人民政府所在地。③建制镇,是指经省、自治区、直辖市人民政府批准设立的建制镇,但不包括所辖的行政村。④工矿区,是指工商业比较发达、人口比较集中,符合国务院规定的建制镇标准,但尚未设立建制镇的大中型工矿企业所在地。开征房产税的工矿区须经省、自治区、直辖市人民政府批准。

【注意】房地产开发企业建造的商品房,在出售前,不征收房产税;但对出售前房地产开发企业已使用或出租、出借的商品房应按规定征收房产税。

(二)纳税人

房产税以在征税范围内的房屋产权所有人为纳税人。其中:

(1)产权属国家所有的,由经营管理单位纳税;产权属集体和个人所有的,由集体单位和个人纳税。

(2)产权出典的,由承典人纳税。所谓产权出典,是指产权所有人将房屋、生产资料等的产权,在一定期限内典当给他人使用,而取得资金的一种融资业务。

(3)产权所有人、承典人不在房屋所在地的,或者产权未确定及租典纠纷未解决的由房产代管人或者使用人纳税。

(4)无租使用其他房产的问题。纳税单位和个人无租使用房产管理部门、免税单位及纳税单位的房产,应由使用人代为缴纳房产税。

【学中做 7—1】（多项选择题）下列应由房产代管人或使用人缴纳房产税的有（   ）。
A. 房屋产权未确定的　　　　　　　B. 房屋承典人不在房屋所在地
C. 房屋产权所有人不在房屋所在地　　D. 房屋租典纠纷未解决

（三）税率

房产税采用比例税率。由于房产税的计税依据分为从价计征和从租计征两种形式,所以房产税的税率也有两种:一种是按房产原值一次减除10%～30%后的余值计征的,税率为1.2%;另一种是按房产出租的租金收入计征的,税率为12%。

【提示】 自2008年3月1日起,对个人出租住房,不区分用途,按4%的税率征收房产税。

四、房产税的税收优惠

（1）国家机关、人民团体、军队自用的房产免征房产税。但上述免税单位的出租房产以及非自身业务使用的生产、营业用房,不属于免税范围。

（2）由国家财政部门拨付事业经费（全额或差额）的单位（学校、医疗卫生单位、托儿所、幼儿园、敬老院以及文化、体育、艺术类单位）所有的、本身业务范围内使用的房产免征房产税。由国家财政部门拨付事业经费的单位,其经费来源实行自收自支后,从事业单位实行自收自支的年度起,免征房产税3年。上述单位所属的附属工厂、商店、招待所等不属于单位公务、业务的用房,应照章纳税。

（3）宗教寺庙、公园、名胜古迹自用的房产免征房产税。宗教寺庙自用的房产,是指举行宗教仪式等的房屋和宗教人员使用的生活用房屋。公园、名胜古迹自用的房产,是指供公共参观游览的房屋及其管理单位的办公用房屋。宗教寺庙、公园、名胜古迹中附设的营业单位,如影剧院、饮食部、茶社、照相馆等所使用的房产及出租的房产,不属于免税范围,应照章征税。

（4）个人所有非营业用的房产免征房产税。个人所有的非营业用房,主要是指居民住房,不论面积多少,一律免征房产税。

（5）经财政部批准免税的其他房产。

①毁损不堪居住的房屋和危险房屋,经有关部门鉴定,在停止使用后,可免征房产税。

②纳税人因房屋大修导致连续停用半年以上的,在房屋大修期间免征房产税,免征税额由纳税人在申报缴纳房产税时自行计算扣除,并在申报表附表或备注栏中作相应说明。纳税人房屋大修停用半年以上需要免征房产税的,应在房屋大修前向主管税务机关报送相关的证明材料,包括大修房屋的名称、坐落地点、产权证编号、房产原值、用途、房屋大修的原因、大修合同及大修的起止时间等信息和资料,以备税务机关查验。具体报送材料由各省、自治区、直辖市和计划单列市地方税务局确定。

③在基建工地为基建工地服务的各种工棚、材料棚、休息棚和办公室、食堂、茶炉房、汽车房等临时性房屋,施工期间一律免征房产税。但工程结束后,施工企业将这种临时性房屋交还或估价转让给基建单位的,应从基建单位接收的次月起,照章纳税。

④对房管部门经租的居民住房,在房租调整改革之前收取租金偏低的,可暂缓征收房产税。对房管部门经租的其他非营业用房,是否给予照顾,由各省、自治区、直辖市根据当地具体情况按税收管理体制的规定办理。

⑤自2019年1月1日至2023年12月31日,对高校学生公寓免征房产税。

⑥对非营利性医疗机构、疾病控制机构和妇幼保健机构等卫生机构自用的房产,免征房产税。

⑦老年服务机构自用的房产免征房产税。老年服务机构是指专门为老年人提供生活照料、文

化、护理、健身等多方面服务的福利性、非营利性的机构,主要包括老年社会福利院、敬老院(养老院)、老年服务中心、老年公寓(含老年护理院、康复中心、托老所)等。

⑧对按政府规定价格出租的公有住房和廉租住房,包括企业和自收自支事业单位向职工出租的单位自有住房,房管部门向居民出租的公有住房,落实私房政策中带户发还产权并以政府规定租金标准向居民出租的私有住房等,暂免征收房产税。

⑨向居民供热并向居民收取采暖费的供热企业暂免征收房产税。供热企业包括专业供热企业、兼营供热企业,如自供热单位及为小区居民供热的物业公司等,不包括从事热力生产但不直接向居民供热的企业。

⑩自2019年1月1日至2023年12月31日,对按照去产能和调结构政策要求停产停业、关闭的企业,自停产停业次月起免征房产税、城镇土地使用税。企业享受免税政策的期限累计不得超过两年。

自2019年1月1日至2023年12月31日,对国家级、省级科技企业孵化器、大学科技园和国家备案众创空间自用以及无偿或通过出租等方式提供给在孵对象使用的房产、土地,免征房产税和城镇土地使用税。

自2019年1月1日至2023年12月31日,对农产品批发市场、农贸市场(包括自有和承租)专门用于经营农产品的房产、土地,暂免征收房产税。对同时经营其他产品的农产品批发市场和农贸市场使用的房产、土地,按其他产品与农产品交易场地面积的比例确定征免房产税。农产品批发市场、农贸市场的行政办公区、生活区,以及商业餐饮娱乐等非直接为农产品交易提供服务的房产、土地,应按规定征收房产税。

自2016年1月1日起,国家机关、军队、人民团体、财政补助事业单位、居民委员会、村民委员会拥有的体育场馆,用于体育活动的房产、土地,免征房产税。经费自理事业单位、体育社会团体、体育基金会、体育类民办非企业单位拥有并运营管理的体育场馆,符合规定条件的,其用于体育活动的房产、土地,免征房产税。企业拥有并运营管理的大型体育场馆,其用于体育活动的房产、土地,减半征收房产税。

五、房产税应纳税额的计算

(一)房产税的计税依据

房产税的计税依据是房产的计税余值或房产的租金收入。按照房产计税余值征税的,称为从价计征;按照房产租金收入征税的,称为从租计征。

(1)从价计征。这是指以房产原值一次减除10%~30%后的余值为计税依据,具体减除幅度由省、自治区、直辖市人民政府确定。

房产原值,是指纳税人按照会计制度的规定,在会计账簿"固定资产"科目中记载的房屋原价。

对依照房产原值计税的房产,不论是否记载在会计账簿"固定资产"科目中,均应按照房屋原价计算缴纳房产税。房屋原价应根据国家有关会计制度的规定进行核算。对纳税人未按国家会计制度的规定核算并记载的,应按规定予以调整或重新评估。

其一,对按照房产原值计税的房产,无论会计如何核算,房产原值均应包含地价,包括为取得土地使用权支付的价款、开发土地发生的成本费用等。宗地容积率低于0.5的,按房产建筑面积的2倍计算土地面积并据此确定计入房产原值的地价。

$$容积率=总建筑面积\div 土地面积$$

其二,房产原值应包括与房屋不可分割的各种附属设备或一般不单独计算价值的配套设施。

①以房屋为载体,不可随意移动的附属设备和配套设施,如给排水、采暖、消防、中央空调、电气

及智能化楼宇设备等,无论在会计核算中是否单独记账与核算,都应计入房产原值,计征房产税。

②对于更换房屋附属设备和配套设施的,在其价值计入房产原值时,可扣减原来相应设施的价值。

③对附属设备和配套设施中易损坏、需要经常更换零配件的,更新后不再计入房产原值。

其三,纳税人对原有房屋进行改建、扩建,要相应增加房产原值。

其四,投资联营房产的计税依据。

①对于以房产投资联营,投资者参与投资利润分红、共担风险的,按房产的计税余值作为计税依据计征房产税(被投资方是纳税人)。

②对以房产投资,收取固定收入、不承担联营风险的,实际上是以联营的名义取得房产租金,应由出租方按租金收入计算缴纳房产税。

③融资租赁的房产,由承租人自租赁合同约定开始日的次月起依照房产余值缴纳房产税。合同未约定开始日的,由承租人自合同签订的次月起依照房产余值缴纳房产税。

其五,对居民住宅区内业主共有的经营性房产,由实际经营(包括自营和出租)的代管人或使用人缴纳房产税。其中,自营的,依照房产原值减除10%～30%后的余值计征,没有房产原值或不能将业主共有房产与其他房产的原值准确划分开的,由房产所在地税务机关参照同类房产核定房产原值;出租的,依照租金收入计征。

其六,无租使用其他单位房产的应税单位和个人,依照房产余值代缴纳房产税;产权出典的房产,由承典人依照房产余值缴纳房产税。

其七,凡在房产税征收范围内的具备房屋功能的地下建筑,包括与地上房屋相连的地下建筑以及完全建在地面以下的建筑、地下人防设施等,均应当依照有关规定征收房产税。

对于与地上房屋相连的地下建筑,如房屋的地下室、地下停车场、商场的地下部分等,应将地下部分与地上房屋视为一个整体,按照地上房屋建筑的有关规定计算征收房产税。

(2)从租计征。房屋出租的,以取得的租金收入作为计税依据。租金收入是房屋产权所有人出租房产使用权所得的报酬,包括货币收入、实物收入及其他形式的收入。

①对出租房产,租赁双方签订的租赁合同约定有出租的地下建筑,按照出租地上房屋建筑的有关规定计算征收房产税。

②如果是以劳务或者其他形式为报酬抵付房租收入的,应根据当地同类房产的租金水平,确定一个标准租金额从租计征。

③合同约定免收租金期限的,免租金期间由产权所有人按照房产原值缴纳房产税(区别于无租使用房产的规定)。

(二)房产税应纳税额的计算方法

(1)按房产余值从价计征的计算公式为:

$$应纳税额 = 房产原值 \times (1 - 减除比例) \times 税率$$

(2)按租金收入从租计征的计算公式为:

$$应纳税额 = 房产租金收入 \times 税率$$

以人民币以外的货币为记账本位币的外资企业及外籍个人在缴纳房产税时,均应将其根据记账本位币计算的税款按照缴款上月最后一日的人民币汇率中间价折合成人民币。

【做中学7—1】 位于建制镇的某公司主要经营农产品采摘、销售、观光业务,占地3万平方米。其中,采摘、观光的种植用地2.5万平方米,职工宿舍和办公用地0.5万平方米。房产原值300万元。该公司2022年发生以下业务:

(1)全年取得旅游观光收入150万元、农产品零售收入180万元;

(2)6月30日签订房屋租赁合同一份,将价值50万元的办公室从7月1日起出租给他人使用,租期12个月,月租0.2万元,每月收租金1次;

(3)8月与保险公司签订农业保险合同一份,支付保险费3万元;

(4)9月与租赁公司签订融资租赁合同一份,租赁价值30万元的鲜果拣选机一台,租期5年,租金共计40万元,每年支付8万元。

该公司适用的城镇土地使用税税率为每平方米5元,省里规定计算房产余值的扣除比例为30%。

要求:计算该公司2022年应缴纳的城镇土地使用税和房产税。

解析:(1)应缴纳城镇土地使用税 $=(3-2.5)\times 5\times 10\ 000=25\ 000$(元)

(2)应缴纳房产税 $=300\times(1-30\%)\times 1.2\%\times 50\%\times 10\ 000+(300-50)\times(1-30\%)$
$\times 1.2\%\times 50\%\times 10\ 000+0.2\times 6\times 12\%\times 10\ 000$
$=24\ 540$(元)

六、房产税的征收管理

(一)纳税时间

(1)纳税人将原有房产用于生产经营,从生产经营之次月起,缴纳房产税。

(2)纳税人自行新建房屋用于生产经营,自建成之次月起,缴纳房产税。

(3)纳税人委托施工企业建设的房屋,从办理验收手续之次月起,缴纳房产税。

(4)纳税人购置新建商品房,自房屋交付使用之次月起,缴纳房产税。

(5)纳税人购置存量房,自办理房屋权属转移、变更登记手续,房地产权属登记机关签发房屋权属证书之次月起,缴纳房产税。

(6)纳税人出租、出借房产,自交付出租、出借房产之次月起,缴纳房产税。

(7)房地产开发企业自用、出租、出借本企业建造的商品房,自房屋使用或交付之次月起,缴纳房产税。

(8)纳税人因房产的实物或权利状态发生变化而依法终止房产税的纳税义务的,其应纳税款的计算应截至房产的实物或权利发生变化的当月末。

(二)纳税期限

房产税实行按年计算、分期缴纳的征收方法,具体纳税期限由省、自治区、直辖市人民政府规定。

(三)纳税地点

房产税由纳税人向房产所在地税务机关缴纳。房产不在同一地方的纳税人,应按房产的坐落地点分别向房产所在地税务机关缴纳。

(四)纳税申报

房产税的纳税申报,是房屋产权所有人或纳税人缴纳房产税必须履行的法定手续。纳税义务人应根据税法要求,将现有房屋的坐落地点、结构面积、原值、出租收入等情况,据实向当地税务机关办理纳税申报,并按规定纳税。如果纳税人住址发生变更、产权发生转移,以及出现新建、改建、扩建、拆除房屋等情况,而引起房产原值发生变化或者是租金收入变化的,都要按规定及时向税务机关办理变更登记,以便税务机关及时掌握纳税人的房产变动情况。

任务三　城镇土地使用税

一、城镇土地使用税的概念

城镇土地使用税是国家在城市、县城、建制镇和工矿区范围内,对使用土地的单位和个人,以其实际占用的土地面积为计税依据,按照规定的税额计算征收的一种税。1988年9月27日国务院颁布《中华人民共和国城镇土地使用税暂行条例》(以下简称《城镇土地使用税暂行条例》),自1988年11月1日起施行。2006年12月31日、2011年1月8日、2013年12月7日、2019年3月2日国务院对《城镇土地使用税暂行条例》进行了四次修订。为减少纳税申报次数,便利纳税人办税,进一步优化营商环境,税务总局决定修订城镇土地使用税和房产税申报表单。该决定以国家税务总局公告2019年第32号文发布,自2019年10月1日起施行。

二、城镇土地使用税的特点

(一)对占地行为征税

根据我国宪法规定,城镇土地的所有权归国家,单位和个人对占用的土地只有使用权而无所有权。因此,现行城镇土地使用税实质上是对占用土地资源或行为的课税,属于准财产税。

(二)征税对象是土地

城镇土地的所有权归国家,因此,国家可以凭借政治权力对土地使用者征税。开征城镇土地使用税,实质上是运用国家政治权力,将纳税人获取的本应属于国家的土地收益集中到国家手中。

(三)征税范围有限定

现行城镇土地使用税的征税范围限定在城市、县城、建制镇、工矿区,上述范围之外的土地不属于城镇土地使用税的征税范围。

(四)差别幅度的税额

开征城镇土地使用税的主要目的之一,是调节土地的级差收入,而级差收入的产生主要取决于土地的位置。占用土地位置优越的纳税人,可以获得额外的经济收益。因此,城镇土地使用税实行差别幅度税额,不同城镇适用不同税额;对同一城镇的不同地段,根据市政建设状况和经济繁荣程度确定不同的负担水平。

三、城镇土地使用税的基本法律

(一)征税范围

城镇土地使用税的征税范围是税法规定的纳税区域内的土地。凡在城市、县城、建制镇、工矿区范围内的土地,不论是国家所有的土地,还是集体所有的土地,都属于城镇土地使用税的征税范围。

【提示】城市,是指国务院批准设立的市。城市的征税范围包括市区和郊区。

县城,是指县人民政府所在地,县城的征税范围为县人民政府所在的城镇。

建制镇,是经省级人民政府批准设立的建制镇,建制镇的征税范围为镇人民政府所在地的地区,但不包括镇政府所在地所辖行政村。

工矿区,是指工商业比较发达,人口比较集中,符合国务院规定的建制镇标准,但尚未设立建制镇的大中型工矿企业所在地。工矿区的设立必须经省级人民政府批准。

建立在城市、县城、建制镇和工矿区以外的工矿企业不需要缴纳城镇土地使用税。

自2009年1月1日起,公园、名胜古迹内的索道公司的经营用地,应按规定缴纳城镇土地使用税。

(二)纳税人

城镇土地使用税的纳税人,是指在税法规定的征税范围内使用土地的单位和个人。

【提示】"单位",包括国有企业、集体企业、私营企业、股份制企业、外商投资企业、外国企业以及其他企业和事业单位、社会团体、国家机关、军队以及其他单位;"个人",包括个体工商户以及其他个人。

城镇土地使用税的纳税人,根据用地者的不同情况分别确定为:①城镇土地使用税由拥有土地使用权的单位或个人缴纳。②拥有土地使用权的纳税人不在土地所在地的,由代管人或实际使用人缴纳。③土地使用权未确定或权属纠纷未解决的,由实际使用人纳税。④土地使用权共有的,共有各方均为纳税人,由共有各方分别纳税。

土地使用权共有的,以共有各方实际使用土地的面积占总面积的比例,分别计算缴纳城镇土地使用税。

【注意】用于租赁的房屋,由"出租方"缴纳城镇土地使用税。

(三)税率

城镇土地使用税采用定额税率,即采用有幅度的差别税额,按大、中、小城市和县城、建制镇、工矿区分别规定每平方米城镇土地使用税年应纳税额。

城镇土地使用税税率表如表7—1所示。

表7—1　　　　　　　　　　城镇土地使用税税率表

级别	人口	每平方米税额(元)
大城市	50万人以上	1.5~30
中等城市	20万~50万人	1.2~24
小城市	20万人以下	0.9~18
县城、建制镇、工矿区		0.6~12

经省、自治区、直辖市人民政府批准,经济落后地区城镇土地使用税的税额标准可以适当降低,但降低额不得超过上述规定最低税额的30%。经济发达地区城镇土地使用税的税额标准可以适当提高,但须报经财政部批准。

四、城镇土地使用税的税收优惠

(一)下列用地免征城镇土地使用税

具体包括:①国家机关、人民团体、军队自用的土地;②由国家财政部门拨付事业经费的单位自用的土地;③宗教寺庙、公园、名胜古迹自用的土地;④市政街道、广场、绿化地带等公共用地;⑤直接用于农、林、牧、渔业的生产用地;⑥经批准开山填海整治的土地和改造的废弃土地,从使用的月份起免缴土地使用税;⑦由财政部另行规定免税的能源、交通、水利设施用地和其他用地。

(二)税收优惠的特殊规定

1. 城镇土地使用税与耕地占用税的征税范围衔接

为避免对一块土地同时征收耕地占用税和城镇土地使用税,凡是缴纳了耕地占用税的,从批准征用之日起满1年后征收城镇土地使用税;征用非耕地因不需要缴纳耕地占用税,故应从批准征用之次月起征收城镇土地使用税。

2. 免税单位与纳税单位之间无偿使用的土地

对免税单位无偿使用纳税单位的土地（如公安、海关等单位使用铁路、民航等单位的土地），免征城镇土地使用税；对纳税单位无偿使用免税单位的土地，纳税单位应照章缴纳城镇土地使用税。

3. 房地产开发公司开发建造商品房的用地

房地产开发公司开发建造商品房的用地，除经批准开发建设经济适用房的用地外，对各类房地产开发用地一律不得减免城镇土地使用税。

4. 基建项目在建期间的用地

对基建项目在建期间使用的土地，原则上应征收城镇土地使用税。但对有些基建项目，特别是国家产业政策扶持发展的大型基建项目占地面积大，建设周期长，在建期间又没有经营收入，纳税确有困难的，可由各省、自治区、直辖市税务局根据具体情况予以免征或减征城镇土地使用税；对已经完工或已经使用的建设项目，其用地应照章征收城镇土地使用税。

5. 城镇内的集贸市场（农贸市场）用地

城镇内的集贸市场（农贸市场）用地，按规定应征收城镇土地使用税。为了促进集贸市场的发展及照顾各地的不同情况，各省、自治区、直辖市税务局可根据具体情况，自行确定对集贸市场用地征收或免征城镇土地使用税。

6. 防火、防爆、防毒等安全防范用地

对于各类危险品仓库、厂房所需的防火、防爆、防毒等安全防范用地，可由各省、自治区、直辖市税务局确定，暂免征收城镇土地使用税；对仓库库区、厂房本身用地，应依法征收城镇土地使用税。

7. 关闭、撤销的企业占地

企业关闭、撤销后，其占地未作他用的，经各省、自治区、直辖市税务局批准，可暂免征收城镇土地使用税；若土地转让给其他单位使用或企业重新用于生产经营的，应依照规定征收城镇土地使用税。

8. 搬迁企业的用地

（1）企业搬迁后原场地不使用的和企业范围内荒山等尚未利用的土地，免征城镇土地使用税。免征税额由企业在申报缴纳城镇土地使用税时自行计算扣除，并在申报表附表或备注栏中作相应说明。

（2）对搬迁后原场地不使用的和企业范围内荒山等尚未利用的土地，凡企业申报暂免征收城镇土地使用税的，应事先向土地所在地的主管税务机关报送有关部门的批准文件或认定书等相关证明材料，以备税务机关查验具体报送材料，由各省、自治区、直辖市和计划单列市地方税务局确定。

（3）企业按上述规定暂免征收城镇土地使用税的土地开始使用时，应从使用的次月起自行计算和申报缴纳城镇土地使用税。

9. 企业的铁路专用线、公路等用地

对企业的铁路专用线、公路等用地除另有规定外，在企业厂区（包括生产、办公及生活区）以内的，应照章征收城镇土地使用税；在厂区以外、与社会公用地段未加隔离的，暂免征收城镇土地使用税。

10. 企业范围内的荒山、林地、湖泊等占地

对 2014 年以前已按规定免征城镇土地使用税的企业范围内的荒山、林地、湖泊等占地，自 2014 年 1 月 1 日起至 2015 年 12 月 31 日，按应纳税额减半征收城镇土地使用税；自 2016 年 1 月 1 日起，全额征收城镇土地使用税。

11. 中国物资储运总公司所属物资储运企业用地

对物资储运企业的仓库库房用地、办公、生活区用地，以及其他非直接从事储运业务的生产、经营用地，应按规定征收城镇土地使用税。对物资储运企业的露天货场、库区道路、铁路专用线等非建筑物用地，免征城镇土地使用税问题，可由省、自治区、直辖市税务局按照下述原则处理：

(1)对经营情况较好、有纳税能力的企业，应恢复征收城镇土地使用税。

(2)对经营情况差、纳税确有困难的企业，可在授权范围内给予适当减免城镇土地使用税的照顾。

12. 中国石油天然气总公司所属单位用地

(1)下列油气生产建设用地暂免征收城镇土地使用税：①石油地质勘探、钻井、井下作业、油田地面工程等施工临时用地。②各种采油(气)井、注水(气)井、水源井用地。③油田内办公、生活区以外的公路、铁路专用线及输油(气、水)管道用地。④石油长输管线用地。⑤通信、输变电线路用地。

(2)在城市、县城、建制镇以外工矿区内的油气生产、生活用地，暂免征收城镇土地使用税。

13. 林业系统用地

(1)对林区的育林地、运材道、防火道、防火设施用地，免征城镇土地使用税。

(2)林业系统的森林公园、自然保护区可比照公园免征城镇土地使用税。

(3)林业系统的林区贮木场、水运码头用地，原则上应按税法规定缴纳城镇土地使用税，考虑到林业系统目前的困难，为扶持其发展，暂予免征城镇土地使用税。

(4)除上述列举免税的土地外，对林业系统的其他生产用地及办公、生活区用地，均应征收城镇土地使用税。

14. 盐场、盐矿用地

(1)对盐场、盐矿的生产厂房、办公、生活区用地，应照章征收城镇土地使用税。

(2)盐场的盐滩、盐矿的矿井用地，暂免征收城镇土地使用税。

(3)对盐场、盐矿的其他用地由各省、自治区、直辖市税务局根据实际情况，确定征收城镇土地使用税或给予定期减征、免征的照顾。

15. 矿山企业用地

(1)矿山的采矿场、排土场、尾矿库、炸药库的安全区，以及运矿运岩公路、尾矿输送管道及回水系统用地，免征城镇土地使用税。

(2)对位于城镇土地使用税征税范围内的煤炭企业已取得土地使用权、未利用的塌陷地，自2006年9月1日起恢复征收城镇土地使用税。

除上述规定外，对矿山企业的其他生产用地及办公、生活区用地，均应征收城镇土地使用税。

16. 电力行业用地

(1)火电厂厂区围墙内的用地，均应征收城镇土地使用税。对厂区围墙外的灰场、输灰管、输油(气)管道、铁路专用线用地，免征城镇土地使用税；厂区围墙外的其他用地，应照章征税。

(2)水电站的发电厂房用地(包括坝内、坝外式厂房)，生产、办公、生活用地，应征收城镇土地使用税；对其他用地给予免税照顾。

(3)对供电部门的输电线路用地、变电站用地，免征城镇土地使用税。

17. 水利设施用地

(1)水利设施及其管护用地(如水库库区、大坝、堤防、灌渠、泵站等用地)，免征城镇土地使用税；其他用地，如生产、办公、生活用地，应照章征税。

(2)对兼有发电的水利设施用地城镇土地使用税的征免，具体办法比照电力行业征免城镇土地使用税的有关规定办理。

18. 核工业总公司所属企业用地

对生产核系列产品的厂矿,为照顾其特殊情况,除生活区、办公区用地应依照规定征收城镇土地使用税外,其他用地暂免征收城镇土地使用税。

19. 中国海洋石油总公司及其所属公司用地

下列用地暂免征收城镇土地使用税:①导管架、平台组块等海上结构物建造用地。②码头用地。③输油气管线用地。④通信天线用地。⑤办公、生活区以外的公路、铁路专用线、机场用地。

除上述列举免税的土地外,其他在开征范围内的油气生产及办公、生活区用地,均应依照规定征收城镇土地使用税。

20. 民航机场用地

(1)机场飞行区(包括跑道、滑行道、停机坪、安全带、夜航灯光)用地、场内外通信导航设施用地,免征城镇土地使用税。

(2)在机场道路中,场外道路用地免征城镇土地使用税;场内道路用地依照规定征收城镇土地使用税。

(3)机场工作区(包括办公、生产和维修用地及候机楼、停车场)用地、生活区用地、绿化用地,均按照规定征收城镇土地使用税。

21. 老年服务机构自用的土地

老年服务机构是指专门为老年人提供生活照料、文化、护理、健身等多方面服务的福利性、非营利性的机构,主要包括老年社会福利院、敬老院(养老院)、老年服务中心、老年公寓(含老年护理院、康复中心、托老所)等老年服务机构,其自用土地免征城镇土地使用税。

22. 邮政部门的土地

对邮政部门坐落在城市、县城、建制镇、工矿区范围内的土地,应当依法征收城镇土地使用税;对坐落在城市、县城、建制镇、工矿区范围以外的,尚在县邮政局内核算的土地,在单位财务账中划分清楚的,不征收城镇土地使用税。

23. 供热企业暂免征收城镇土地使用税

供热企业是指向居民供热并向居民收取采暖费的企业,包括专业供热企业、兼营供热企业、单位自供热及为小区居民供热的物业公司等,不包括从事热力生产但不直接向居民供热的企业。

24. 物流企业大宗商品仓储设施用地

自2020年1月1日起至2022年12月31日止,对物流企业自有的(包括自用和出租)大宗商品仓储设施用地,减按所属土地等级适用税额标准的50%计征城镇土地使用税。

25. 城市公交站场等运营用地

自2019年1月1日至2023年12月31日,对城市公交站场、道路客运站场、城市轨道交通系统运营用地,免征城镇土地使用税。

五、城镇土地使用税的计算

(一)城镇土地使用税的计税依据

城镇土地使用税的计税依据是纳税人实际占用的土地面积。土地面积以平方米为计量标准。具体按以下办法确定:

(1)凡由省级人民政府确定的单位组织测定土地面积的,以测定的土地面积为准。

(2)尚未组织测定,但纳税人持有政府部门核发的土地使用证书的,以证书确定的土地面积为准。

(3)尚未核发土地使用证书的,应由纳税人据实申报土地面积,并据以纳税,待核发土地使用证书后再作调整。

(二)城镇土地使用税应纳税额的计算方法

城镇土地使用税是以纳税人实际占用的土地面积作为计税依据,按照规定的适用税额计算征收。其年应纳税额计算公式为:

$$年应纳税额=实际占用应税土地面积(平方米)\times 适用税额$$

【做中学 7—2】 某企业实际占地面积为 25 000 平方米,经税务机关核定,该企业所在地段适用的城镇土地使用税每平方米税额为 2 元。

要求:计算该企业全年应缴纳的城镇土地使用税税额。

解析:年应缴纳的城镇土地使用税税额=实际占用应税土地面积(平方米)×适用税额
$$=25\ 000\times 2=50\ 000(元)$$

六、城镇土地使用税的征收管理

(一)纳税时间

(1)购置新建商品房,为房屋交付使用的次月。

(2)购置存量房,为房地产权属登记机关签发房屋权属证书的次月。

(3)出租、出借房产,为交付出租、出借房产的次月。房地产开发企业自用、出租和出借本企业建造的商品房,为房屋使用或交付的次月。

(4)以出让或转让方式有偿取得土地使用权的,为合同约定交付土地时间的次月;合同未约定交付土地时间的,为合同签订的次月。

(5)新征用的土地,属于耕地的,自批准征用之日起满 1 年时纳税;属于非耕地的,自批准征用次月起纳税。

通过招标、拍卖、挂牌方式取得的建设用地,不属于新征用的耕地,纳税人应按照规定,从合同约定交付土地时间的次月起缴纳城镇土地使用税;合同未约定交付土地时间的,从合同签订的次月起缴纳城镇土地使用税。

(二)纳税期限

城镇土地使用税按年计算、分期缴纳。具体纳税期限由省、自治区、直辖市人民政府确定。

(三)纳税地点

城镇土地使用税在土地所在地缴纳。纳税人使用的土地不属于同一省、自治区、直辖市管辖的,由纳税人分别向土地所在地的税务机关缴纳城镇土地使用税。在同一省、自治区、直辖市管辖范围内,纳税人跨地区使用的土地,其纳税地点由各省、自治区、直辖市地方税务局确定。

(四)纳税申报

纳税人应依照当地税务机关规定的期限,填写"城镇土地使用税纳税申报表",将其占用土地的权属、位置、用途、面积和税务机关规定的其他内容,据实向当地税务机关办理纳税申报登记,并提供有关的证明材料。纳税人新征用的土地,必须于批准新征用之日起 30 日内申报登记。

任务四 车船税

一、车船税的概念

车船税是对在中华人民共和国境内属于车船税法规定的车辆、船舶的所有人或管理人征收的一种财产税。我国分别在2011年2月25日和2011年11月23日通过了《中华人民共和国车船税法》(以下简称《车船税法》)和《中华人民共和国车船税法实施条例》(以下简称《车船税法实施条例》),2012年1月1日开始施行。2019年3月2日国务院修订了《车船税法实施条例》。2019年4月23日第十三届全国人民代表大会常务委员会第十次会议修订了《车船税法》。

二、车船税的基本法律

(一)征税范围

车船税的征税对象是车辆和船舶。车船税的征税范围有:
(1)依法应当在车船登记管理部门登记的机动车辆和船舶;
(2)依法不需要在车船登记管理部门登记的在单位内部场所行驶或者作业的机动车辆和船舶。

【提示】境内单位和个人租入外国籍船舶的,不征收车船税。境内单位和个人将船舶出租到境外的,应依法征收车船税。

(二)纳税人

车船税纳税义务人,是在中华人民共和国境内,属于规定范围的车辆、船舶的所有人或者管理人。从事机动车第三者责任强制保险业务的保险机构为机动车车船税的扣缴义务人。

【提示】外商投资企业、外国企业、华侨、港澳台同胞以及外籍个人也是车船税的纳税人。

(三)税目与税额

车船税实行定额税率。适用的税额依照车船税税目税额表执行。具体适用税额由省、自治区、直辖市人民政府在规定子税目和税额幅度内确定。车船税税目与税额如表7-2所示。

表7-2　　　　　　　　　　　车船税税目与税额表

税　目		计税单位	年基准税额	备　注
乘用车	按发动机气缸容量(排气量)分档(1.0～4.0升)	每辆	60～5 400元	核定载客人数9人(含)以下
商用车	客　车	每辆	480～1 440元	核定载客人数9人(含)以上,包括电车
	货　车	整备质量每吨	16～120元	包括半挂牵引车、三轮汽车和低速载货汽车、客货两用车等
挂车		整备质量每吨		按照货车税额的50%计算
其他车辆	专用作业车	整备质量每吨	16～120元	不包括拖拉机
	轮式专用机械车		16～120元	
摩托车		每辆	36～180元	—
船舶	机动船舶	净吨位每吨	3～6元	拖船、非机动驳船分别按照机动船舶税额的50%计算,拖船按照发动机功率1千瓦折合净吨位0.67吨计算征收车船税
	游艇	艇身长度每米	600～2 000元	—

三、车船税的税收优惠

（一）法定减免

(1)捕捞、养殖渔船，是指在渔业船舶管理部门登记为捕捞船或者养殖船的船舶。

(2)军队、武装警察部队专用的车船，是指按照规定在军队、武装警察部队车船管理部门登记，并领取军队、武警牌照的车船。

(3)警用车船，是指公安机关、国家安全机关、监狱、劳动教养管理机关和人民法院、人民检察院领取警用牌照的车辆和执行警务的专用船舶。

(4)依照法律规定应当予以免税的外国驻华使领馆、国际组织驻华代表机构及其有关人员的车船。

(5)悬挂应急救援专用号牌的国家综合性消防救援车辆和国家综合性消防救援船舶。

(6)对使用新能源车船，免征车船税。免征车船税的使用新能源汽车是指纯电动商用车；插电式（含增程式）混合动力汽车、燃料电池商用车。纯电动乘用车和燃料电池乘用车不属于车船税征税范围，对其不征车船税。免征车船税的使用新能源汽车（不含纯电动乘用车和燃料电池乘用车），必须符合国家有关标准。

【提示】对购置日期在2022年6月1日至2022年12月31日期间内且单车价格（不含增值税）不超过30万元的2.0升及以下排量乘用车，减半征收车辆购置税。

（二）特定减免

(1)经批准临时入境的外国车船和香港特别行政区、澳门特别行政区、台湾地区的车船，不征收车船税。

(2)按照规定缴纳船舶吨税的机动船舶，自《车船税法》实施之日起5年内免征车船税。

(3)依法不需要在车船登记管理部门登记的机场、港口内部行驶或作业的车船，自《车船税法》实施之日起5年内免征车船税。

四、车船税应纳税额的计算

（一）车船税计税依据

(1)乘用车、商用客车和摩托车，以辆数为计税依据。

(2)商用货车、专用作业车和轮式专用机械车，以整备质量吨位数为计税依据。

(3)机动船舶、非机动驳船、拖船，按净吨位每吨为计税依据；游艇按艇身长度每米为计税依据。

（二）车船税应纳税额的计算方法

(1)车船税按年申报，分月计算，一次性缴纳。

$$乘用车、客车及摩托车的应纳税额=车辆数 \times 适用年基准税额$$

$$货车、专用作业车和轮式专用机械车的应纳税额=车辆数 \times 适用年基准税额$$

$$机动船舶的应纳税额=净吨位数 \times 适用年基准税额$$

$$拖船和非机动驳船的应纳税额=净吨位数 \times 适用年基准税额 \times 50\%$$

$$游艇的应纳税额=艇身长度 \times 适用年基准税额$$

(2)购置的新车船，购置当年的应纳税额自纳税义务发生的当月起按月计算。

$$应纳税额=年应纳税额 \times 应纳税月份数 \div 12$$

$$应纳税月份数=12-纳税义务发生时间（取月份）+1$$

从事机动车第三者责任强制险业务的保险机构为机动车车船税的扣缴义务人，应当在收取保险费时依法代收车船税，并出具代收税款凭证。

已经缴纳船舶车船税的船舶在同一纳税年度内办理转让过户的,在原登记地不予退税,在新登记地凭完税凭证不再纳税,新登记地海事管理机构应记录上述船舶的完税凭证号和出具该凭证的税务机关或海事管理机构名称,并将完税凭证的复印件存档备查。

五、车船税的征收管理

(一)纳税时间

车船纳税义务发生时间为取得车船所有权或者管理权的当月,以购买车船的发票或者其他证明文件所载日期的当月为准。

(二)纳税地点

车船税的纳税地点为车船的登记地或者车船税扣缴义务人所在地。纳税人自行申报缴纳的,应在车船的登记地缴纳车船税;保险机构代收代缴车船税的,应在保险机构所在地缴纳车船税;依法不需要办理登记的车船,应在车船的所有人或者管理人所在地缴纳车船税。

(三)纳税期限

车船税按年申报缴纳,分月计算,一次性缴纳,纳税年度为公历1月1日至12月31日。

任务五　契　税

一、契税的概念

契税在我国有悠久的历史,起源于东晋时期的"估税"。北宋时期,契税逐渐趋于完备。元、明、清等时期都征收契税。《中华人民共和国契税法》(以下简称《契税法》)已由中华人民共和国第十三届全国人民代表大会常务委员会第二十一次会议于2020年8月11日通过,自2021年9月1日起施行。契税是以境内土地、房屋权属发生转移的不动产为征税对象,以当事人双方签订的合同为依据,向产权承受人一次性征收的一种财产税。

【提示】转移土地、房屋权属,是指下列行为:①土地使用权出让;②土地使用权转让,包括出售、赠与、互换,但不包括土地承包经营权和土地经营权的转移;③房屋买卖、赠与、互换。

【注意】以作价投资(入股)、偿还债务、划转、奖励等方式转移土地、房屋权属的,应当依照规定征收契税。

二、契税的基本法律

(一)征税范围

契税以在我国境内转移土地、房屋权属的行为作为征税对象。土地、房屋权属未发生转移的,不征收契税。契税的征税范围主要包括以下方面:

(1)国有土地使用权出让。国有土地使用权出让是指土地使用者向国家交付土地使用权出让费用,国家将国有土地使用权在一定年限内让与土地使用者的行为。

(2)土地使用权转让。土地使用权转让是指土地使用者以出售、赠予、交换或者其他方式将土地使用权转移给其他单位和个人的行为。土地使用权的转让不包括农村集体土地承包经营权的转移。

(3)房屋买卖、赠予和交换。房屋买卖是指房屋所有者将其房屋出售,由承受者交付货币、实物、无形资产或其他经济利益的行为。房屋赠予是指房屋所有者将其房屋无偿转让给受赠者的行为。房屋交换是指房屋所有者之间相互交换房屋的行为。

(4)其他情形。除上述情形外,在实际中还有其他一些转移土地、房屋权属的形式,如以土地、房屋权属作价投资、入股,以土地、房屋权属抵债;以获奖方式承受土地、房屋权属;以预购方式或者预付集资建房款方式承受土地、房屋权属等。对于这些转移土地、房屋权属的形式,可以分别视同土地使用权转让、房屋买卖或者房屋赠予征收契税。再如,土地使用权受让人通过完成土地使用权转让方约定的投资额度或投资特定项目,以此获取低价转让或无偿赠予的土地使用权的,属于契税征收范围,其计税价格由征收机关参照纳税义务发生时当地的市场价格核定。此外,公司增资扩股中,对以土地、房屋权属作价入股或作为出资投入企业的,征收契税;企业破产清算期间,对非债权人承受破产企业土地、房屋权属的,征收契税。

【提示】土地、房屋典当、继承、分拆(分割)、抵押以及出租等行为,不属于契税的征税范围。

(二)纳税人

契税的纳税人,是指在我国境内承受土地、房屋权属转移的单位和个人。契税由权属的承受人缴纳。这里所说的"承受",是指以受让、购买、受赠、交换等方式取得土地、房屋权属的行为。

【提示】"土地、房屋权属",是指土地使用权和房屋所有权;"单位",是指企业单位、事业单位、国家机关、军事单位和社会团体以及其他组织;"个人",是指个体经营者和其他个人,包括中国公民和外籍人员。

转让房地产权属行为的转让方和承受方的纳税情况如表7—3所示。

表7—3　　　　　　　转让房地产权属行为的转让方和承受方的纳税情况一览表

转让方	承受方
(1)增值税(销售不动产、转让土地使用权) (2)城市维护建设税、教育费附加及地方教育附加 (3)印花税(产权转移书据) (4)土地增值税 (5)企业所得税(或个人所得税)	(1)印花税(产权转移书据) (2)契税

(三)税率

契税采用比例税率,并实行3%～5%的幅度税率。具体税率由各省、自治区、直辖市人民政府在幅度税率规定的范围内,按照本地区的实际情况确定,以适应不同地区纳税人的负担水平和调控房地产交易的市场价格。

自2010年10月1日起,对个人购买普通住房,且该住房属于家庭唯一住房的,减半征收契税;对个人购买90平方米及以下普通住房,且该住房属于家庭唯一住房的,减按1%税率征收契税。

三、契税的税收优惠

(1)国家机关、事业单位、社会团体、军事单位承受土地、房屋权属用于办公、教学、医疗、科研、军事设施;

(2)非营利性的学校、医疗机构、社会福利机构承受土地、房屋权属用于办公、教学、医疗、科研、养老、救助;

(3)承受荒山、荒地、荒滩土地使用权用于农、林、牧、渔业生产;

(4)婚姻关系存续期间夫妻之间变更土地、房屋权属;

(5)法定继承人通过继承承受土地、房屋权属;

(6)依照法律规定应当予以免税的外国驻华使馆、领事馆和国际组织驻华代表机构承受土地、房屋权属。

(7)根据国民经济和社会发展的需要,国务院对居民住房需求保障、企业改制重组、灾后重建等情形可以规定免征或者减征契税,报全国人民代表大会常务委员会备案。

(8)省、自治区、直辖市可以决定对下列情形免征或者减征契税:①因土地、房屋被县级以上人民政府征收、征用,重新承受土地、房屋权属;②因不可抗力灭失住房,重新承受住房权属。

【提示】规定的免征或者减征契税的具体办法,由省、自治区、直辖市人民政府提出,报同级人民代表大会常务委员会决定,并报全国人民代表大会常务委员会和国务院备案。

(9)纳税人改变有关土地、房屋的用途,或者有其他不再属于《契税法》第六条规定的免征、减征契税情形的,应当缴纳已经免征、减征的税款。

四、契税应纳税额的计算

(一)契税的计税依据

(1)土地使用权出让、出售,房屋买卖,为土地、房屋权属转移合同确定的成交价格,包括应交付的货币以及实物、其他经济利益对应的价款;

(2)土地使用权互换、房屋互换,为所互换的土地使用权、房屋价格的差额;

(3)土地使用权赠与、房屋赠与以及其他没有价格的转移土地、房屋权属行为,为税务机关参照土地使用权出售、房屋买卖的市场价格依法核定的价格。

【提示】纳税人申报的成交价格、互换价格差额明显偏低且无正当理由的,由税务机关依照《税收征收管理法》的规定核定。

(二)契税应纳税额的计算方法

契税应纳税额依照省、自治区、直辖市人民政府确定的适用税率和税法规定的计税依据计算征收。其计算公式为:

$$契税应纳税额 = 计税依据 \times 税率$$

【做中学7-3】 王某有两套房屋。他将一套房屋出售给李某,成交价格为150 000元;将另一套房屋与谢某交换,王某的房屋价值为180 000元,谢某的房屋价值为150 000元,谢某支付30 000元差价给王某。当地政府规定的契税税率为3%。

要求:计算王某、李某、谢某各自应缴纳的契税。

解析:王某不缴纳契税。

李某应纳税额 = 150 000 × 3% = 4 500(元)

谢某应纳税额 = (180 000 - 150 000) × 3% = 900(元)

五、契税的征收管理

(一)纳税时间

契税的纳税义务发生时间,为纳税人签订土地、房屋权属转移合同的当日,或者纳税人取得其他具有土地、房屋权属转移合同性质凭证的当日。

【注意】纳税人应当在依法办理土地、房屋权属登记手续前申报缴纳契税。

(二)纳税地点

契税实行属地征收管理。纳税人发生契税纳税义务时,应向土地、房屋所在地的税务征收机关申报纳税。

（三）纳税期限

纳税人应当自纳税义务发生之日起10日内，向土地、房屋所在地的税收征收机关办理纳税申报，并在税收征收机关核定的期限内缴纳税款。

（四）契税申报

根据人民法院、仲裁委员会的生效法律文书发生土地、房屋权属转移，纳税人不能取得销售不动产发票的，可持人民法院执行裁定书原件及相关材料办理契税纳税申报，税务机关应予受理。

购买新建商品房的纳税人在办理契税纳税申报时，由于销售新建商品房的房地产开发企业已办理注销税务登记或者被税务机关列为非正常户等原因，致使纳税人不能取得销售不动产发票的，税务机关在核实有关情况后应予受理。

（五）征收管理

纳税人办理纳税事宜后，征收机关应向纳税人开具契税完税凭证。纳税人持契税完税凭证和其他规定的文件材料，依法向土地管理部门、房产管理部门办理有关土地、房屋的权属变更登记手续。土地管理部门和房产管理部门应向契税征收机关提供有关资料，并协助契税征收机关依法征收契税。

另外，对已缴纳契税的购房单位和个人，在未办理房屋权属变更登记前退房的，退还已纳契税；在办理房屋权属变更登记之后退房的，不予退还已纳契税。

应知考核

一、单项选择题

1. 车船税的计税依据不包括（　　）。
   A. 车辆数　　　　B. 净吨位数　　　　C. 整备质量吨位数　　D. 购买金额

2. 某企业2022年度拥有位于市郊的一宗地块，其地上面积为1万平方米，单独建造的地下建筑面积为4 000平方米（已取得地下土地使用权证）。该市规定的城镇土地使用税税率为2元/平方米。则该企业2022年度就此地块应缴纳的城镇土地使用税为（　　）。
   A. 0.8万元　　　　B. 2万元　　　　C. 2.8万元　　　　D. 2.4万元

3. 下列土地中，免征城镇土地使用税的是（　　）。
   A. 营利性医疗机构自用的土地
   B. 公园内附设照相馆使用的土地
   C. 生产企业使用海关部门的免税土地
   D. 公安部门无偿使用铁路企业的应税土地

4. 居民甲某有四套住房，将一套价值120万元的别墅折价给乙某抵偿了100万元的债务；用市场价值70万元的第二、三两套两室住房与丙某交换一套四室住房，另取得丙某赠送价值12万元的小轿车一辆；将第四套市场价值50万元的公寓房折成股份投入本人独资经营的企业。当地确定的契税税率为3%，甲、乙、丙缴纳契税的情况是（　　）。
   A. 甲不缴纳，乙30 000元，丙3 600元
   B. 甲3 600元，乙30 000元，丙不缴纳
   C. 甲不缴纳，乙36 000元，丙21 000元
   D. 甲15 000元，乙36 000元，丙不缴纳

5. 某单独建造的地下商业用房，房屋原价为3 000万元，1—6月份该房屋为自用，7—12月份该房屋出租，月租金30万元。当地规定的房屋原价折算为应税房产原值的比例为70%，计算房产

余值扣除比例为30%。则该房产当年应纳房产税( )万元。
A. 23.94　　　　　B. 25.2　　　　　C. 30.42　　　　　D. 39.42

二、多项选择题

1. 下列说法符合车船税法规定的有( )。
A. 境内单位将船舶出租到境外的,应依法征收车船税
B. 境内单位租入外国籍船舶的,应依法征收车船税
C. 境内个人租入外国籍船舶的,应依法征收车船税
D. 境内个人将船舶出租到境外的,应依法征收车船税

2. 下列项目中,应以房产租金作为计税依据征收房产税的有( )。
A. 以融资租赁方式租入的房屋
B. 以经营租赁方式租出的房屋
C. 居民住宅区内业主自营的共有经营性房屋
D. 以收取固定收入、不承担联营风险方式投资的房屋

3. 下列各项中,符合房产税法有关规定的有( )。
A. 对按政府规定价格出租的公有住房和廉租住房,暂免征收房产税
B. 居民个人出租的住房免征房产税
C. 名胜古迹管理部门所用的房产免征房产税
D. 公园小卖部房产免征房产税

4. 下列关于房产税纳税时间的表述中,正确的有( )。
A. 纳税人自行新建房屋用于生产经营,从建成之月起缴纳房产税
B. 纳税人将原有房产用于生产经营,从生产经营之月起缴纳房产税
C. 纳税人出租房产,自交付出租房产之次月起缴纳房产税
D. 房地产开发企业自用本企业建造的商品房,自房屋使用之次月起缴纳房产税

5. 下列关于城镇土地使用税纳税时间的表述中,正确的有( )。
A. 纳税人新征用的非耕地,自批准征用次月起缴纳城镇土地使用税
B. 纳税人出租房产,自合同约定应付租金日期的次月起缴纳城镇土地使用税
C. 纳税人购置新建商品房,自房屋交付使用之次月起缴纳城镇土地使用税
D. 纳税人新征用的耕地,自批准征用之日起满6个月时开始缴纳城镇土地使用税

三、判断题

1. 张某将个人拥有产权的房屋出典给李某,则李某为该房屋房产税的纳税人。( )
2. 契税的征税范围不包括农村。( )
3. 城镇土地使用税的征税范围是市区、县政府所在城镇的土地,不包括市郊、农村土地。( )
4. 企业的绿化用地暂免征收土地使用税。( )
5. 车船税按年申报缴纳,分月计算,一次性缴纳。( )

四、简述题

1. 简述财产税的概念、特点和类型。
2. 简述房产税的概念和特点。

3. 简述城镇土地使用税的概念和特点。
4. 简述车船税的概念和征税范围。
5. 简述契税的概念和征税范围。

应会考核

■ 观念应用

房产税的应用

美华公司自营地下商场，应税房产原值为 40 万元。
【考核要求】
请结合本项目的知识点，分析应缴纳的房产税最多是多少。

■ 技能应用

城镇土地使用税的应用

大连市础明肉制品加工企业 2022 年占地 60 000 平方米，其中办公占地 5 000 平方米，生猪养殖基地占地 28 000 平方米，肉制品加工车间占地 16 000 平方米，企业内部道路及绿化占地 11 000 平方米。企业所在地城镇使用税单位税额每平方米 0.8 元。
【技能要求】
计算该企业全年应缴纳城镇土地使用税多少元。

■ 案例分析

车船税的应用

某航运公司拥有机动船 30 艘（其中净吨位为 600 吨的 12 艘，2 000 吨的 8 艘，5 000 吨的 10 艘），600 吨的单位税额为 3 元，2 000 吨的单位税额为 4 元，5 000 吨的单位税额为 5 元。
【分析要求】
请问：该航运公司年应纳多少车船税税额？

项目实训

【实训项目】
财产与行为税——财产税的应用
【实训情境】

契税的应用

甲房地产开发公司与乙企业签订协议，协议约定：由甲房地产开发公司按照乙企业的要求建设厂房，并由甲房地产开发公司垫付资金，待工程完工由乙企业验收合格后，乙企业向甲房地产开发公司支付垫付资金的利息 100 万元，同时按照工程决算支付全部价款。甲房地产开发公司按乙企业的要求按期完成了工程。经决算，甲房地产开发公司共计垫付资金 1 000 万元，其中支付土地出让金 300 万元，支付被拆迁人的安置补助费 50 万元，委托拆迁，支付拆迁公司手续费 10 万元，支付城市配套费 20 万元。又以另外的 500 平方米土地使用权抵顶被拆迁企业丙公司的拆迁补偿费 50 万元，其余 620 万元支付了工程价款。乙企业对甲房地产开发公司支付的款项均无异议，且该工程已验收合格。

【实训任务】

1. 计算各方应缴纳的契税(契税税率为5%)。

2. 撰写《财产与行为税——财产税的应用》实训报告。

《财产与行为税——财产税的应用》实训报告		
项目实训班级：	项目小组：	项目组成员：
实训时间：　　年　　月　　日	实训地点：	实训成绩：
实训目的：		
实训步骤：		
实训结果：		
实训感言：		

项目八　财产与行为税——特定行为税

● **知识目标**

> 理解：特定行为税的概念、特点和类型。
> 熟知：特定行为税的基本法律及相关制度。
> 掌握：特定行为税的应纳税额计算及征收管理。

● **技能目标**

> 能够具备对特定行为税进行计算的能力，具备财产税和行为税合并申报的业务能力。

● **素质目标**

> 运用所学的特定行为税知识研究相关案例，培养和提高学生在特定业务情境中分析问题与决策设计的能力；结合行业规范或标准，运用特定行为税知识分析行为的善恶，强化学生的职业道德素质。

● **思政目标**

> 能够正确地理解"不忘初心"的核心要义和精神实质；树立正确的世界观、人生观和价值观，做到学思用贯通、知信行统一；通过特定行为税知识明确学习目的，强化学习信心，遵守职业道德和财经法规，强化法律意识，增强责任感。

● **项目引例**

了解财产和行为税合并申报

自2021年6月1日起，全国纳税人申报财产和行为税时，进行合并申报。财产和行为税是现有税种中财产类和行为类税种的统称。财产和行为税合并申报，通俗地讲就是"简并申报表，一表报多税"，纳税人在申报多个税种时，不再单独使用分税种申报表，而是在一张纳税申报表上同时申报多个税种。对纳税人而言，可简化报送资料、减少申报次数、缩短办税时间。此次合并申报的税种范围包括城镇土地使用税、房产税、车船税、印花税、耕地占用税、资源税、土地增值税、契税、环境保护税、烟叶税。纳税申报时，各税统一采用"财产和行为税纳税申报表"（以下简称"新申报表"）。新申报表由一张主表和一张减免税附表组成，主表为纳税情况，附表为申报享受的各类减免税情况。纳税申报前，需先维护税源信息。税源信息没有变化的，确认无变化后直接进行纳税申报；税源信息有变化的,通过填报"税源明细表"进行数据更新维护后再进行纳税申报。您可登录电子税务局,先通过"我要办税—税费申报及缴纳—合并纳税申报—税源采集"模块填报各税种税源信息,再通过"合并纳税申报—财产和行为税纳税申报表"模块申报缴税。此外,也可以在当地办税服务厅办税窗口进行申报。

请问:在财产税和行为税合并申报的情况下,我们如何提升专业技能?

● 知识精讲

任务一　行为税概述

一、行为税的概念和特点

行为税,也称"特定行为课税",是以经济活动中纳税人的某些特定行为课征对象征收的税类总称,具有特殊的目的性。行为税的征税对象,是国家税法规定的,除一般商品流转、劳务收入、所得收益、财产占有等行为之外的其他各种应税行为。我国现行税种中,行为税包括土地增值税、耕地占用税、环境保护税、资源税、印花税、船舶吨税六个税种。我国过去征收的筵席税、屠宰税、固定资产投资方向调节税等也属于行为课税。国家课征行为税,是为了实现某种特定的目的,对某些行为加以调控引导或特别限制。

行为税一般具有以下特点:

(一)行为税征税对象为某种特定行为

无论是现行行为税中作为征税对象的取得增值额的房地产转让行为、占用耕地行为、污染环境行为、资源开采占用行为、书立领受应税凭证行为和船舶进入我国境内港口行为,还是过往行为税中的举办筵席、屠宰牲畜等行为,均属于国家认为需要调控引导的社会经济行为。

(二)行为税具有较强的税收调控功能

行为税的征税对象为某种特定行为,这些行为不具有普遍性和持续性,因此,其税收收入不具有稳定性和持续性。而且国家在选择某些特定行为进行征税时,往往出于限制或引导的目的,因此,此类税种的征收一般是为了配合国家的政治经济政策,宏观调控的意图比较明显。

(三)行为税实行多种不同种类的税率

行为税类的征税对象比较零散,相互间差异较大,为实现不同的调控目的,往往各自适用不同种类的税率。如印花税因涉及的应税行为相对广泛,区分不同应税凭证,实行税负较轻的定额税率和比例税率;土地增值税为了抑制房地产的投机、炒卖活动,采用了超率累进税率等。

二、行为税的类型

(一)按照应税行为种类划分,可分为单一行为税和综合行为税

单一行为税仅对一种应税行为征收,如耕地占用税的征税对象为耕地占用行为;船舶吨税的征税对象为进入我国港口的船舶,使用我国港口助航设备的行为。

综合行为税是指课税对象中包含了多种应税行为,如环境保护税的征税范围覆盖了排放大气污染物、水污染物、固体废物和噪声四种对环境有害的污染物的行为,对每一种污染物的排放,均根据其各自的排放当量单独计算应纳税额,存在多种污染环境行为的实行复合征税。

(二)按照收入归属划分,可分为地方税和中央税

由于行为税具有税源较为分散,受各地地理条件、人文社会环境影响较大,税收收入不稳定且征收难度较大的特点,行为税收入一般归属于各地方政府。但少量行为税也会归属于中央。如我

国船舶吨税由海关负责征收,其收入全部归属于中央收入。

(三)按照调控的目的划分,可分为普遍调节税和级差调节税

普遍调节是指征税覆盖面相对广泛,只要发生了应税行为,均应缴纳相应行为税税款。

级差调节主要针对与土地、资源相关的应税行为。由于土地使用权转让收入很大程度上取决于该土地的地理位置,资源开采销售行为的收入在很大程度上受到各地资源分布、开采条件的影响,因此,土地增值税和资源税等税种均在普遍征收的基础上,采用累进税率或幅度税额的形式对级差收益进行调节。

(四)按照课征的次数划分,可分为持续征收税种和一次性征收税种

由于某些应税行为的发生具有持续性,相关行为税的课征也就具有持续性。例如,资源的开采销售就是一项长期行为,纳税人需要根据每个纳税周期应税资源的销售额计缴税款;再如,凡转让国有土地使用权、地上建筑物及其附着物产权并取得收入的单位和个人为土地增值税的纳税人,无论该房地产转让次数多寡,只要发生房地产转让行为,均需根据每一次房地产转让取得收入的增值率缴纳土地增值税。而有的应税行为一般只发生一次,纳税人也就只需缴纳一次相关的行为税。如耕地在被占用后改变了土地使用用途,对一块耕地而言,耕地占用行为只会发生一次。

任务二 土地增值税

一、土地增值税的概念

土地增值税最早起源于 18 世纪中叶的法国。土地增值税是对转让国有土地使用权、地上建筑物及其附着物并取得收入的单位和个人,就其转让房地产所取得的增值额征收的一种税。1993 年 12 月 13 日国务院颁布《中华人民共和国土地增值税暂行条例》(2011 年 1 月 8 日国务院令第 588 号修订,以下简称《土地增值税暂行条例》),1995 年 1 月 27 日财政部印发《中华人民共和国土地增值税暂行条例实施细则》。之后,财政部、国家税务总局又陆续发布了一些有关土地增值税的规定、办法。

二、土地增值税的特点

(1)以转让房地产取得的增值额作为征税对象。

(2)凡在我国境内转让房地产并取得增值收入的单位和个人,除税法规定免税外,均应依照税法规定缴纳土地增值税。

(3)采取扣除法和评估法计算增值额。土地增值税在计算方法上考虑我国实际情况,以纳税人转让房地产取得的收入,减除法定扣除项目金额后的余额作为计税依据;对旧房及建筑物的转让,以及对纳税人转让房地产申报不实、成交价格偏低的,采用评估价格确定增值额计征增值税。

(4)实行超率累进税率。

(5)在房地产转让环节实行按次征收。

三、土地增值税的基本法律

(一)征税范围

土地增值税的征税范围是有偿转让国有土地使用权及地上建筑物和其附着物产权所取得的增值额。

1. 一般规定

(1)土地增值税只对转让国有土地使用权的行为征税,转让非国有土地和出让国有土地的行为不征税。

属于集体所有的土地,按现行规定须先由国家征用后才能转让,未经国家征用的集体土地不得转让。自行转让集体土地是一种违法行为,应由有关部门依照相关法律处理,而不纳入土地增值税的征收范围。

国有土地出让是指国家以土地所有者的身份将土地使用权在一定的年限内让与土地使用者,并由土地使用者向国家支付土地出让金的行为。出让金收入在性质上属于政府凭借所有权在土地一级市场上收取的租金,所以,政府出让土地的行为及取得的收入不征收土地增值税。

(2)土地增值税既对转让土地使用权征税,也对转让地上建筑物和其他附着物的产权征税。

地上建筑物是指建于土地上的一切建筑物,包括地上地下的各种附属设施,如厂房、仓库、住宅、地下室、围墙等。

附着物是指附着于土地上、不能移动,一经移动即遭损坏的种植物、养殖物及其他物品。

(3)土地增值税只对有偿转让的房地产征税。权属已转让但未取得收入的房地产转让行为,不征收土地增值税。

2. 特殊规定

(1)房地产继承、赠予。以继承、赠予等方式无偿转让房地产的行为,不征收土地增值税。但不征收土地增值税的房地产赠予行为只包括以下两种情况:

①赠予直系亲属或承担直接赡养义务人。

②公益性捐赠。公益性捐赠是指房产所有人、土地使用权所有人通过中国境内的非营利的社会团体、国家机关将房屋产权、土地使用权赠予教育、民政和其他社会福利、公益事业的行为。

(2)合作建房,对一方出地,另一方出资金,双方合作建房,建成后分房自用的,暂免征收土地增值税;建成后转让的,依法征收土地增值税。

(3)交换房地产,交换房地产行为既发生了房产产权、土地使用权的转移,交换双方又取得了实物形态的收入,按照规定征收土地增值税。但个人之间互换自有居住用房,经当地税务机关核实,可免征土地增值税。

(4)房地产抵押,抵押期间不征土地增值税,抵押期满后,以房抵债发生房地产产权转移的,依法征收土地增值税。

(5)房地产出租,没有发生房地产产权转移,不属于土地增值税征税范围。

(6)房地产评估增值,没有发生房地产权属转让,不属于土地增值税征税范围。

(7)国家收回土地使用权、征用地上建筑物及附着物,按政策规定可以免征土地增值税。

(8)房地产的代建房行为,没有发生房地产产权转移,不属于土地增值税征税范围。

(9)实质征税。土地使用者转让、抵押或置换土地,无论其是否取得了该土地的使用权属证书,无论其在转让、抵押或置换土地过程中是否与对方当事人办理了土地使用权证书变更登记手续,只要土地使用者享有占有、使用、收益或处分该土地的权利,且有合同等证据表明其实质转让、抵押或置换了土地并取得了相应经济利益,土地使用者及对方当事人应当依法缴纳土地增值税。

(二)纳税人

土地增值税的纳税人为转让国有土地使用权、地上建筑物及其附着物(以下简称"转让房地产")并取得收入的单位和个人。

单位包括各类企业单位、事业单位、国家机关和社会团体及其他组织;个人包括个体经营者。此外,土地增值税的纳税人还包括外商投资企业、外国企业、外国驻华机构及海外华侨、港澳台同胞和外国公民。

【学中做 8—1】（多项选择题）下列单位中，属于土地增值税纳税人的有（　　）。
A. 建造房屋的施工单位　　　　　　B. 中外合资房地产公司
C. 转让国有土地的事业单位　　　　D. 房地产管理的物业公司

（三）税率

土地增值税实行四级超率累进税率，相关内容如表8—1所示。

表8—1　　　　　　　　　　土地增值税四级超率累进税率表

级　数	增值额与扣除项目金额的比率	税率(%)	速算扣除系数(%)
1	不超过50%的部分	30	0
2	超过50%至100%的部分	40	5
3	超过100%至200%的部分	50	15
4	超过200%的部分	60	35

四、土地增值税的税收优惠

(1)纳税人建造普通标准住宅出售，增值额未超过扣除项目金额20%的，予以免税；超过20%的，应按全部增值额缴纳土地增值税。

普通标准住宅，是指按所在地一般民用住宅标准建造的居住用住宅。高级公寓、别墅、度假村等不属于普通标准住宅。普通标准住宅与其他住宅的具体划分界限，2005年5月31日以前由各省、自治区、直辖市人民政府规定。自2005年6月1日起，普通标准住宅应同时满足：①住宅小区建筑容积率在1.0以上；②单套建筑面积在120平方米以下；③实际成交价格低于同级别土地上住房平均交易价格1.2倍以下。各省、自治区、直辖市根据实际情况，制定本地区享受优惠政策普通住房具体标准。允许单套建筑面积和价格标准适当浮动，但向上浮动的比例不得超过上述标准的20%。

【注意】对于纳税人既建普通标准住宅又进行其他房地产开发的，应分别核算增值额。不分别核算增值额或不能准确核算增值额的，其建造的普通标准住宅不能适用这一免税规定。

(2)因国家建设需要依法征收、收回的房地产，免征土地增值税。

【提示】因国家建设需要依法征收、收回的房地产，是指因城市实施规划、国家建设的需要而被政府批准征收的房产或收回的土地使用权。

因城市实施规划、国家建设的需要而搬迁，由纳税人自行转让原房地产的，免征土地增值税。

(3)企事业单位、社会团体以及其他组织转让旧房作为公共租赁住房房源且增值额未超过扣除项目金额20%的，免征土地增值税。

(4)自2008年11月1日起，对个人转让住房暂免征收土地增值税。

(5)自2021年1月1日至2023年12月31日，执行以下企业改制重组有关土地增值税政策：

①企业按照《公司法》有关规定整体改制，包括非公司制企业改制为有限责任公司或股份有限公司，有限责任公司变更为股份有限公司，股份有限公司变更为有限责任公司，对改制前的企业将国有土地使用权、地上的建筑物及其附着物（以下简称房地产）转移、变更到改制后的企业，暂不征土地增值税。整体改制是指不改变原企业的投资主体，并承继原企业权利、义务的行为。

②按照法律规定或者合同约定，两个或两个以上企业合并为一个企业，且原企业投资主体存续的，对原企业将房地产转移、变更到合并后的企业，暂不征土地增值税。

③按照法律规定或者合同约定，企业分设为两个或两个以上与原企业投资主体相同的企业，对原企业将房地产转移、变更到分立后的企业，暂不征土地增值税。

④单位、个人在改制重组时以房地产作价入股进行投资,对其将房地产转移、变更到被投资的企业,暂不征土地增值税。

⑤上述改制重组有关土地增值税政策不适用于房地产转移任意一方为房地产开发企业的情形。

⑥改制重组后再转让房地产并申报缴纳土地增值税时,对取得土地使用权所支付的金额,按照改制重组前取得该宗国有土地使用权所支付的地价款和按国家统一规定缴纳的有关费用确定;经批准以国有土地使用权作价出资入股的,为作价入股时县级及以上自然资源部门批准的评估价格。按购房发票确定扣除项目金额的,按照改制重组前购房发票所载金额并从购买年度起至本次转让年度止每年加计5%计算扣除项目金额,购买年度是指购房发票所载日期的当年。

⑦纳税人享受上述税收政策,应按税务机关规定办理。

⑧"不改变原企业投资主体""投资主体相同"是指企业改制重组前后出资人不发生变动,出资人的出资比例可以发生变动。投资主体存续,是指原企业出资人必须存在于改制重组后的企业,出资人的出资比例可以发生变动。

五、土地增值税应纳税额的计算

(一)土地增值税的计税依据

土地增值税的计税依据是纳税人转让房地产所取得的增值额。转让房地产的增值额,是纳税人转让房地产的收入减除税法规定的扣除项目金额后的余额。土地增值额的大小,取决于转让房地产的收入额和扣除项目金额两个因素。

1. 应税收入的确定

根据《中华人民共和国土地增值税暂行条例》(以下简称《土地增值税暂行条例》)及其实施细则的规定,纳税人转让房地产取得的应税收入,应包括转让房地产的全部价款及有关的经济收益。从收入的形式来看,包括货币收入、实物收入和其他收入。

2. 扣除项目及其金额

依照《土地增值税暂行条例》的规定,准予纳税人从房地产转让收入额减除的扣除项目金额具体包括以下内容:

(1)取得土地使用权所支付的金额。取得土地使用权所支付的金额包括以下两方面:

①纳税人为取得土地使用权所支付的地价款。地价款的确定有三种方式:如果是以协议、招标、拍卖等出让方式取得土地使用权的,地价款为纳税人所支付的土地出让金;如果是以行政划拨方式取得土地使用权的,地价款为按照国家有关规定补缴的土地出让金;如果是以转让方式取得土地使用权的,地价款为向原土地使用权人实际支付的地价款。

②纳税人在取得土地使用权时按国家统一规定缴纳的有关费用和税金。这是指纳税人在取得土地使用权过程中为办理有关手续,必须按国家统一规定缴纳的有关登记、过户手续费和契税。

(2)房地产开发成本。房地产开发成本,是指纳税人开发房地产项目实际发生的成本,包括土地的征用及拆迁补偿费、前期工程费、建筑安装工程费、基础设施费、公共配套设施费、开发间接费用等。

(3)房地产开发费用。房地产开发费用,是指与房地产开发项目有关的销售费用、管理费用和财务费用。在计算土地增值税时,房地产开发费用并不是按照纳税人实际发生额进行扣除,应分别按以下两种情况扣除:

①凡能够按转让房地产项目计算分摊并提供金融机构证明的,允许据实扣除,但最高不得超过按商业银行同类同期贷款利率计算的金额。其他房地产开发费用,在按规定(即取得土地使用权所支付的金额和房地产开发成本,下同)计算的金额之和的5%以内计算扣除。计算公式为:

$$允许扣除的房地产开发费用=利息+\left(\begin{array}{c}取得土地使用权\\所支付的金额\end{array}+\begin{array}{c}房地产\\开发成本\end{array}\right)\times 5\%$$

②凡不能按转让房地产项目计算分摊利息支出或不能提供金融机构证明的,房地产开发费用在按规定计算的金额之和的10%以内计算扣除。计算公式为:

$$允许扣除的房地产开发费用=\left(\begin{array}{c}取得土地使用权\\所支付的金额\end{array}+\begin{array}{c}房地产\\开发成本\end{array}\right)\times 10\%$$

(4)与转让房地产有关的税金。与转让房地产有关的税金,是指在转让房地产时缴纳的城市维护建设税、教育费附加、印花税。因转让房地产缴纳的教育费附加,也可视同税金予以扣除。

【提示】房地产开发企业按照《施工、房地产开发企业财务制度》有关规定,其在转让时缴纳的印花税因列入管理费用中,故在此不允许单独再扣除。其他纳税人缴纳的印花税(按产权转移书据所载金额的0.5‰贴花)允许在此扣除。

(5)财政部确定的其他扣除项目。对从事房地产开发的纳税人可按规定计算的金额之和,加计20%扣除。此条优惠只适用于从事房地产开发的纳税人,除此之外的其他纳税人均不适用。

$$加计扣除费用=(取得土地使用权所支付的金额+房地产开发成本)\times 20\%$$

3.旧房及建筑物的扣除金额

(1)按评估价格扣除。计算公式为:

$$评估价格=重置成本\times 成新度折扣率$$

纳税人转让旧房及建筑物,凡不能取得评估价格但能提供购房发票的,经当地税务部门确认,《土地增值税暂行条例》规定的扣除项目的金额,可按发票所载金额并从购买年度起至转让年度止每年加计5%计算。对于纳税人购房时缴纳的契税,凡能够提供契税完税凭证的,准予作为"与转让房地产有关的税金"予以扣除,但不作为加计5%的基数。

(2)取得土地使用权所支付的地价款和按国家统一规定缴纳的有关费用(评估费可以扣除)。取得土地使用权时未支付地价款或不能提供已支付的地价款凭据的,在计征土地增值税时不允许扣除。

(3)转让环节的税金及附加,包括城市维护建设税、印花税和教育费附加。

(二)土地增值税应纳税额的计算方法

1.应纳税额的计算公式

土地增值税按照纳税人转让房地产所取得的增值额和规定的税率计算征收。计算公式为:

$$土地增值税应纳税额=\sum(每级距的增值额\times 适用税率)$$

由于分步计算比较烦琐,一般可以采用速算扣除法计算,即计算土地增值税税额,可按增值额乘以适用的税率减去扣除项目金额乘以速算扣除系数的简便方法计算。计算公式为:

$$土地增值税应纳税额=增值额\times 适用税率-扣除项目金额\times 速算扣除系数$$

2.应纳税额的计算步骤

根据上述计算公式,土地增值税应纳税额的计算可分为以下四步:

(1)计算增值额。计算公式为:

$$增值额=房地产转让收入-扣除项目金额$$

(2)计算增值率。计算公式为:

$$增值率=增值额\div 扣除项目金额\times 100\%$$

(3)确定适用税率。按照计算出的增值率,从土地增值税税率表中确定适用税率。

(4)计算应纳税额。

【做中学8—1】 某企业转让一块土地的使用权,取得收入560万元。年初取得该土地使用权时支付金额420万元，转让时发生相关费用6万元，与转让土地使用权有关的税金17万元。

要求：计算该企业应纳的土地增值税。

解析：第一步，土地使用权转让扣除项目＝420＋6＋17＝443（万元）

第二步，土地增值额＝560－443＝117（万元）

第三步，增值额与扣除项目金额之比＝117÷443×100％＝27.02％

第四步，应纳土地增值税税额＝117×30％＝35.1（万元）

六、土地增值税的征收管理

（一）纳税期限

纳税人应在转让房地产合同签订后的7日内，到房地产所在地主管税务机关办理纳税申报，并向税务机关提交房屋及建筑物产权、土地使用权证书，土地转让、房产买卖合同，房地产评估报告及其他与转让房地产有关的资料，然后在税务机关规定的期限内缴纳土地增值税。

纳税人因经常发生房地产转让而难以在每次转让后申报的，经税务机关审核同意后，可以按月或按季定期进行纳税申报，具体期限由主管税务机关根据情况确定。

纳税人采取预售方式销售房地产的，对在项目全部竣工结算前转让房地产取得的收入，税务机关可以预征土地增值税。具体办法由各省、自治区、直辖市地方税务局根据当地情况制定。

对于纳税人预售房地产所取得的收入，凡当地税务机关规定预征土地增值税的，纳税人应当到主管税务机关办理纳税申报，并按规定比例预缴，待办理完土地增值税清算后，多退少补。

（二）纳税清算

1．土地增值税的清算单位

土地增值税以国家有关部门审批的房地产开发项目为单位进行清算，对于分期开发的项目，以分期项目为单位清算。

开发项目中同时包含普通住宅和非普通住宅的，应分别计算增值额。

2．土地增值税的清算条件

符合下列情形之一的，纳税人应进行土地增值税的清算：①房地产开发项目全部竣工、完成销售的。②整体转让未竣工决算房地产开发项目的。③直接转让土地使用权的。

符合下列情形之一的，主管税务机关可要求纳税人进行土地增值税清算：①已竣工验收的房地产开发项目，已转让的房地产建筑面积占整个项目可售建筑面积的比例在85％以上，或该比例虽未超过85％，但剩余的可售建筑面积已经出租或自用的。②取得销售（预售）许可证满3年仍未销售完毕的。③纳税人申请注销税务登记但未办理土地增值税清算手续的。④省级税务机关规定的其他情况。

【注意】应当进行清算的情形是纳税人的开发项目已经完全转让。

（三）纳税地点

土地增值税的纳税人应向房地产所在地主管税务机关办理纳税申报，并在税务机关核定的期限内缴纳土地增值税。

【提示】"房地产所在地"是指房地产的坐落地。纳税人转让的房地产坐落在两个或两个以上地区的，应按房地产所在地分别申报纳税。

在实际工作中，纳税地点的确定又可分为以下两种情况：

（1）纳税人是法人的。当转让的房地产坐落地与其机构所在地或经营所在地一致时，则在办理税务登记的原管辖税务机关申报纳税即可；如果转让的房地产坐落地与其机构所在地或经营所在地不一致时，则应在房地产坐落地所管辖的税务机关申报纳税。

（2）纳税人是自然人的。当转让的房地产坐落地与其居住所在地一致时，则在住所所在地税务机关申报纳税；当转让的房地产坐落地与其居住所在地不一致时，在办理过户手续所在地的税务机关申报纳税。

（四）纳税申报

土地增值税的纳税人应在转让房地产合同签订后的 7 日内，到房地产所在地主管税务机关办理纳税申报，并向税务机关提交房屋及建筑物产权、土地使用权证书，土地转让、房产买卖合同，房地产评估报告及其他与转让房地产有关的资料。

纳税人因经常发生房地产转让而难以在每次转让后申报的，经税务机关审核同意后，以定期进行纳税申报，具体期限由税务机关根据相关规定确定。

纳税人因经常发生房地产转让而难以在每次转让后申报，是指房地产开发企业开发建造的房地产因分次转让而频繁发生纳税义务，难以在每次转让后申报纳税的情况，土地增值税可按月或按各省、自治区、直辖市和计划单列市税务局规定的期限申报缴纳。纳税人选择定期申报方式的，应向纳税所在地的税务机关备案。定期申报方式确定后，一年之内不得变更。

此外，根据《中华人民共和国土地增值税暂行条例实施细则》的规定，纳税人在项目全部竣工结算前转让房地产取得的收入，可以预征土地增值税，具体办法由各省、自治区、直辖市税务局根据当地情况制定。因此，对于纳税人预售房地产所取得的收入，凡当地税务机关规定预征土地增值税的，纳税人应当到主管税务机关办理纳税申报，并按规定比例预交，待办理决算后，多退少补；凡当地税务机关规定不预征土地增值税的，也应在取得收入时先到税务机关登记或备案。

任务三　耕地占用税

一、耕地占用税的概念

耕地占用税是指占用耕地建房的人或者拿耕地从事其他非农业建设的人，需要向其征收的相关税费。耕地占用税一般采用定额税率，其标准取决于人均占有耕地的数量和经济发展程度。2018 年 12 月 29 日，第十三届全国人民代表大会常务委员会第七次会议通过《中华人民共和国耕地占用税法》，自 2019 年 9 月 1 日起施行。

二、耕地占用税的特点

（一）兼具资源税与行为税

耕地占用税以占用耕地建房或从事其他非农用建设的行为征税，目的在于约束占用耕地的行为、促进土地资源的合理利用，因此兼具资源税和行为税的特点。

（二）采用地区差别税率

我国地域辽阔，各地区之间耕地质量差别大、人均占有耕地面积相差悬殊，因此国家对征收的耕地占用税税率采用地区差别税率的形式，以保证增加财政收入的同时适应不同地区的实际情况。

（三）属于一次课征税种

耕地占用税在纳税人获准占用耕地的环节一次征收，属于一次课征税种。

三、耕地占用税的基本法律

（一）征税范围

耕地占用税的征税范围包括纳税人为建房或从事其他非农业建设而占用的国家所有和集体所有的耕地。

耕地，是指用于种植农作物的土地，包括菜地、园地。其中，园地包括花圃、苗圃、茶园、果园、桑园和其他种植经济林木的土地。

纳税人因建设项目施工或者地质勘查临时占用耕地，应当依规定缴纳耕地占用税。纳税人在批准临时占用耕地期满之日起一年内依法复垦、恢复种植条件的，全额退还已经缴纳的耕地占用税。

占用园地、林地、草地、农田水利用地、养殖水面、渔业水域滩涂以及其他农用地建设建筑物、构筑物或者从事非农业建设的，依规定缴纳耕地占用税。

占用规定的农用地的，适用税额可以适当低于本地区的适用税额，但降低的部分不得超过50％。具体适用税额由省、自治区、直辖市人民政府提出，报同级人民代表大会常务委员会决定，并报全国人民代表大会常务委员会和国务院备案。

占用规定的农用地建设直接为农业生产服务的生产设施，不缴纳耕地占用税。

税务机关应当与相关部门建立耕地占用税涉税信息共享机制和工作配合机制。县级以上地方人民政府自然资源、农业农村、水利等相关部门应当定期向税务机关提供农用地转用、临时占地等信息，协助税务机关加强耕地占用税征收管理。

税务机关发现纳税人的纳税申报数据资料异常或者纳税人未按照规定期限申报纳税的，可以提请相关部门进行复核，相关部门应当自收到税务机关复核申请之日起30日内向税务机关出具复核意见。

（二）纳税人

(1)占用耕地的企业、行政单位、事业单位，需要缴纳耕地占用税；
(2)占用耕地的乡镇集体企业、事业单位，需要缴纳耕地占用税；
(3)占用耕地的农村居民和其他公民，需要缴纳耕地占用税。

（三）税率

耕地占用税采用地区差别定额税率，相关内容如表8—2所示。

表8—2　　　　　　　　　　　　耕地占用税平均税额表

人均耕地占用面积(以县级行政区域为单位)	每平方米年税额(元)
不超过1亩的地区	10～50
超过1亩但不超过2亩的地区	8～40
超过2亩但不超过3亩的地区	6～30
超过3亩以上的地区	5～25

经济特区、经济技术开发区和经济发达且人均耕地特别少的地区，适用税额可以适当提高，但最高不得超过规定的当地适用税额的50％。

四、耕地占用税税收优惠

(1)下列项目占用耕地，可以免征耕地占用税：
①军事设施，包括地上、地下的军事指挥、作战工程；军用机场、港口、码头；营区、训练场、试验

场;军用洞库、仓库;军用通信、侦察、导航、观测台站和测量、导航、助航标志;军用公路、铁路专用线、军用通信、输电线路,军用输油、输水管道;其他直接用于军事用途的设施。

②学校,包括县级以上人民政府教育行政部门批准成立的大学、中学、小学、学历性职业教育学校和特殊教育学校。学校内经营性场所和教职工住房占用耕地的,按照当地适用税率缴纳耕地占用税。

③幼儿园,包括在县级以上人民政府教育行政部门登记或者备案的幼儿园用于幼儿保育、教育的场所。

④养老院,包括经批准设立的养老院为老年人提供生活照顾的场所。

⑤医院,包括县级以上人民政府卫生行政部门批准设立的医院用于提供医疗服务的场所及其配套设施。医院内职工住房占用耕地的,按照当地适用税率缴纳耕地占用税。

【提示】农村烈士遗属、因公牺牲军人遗属、残疾军人以及符合农村最低生活保障条件的农村居民,在规定用地标准以内新建自用住宅,免征耕地占用税。

(2)下列项目占用耕地,可以减征耕地占用税:

①铁路线路、公路线路、飞机场跑道、停机坪、港口、航道占用耕地,减按每平方米2元的税额征收耕地占用税。

②农村居民占用耕地新建住宅,按照当地适用税额减半征收耕地占用税。

另外,农村居民经批准搬迁,原宅基地恢复耕种,新建住宅占用应税土地超过原宅基地面积的,对超过部分按照当地适用税额减半征收耕地占用税。

【注意】免征或者减征耕地占用税后,纳税人改变原占地用途,不再属于免征或者减征耕地占用税情形的,应当按照当地适用税额补缴耕地占用税。

五、耕地占用税应纳税额的计算

(一)耕地占用税计税依据

耕地占用税以纳税人实际占用的耕地面积作为计税依据,按照适用税额标准计算应纳税额,一次性缴纳。

纳税人实际占用耕地面积的核定以农用地转用审批文件为主要依据,必要时应当实地勘测。

(二)耕地占用税应纳税额的计算方法

耕地占用税应纳税额的计算公式为:

$$应纳税额 = 实际占用耕地面积(平方米) \times 适用税率$$

【做中学8—2】 某市一家企业新占用19 800平方米耕地用于工业建设,所占耕地适用的定额税率为20元/平方米。

要求:计算该企业应纳的耕地占用税。

解析:应纳税额=19 800×20=396 000(元)

六、耕地占用税的征收管理

(一)纳税时间

耕地占用税的纳税义务发生时间为纳税人收到自然资源主管部门办理占用耕地手续的书面通知的当日。自然资源主管部门凭耕地占用税完税凭证或者免税凭证和其他有关文件发放建设用地批准书。

(二)纳税期限

纳税人应当自纳税义务发生之日起30日内申报缴纳耕地占用税。

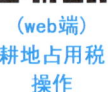

（三）纳税地点

耕地占用税由税务机关负责征收。

任务四　环境保护税

一、环境保护税的概念

环境保护税是我国首个明确以环境保护为目标的独立型环境税税种，有利于解决排污费制度存在的执法刚性不足等问题，有利于提高纳税人环保意识和强化企业治污减排责任。环境保护税是指对在我国领域以及管辖的其他海域直接向环境排放应税污染物的企事业单位和其他生产经营者征收的一种税。环境保护税法是调整环境保护税征纳关系法律规范的总称。我国现行环境保护税的基本规范是2016年12月25日第十二届全国人民代表大会常务委员会第二十五次会议通过的《中华人民共和国环境保护税法》（以下简称《环境保护税法》）和2017年12月30日国务院颁布的《中华人民共和国环境保护税法实施条例》（自2018年1月1日起施行）。环境保护税由此成为我国的第18个税种。

【注意】自2018年1月1日起，在全国范围内统一停征排污费和海洋工程污水排污费。

二、环境保护税的特点

（一）属于调节型税种

环境保护税的立法目的是保护和改善环境，减少污染物排放，推进生态文明建设。因此，环境保护税的首要功能是减少污染排放，而非增加财政收入。

（二）是排污收费改革的成果

十八届三中全会明确要求"推动环境保护费改税"，环境保护税基本平移了原排污费的制度框架，环境保护税于2018年1月1日起正式实施，排污费同时停征。

（三）属于综合型环境税

环境保护税的征税范围包括大气污染物、水污染物、固体废物和噪声四大类，与对单一污染物征收的税种不同，属于综合型环境税。

（四）属于直接排放税

环境保护税是直接向环境排放应税污染物的企业事业单位和其他生产经营者征税。如果企业事业单位和其他生产经营者向依法设立的污水集中处理、生活垃圾集中处理场所排放应税污染物，不属于直接排放，不征收环境保护税。

（五）属于地方税

环境保护税收入纳入一般预算收入，全部划归地方。为促进各地保护和改善环境、增加环境保护投入，国务院决定，环境保护税收入全部作为地方收入。

（六）征税管理体现多部门协作共治

环境保护税采用"纳税人自行申报，税务征收，环保监测，信息共享"的征管方式，税务机关负责征收管理，环境保护主管部门负责对污染物监测管理，高度依赖税务、环保的部门配合与协作。

三、环境保护税的基本法律

（一）征税对象

环境保护税是对我国领域以及管辖的其他海域，直接向环境排放应税污染物的企业、事业单位和其他生产经营者征收的一种税。它由英国经济学家庇古(A. C. Pigou)最先提出,荷兰是征收环境保护税比较早的国家。我国的环境保护税由排污费改革而来。

环境保护税针对应税污染物征税,是指《环境保护税法》所附环境保护税税目税额表、应税污染物和当量值表规定的大气污染物、水污染物、固体废物和噪声。

大气污染物是指向大气排放,导致大气污染的物质,包括二氧化硫、氮氧化物、粉尘等。

水污染物是指直接或者间接向水体排放,能导致水体污染的物质,包括重金属、悬浮物、动植物油等。

固体废物是指在生产、生活和其他活动中产生的丧失原有利用价值或者虽未丧失利用价值但被抛弃或者放弃的固态、半固态和置于容器中的气态的物品、物质以及法律和行政法规规定纳入固体废物管理的物品、物质,包括煤矸石、尾矿等。

噪声是指工业噪声,即在工业生产活动中使用固定设备时产生的超过国家规定的环境噪声排放标准的、干扰周围生活环境的声音。

依法设立的城乡污水集中处理、生活垃圾集中处理场所超过国家和地方规定的排放标准向环境排放应税污染物的,应当缴纳环境保护税。

企业、事业单位和其他生产经营者贮存或者处置固体废物不符合国家和地方环境保护标准的,应当缴纳环境保护税。

有下列情形之一的,不属于直接向环境排放污染物,不缴纳相应污染物的环境保护税:

(1)企业、事业单位和其他生产经营者向依法设立的污水集中处理、生活垃圾集中处理场所排放应税污染物的;

(2)企业、事业单位和其他生产经营者在符合国家和地方环境保护标准的设施、场所贮存或者处置固体废物的。

对为社会公众提供生活污水处理服务的城乡污水集中处理场所,在达标排放的情况下给予免征环境保护税的优惠。但对服务工业园区企业的污水处理厂,需要缴纳环境保护税。

根据《环境保护税法》的规定,目前未将建筑施工噪声和交通噪声纳入征收范围。

(二)纳税人

在我国领域和管辖的其他海域,直接向环境排放应税污染物的企业、事业单位和其他生产经营者为环境保护税的纳税人。

居民个人不属于税法规定的企业、事业单位和其他生产经营者,不缴纳环境保护税。

自2018年1月1日起,在中华人民共和国领域和中华人民共和国管辖的其他海域,直接向环境排放应税污染物的企事业单位和其他生产经营者为环境保护税的纳税人,应当依照《环境保护税法》的规定缴纳环境保护税。

(三)税率

环境保护税采用定额税率。环境保护税税目和税额如表8-3所示。

表8-3　　　　　　　　　环境保护税税目和税额表

税　目	计税单位	税　额
大气污染物	每污染当量	1.2～12元
水污染物	每污染当量	1.4～14元

续表

税　目		计税单位	税　额
固体废物	煤矸石	每吨	5元
	尾矿	每吨	15元
	危险废物	每吨	1 000元
	冶炼渣、粉煤灰、炉渣、其他固体废物（含半固态、液态废物）	每吨	25元
噪声	工业噪声	超标1～3分贝	每月350元
		超标4～6分贝	每月700元
		超标7～9分贝	每月1 400元
		超标10～12分贝	每月2 800元
		超标13～15分贝	每月5 600元
		超标16分贝以上	每月11 200元

注意事项：①一个单位边界上有多处噪声超标，根据最高一处超标声级计算应纳税额；当沿边界长度超过100米有两处以上噪声超标，按照两个单位计算应纳税额。②一个单位有不同地点作业场所的，应当分别计算应纳税额，合并计征。③昼夜均超标的环境噪声，昼夜分别计算应纳税额，累计计征。④声源一个月内超标不足15天的，减半计算应纳税额。⑤夜间频繁突发和夜间偶然突发厂界超标噪声，按等效声级和峰值噪声两种指标中超标分贝值高的一项计算应纳税额。

四、环境保护税的税收优惠

(1)暂予免征环境保护税的情形：①农业生产(不包括规模化养殖)排放应税污染物的；②机动车、铁路机车、非道路移动机械、船舶和航空器等流动污染源排放应税污染物的；③依法设立的城乡污水集中处理、生活垃圾集中处理场所排放相应应税污染物，不超过国家和地方规定的排放标准的；④纳税人综合利用的固体废物，符合国家和地方环境保护标准的；⑤国务院批准免税的其他情形。

(2)部分减免环境保护税的情形：①纳税人排放应税大气污染物或者水污染物的浓度值低于国家和地方规定的污染物排放标准30%的，减按75%征收环境保护税。②纳税人排放应税大气污染物或者水污染物的浓度值低于国家和地方规定的污染物排放标准50%的，减按50%征收环境保护税。

【提示】上述应税大气污染物或者水污染物的浓度值，是指纳税人安装使用的污染物自动监测设备当月自动监测的应税大气污染物浓度值的小时平均值再平均所得数值或者应税水污染物浓度值的日平均值再平均所得数值，或者监测机构当月监测的应税大气污染物、水污染物浓度值的平均值。

五、环境保护税应纳税额的计算

(一)环境保护税的计税依据

环境保护税实行从量计征，即直接按征税对象的自然单位计算。

1. 应税污染物计税依据的确定方法

(1)应税大气污染物、水污染物，按照污染物排放量折合的污染当量数确定。

①应税大气污染物、水污染物当量数,以该污染物的排放量除以该污染物的污染当量值计算。每种应税大气污染物的具体污染当量值,依照"应税污染物和当量值表"执行。

②每一排放口或者没有排放口的应税大气污染物,按照污染当量数从大到小排序,对前三项污染物征收环境保护税。

③每一排放口的应税水污染物,按照"应税污染物和当量值表",区分第一类水污染物和其他类水污染物,按照污染当量数从大到小排序,对第一类水污染物按照前五项征收环境保护税,对其他类水污染物按照前三项征收环境保护税。

④纳税人有下列情形之一的,以其当期应税大气污染物、水污染物的产生量作为污染物的排放量:未依法安装使用污染物自动监测设备或者未将污染物自动监测设备与环境保护主管部门的监控设备联网;损毁或者擅自移动、改变污染物自动监测设备;篡改、伪造污染物监测数据;通过暗管、渗井、渗坑、灌注或者稀释排放以及不正常运行防治污染设施等方式违法排放应税污染物;进行虚假纳税申报。

(2)应税固体废物按照固体废物的排放量确定。固体废物的排放量为当期应税固体废物的产生量减去当期应税固体废物的贮存量、处置量、综合利用量后的余额。固体废物的贮存量、处置量是指在符合国家和地方环境保护标准的设施、场所贮存或者处置的固体废物数量;固体废物的综合利用量是指按照国务院发展改革、工业和信息化主管部门关于资源综合利用要求以及国家和地方环境保护标准进行综合利用的固体废物数量。

纳税人有下列情形之一的,以其当期应税固体废物的产生量作为固体废物的排放量:非法倾倒应税固体废物;进行虚假纳税申报。

(3)应税噪声按照超过国家规定标准的分贝数确定。

2. 应税污染物计税依据的特殊规定

(1)应税大气污染物、水污染物、固体废物的排放量和噪声的分贝数,按照下列方法和顺序计算:

①纳税人安装使用符合国家规定和监测规范的污染物自动监测设备的,按照污染物自动监测数据计算。

②纳税人未安装使用污染物自动监测设备的,按照监测机构出具的符合国家有关规定和监测规范的监测数据计算。

③因排放污染物种类多等原因不具备监测条件的,按照国务院环境保护主管部门规定的排污系数、物料衡算方法计算。

④不能按照上述规定方法计算的,按照省、自治区、直辖市人民政府环境保护主管部门规定的抽样测算的方法核定计算。

(2)从两个以上排放口排放应税污染物的,对每一排放口排放的应税污染物分别计算征收环境保护税;纳税人持有排污许可证的,其污染物排放口按照排污许可证载明的污染物排放口确定。

3. 应税污染物项目数增加权限的规定

省、自治区、直辖市人民政府根据本地区污染物减排的特殊需要,可以增加同一排放口征收环境保护税的应税污染物项目数,报同级人民代表大会常务委员会决定,并报全国人民代表大会常务委员会和国务院备案。

(二)环境保护税应纳税额的计算方法

(1)应税大气污染物的应纳税额为污染当量数乘以具体适用税额。计算公式为:

$$污染当量数 = 该污染物的排放量(单位) \div 该污染物的污染当量值(单位)$$

$$应纳税额 = 污染当量数 \times 定额税率$$

【做中学 8—3】 某纳税人当月排放汞及其化合物 1 000 千克,查询"应税污染物和当量值表",

汞及其化合物污染当量值(千克)为0.000 1,适用税额为每污染当量12元。

要求:计算该纳税人污染当量数及应纳税额。

解析:污染当量数=1 000÷0.000 1=10 000 000

应纳税额=10 000 000×12=120 000 000(元)

(2)应税水污染物的应纳税额为污染当量数乘以具体适用税额。

①一般污染物的污染当量计算。计算公式为:

某污染物的污染当量数=该污染物的排放量(千克)÷该污染物的污染当量值(千克)

②pH值、大肠菌群数、余氯量的污染当量数计算。计算公式为:

某污染物的污染当量数=污水排放量(吨)÷该污染物的污染当量值(吨)

③色度的污染当量数计算。计算公式为:

色度的污染当量数=污水排放量(吨)×色度超标倍数

④禽畜养殖业、小型企业和第三产业的污染当量数计算。计算公式为:

污染当量数=污染排放特征值÷污染当量值

(3)应税固体废物的应纳税额为固体废物排放量乘以具体适用税额。

(4)应税噪声的应纳税额为超过国家规定标准的分贝数对应的具体适用税额。

六、环境保护税的征收管理

(一)纳税时间

环境保护税的纳税义务发生时间为纳税人排放应税污染物的当日。

(二)纳税地点

纳税人应当向应税污染物排放地的税务机关申报缴纳环境保护税。应税污染物排放地是指应税大气污染物、水污染物排放口所在地,应税固体废物产生地,应税噪声产生地。

纳税人跨区域排放应税污染物,税务机关对税收征收管辖有争议的,由争议各方按照有利于征收管理的原则协商解决。

纳税人从事海洋工程向中华人民共和国管辖海域排放应税大气污染物、水污染物或者固体废物,申报缴纳环境保护税的具体办法,由国务院税务主管部门会同国务院海洋主管部门规定。

(三)纳税期限

环境保护税按月计算,按季申报缴纳;不能按固定期限计算缴纳的,可以按次申报缴纳。

纳税人申报缴纳时,应当向税务机关报送所排放应税污染物的种类、数量,大气污染物、水污染物的浓度值,以及税务机关根据实际需要要求纳税人报送的其他纳税资料。

纳税人按季申报缴纳的,应当自季度终了之日起15日内,向税务机关办理纳税申报并缴纳税款。纳税人按次申报缴纳的,应当自纳税义务发生之日起15日内,向税务机关办理纳税申报并缴纳税款。

(四)征管方式

环境保护税采用"企业申报、税务征收、环保协同、信息共享"的征管方式。纳税人应当依法如实办理纳税申报,对申报的真实性和完整性承担责任;税务机关依照《中华人民共和国税收征收管理法》和环境保护税法的有关规定征收管理;环境保护主管部门依照《环境保护税法》和有关环境保护法律法规的规定对污染物监测管理;县级以上地方人民政府应当建立税务机关、环境保护主管部门和其他相关单位分工协作工作机制;环境保护主管部门和税务机关应当建立涉税信息共享平台和工作配合机制,定期交换有关纳税信息资料。

(五)数据传递

环境保护主管部门应当将排污单位的排污许可、污染物排放数据、环境违法和受行政处罚情况等环境保护相关信息,定期交送税务机关。

税务机关应当将纳税人的纳税申报、税款入库、减免税额、欠缴税款以及风险疑点等环境保护税涉税信息,定期交送环境保护主管部门。税务机关应当将纳税人的纳税申报数据资料与环境保护主管部门交送的相关数据资料进行比对。纳税人申报的污染物排放数据与环境保护主管部门交送的相关数据不一致的,按照环境保护主管部门交送的数据确定应税污染物的计税依据。

(六)纳税复核

税务机关发现纳税人的纳税申报数据资料异常或者纳税人未按照规定期限办理纳税申报的,可以提请环境保护主管部门进行复核,环境保护主管部门应当自收到税务机关的数据资料之日起15日内向税务机关出具复核意见。税务机关应当按照环境保护主管部门复核的数据资料调整纳税人的应纳税额。

任务五 资源税

一、资源税的概念

资源税是对在我国领域及管辖海域从事应税矿产品开采和生产盐的单位和个人,以其应税产品的销售额或销售数量和自用数量为计税依据而征收的一种税,属于对自然资源占用课税的范畴。通过开征资源税,可以促进资源的合理开采、节约使用、有效配置。

我国现行资源税只对特定的资源征税,实行"普遍征收,级差调节"的原则。征收资源税对于促进企业之间开展平等竞争、促进自然资源的合理开发利用发挥着重要作用。我国从1984年开征资源税,历经数次改革,现行资源税法的基本规范,是2019年8月26日第十三届全国人民代表大会常务委员会第十二次会议通过,于2020年9月1日施行的《中华人民共和国资源税法》。

二、资源税的特点

(1)对特定资源产品征税,征税范围小。资源税采取列举方法,征税范围仅包括应税矿产品和盐,实质是一个矿产资源税制,范围仅限于采掘业。

(2)征税目的主要在于调节级差收入。资源税的立法目的主要在于调节资源开采企业因资源开采条件的差异所形成的级差收入,为资源开采企业之间开展公平竞争创造条件。

(3)实行从价计征和从量计征两种方式。

(4)资源税具有单一环节一次课征的特点,只在开采后出厂销售或移送自用环节纳税,其他批发、零售环节不再纳税。

三、资源税的基本法律

(一)征税范围

资源税的征税范围涉及下列五大类,涵盖了所有已经发现的矿种和盐。

(1)能源矿产。①原油,是指开采的天然原油,不包括人造石油;②天然气、页岩气、天然气水合物;③煤炭,包括原煤和以未税原煤加工的洗选煤;④煤成(层)气;⑤铀、钍;⑥油页岩、油砂、天然沥青、石煤；⑦地热。

（2）金属矿产。①黑色金属，包括铁、锰、铬、钒、钛。②有色金属，包括铜、铅、锌、锡、镍、锑、镁、钴、铋、汞、铝土矿、钨、钼、金、银、铂、钯、钌、锇、铱、铑、轻稀土、中重稀土、铍、锂、锆、锶、铷、铯、铌、钽、锗、镓、铟、铊、铪、铼、镉、硒、碲。

（3）非金属矿产。①矿物类，包括高岭土、石灰岩、磷、石墨、萤石、硫铁矿、自然硫、天然石英砂、脉石英、粉石英、水晶、工业用金刚石、冰洲石、蓝晶石、硅线石（矽线石）、长石、滑石、刚玉、菱镁矿、颜料矿物、天然碱、芒硝、钠硝石、明矾石、砷、硼、碘、溴、膨润土、硅藻土、陶瓷土、耐火粘土、铁矾土、凹凸棒石粘土、海泡石粘土、伊利石粘土、累托石粘土、叶蜡石、硅灰石、透辉石、珍珠岩、云母、沸石、重晶石、毒重石、方解石、蛭石、透闪石、工业用电气石、白垩、石棉、蓝石棉、红柱石、石榴子石、石膏、其他粘土（铸型用粘土、砖瓦用粘土、陶粒用粘土、水泥配料用粘土、水泥配料用红土、水泥配料用黄土、水泥配料用泥岩、保温材料用粘土）。②岩石类，包括大理岩、花岗岩、白云岩、石英岩、砂岩、辉绿岩、安山岩、闪长岩、板岩、玄武岩、片麻岩、角闪岩、页岩、浮石、凝灰岩、黑曜岩、霞石正长岩、蛇纹岩、麦饭石、泥灰岩、含钾岩石、含钾砂页岩、天然油石、橄榄岩、松脂岩、粗面岩、辉长岩、辉石岩、正长岩、火山灰、火山渣、泥炭、砂石（天然砂、卵石、机制砂石）。③宝玉石类，包括宝石、玉石、宝石级金刚石、玛珊、黄玉、碧玺。

（4）水气矿产。①二氧化碳气、硫化氢气、氦气、氡气；②矿泉水。

（5）盐。①钠盐、钾盐、镁盐、锂盐；②天然卤水；③海盐。

（二）纳税人

资源税的纳税人，是指在中华人民共和国领域和中华人民共和国管辖的其他海域开发应税资源的单位和个人。

单位，是指国有企业、集体企业、私营企业、股份制企业、其他企业和行政单位、事业单位、军事单位、社会团体及其他单位。这里所称个人，是指个体经营者和其他个人。

其他单位和个人包括外商投资企业、外国企业和外籍个人。

（三）税率

现行资源税包括5个税目，下设164个子税目。征税时，有的对原矿征税，有的对选矿征税，具体适用的征税对象按照"资源税税目税率表"（见表8-4）的规定执行。

征税对象主要包括以下三类：①对原矿征税。②对选矿征税。③对原矿或选矿征税。纳税人以自采原矿（经过采矿过程采出后未进行选矿或者加工的矿石）直接销售，或者自用于应当缴纳资源税情形的，按照原矿计征资源税。纳税人以自采原矿洗选加工为选矿产品（通过破碎、切割、洗选、筛分、磨矿、分级、提纯、脱水、干燥等过程形成的产品，包括富集的精矿和研磨成粉、粒级成型、切割成型的原矿加工品）销售，或者将选矿产品自用于应当缴纳资源税情形的，按照选矿产品计征资源税，在原矿移送环节不缴纳资源税。对于无法区分原生岩石矿种的粒级成型砂石颗粒，按照砂石税目征收资源税。

"资源税税目税率表"中规定实行幅度税率的，其具体适用税率由省、自治区、直辖市人民政府统筹考虑该应税资源的品位、开采条件以及对生态环境的影响等情况，在"资源税税目税率表"规定的税率幅度内提出，报同级人民代表大会常务委员会决定，并报全国人民代表大会常务委员会和国务院备案。

纳税人开采或者生产不同税目应税产品的，应当分别核算不同税目应税产品的销售额或者销售数量；未分别核算或者不能准确提供不同税目应税产品的销售额或者销售数量的，从高适用税率。

表 8-4　　　　　　　　　　　　　　资源税税目税率表
(2020 年 9 月 1 日起执行)

税　目			征税对象	税　率
能源矿产	原油		原矿	6%
	天然气、页岩气、天然气水合物		原矿	6%
	煤		原矿或者选矿	2%～10%
	煤成(层)气		原矿	1%～2%
	铀、钍		原矿	4%
	油页岩、油砂、天然沥青、石煤		原矿或者选矿	1%～4%
	地热		原矿	1%～20%或者每立方米 1～30 元
金属矿产	黑色金属	包括铁、锰、铬、钒、钛	原矿或者选矿	1%～9%
	有色金属	铜、铅、锌、锡、镍、锑、镁、钴、铋、汞	原矿或者选矿	2%～10%
		铝土矿	原矿或者选矿	2%～9%
		钨	选矿	6.5%
		钼	选矿	8%
		金、银	原矿或者选矿	2%～6%
		铂、钯、钌、锇、铱、铑	原矿或者选矿	5%～10%
		轻稀土	选矿	7%～12%
		中重稀土	选矿	20%
		铍、锂、锆、锶、铷、铌、钽、锗、镓、铟、铊、铪、铼、镉、硒、碲	原矿或者选矿	2%～10%
非金属矿产	矿物类	高岭土	原矿或者选矿	1%～6%
		石灰岩	原矿或者选矿	1%～6%或者每吨(或者每立方米) 1～10 元
		磷	原矿或者选矿	3%～8%
		石墨	原矿或者选矿	3%～12%
		萤石、硫铁矿、自然硫	原矿或者选矿	1%～8%
		天然石英砂、脉石英、粉石英、水晶、工业用金刚石、冰洲石、蓝晶石、硅线石(矽线石)、长石、滑石、刚玉、菱镁矿、颜料矿物、天然碱、芒硝、钠硝石、明矾石、砷、硼、碘、溴、膨润土、硅藻土、陶瓷土、耐火粘土、铁矾土、凹凸棒石粘土、海泡石粘土、伊利石粘土、累托石粘土	原矿或者选矿	1%～12%
		叶蜡石、硅灰石、透辉石、珍珠岩、云母、沸石、重晶石、毒重石、方解石、蛭石、透闪石、工业用电气石、白垩、石棉、蓝石棉、红柱石、石榴子石、石膏	原矿或者选矿	2%～12%
		其他粘土(铸型用粘土、砖瓦用粘土、陶粒用粘土、水泥配料用粘土、水泥配料用红土、水泥配料用黄土、水泥配料用泥岩、保温材料用粘土)	原矿或者选矿	1%～5%或者每吨(或者每立方米) 0.1～5 元

续表

税 目			征税对象	税 率
非金属矿产	岩石类	大理岩、花岗岩、白云岩、石英岩、砂岩、辉绿岩、安山岩、闪长岩、板岩、玄武岩、片麻岩、角闪岩、页岩、浮石、凝灰岩、黑曜岩、霞石正长岩、蛇纹岩、麦饭石、泥灰岩、含钾岩石、含钾砂页岩、天然油石、橄榄岩、松脂岩、粗面岩、辉长岩、辉石岩、正长岩、火山灰、火山渣、泥炭	原矿或者选矿	1%～10%
		砂石(天然砂、卵石、机制砂石)	原矿或者选矿	1%～5%或者每吨（或者每立方米）0.1～5元
	宝玉石类	宝石、玉石、宝石级金刚石、玛珊、黄玉、碧玺	原矿或者选矿	4%～20%
水气矿产	二氧化碳气、硫化氢气、氦气、氡气		原矿	2%～5%
	矿泉水		原矿	1%～20%或者每立方米1～30元
盐	钠盐、钾盐、镁盐、锂盐		选矿	3%～15%
	天然卤水		原矿	3%～15%或者每吨（或者每立方米）1～10元
	海盐			2%～5%

四、资源税的税收优惠

(一)免征资源税项目

有下列情形之一的,免征资源税:①开采原油以及在油田范围内运输原油过程中用于加热的原油、天然气;②煤炭开采企业因安全生产需要抽采的煤成(层)气。

(二)减征资源税项目

有下列情形之一的,减征资源税:①从低丰度油气田开采的原油、天然气,减征20%资源税;②高含硫天然气、三次采油和从深水油气田开采的原油、天然气,减征30%资源税;③稠油、高凝油减征40%资源税;④从衰竭期矿山开采的矿产品,减征30%资源税。

【注意】根据国民经济和社会发展需要,国务院对有利于促进资源节约集约利用、保护环境等情形可以规定免征或者减征资源税,报全国人民代表大会常务委员会备案。

(三)由省、自治区、直辖市人民政府决定的减税或者免税项目

有下列情形之一的,省、自治区、直辖市可以决定免征或者减征资源税:①纳税人开采或者生产应税产品过程中,因意外事故或者自然灾害等原因遭受重大损失;②纳税人开采共伴生矿、低品位矿、尾矿。

【提示】上述两项的免征或者减征资源税的具体办法,由省、自治区、直辖市人民政府提出,报同级人民代表大会常务委员会决定,并报全国人民代表大会常务委员会和国务院备案。

(四)其他减税、免税项目

(1)对青藏铁路公司及其所属单位运营期间自采自用的砂、石等材料免征资源税;

(2)自2018年4月1日至2023年12月31日,对页岩气资源税(按6%的规定税率)减征30%;

(3)自2022年1月1日至2024年12月31日,对增值税小规模纳税人可以在50%的税额幅度

内减征资源税；

（4）自2014年12月1日至2023年8月31日，对充填开采置换出来的煤炭，资源税减征50%。

纳税人的免税、减税项目，应当单独核算销售额或者销售数量；未单独核算或者不能准确提供销售额或者销售数量的，不予免税或者减税。

纳税人开采或者生产同一应税产品，其中既有享受减免税政策的，又有不享受减免税政策的，按照免税、减税项目的产量占比等方法分别核算确定免税、减税项目的销售额或者销售数量。

纳税人开采或者生产同一应税产品同时符合两项或者两项以上减征资源税优惠政策的，除另有规定外，只能选择其中一项执行。

（五）出口应税产品不退（免）资源税的规定

资源税规定仅对在中国境内开采或生产应税产品的单位和个人征收，进口的矿产品和盐不征收资源税。由于对进口应税产品不征收资源税，相应地，对出口应税产品也不免征或退还已纳资源税。

五、资源税应纳税额的计算

（一）资源税的计税依据

资源税的计税依据为应税产品的销售额或销售数量。纳税人开采或者生产不同税目应税产品的，应当分别核算不同税目应税产品的销售额或者销售数量；未分别核算或者不能准确提供不同税目应税产品的销售额或者销售数量的，从高适用税率。

资源税按照"资源税税目税率表"实行从价计征或者从量计征。"资源税税目税率表"中规定可以选择实行从价计征或者从量计征的，具体计征方式由省、自治区、直辖市人民政府提出，报同级人民代表大会常务委员会决定，并报全国人民代表大会常务委员会和国务院备案。

实行从价计征的，应纳税额按照应税产品的销售额乘以具体适用税率计算。实行从量计征的，应纳税额按照应税产品的销售数量乘以具体适用税率计算。

（二）资源税应纳税额的计算方法

1. 从价定率征收资源税应纳税额的计算方法

按照从价定率方式计算资源税应纳税额，是以应税产品的销售额乘以纳税人具体适用的比例税率计算。其计算公式为：

$$应纳税额＝销售额×适用的比例税率$$

（1）销售额的概念

销售额是指纳税人销售应税矿产品向购买方收取的全部价款和价外费用，但不包括收取的增值税销项税额。

①价外费用，包括价外向购买方收取的手续费、补贴、基金、集资费、返还利润、奖励费、违约金、滞纳金、延期付款利息、赔偿金、代收款项、代垫款项、包装费、包装物租金、储备费、优质费、运输装卸费以及其他各种性质的价外收费。

②运杂费用是指应税产品从坑口或洗选（加工）地到车站、码头或购买方指定地点的运输费用、建设基金以及随运销产生的装卸、仓储、港杂费用。运杂费应与销售额分别核算，凡未取得相应凭据或不能与销售额分别核算的，应当一并计征资源税。

计税销售额或者销售数量，包括应税产品实际销售和视同销售两部分。视同销售包括以下情形：①纳税人以自采原矿直接加工为非应税产品的，视同原矿销售；②纳税人以自采原矿洗选（加工）后的精矿连续生产非应税产品的，视同精矿销售；③以应税产品投资、分配、抵债、赠与、以物易物等，视同应税产品销售。

纳税人有视同销售应税产品行为而无销售价格的，或者申报的应税产品销售价格明显偏低且无正当理由的,税务机关应按下列顺序确定其应税产品计税价格:①按纳税人最近时期同类产品的平均销售价格确定。②按其他纳税人最近时期同类产品的平均销售价格确定。③按应税产品组成计税价格确定。④按后续加工非应税产品销售价格,减去后续加工环节的成本利润后确定。⑤按其他合理方法确定。其计算公式为:

$$组成计税价格 = 成本 \times (1 + 成本利润率) \div (1 - 资源税税率)$$

纳税人与其关联企业之间的业务往来,应当按照独立企业之间的业务往来收取或者支付价款、费用。不按照独立企业之间的业务往来收取或者支付价款、费用,而减少其计税销售额的,税务机关可以按照《税收征收管理法》及其实施细则的有关规定进行合理调整。

对同时符合以下条件的运杂费用,纳税人在计算应税产品计税销售额时,可予以扣减:①包含在应税产品销售收入中;②属于纳税人销售应税产品环节发生的运杂费用,具体是指运送应税产品从坑口或者洗选(加工)地到车站、码头或者购买方指定地点的运杂费用;③取得相关运杂费用发票或者其他合法有效凭据;④将运杂费用与计税销售额分别进行核算。

纳税人扣减的运杂费用明显偏高导致应税产品价格偏低且无正当理由的,主管税务机关可以合理调整计税价格。

对同时符合以下条件代为收取的政府性基金或者行政事业性收费,纳税人在计算应税产品计税销售额时,可予以扣减:①由国务院或者财政部批准设立的政府性基金,由国务院或者省级人民政府及其财政、价格主管部门批准设立的行政事业性收费;②收取时开具省级以上财政部门印制的财政票据;③所收款项全额上缴财政。

(2)销售额的外币折算

纳税人以人民币以外的货币结算销售额的,应当折合成人民币计算。其销售额的人民币折合率可以选择销售额发生的当天或者当月1日的人民币汇率中间价。纳税人应事先确定采用何种折合率计算方法,确定后1年内不得变更。

(3)将开采的原煤用于连续生产洗选煤

纳税人将其开采的原煤,自用于连续生产洗选煤的,在原煤移送使用环节不缴纳资源税;将开采的原煤加工为洗选煤销售的,以洗选煤销售额乘以折算率作为应税煤炭销售额,计算缴纳资源税。

洗选煤销售额包括洗选副产品的销售额,不包括洗选煤从洗选煤厂到车站、码头等的运输费用。

折算率可通过洗选煤销售额扣除洗选环节成本、利润计算,也可通过洗选煤市场价格与其所用同类原煤市场价格的差额及综合回收率计算。折算率由省、自治区、直辖市财税部门或其授权地市级财税部门确定。

纳税人同时以自采未税原煤和外购已税原煤加工洗选煤的,应当分别核算;未分别核算的,按上述规定计算缴纳资源税。

纳税人将其开采的原煤自用于其他方面的,视同销售原煤;将其开采的原煤加工为洗选煤自用的,视同销售洗选煤缴纳资源税。

(4)原矿与精矿销售额的换算

征税对象为精矿的,纳税人销售原矿时,应将原矿销售额换算为精矿销售额缴纳资源税;征税对象为原矿的,纳税人销售自采原矿加工的精矿,应将精矿销售额折算为原矿销售额缴纳资源税。换算比或折算率原则上应通过原矿售价、精矿售价和选矿比计算,也可通过原矿销售额、加工环节平均成本和利润计算。

金矿以标准金锭为征税对象,纳税人销售金原矿、金精矿的,应比照上述规定将其销售额换算为金锭销售额缴纳资源税。

换算比或折算率应按简便可行、公平合理的原则,由省级财税部门确定,并报财政部、国家税务总局备案。

纳税人销售其自采原矿的,可采用成本法或市场法将原矿销售额换算为精矿销售额计算缴纳资源税。

成本法公式为:

$$精矿销售额=原矿销售额+原矿加工为精矿的成本\times(1+成本利润率)$$

市场法公式为:

$$精矿销售额=原矿销售额\times换算比$$

$$换算比=同类精矿单位价格\div(原矿单位价格\times选矿比)$$

$$选矿比=加工精矿耗用的原矿数量\div精矿数量$$

(5)销售额明显偏低且无正当理由的处理

纳税人申报的应税产品销售额明显偏低并且无正当理由的、视同销售应税产品行为而无销售额的,除财政部、国家税务总局另有规定外,按下列顺序确定销售额:①按纳税人最近时期同类产品的平均销售价格确定。②按其他纳税人最近时期同类产品的平均销售价格确定。③按组成计税价格确定。其计算公式为:

$$组成计税价格=成本\times(1+成本利润率)\div(1-税率)$$

式中,成本是指应税产品的实际生产成本。公式中的成本利润率由省、自治区、直辖市税务机关确定。

2. 从量定额征收资源税应纳税额的计算方法

实行从量定额计征办法的应税产品,以销售数量为资源税计税依据。其计算公式为:

$$应纳税额=应税产品的销售数量\times适用的定额税率$$

应税产品的销售数量确定方法如下:

(1)纳税人开采或者生产应税产品销售的,以实际销售数量作为销售数量。

(2)纳税人开采或者生产应税产品自用的,以移送时的自用数量作为销售数量。自产自用包括生产自用和非生产自用。

(3)纳税人不能准确提供应税产品销售数量或移送使用数量的,以应税产品的产量或按主管税务机关确定的折算比换算成的数量作为计征资源税的销售数量。

纳税人将其开采的矿产品原矿自用于连续生产精矿产品,无法提供移送使用原矿数量的,可将其精矿按选矿比折算成原矿数量,以此作为销售数量。

(4)纳税人的减税、免税项目,应当单独核算销售额和销售数量;未单独核算或者不能准确提供销售额和销售数量的,不予减税或者免税。

【做中学8-4】 某油田2022年8月生产原油10万吨,其中销售7万吨,实现销售收入1 120万元,加热、修井用1万吨,库存2万吨。当月在采油过程中回收并销售伴生天然气20 000千立方米,实现销售收入320万元。已知该油田原油适用的资源税税率为6%,天然气适用的资源税税率为6%。

要求:计算该油田2022年8月应纳资源税税额。

解析:根据税法规定,开采原油过程中用于加热、修井的原油免税。采油过程中伴生的天然气应征收资源税。

原油应纳资源税税额=1 120×6%=67.2(万元)

天然气应纳资源税税额=320×6%=19.2(万元)

该油田12月份应纳资源税税额=67.2+19.2=86.4(万元)

（三）扣缴义务人代扣代缴资源税应纳税额的计算

计算公式为：

$$代扣代缴应纳税额 = 收购未税矿产品的数量 \times 适用的定额税率$$

六、资源税的征收管理

（一）纳税时间

资源税在应税产品的销售或自用环节计算缴纳。以自采原矿加工精矿产品的，在原矿移送使用时不缴纳资源税，在精矿销售或自用时缴纳资源税。

【提示】资源税在生产（开采）销售或自用环节计算缴纳，在进口、批发、零售等环节不缴纳资源税。

(1) 纳税人销售应税产品采取分期收款结算方式的，销售合同规定的收款日期的当天是纳税义务发生时间。

(2) 纳税人销售应税产品采取预收货款结算方式的，发出应税产品的当天是纳税义务发生时间。

(3) 纳税人销售应税产品采取其他结算方式的，其纳税义务发生时间为收讫销售款或者取得索取销售款凭据的当天。

(4) 纳税人自产自用应税产品纳税义务发生时间为移送使用应税产品的当天。

（二）纳税期限

资源税按月或者按季申报缴纳；不能按固定期限计算缴纳的，可以按次申报缴纳。

纳税人按月或者按季申报缴纳的，应当自月度或者季度终了之日起 15 日内，向税务机关办理纳税申报并缴纳税款；按次申报缴纳的，应当自纳税义务发生之日起 15 日内，向税务机关办理纳税申报并缴纳税款。

（三）纳税地点

纳税人应当在矿产品的开采地或者海盐的生产地缴纳资源税。

任务六 印花税

一、印花税的概念

1624 年，荷兰政府发生经济危机，财政困难。荷兰的统治阶级就采用公开招标办法，以重赏来寻求新税设计方案，印花税就是从千万个应征者设计的方案中精选出来的"杰作"，在凭证上用"滚筒"上推出印花戳记以示完税。此税一出，欧美国家竞相效法，其很快成为世界上普遍征收的一个税种，被资产阶级经济学家誉为税负轻微、税源畅旺、手续简便、成本低廉的"良税"。

印花税是指对经济活动和经济交往中书立、领受、使用的应税经济凭证征收的一种税。因纳税人主要是通过在应税凭证上粘贴印花税票来完成纳税义务，故名印花税。2021 年 6 月 10 日，《印花税法》经十三届全国人大常委会第二十九次会议表决通过，自 2022 年 7 月 1 日起施行。

二、印花税的特点

(1) 印花税的征收以凭证为依据，实行"一征一税，一票一用"。凡已足额贴花的凭证不再缴纳印花税，凡已使用过的印花税票不得重复使用，多粘贴税票不得退还。

(2)印花税税率虽低,但税源广泛,是取得地方财政收入的一个重要来源。

三、印花税的基本法律

(一)纳税范围

我国经济活动中发生的经济凭证种类繁多、数量巨大。现行印花税采取正列举形式,只对法律规定中列举的凭证征收,没有列举的凭证不征税。列举的凭证分为四类,即合同类、产权转移书据类、营业账簿类和证券交易类。

1. 合同

合同是指平等主体的自然人、法人、其他组织之间设立、变更、终止民事权利义务关系的协议。印花税税目中的合同按照《民法典》的规定进行分类,在税目税率表中列举了如下11大类合同:①买卖合同,包括供应、预购、采购、购销结合及协作、调剂、补偿、易货等合同;还包括各出版单位与发行单位(不包括订阅单位和个人)之间订立的图书、报刊、音像征订凭证。②借款合同,包括银行及其他金融组织与借款人(不包括银行同业拆借)所签订的借款合同③融资租赁合同。④租赁合同,包括租赁房屋、船舶、飞机、机动车辆、机械、器具、设备等合同;还包括企业、个人出租门店、柜台等所签订的合同,但不包括企业与主管部门签订的租赁承包合同。⑤承揽合同,包括加工、定做、修缮、修理、印刷、广告、测绘、测试等合同。⑥建设工程合同,包括勘察、设计、建筑、安装工程合同的总包合同、分包合同和转包合同。⑦运输合同,包括民用航空运输、铁路运输、海上运输、内河运输、公路运输和联运合同。⑧技术合同,包括技术开发、转让、咨询、服务等合同。⑨保管合同,包括保管合同或作为合同使用的仓单、栈单(入库单)。对某些使用不规范的凭证不便计税的,可就其结算单据作为计税贴花的凭证。⑩仓储合同。⑪财产保险合同,包括财产、责任、保证、信用等保险合同。

2. 产权转移书据

产权转移即财产权利关系的变更行为,表现为产权主体发生变更。产权转移书据是在产权的买卖、交换、继承、赠与、分割等产权主体变更过程中,由产权出让人与受让人之间所订立的民事法律文书。

我国印花税税目中的产权转移书据包括:①土地使用权出让书据;②土地使用权、房屋等建筑物和构筑物所有权转让书据(不包括土地承包经营权和土地经营权转移);③股权转让书据(不包括应缴纳证券交易印花税的);④商标专用权、著作权、专利权、专有技术使用权转让书据。

3. 营业账簿

印花税税目中的营业账簿归属于财务会计账簿,是按照财务会计制度的要求设置的,反映生产经营活动的账册。按照营业账簿反映的内容不同,在税目中可分为记载资金的账簿(简称资金账簿)和其他营业账簿两类,以便于分别采用按金额计税和按件计税两种计税方法。

(1)资金账簿是反映生产经营单位"实收资本"和"资本公积"金额增减变化的账簿。

(2)其他营业账簿是反映除资金资产以外的其他生产经营活动内容的账簿,即除资金账簿以外的、归属于财务会计体系的其他生产经营用账册。

4. 证券交易

证券交易,是指在依法设立的证券交易所上市交易或者在国务院批准的其他证券交易场所转让公司股票和以股票为基础发行的存托凭证。

(二)纳税人

印花税的纳税人,是指在中华人民共和国境内书立、领受、使用税法所列举凭证的单位和个人。

【提示】"单位和个人"是指国内各类企业、事业单位、国家机关、社会团体、部队及中外合资经营企业、中外合作经营企业、外资企业、外国企业和其他经济组织及其在华机构等单位和个人。

纳税人为境外单位或者个人的,在境内有代理人的,以其境内代理人为扣缴义务人。境外单位或者个人的境内代理人应当按规定扣缴印花税并向主管税务机关报告扣缴情况。

纳税人为境外单位或者个人,在境内没有代理人的,纳税人应当自行申报缴纳印花税。为便利纳税人,根据应税凭证标的物不同,境外单位或者个人可以向资产交付地、境内服务提供方或者接受方所在地(居住地)、书立应税凭证境内书立人所在地(居住地)主管税务机关申报缴纳;涉及不动产产权转移的,应当向不动产所在地主管税务机关申报缴纳。

如果一份合同或应税凭证由两方或两方以上当事人共同签订,签订合同或应税凭证的各方都是纳税人,应各就其所持合同或应税凭证的计税金额履行纳税义务。

根据书立、领受、使用应税凭证的不同,纳税人可分为立合同人、立账簿人、立据人、领受人和使用人等。

(1)立合同人。立合同人是指合同的当事人,即对凭证有直接权利和义务关系的单位与个人,但不包括合同的担保人、证人、鉴定人。当事人的代理人有代理纳税义务。

【提示】"合同"是指根据《民法典》的规定订立的各类合同,包括购销、加工承揽、建筑工程、财产租赁、货物运输、仓储保管、借款、财产保险以及具有合同性质的凭证。

(2)立账簿人。立账簿人是指开立并使用营业账簿的单位和个人。例如,某企业因生产需要,设立了若干营业账簿,该企业即为印花税的纳税人。

(3)立据人。立据人是指书立产权转移书据的单位和个人。

(4)领受人。领受人是指领取并持有权利、许可证照的单位和个人。例如,领取房屋产权证的单位和个人,即为印花税的纳税人。

(5)使用人。使用人是指在国外书立、领受,但在国内使用应税凭证的单位和个人。

(6)各类电子应税凭证的签订人。该签订人即以电子形式签订的各类应税凭证的当事人。

(三)税率

印花税的税率有比例税率和定额税率两种形式。印花税税目和税率如表8-5所示。

表8-5　　　　　　　　　　印花税税目、税率表
（2022年7月1日起执行）

税　目		税　率	备　注
合同(指书面合同)	借款合同	借款金额的万分之零点五	指银行业金融机构、经国务院银行业监督管理机构批准设立的其他金融机构与借款人(不包括同业拆借)的借款合同
	融资租赁合同	租金的万分之零点五	
	买卖合同	价款的万分之三	指动产买卖合同(不包括个人书立的动产买卖合同)
	承揽合同	报酬的万分之三	
	建设工程合同	价款的万分之三	
	运输合同	运输费用的万分之三	指货运合同和多式联运合同(不包括管道运输合同)
	技术合同	价款、报酬或者使用费的万分之三	不包括专利权、专有技术使用权转让书据
	租赁合同	租金的千分之一	
	保管合同	保管费的千分之一	
	仓储合同	仓储费的千分之一	
	财产保险合同	保险费的千分之一	不包括再保险合同

续表

税　目		税　率	备　注
产权转移书据	土地使用权出让书据	价款的万分之五	转让包括买卖(出售)、继承、赠与、互换、分割
	土地使用权、房屋等建筑物和构筑物所有权转让书据(不包括土地承包经营权和土地经营权转移)	价款的万分之五	
	股权转让书据(不包括应缴纳证券交易印花税的)	价款的万分之五	
	商标专用权、著作权、专利权、专有技术使用权转让书据	价款的万分之三	
营业账簿		实收资本(股本)、资本公积合计金额的万分之二点五	
证券交易		成交金额的千分之一	

四、印花税的税收优惠

(一)法定免税优惠

根据《印花税法》的规定,下列凭证免征印花税:①应税凭证的副本或者抄本。②依照法律规定应当予以免税的外国驻华使馆、领事馆和国际组织驻华代表机构为获得馆舍书立的应税凭证。③中国人民解放军、中国人民武装警察部队书立的应税凭证。④农民、家庭农场、农民专业合作社、农村集体经济组织、村民委员会购买农业生产资料或者销售农产品书立的买卖合同和农业保险合同。⑤无息或者贴息借款合同、国际金融组织向中国提供优惠贷款书立的借款合同。⑥财产所有权人将财产赠与政府、学校、社会福利机构、慈善组织书立的产权转移书据。⑦非营利性医疗卫生机构采购药品或者卫生材料书立的买卖合同。⑧个人与电子商务经营者订立的电子订单。

(二)临时性减免税优惠

(1)对铁路、公路、航运、水路承运快件行李、包裹开具的托运单据,暂免贴花。

(2)各类发行单位之间,以及发行单位与订阅单位或个人之间书立的征订凭证,暂免征印花税。

(3)军事物资运输,凡附有军事运输命令或使用专用的军事物资运费结算凭证,免纳印花税。

(4)抢险救灾物资运输,凡附有县级以上(含县级)人民政府抢险救灾物资运输证明文件的运费结算凭证,免纳印花税。

(5)对资产公司成立时设立的资金账簿免征印花税。对资产公司收购、承接和处置不良资产,免征购销合同和产权转移书据应缴纳的印花税。

(6)金融资产管理公司按财政部核定的资本金数额,接收国有商业银行的资产,在办理过户手续时,免征印花税。

(7)国有商业银行按财政部核定的数额,划转给金融资产管理公司的资产,在办理过户手续时,免征印花税。

(8)对社保理事会委托社保基金投资管理人运用社保基金买卖证券应缴纳的印花税实行先征后返。

(9)对社保基金持有的证券,在社保基金证券账户之间的划拨过户,不属于印花税的征税范围,不征收印花税。

(10)对被撤销金融机构接收债权、清偿债务过程中签订的产权转移书据,免征印花税。

(11)实行公司制改造的企业在改制过程中成立的新企业(重新办理法人登记的),其新启用的资金账簿记载的资金或因企业建立资本纽带关系而增加的资金,凡原已贴花的部分可不再贴花,未贴花的部分和以后新增加的资金按规定贴花。

(12)以合并或分立方式成立的新企业,其新启用的资金账簿记载的资金,凡原已贴花的部分可不再贴花,未贴花的部分和以后新增加的资金按规定贴花。

(13)企业改制前签订但尚未履行完的各类应税合同,改制后需要变更执行主体的,对仅改变执行主体、其余条款未作变动且改制前已贴花的,不再贴花。

(14)企业因改制签订的产权转移书据免予贴花。

(15)对经国务院和省级人民政府决定或批准进行的国有(含国有控股)企业改组改制而发生的上市公司国有股权无偿转让行为,暂不征收证券(股票)交易印花税。对不属于上述情况的上市公司国有股权无偿转让行为,仍应征收证券(股票)交易印花税。

(16)股权分置改革过程中因非流通股股东向流通股股东支付对价而发生的股权转让,暂免征收印花税。

(17)发起机构、受托机构在信贷资产证券化过程中,与资金保管机构(指接受受托机构委托,负责保管信托项目财产账户资金的机构)、证券登记托管机构(指中央国债登记结算有限责任公司)以及其他为证券化交易提供服务的机构签订的其他应税合同,暂免征收发起机构、受托机构应缴纳的印花税。

(18)受托机构发售信贷资产支持证券以及投资者买卖信贷资产支持证券暂免征收印花税。

(19)发起机构、受托机构因开展信贷资产证券化业务而专门设立的资金账簿暂免征收印花税。

(20)对证券投资者保护基金有限责任公司(以下简称保护基金公司)新设立的资金账簿免征印花税。对保护基金公司与中国人民银行签订的再贷款合同、与证券公司行政清算机构签订的借款合同,免征印花税。对保护基金公司接收被处置证券公司财产签订的产权转移书据,免征印花税。对保护基金公司以证券投资者保护基金自有财产和接收的受偿资产与保险公司签订的财产保险合同,免征印花税。

(21)对发电厂与电网之间、电网与电网之间(国家电网公司系统、南方电网公司系统内部各级电网互供电量除外)签订的购售电合同按购销合同征收印花税。电网与用户之间签订的供用电合同不属于印花税列举征税的凭证,不征收印花税。

(22)外国银行分行改制为外商独资银行(或其分行)后,其在外国银行分行已经贴花的资金账簿、应税合同,在改制后的外商独资银行(或其分行)不再重新贴花。

(23)对经济适用住房经营管理单位与经济适用住房相关的印花税以及经济适用住房购买人涉及的印花税予以免征。开发商在商品住房项目中配套建造经济适用住房,如能提供政府部门出具的相关材料,可按经济适用住房建筑面积占总建筑面积的比例免征开发商应缴纳的印花税。

(24)对个人出租、承租住房签订的租赁合同,免征印花税。

(25)对个人销售或购买住房暂免征收印花税。

(26)对有关国有股东向全国社会保障基金理事会转持国有股,免征证券(股票)交易印花税。

(27)对改造安置住房建设用地免征城镇土地使用税。对改造安置住房经营管理单位、开发商与改造安置住房相关的印花税以及购买安置住房的个人涉及的印花税予以免征。在商品住房等开发项目中配套建造安置住房的,依据政府部门出具的相关材料、房屋征收(拆迁)补偿协议或棚户区改造合同(协议),按改造安置住房建筑面积占总建筑面积的比例免征印花税。

(28)在融资性售后回租业务中,对承租人、出租人因出售租赁资产及购回租赁资产所签订的合同,不征印花税。

(29)对香港市场投资者通过沪股通和深股通参与股票担保卖空涉及的股票借入、归还,暂免征收证券(股票)交易印花税。

(30)对因农村集体经济组织以及代行集体经济组织职能的村民委员会、村民小组进行清产核资收回集体资产而签订的产权转移书据,免征印花税。

(31)2023年12月31日前,对金融机构与小型企业、微型企业签订的借款合同免征印花税。

(32)对保险保障基金公司相关应税凭证,免征印花税。

(33)对社保基金会、社保基金投资管理人管理的社保基金转让非上市公司股权,免征社保基金会、社保基金投资管理人应缴纳的印花税。

(34)对社保基金会及养老基金投资管理机构运用养老基金买卖证券应缴纳的印花税实行先征后返;养老基金持有的证券,在养老基金证券账户之间的划拨过户,不属于印花税的征收范围,不征收印花税。对社保基金会及养老基金投资管理机构管理的养老基金转让非上市公司股权,免征社保基金会及养老基金投资管理机构应缴纳的印花税。

(35)对易地扶贫搬迁项目实施主体(以下简称项目实施主体)取得用于建设易地扶贫搬迁安置住房(以下简称安置住房)的土地,免征印花税。对安置住房建设和分配过程中应由项目实施主体、项目单位缴纳的印花税,予以免征。在商品住房等开发项目中配套建设安置住房的,按安置住房建筑面积占总建筑面积的比例,计算应予免征的项目实施主体、项目单位相关的印花税。对项目实施主体购买商品住房或者回购保障性住房作为安置住房房源的,免征契税、印花税。

(36)自2019年1月1日至2023年12月31日,对与高校学生签订的高校学生公寓租赁合同,免征印花税。"高校学生公寓"是指为高校学生提供住宿服务,按照国家规定的收费标准收取住宿费的学生公寓。

(37)在国有股权划转和接收过程中,划转非上市公司股份的,对划出方与划入方签订的产权转移书据免征印花税;划转上市公司股份和全国中小企业股份转让系统挂牌公司股份的,免征证券交易印花税;对划入方因承接划转股权而增加的实收资本和资本公积,免征印花税。

(38)对公租房经营管理单位免征建设、管理公租房涉及的印花税。在其他住房项目中配套建设公租房,按公租房建筑面积占总建筑面积的比例免征建设、管理公租房涉及的印花税。对公租房经营管理单位购买住房作为公租房,免征印花税;对公租房租赁双方免征签订租赁协议涉及的印花税。

(39)自2019年1月1日至2023年12月31日,农村饮水安全工程运营管理单位为建设饮水工程取得土地使用权而签订的产权转移书据,以及与施工单位签订的建设工程承包合同,免征印花税。

(40)自2019年1月1日至2023年12月31日,对商品储备管理公司及其直属库资金账簿免征印花税;对其承担商品储备业务过程中书立的购销合同免征印花税,对合同其他各方当事人应缴纳的印花税照章征收。对商品储备管理公司及其直属库自用的承担商品储备业务的房产、土地,免征房产税、城镇土地使用税。

(41)自2022年1月1日至2024年12月31日,由省、自治区、直辖市人民政府根据本地区实际情况以及宏观调控需要确定,对增值税小规模纳税人、小型微利企业和个体工商户可以在50%的税额幅度内减征印花税。

五、印花税应纳税额的计算方法

(一)印花税的计税依据

(1)合同或具有合同性质的凭证,以凭证所载金额作为计税依据。

【提示】载有两个或两个以上应适用不同税目税率经济事项的同一凭证,分别记载金额的,应分别计算应纳税额,相加后按合计税额贴花;如未分别记载金额的,按税率高的计算贴花。

(2)营业账簿中记载资金的账簿,以"实收资本"与"资本公积"两项的合计金额为其计税依据。

(3)政府部门发给的房屋产权证、营业执照(五证合一后为"一照一码"营业执照)、专利证等权利许可证照,以凭证的件数作为计税依据。

(4)纳税人有以下情形的,地方税务机关可以核定纳税人印花税计税依据:

①未按规定建立印花税应税凭证登记簿,或未如实登记和完整保存应税凭证的。

②拒不提供应税凭证或不如实提供应税凭证致使计税依据明显偏低的。

③采用按期汇总缴纳办法的,未按地方税务机关规定的期限报送汇总缴纳印花税情况报告,经地方税务机关责令限期报告,逾期仍不报告的,或者地方税务机关在检查中发现纳税人有未按规定汇总缴纳印花税情况的。仓单或栈单作为合同使用的,按合同贴花。

【提示】地方税务机关核定征收印花税的,应当根据纳税人的实际生产经营收入,参考纳税人各期印花税情况及同行业合同签订情况,确定科学、合理的数额或比例作为纳税人印花税计税依据。

(二)印花税应纳税额的计算方法

(1)实行比例税率的凭证,印花税应纳税额的计算公式为:

$$应纳税额 = 应税凭证计税金额 \times 比例税率$$

(2)实行定额税率的凭证,印花税应纳税额的计算公式为:

$$应纳税额 = 应税凭证件数 \times 定额税率$$

(3)记载资金的营业账簿应纳税额的计算。营业账簿中记载资金的账簿,自2018年5月1日起,对按0.5‰的税率贴花的资金账簿减半征收印花税。印花税应纳税额的计算公式为:

$$应纳税额 = (实收资本 + 资本公积) \times 0.5‰ \times 50\%$$

营业账簿中记载资金的账簿,以"实收资本"与"资本公积"两项的合计金额作为其计税依据。

(4)其他营业账簿应纳税额的计算。2018年5月1日前,其他账簿按件贴花,每件5元。自2018年5月1日起,对按件贴花5元的其他账簿,免征印花税。

计算印花税时的注意事项:①按金额比例贴花的应税凭证,未标明金额的,应按凭证所载数量及市场价格计算金额,依适用税率贴足印花。②应税凭证所载金额为外币的,按应税凭证书立当日的国家外汇管理局公布的外汇牌价折合人民币,计算应纳税额。③同一凭证由两方或者两方以上当事人签订并各执一份的,应由各方所执一份全额贴花。④同一凭证因载有两个或者两个以上的经济事项而适用不同的税率,如分别载有金额,应分别计算应纳税额,相加后按合计税额贴花;如未分别记载金额,按税率高的计算贴花。⑤已贴花的凭证,修改后所载金额增加的,其增加的部分应当补贴印花税票。⑥按比例税率计算纳税而应纳税额不足1角的,免纳印花税;应纳税额在1角以上的,其税额尾数不满5分的不计,满5分的按1角计算贴花。对财产租赁合同的应纳税额超过1角但不足1元的,按1元贴花。

【做中学 8—5】 长江公司2023年6月发生如下交易或事项:该公司2023年6月1日与乙公司签订购买价值为3 000万元设备的合同。该公司为购买此设备准备向丙商业银行借款,并于2023年6月10日与丙商业银行签订借款金额为2 000万元的借款合同。但因故购销合同作废,2023年6月20日与乙公司改签融资租赁合同,租赁费3 000万元。

要求:计算该公司应纳的印花税。

解析:购销合同应纳印花税 = 3 000 × 0.3‰ = 0.9(万元)

产生纳税义务后合同作废不能免税。

借款合同应纳印花税＝2 000×0.05‰＝0.1(万元)

融资租赁合同属于借款合同。

融资租赁合同应纳印花税＝3 000×0.05‰＝0.15(万元)

甲公司应纳印花税合计＝0.9+0.1+0.15＝1.15(万元)

六、印花税的征收管理

(一)纳税时间

印花税应当在书立或领受时贴花。具体是指在合同签订时、账簿启用时和证照领受时贴花。如果合同是在国外签订，并且不便在国外贴花的，应在将合同带入境时办理贴花纳税手续。

(二)纳税期限

印花税按季、按年或者按次计征。应税合同、产权转移书据印花税可以按季或者按次申报缴纳，应税营业账簿印花税可以按年或者按次申报缴纳，具体纳税期限由各省、自治区、直辖市、计划单列市税务局结合征管实际确定。

考虑便利境外单位和个人缴纳印花税，境外单位或者个人的应税凭证印花税可以按季、按年或者按次申报缴纳，具体纳税期限由各省、自治区、直辖市、计划单列市税务局结合征管实际确定。自2022年7月1日起施行。

(三)纳税地点

印花税一般实行就地纳税。对于全国性商品物资订货会(包括展销会、交易会等)上所签订合同应纳的印花税，由纳税人回其所在地后及时办理贴花完税手续；对地方主办、不涉及省际关系的订货会、展销会上所签合同的印花税，其纳税地点由各省、自治区、直辖市人民政府自行确定。

(四)纳税方法

根据税额大小，应税项目纳税次数多少以及税源控管的需要，印花税分别采用自行贴花、汇贴或汇缴和委托代征三种缴纳方法。

(1)自行贴花方法。所谓自行贴花方法，是指纳税人在书立、领受或者使用应税凭证的同时，根据应纳税凭证的性质和适用的税目税率，自行计算应纳税额，自行购买印花税票，自行一次贴足印花税票并加以注销或划销，纳税义务才算全部履行完毕。

【提示】自行贴花方法一般适用于应税凭证较少或者贴花次数较少的纳税人。

【注意】对已贴花的凭证，修改后所记载金额增加的，其增加部分应当补贴印花税票。凡多贴印花税票者，不得申请退税或者抵用。

(2)汇贴或汇缴方法。一份凭证应纳税额超过500元的，应向当地税务机关申请填写缴款书或者完税凭证，将其中一联粘贴在凭证上或者由税务机关在凭证上加注完税标记代替贴花。这就是所谓的汇贴方法。

同一种类应税凭证需频繁贴花的，应向税务机关申请按期汇总缴纳印花税。获准汇总缴纳印花税的纳税人，应持有税务机关发给的汇缴许可证。汇缴的限期限额由当地税务机关确定，但最长期限不得超过1个月，这就是所谓的汇缴方法。

【注意】汇贴或汇缴方法一般适用于应纳税额较大或者贴花次数频繁的纳税人。

(3)委托代征方法。该方法主要是通过税务机关的委托，经由发放或者办理应税凭证的单位代为征收印花税税款。税务机关应与代征单位签订代征委托书。"发放或者办理应税凭证的单位"，是指发放权利、许可证照的单位和办理凭证的鉴定、公证及其他有关事项的单位。税务机关委托市场监督管理部门代售印花税票，按代售金额5%的比例支付代售手续费。

印花税法规规定，发放或者办理应纳税凭证的单位，负有监督纳税人依法纳税的义务，具体是指对以下的纳税事项监督：①应纳税凭证是否已粘贴印花；②粘贴的印花是否足额；③粘贴的印花是否按规定注销。

【注意】 对未完成以上纳税手续的，应督促纳税人当场完成。

（五）纳税申报

纳税人应当根据书立印花税应税合同、产权转移书据和营业账簿情况，填写"印花税税源明细表"，进行财产行为税综合申报。合同数量较多且属于同一税目的，可以合并汇总填写"印花税税源明细表"。

经济活动中，纳税人书立合同、产权转移书据未列明金额，需要后续实际结算时才能确定金额的情况较为常见，纳税人应于书立应税合同、产权转移书据的首个纳税申报期申报应税合同、产权转移书据书立情况，在实际结算后下一个纳税申报期，以实际结算金额计算申报缴纳印花税。

任务七　船舶吨税

船舶吨税也称吨税，是对从境外港口进入我国境内港口的应税船舶征收的一种税，是针对船舶使用海上航标等助航设施的行为设置的税种，税款专项用于海上航标的维护、建设和管理。船舶吨税法是调整船舶吨税征收与缴纳关系的法律规范的总称。现行船舶吨税的基本规范是2017年12月27日第十二届全国人民代表大会常务委员会第三十一次会议通过的《中华人民共和国船舶吨税法》（以下简称《船舶吨税法》），自2018年7月1日起施行。

一、征税范围

自境外港口进入境内港口的应税船舶，应当缴纳船舶吨税。

二、纳税人

对自中国境外港口进入中国境内港口的船舶征收船舶吨税。以应税船舶负责人为纳税人。

三、税率

船舶吨税设置了优惠税率和普通税率。

(1)中华人民共和国籍的应税船舶，船籍国(地区)与我国签订含有相互给予船舶税费最惠国待遇条款的条约或者协定的应税船舶，适用优惠税率。

(2)其他应税船舶，适用普通税率。

船舶吨税的税目、税率依照《船舶吨税法》所附的船舶吨税税目和税率表执行，如表8-6所示。

表8-6　　　　　　　　　　　　　船舶吨税税目和税率表

税　目（按船舶净吨位划分）	普通税率（按执照期限划分） 1年	90日	30日	优惠税率（按执照期限划分） 1年	90日	30日	备　注
不超过2 000净吨	12.6	4.2	2.1	9.0	3.0	1.5	1. 拖船按照发动机功率每1千瓦折合净吨位0.67吨 2. 无法提供净吨位证明文件的游艇，按照发动机功率每千瓦折合净吨位0.05吨 3. 拖船和非机动驳船分别按照同净吨位船舶税率的50%计征税款
超过2 000净吨，但不超过10 000净吨	24.0	8.0	4.0	17.4	5.8	2.9	
超过10 000净吨，但不超过50 000净吨	27.6	9.2	4.6	19.8	6.6	3.3	
超过50 000净吨	31.8	10.6	5.3	22.8	7.6	3.8	

四、船舶吨税的税收优惠

(一)直接优惠

下列船舶免征船舶吨税:①应纳税额在人民币50元以下的船舶;②自境外以购买、受赠、继承等方式取得船舶所有权的初次进口到港的空载船舶;③吨税执照期满后24小时内不上下客货的船舶;④非机动船舶(不包括非机动驳船);⑤捕捞、养殖渔船;⑥避难、防疫隔离、修理、改造、终止运营或者拆解,并不上下客货的船舶;⑦军队、武装警察部队专用或者征用的船舶;⑧警用船舶;⑨依照法律规定应当予以免税的外国驻华使领馆、国际组织驻华代表机构及其有关人员的船舶;⑩国务院规定的其他船舶。由国务院报全国人民代表大会常务委员会备案。

(二)延期优惠

应税船舶在进入港口办理入境手续时,应当向海关申报纳税领取船舶吨税执照,或者交验船舶吨税执照。在船舶吨税执照期限内,应税船舶发生下列情形之一的,海关按照实际发生的天数批注延长船舶吨税执照期限:①避难、防疫隔离、修理,并不上下客货。②军队、武装警察部队征用。③应税船舶因不可抗力在未设立海关地点停泊的,船舶负责人应当立即向附近海关报告,并在不可抗力原因消除后,向海关申报纳税。

上述船舶应当提供海事部门、渔业船舶管理部门或者卫生检疫部门等部门、机构出具的具有法律效力的证明文件或者使用关系证明文件,申明延长船舶吨税执照期限的依据和理由。

五、船舶吨税应纳税额的计算

(一)船舶吨税的计税依据

船舶吨税以船舶净吨位为计税依据,拖船和非机动驳船分别按相同净吨位船舶税率的50%计征。

(二)船舶吨税应纳税额的计算方法

船舶吨税按照船舶净吨位和船舶吨税执照期限征收。应纳税额按照船舶净吨位乘以适用税率计算。其计算公式为:

$$应纳税额 = 船舶净吨位 \times 定额税率$$

净吨位,是指由船籍国(地区)政府授权签发的船舶吨位证明书上标明的净吨位。

应税船舶负责人在每次申报纳税时,可以按照船舶吨税税目和税率表选择申领一种期限的船舶吨税执照。

应税船舶在进入港口办理入境手续时,应当向海关申报纳税领取船舶吨税执照,或者交验船舶吨税执照。应税船舶在离开港口办理出境手续时,应当交验船舶吨税执照。

应税船舶负责人申领船舶吨税执照时,应当向海关提供下列文件:

(1)船舶国籍证书或者海事部门签发的船舶国籍证书收存证明;

(2)船舶吨位证明。

【做中学8-6】 某国某运输公司的一艘拖船驶入我国某港口,该拖船发动机功率为44 776.12千瓦,拖船负责人已向我国海关领取了吨税执照,在港口停留期限为30天。假定该船籍国与我国签订了含有互相给予船舶税费最惠国待遇条款的条约。

要求:计算该拖船应缴纳的船舶吨税。

解析:拖船按照发动机功率每千瓦折合净吨位0.67吨;且拖船按相同净吨位船舶税率的50%计征。

该拖船净吨位 = 44 776.12 × 0.67 = 30 000(吨)

应纳吨税＝30 000×3.3×50％＝49 500(元)

六、船舶吨税的征收管理

(一)纳税时间
船舶吨税纳税义务发生时间为应税船舶进入境内港口的当日,应税船舶在吨税执照期满后尚未离开港口的,应当申领新的船舶吨税执照,自上一执照期满的次日起续缴船舶吨税。

(二)申报期限
应税船舶到达港口前,经海关核准先行申报并办结出入境手续的,应税船舶负责人应当向海关提供与其依法履行船舶吨税缴纳义务相适应的担保;应税船舶到达港口后,按规定向海关申报纳税。

(三)纳税期限
应税船舶负责人应当自海关填发船舶吨税缴款凭证之日起15日内向指定银行缴清税款。未按期缴清税款的,自滞纳税款之日起,按日加收滞纳税款5‰的滞纳金。

(四)其他规定
船舶吨税由海关负责征收。海关征收船舶吨税应制发缴款凭证。目前,船舶吨税已纳入预算内管理,由交通运输部专项用于海上干线公用航标维护、建设和管理。

海关发现少征或者漏征税款的,应当自应税船舶应当缴纳税款之日起1年内,补征税款。但因应税船舶违反规定造成少征或者漏征税款的,海关可以自应当缴纳税款之日起3年内追征税款,并自应当缴纳税款之日起按日加征少征或者漏征税款0.5‰的滞纳金。

海关发现多征税款的,应当立即通知应税船舶办理退还手续,并加算银行同期活期存款利息。应税船舶发现多缴税款的,可以自缴纳税款之日起1年内以书面形式要求海关退还多缴的税款并加算银行同期活期存款利息;海关应当自受理退税申请之日起30日内查实并通知应税船舶办理退税手续。

任务八 城市维护建设税

一、城市维护建设税的概念

城市维护建设税是以纳税人依法实际缴纳的增值税、消费税税额为计税依据所征收的一种税,主要目的是筹集城镇设施建设和维护资金。1985年2月8日国务院发布了《中华人民共和国城市维护建设税暂行条例》,2020年8月11日第十三届全国人民代表大会常务委员会第二十一次会议通过了《中华人民共和国城市维护建设税法》(以下简称《城市维护建设税法》)。

动漫视频

城市维护建设税法

二、城市维护建设税基本法律

(一)征收范围
城市维护建设税的征收范围比较广,具体包括城市市区、县城、建制镇以及税法规定征收增值税和消费税的其他地区。城市、县城、建制镇的范围,应以行政区划为标准,不能随意扩大或缩小各自行政区域的管辖范围。

(二)纳税人
在中华人民共和国境内缴纳增值税、消费税的单位和个人,为城市维护建设税的纳税人,应当依照规定缴纳城市维护建设税。不论是国有企业、集体企业、私营企业、个体工商业户,还是其他单位和个人,只要缴纳了增值税、消费税中的任何一种税,都必须同时缴纳城市维护建设税。

个体商贩及个人在集市上出售商品,对其征收临时经营的增值税,是否同时按其实缴税额征收城市维护建设税,由各省、自治区、直辖市人民政府根据实际情况确定。

(三)税率

城市维护建设税实行地区差别比例税率。按照纳税人所在地的不同,税率分别规定为7%、5%、1%三个档次。不同地区的纳税人,适用不同档次的税率。具体适用范围是:①纳税人所在地在市区的,税率为7%;②纳税人所在地在县城、镇的,税率为5%;③纳税人所在地不在市区、县城或者镇的,税率为1%。

【提示】所称纳税人所在地,是指纳税人住所地或者与纳税人生产经营活动相关的其他地点,具体地点由省、自治区、直辖市确定。

纳税单位和个人缴纳城市维护建设税的适用税率,一律按其纳税所在地的规定税率执行。县政府设在城市市区,其在市区办的企业,按照市区的规定税率计算纳税。纳税人所在地为工矿区的,应根据行政区划分别按照7%、5%、1%的税率缴纳城市维护建设税。撤县建市后,城市维护建设税适用税率应为7%。

城市维护建设税的适用税率,一般规定按纳税人所在地的适用税率执行。但对下列两种情况,可按纳税人缴纳增值税、消费税所在地的规定税率就地缴纳城市维护建设税:①由受托方代收、代扣增值税、消费税的单位和个人;②流动经营等无固定纳税地点的单位和个人。

三、城市维护建设税的税收优惠

城市维护建设税以增值税、消费税为计税依据,并与增值税和消费税同时征收。这样,税法规定对纳税人减免增值税和消费税时,相应也减免了城市维护建设税。因此,城市维护建设税原则上不单独规定减免税。但是,针对一些特殊情况,财政部和国家税务总局还是陆续作出了一些特案税收优惠规定:

(1)对进口货物或者境外单位和个人向境内销售劳务、服务、无形资产缴纳的增值税、消费税税额,不征收城市维护建设税。

(2)对由于减免增值税、消费税而发生的退税,同时退还已纳的城市维护建设税,但对出口产品退还增值税、消费税的,不退还已缴纳的城市维护建设税;生产企业出口货物实行免、抵、退税办法后,经国家税务局正式审核批准的当期免抵的增值税税额应纳入城市维护建设税和教育费附加的计征范围,分别按规定的税(费)率征收城市维护建设税和教育费附加。

(3)对国家石油储备基地第一期项目建设过程中涉及的城市维护建设税、教育费附加予以免征。

(4)对新办的商贸企业(从事批发、批零以及其他非零售业务的商贸企业除外),当年新招用下岗失业人员达到职工总数30%以上(含30%),并与其签订1年以上期限劳动合同的,经劳动保障部门认定、税务机关审核,3年内免征城市维护建设税。

(5)对下岗失业人员从事个体经营(除建筑业、娱乐业以及广告业、桑拿、按摩、网吧、氧吧外)的,自领取税务登记证之日起,3年内免征城市维护建设税、教育费附加。

(6)为支持国家重大水利工程建设,对国家重大水利工程建设基金自2010年5月25日起免征城市维护建设税。

(7)自2004年1月1日起,对为安置自谋职业的城镇退役士兵就业而新办的服务型企业(除广告业、桑拿、按摩、网吧、氧吧外),当年新安置自谋职业的城镇退役士兵达到职工总数30%以上,并与其签订1年以上期限劳动合同的,经县以上民政部门认定、税务机关审核,3年内免征城市维护建设税。

(8)经中国人民银行依法决定撤销的金融机构及其分设于各地的分支机构(包括被依法撤销的商业银行、信托投资公司、财务公司、金融租赁公司、城市信用社和农村信用社),用其财产清偿债务时,免征被撤销金融机构转让货物、不动产、无形资产、有价证券、票据等应缴纳的城市维护建设税。

【注意】对增值税、消费税实行先征后返、先征后退、即征即退办法的,除另有规定外,对随增值税和消费税附征的城市维护建设税和教育费附加,一律不予退(返)还。

(9)根据国民经济和社会发展的需要,国务院对重大公共基础设施建设、特殊产业和群体以及重大突发事件应对等情形可以规定减征或者免征城市维护建设税,报全国人民代表大会常务委员会备案。

(10)城市维护建设税的纳税义务发生时间与增值税、消费税的纳税义务发生时间一致,分别与增值税、消费税同时缴纳。

(11)城市维护建设税的扣缴义务人为负有增值税、消费税扣缴义务的单位和个人,在扣缴增值税、消费税的同时扣缴城市维护建设税。

四、城市维护建设税应纳税额的计算

(一)城市维护建设税计税依据

城市维护建设税以纳税人依法实际缴纳的增值税、消费税税额为计税依据。城市维护建设税的计税依据应当按照规定扣除期末留抵退税退还的增值税税额。

【提示】城市维护建设税计税依据的具体确定办法,由国务院依据《城市维护建设税法》和有关税收法律、行政法规规定,报全国人民代表大会常务委员会备案。

(二)城市维护建设税应纳税额的计算方法

城市维护建设税应纳税额的计算公式为:

$$应纳税额=(实际缴纳的增值税+实际缴纳的消费税)\times 适用税率$$

【做中学8-7】 甲公司为国有企业,位于某市东城区,2023年6月应缴增值税90 000元,实际缴纳增值税80 000元;应缴消费税70 000元,实际缴纳消费税60 000元。已知适用的城市维护建设税税率为7%。

要求:计算该公司当月应纳城市维护建设税税额。

解析:根据城市维护建设税法律制度规定,城市维护建设税以纳税人实际缴纳的增值税和消费税之和为计税依据。

应纳城市维护建设税税额=(80 000+60 000)×7%=9 800(元)

五、城市维护建设税征收管理

城市维护建设税的征收管理、纳税环节等事项,比照增值税、消费税的有关规定执行。根据税法规定的原则,针对一些比较复杂并有特殊性的纳税地点,财政部和国家税务总局作了以下规定:

(1)纳税人直接缴纳增值税和消费税的,在缴纳地缴纳城市维护建设税。

(2)代扣代缴的纳税地点。代征、代扣、代缴增值税、消费税的企业单位,同时也要代征、代扣、代缴城市维护建设税。没有代扣城市维护建设税的,应由纳税单位或个人回到其所在地申报纳税。

(3)对中国国家铁路集团有限公司(简称"中国铁路")的分支机构预征1%的增值税所应缴纳的城市维护建设税和教育费附加,由中国铁路按季向北京市税务局缴纳。

由于城市维护建设税是与增值税、消费税同时征收的,因此在一般情况下,城市维护建设税不单独加收滞纳金或罚款。但是,如果纳税人缴纳了增值税和消费税之后,却不按规定缴纳城市维护建设税,则可以对其单独加收滞纳金,也可以单独进行罚款。

任务九　车辆购置税

一、车辆购置税的概念

车辆购置税,是对在中国境内购置应税车辆的单位和个人征收的一种税。它由车辆购置附加费演变而来。2000年10月22日国务院颁布《中华人民共和国车辆购置税暂行条例》。2001年1月1日起开征车辆购置税。2018年12月29日第十三届全国人大常委会第七次会议通过了《中华人民共和国车辆购置税法》,自2019年7月1日起施行。

二、车辆购置税的基本法律

(一)征收范围

在中华人民共和国境内购置汽车、有轨电车、汽车挂车、排气量超过150毫升的摩托车(以下简称"应税车辆")的单位和个人,为车辆购置税的纳税人,应当依照规定缴纳车辆购置税。

【注意】地铁、轻轨等城市轨道交通车辆,装载机、平地机、挖掘机、推土机等轮式专用机械车,以及起重机(吊车)、叉车、电动摩托车,不属于应税车辆。

(二)纳税人

在我国境内购置规定车辆的单位和个人,为车辆购置税的纳税人。

购置,包括购买、进口、自产、受赠、获奖或者以其他方式取得并自用应税车辆的行为。

【提示】"单位",包括国有企业、集体企业、私营企业、股份制企业、外商投资企业、外国企业以及其他企业、事业单位、社会团体、国家机关、部队以及其他单位;"个人",包括个体工商户以及其他个人。

(三)税率

车辆购置税实行一次性征收。购置已征车辆购置税的车辆,不再征收车辆购置税。车辆购置税采用10%的比例税率。

三、车辆购置税的税收优惠

下列车辆免征车辆购置税:

(1)依照法律规定应当予以免税的外国驻华使馆、领事馆和国际组织驻华机构及其有关人员自用的车辆。

(2)中国人民解放军和中国人民武装警察部队列入装备订货计划的车辆。

(3)悬挂应急救援专用号牌的国家综合性消防救援车辆。

(4)设有固定装置的非运输专用作业车辆。

(5)城市公交企业购置的公共汽电车辆。①防汛部门和森林消防部门用于指挥、检查、调度、报汛(警)、联络的设有固定装置的指定型号的车辆。②回国服务的在外留学人员用现汇购买1辆个人自用国产小汽车。③长期来华定居专家进口的1辆自用小汽车。④自2018年1月1日至2022年12月31日,对购置的新能源汽车免征车辆购置税。免征车辆购置税的新能源汽车是指纯电动汽车、插电式混合动力(含增程式)汽车、燃料电池汽车。⑤自2018年7月1日至2021年6月30日,对购置挂车减半征收车辆购置税。挂车是指由汽车牵引才能正常使用且用于载运货物的无动力车辆。⑥对中国妇女发展基金会申请用于"母亲健康快车"项目的流动医疗车免征车辆购置税。⑦对北京2022年冬奥会和冬残奥会组织委员会新购置车辆免征车辆购置税。⑧原公安现役部队和原武警黄金、森林、水电部队改制后换发地方机动车牌证的车辆(公安消防、武警森林部队执行灭火救援任务的车辆除外),一次性免征车辆购置税。

四、车辆购置税应纳税额的计算

(一)车辆购置税的计税依据

车辆购置税的计税依据为应税车辆的计税价格。计税价格根据不同情况,按照下列规定确定:

(1)纳税人购买自用的应税车辆的计税价格,为纳税人购买应税车辆而支付给销售者的全部价款和价外费用,不包括增值税税款。

【注意】价外费用是指销售方价外向购买方收取的基金、集资费、违约金(延期付款利息)和手续费、包装费、储存费、运输装卸费、保管费以及其他各种性质的价外收费,但不包括销售方代办保险等而向购买方收取的保险费,以及向购买方收取的代购买方缴纳的车辆购置税、车辆牌照费。

(2)纳税人进口自用的应税车辆的计税价格的计算公式为:

$$计税价格=关税完税价格+关税+消费税$$

(3)纳税人自产、受赠、获奖或者以其他方式取得并自用的应税车辆的计税价格,由主管税务机关参照国家税务总局规定的最低计税价格核定。

【提示】最低计税价格是指国家税务总局依据机动车生产企业或者经销商提供的车辆价格信息,参照市场平均交易价格核定的车辆购置税计税价格。

(4)纳税人购买自用或者进口自用应税车辆,申报的计税价格低于同类型应税车辆的最低计税价格,又无正当理由的,计税价格为国家税务总局核定的最低计税价格。

(5)国家税务总局未核定最低计税价格的车辆,计税价格为纳税人提供的有效价格证明注明的价格。有效价格证明注明的价格明显偏低的,主管税务机关有权核定应税车辆的计税价格。

(二)车辆购置税应纳税额的计算方法

车辆购置税实行从价定率的方法计算应纳税额。计算公式如下:

$$应纳税额=计税依据×税率$$

$$进口应税车辆应纳税额=(关税完税价格+关税+消费税)×税率$$

【做中学 8-8】 北京长江有限责任公司 2023 年 5 月 10 日从美国购买的高档轿车一辆。该公司进口报关时,经海关核定的关税完税价格为 300 000 元,进口关税税率为 20%,消费税税率为 25%。该公司于 2023 年 5 月 25 日对车辆购置税进行纳税申报。

要求:计算该公司应纳的车辆购置税。

解析:应纳关税=300 000×20%=60 000(元)

组成计税价格=(300 000+60 000)÷(1-25%)=480 000(元)

应纳增值税=480 000×13%=62 400(元)

应纳消费税=480 000×25%=120 000(元)

应纳车辆购置税=480 000×10%=48 000(元)

五、车辆购置税的征收管理

(一)纳税申报

纳税人购置应税车辆,应当向车辆登记地的主管税务机关申报缴纳车辆购置税;购置不需要办理车辆登记的应税车辆的,应当向纳税人所在地的主管税务机关申报缴纳车辆购置税。

公安机关交通管理部门办理车辆注册登记,应当根据税务机关提供的应税车辆完税或者免税电子信息对纳税人申请登记的车辆信息进行核对,核对无误后依法办理车辆注册登记。

(二)纳税期限

车辆购置税的纳税义务发生时间为纳税人购置应税车辆的当日。纳税人应当自纳税义务发生之日起 60 日内申报缴纳车辆购置税。

(三)纳税地点

纳税人应当在向公安机关交通管理部门办理车辆注册登记前,缴纳车辆购置税。

(四)退税办理

已缴纳车辆购置税的车辆,发生下列情形之一的,准予纳税人申请退税:

(1)车辆退回生产企业或者经销商的,纳税人申请退税时,主管税务机关自纳税人办理纳税申报之日起,按已缴纳税款每满 1 年扣减 10% 计算退税额;未满 1 年的,按已缴纳税款全额退税。

应退税额的计算公式为:

$$应退税额 = 已纳税额 \times (1 - 使用年限 \times 10\%)$$

(2)符合免税条件的设有固定装置的非运输车辆但已征税的。

(3)其他依据法律、法规的规定应予退税的情形。其他退税情形,纳税人申请退税时,主管税务机关依据有关规定计算退税额。

任务十　烟叶税

一、烟叶税的概念

烟叶税税法是国家制定的用于调整烟叶税征收与缴纳之间权利与义务关系的法律规范。现行烟叶税的基本规范是 2017 年 12 月 27 日第十二届全国人民代表大会常务委员会第三十一次会议通过的《中华人民共和国烟叶税法》,自 2018 年 7 月 1 日起施行。烟叶税的诞生是税制改革的结果,也是国家对烟草实行"寓禁于征"政策的继续,标志着由消费税、增值税和烟叶税形成的烟草税收调控体系已经形成。

二、烟叶税的基本法律

(一)征税范围

烟叶税的征税范围包括晾晒烟叶、烤烟叶。晾晒烟叶包括列入名晾晒烟名录的晾晒烟叶和未列入名晾晒烟名录的其他晾晒烟叶。

(二)纳税人

烟叶税的纳税人为在中华人民共和国境内收购烟叶的单位。因为我国实行烟草专卖制度,所以烟叶税的纳税人具有特定性,一般是有权收购烟叶的烟草公司或者受其委托收购烟叶的单位。

(三)税率

烟叶税实行比例税率,税率为 20%。

三、烟叶税应纳税额的计算

(一)烟叶税的计税依据

烟叶税的计税依据是纳税人收购烟叶的收购金额,具体包括纳税人支付给烟叶销售者的烟叶收购价款和价外补贴。价外补贴统一暂按烟叶收购价款的 10% 计入收购金额。收购金额的计算公式为:

$$收购金额 = 收购价款 \times (1 + 10\%)$$

（二）烟叶税应纳税额的计算方法

烟叶税应纳税额的计算公式为：

$$应纳税额 = 烟叶收购金额 \times 税率$$
$$= 烟叶收购价款 \times (1+10\%) \times 税率$$

四、烟叶税征收管理

（一）纳税时间

烟叶税的纳税义务发生时间为纳税人收购烟叶的当天，具体是指纳税人向烟叶销售者付讫收购烟叶款项或者开具收购烟叶凭证的当天。烟叶税在烟叶收购环节征收。纳税人收购烟叶就发生纳税义务。

（二）纳税期限

烟叶税按月计征，纳税人应当于纳税义务发生月终了之日起15日内申报并缴纳税款。

（三）纳税地点

对依照《中华人民共和国烟草专卖法》查处没收的违法收购的烟叶，由收购罚没烟叶的单位按照购买金额计算缴纳烟叶税。烟叶税由地方税务机关征收。纳税人收购烟叶，应当向烟叶收购地的主管税务机关（指县级地方税务局或者其所指定的税务分局、所）申报纳税。

【提示】购进农产品，按照农产品收购发票或者销售发票上注明的农产品买价（包括按规定缴纳的烟叶税）和13%的扣除率计算抵扣增值税进项税额。

应知考核

一、单项选择题

1. 下列单位出售的矿产品中，不缴纳资源税的是（　　）。
   A. 开采单位销售自行开采的天然大理石　　B. 油田出售自行开采的天然气
   C. 盐场销售自行开采的卤水　　　　　　　D. 进口的天然气

2. 应纳印花税的凭证应当于（　　）贴花。
   A. 年度内　　　　B. 书立或领受时　　C. 履行完毕时　　D. 开始履行时

3. 下列各项中，应当征收土地增值税的是（　　）。
   A. 国有土地使用权的出让　　　　B. 国有土地使用权的转让
   C. 房地产出租　　　　　　　　　D. 房地产被国家征用

4. 烟叶税的征税对象为（　　）。
   A. 烟叶　　　　　B. 烟丝　　　　　C. 卷烟　　　　　D. 烟草

5. 下列情况中，符合城市维护建设税有关规定的是（　　）。
   A. 个体经营者不缴纳城市维护建设税
   B. 流动经营的纳税人在经营地缴纳城市维护建设税
   C. 流动经营的纳税人在居住地缴纳城市维护建设税
   D. 城市维护建设税的减免只有省、自治区、直辖市政府有权决定

二、多项选择题

1. 下列各项中，属于资源税应税范围的有（　　）。

A. 进口原油　　　　　　　　　　B. 生产销售固体盐
C. 生产销售选煤　　　　　　　　D. 开采销售有色金属矿原矿
2. 下列选项中,不属于免征耕地占用税范围的有(　　)。
A. 学校占用耕地　　　　　　　　B. 医院占用耕地
C. 铁路线路占用耕地　　　　　　D. 农村居民占用耕地新建住宅
3. 属于车辆购置税应税车辆的有(　　)。
A. 汽车　　　　B. 摩托车　　　　C. 电车　　　　D. 自行车
4. 纳税人在计算土地增值税时,允许从收入中扣减的税金及附加有(　　)。
A. 所得税　　　B. 增值税　　　C. 城市维护建设税　　　D. 教育费附加
5. 下列各项中,应当征收印花税的有(　　)。
A. 产品加工合同　　B. 法律咨询合同　　C. 技术开发合同　　D. 出版印刷合同

三、判断题

1. 城市维护建设税的计税依据是纳税人实际缴纳的增值税和消费税税额之和。（　　）
2. 资源税的应税产品在缴纳增值税时均适用10%的低税率。（　　）
3. 土地增值税的计税依据为转让房地产的全部收入。（　　）
4. 印花税征税范围包括所有合同。（　　）
5. 纳税人自产、受赠、获奖或者以其他方式取得并自用的应税车辆的计税价格,由主管税务机关参照市场价格核定。（　　）

四、简述题

1. 简述行为税的概念、特点和类型。
2. 简述土地增值税的特点。
3. 简述耕地占用税的特点。
4. 简述环境保护税的概念和特点。
5. 简述资源税的概念和特点。

应会考核

■ 观念应用

资源税的应用

开源铁矿是新开矿山,2023年6月销售自采原矿2万吨,每吨不含增值税单价800元;销售自采铁矿连续加工的精矿3万吨,每吨不含增值税单价1 600元。已知该铁矿选矿比为1.6。其主管税务机关发现该矿山申报缴纳资源税的金额不对,指出其应纳资源税的销售额为6 600万元,应缴纳资源税＝6 600×6.5％＝429(万元)。矿山负责人对此有所不解,明明销售额是6 400万元,为什么要按6 600万元计算缴纳资源税?

【考核要求】

请结合本项目的知识点,分析应缴纳的资源税。

■ 技能应用

车辆购置税的应用

2023年6月,老王从某汽车贸易公司(增值税一般纳税人)购买轿车一辆供自己使用,支付含增值税的价款229 000元,另支付购置工具件和零配件价款1 000元,车辆装饰费4 000元。已知车辆购置税适用10%的税率,增值税税率为13%。

【技能要求】

计算小轿车车辆购置税计税价格是多少,老王应当缴纳多少车辆购置税。

■ 案例分析

烟叶税的应用

某卷烟公司是增值税一般纳税人,2023年5月份收购烟叶生产卷烟,取得的合法收购凭证上注明的买价为60万元。该卷烟公司按照规定的方式向烟叶生产者支付了10%的价外补贴,并与烟叶收购价格在同一收购凭证上分别注明。

【分析要求】

计算该笔业务可以抵扣多少增值税进项税额。

项目实训

【实训项目】

财产与行为税——特定行为税的应用

【实训情境】

环境保护税的应用

某企业2023年3月向大气直接排放二氧化硫、氟化物各100千克,一氧化碳200千克、氯化氢80千克,假设当地大气污染物每污染当量税额1.2元,该企业只有一个排放口。(二氧化硫、氟化物、一氧化碳和氯化氢的污染当量值分别为0.95、0.87、16.7和10.75)

【实训任务】

1. 请计算该企业当期应缴纳的环境保护税。
2. 撰写《财产与行为税——特定行为税的应用》实训报告。

《财产与行为税——特定行为税的应用》实训报告		
项目实训班级:	项目小组:	项目组成员:
实训时间:　　年　　月　　日	实训地点:	实训成绩:
实训目的:		
实训步骤:		
实训结果:		
实训感言:		

第三篇

管理法制

项目九　税收征收管理

- **知识目标**

　　理解：税收征收管理中征纳双方的权利和义务。
　　熟知：纳税申报和税务检查；账簿、凭证管理和发票管理。
　　掌握：税务登记管理、税款征收、纳税信用管理。

- **技能目标**

　　能够办理税务登记和纳税申报工作；能够办理发票领购和开具工作。

- **素质目标**

　　运用所学的税收征收管理法律制度知识研究相关案例，培养和提高学生在特定业务情境中分析问题与决策设计的能力；结合行业规范或标准，运用税收征收管理知识分析行为的善恶，强化学生的职业道德素质。

- **思政目标**

　　能够正确地理解"不忘初心"的核心要义和精神实质；树立正确的世界观、人生观和价值观，做到学思用贯通、知信行统一；通过税收征收管理知识自主解决税收征管中常见的问题，培养风险管理意识，明确风险管理预警机制，树立诚信纳税意识。

- **项目引例**

偷税想逃跑，追踪到你家

　　李某是河南省嵩县的一个烧炭户。他于2023年2月份开始正式加工焦炭，既不办理税务登记证，也不到税务所申报纳税。当地税务所税务人员了解到这一情况后，多次上门催缴，可员工总是谎称李老板不在。

　　4月初，当地税务所经报县局领导批准向李某下达了"税务稽查通知书"，李某见势不妙，弃窑逃离。过了几天，李某派其弟转移窑内焦炭，被该所稽查人员发现，采取了税收保全措施。不得已，李某从汝阳赶到税务所，拿出3 000元打算贿赂税务人员，被税务人员严词拒绝。为了防止李某出逃，使这笔税款尽快入库，最后该所决定，派出3名税务人员跟随李某到汝阳追缴税款。一直到当晚10时，李某看这笔税款非缴不可，无奈之下，只好于23时10分缴纳了6 000元税款。

请问：税收保全的措施有哪些？

● 知识精讲

任务一　税收管理

一、税收征收管理法的概念

税收征收管理法是指调整税收征收与管理过程中所发生的社会关系的法律规范的总称，包括国家权力机关制定的税收征管法律、国家权力机关授权行政机关制定的税收征管行政法规和有关税收征管的规章制度等。税收征收管理法是以规定税收实体法中所确定的权利和义务的履行程序为主要内容的法律规范，属税收程序法。

税收征收管理法不仅是纳税人全面履行纳税义务必须遵守的法律准则，而且是税务机关履行征税职责的法律依据。我国现行的税收征收管理法律制度的核心是 1992 年 9 月 4 日全国人大常委会第二十七次会议通过、1995 年 2 月 28 日第八届全国人民代表大会常务委员会第十二次会议修正、2011 年 4 月 28 日第九届全国人民代表大会常务委员会第二十一次会议修订的《中华人民共和国税收征收管理法》（以下简称《税收征收管理法》）。它是中华人民共和国成立后的第一部税收程序法，也是我国税收征管的基本法。2016 年 2 月，国务院又修订颁布了《税收征收管理法实施细则》。

二、税收征收管理法的适用范围

凡依法由税务机关征收的各种税收的征收管理均适用《税收征收管理法》。就现行有效税种而言，增值税、消费税、关税、车辆购置税、企业所得税、个人所得税、资源税、房产税、城镇土地使用税、车船税、土地增值税、印花税、城市维护建设税、耕地占用税、契税、烟叶税和环境保护税等税种的征收管理适用《税收征收管理法》。

由海关负责征收的关税以及海关代征的进口环节的增值税、消费税，依法律、行政法规的有关规定执行。

三、税收征收管理法律关系

（一）税收法律关系

税收法律关系是指税法所确认和调整的税收征纳主体之间在税收分配过程中形成的权利和义务关系，由主体、客体和内容三部分构成。

(1) 税收法律关系的主体，是指在税收法律关系中依法享有权利和承担义务的当事人，即税收法律关系的参与者，分为征税主体和纳税主体。①征税主体，是指在税收法律关系中享有国家税收征管职权和履行国家税收征管职责的国家机关，即税务主管机关，包括各级税务机关、海关等。②纳税主体，是指在税收法律关系中负有纳税义务的当事人，即通常所说的纳税人（包括法人、自然人和其他组织）、扣缴义务人和纳税担保人。

【注意】在税收法律关系中，双方当事人虽然是行政管理者与被管理者的关系，但法律地位是平等的。

(2) 税收法律关系的内容，是指税收法律关系主体所享受的权利和应承担的义务。

(3) 税收法律关系的客体，是指税收法律关系主体双方的权利和义务所共同指向的对象，如所得税征纳关系中的所得。

(二)征纳双方的权利和义务

1. 征税主体的权利和义务

征税主体的权利和义务,即征税机关和税务人员的职权和职责。

(1)征税主体的权利。①税收立法权,包括参与起草税收法律法规草案,提出税收政策建议,在职权范围内制定、发布关于税收征管的部门规章等;②税务管理权,包括对纳税人进行税务登记管理、账簿和凭证管理、发票管理、纳税申报管理等;③税款征收权,包括依法计征权、核定税款权、税收保全和强制执行权、追征税款权等;④税务检查权,包括查账权、场地检查权、询问权、责成提供资料权、存款账户核查权等;⑤税务行政处罚权,如依法定标准予以行政制裁的职权,如罚款等;⑥其他职权,如委托代征权。

(2)征税主体的义务。①宣传税法,普及纳税知识,无偿为纳税人提供纳税咨询服务;②依法为纳税人、扣缴义务人的情况保守秘密,为检举违反税法行为者保密;③加强队伍建设,提高税务人员的政治业务素质;④秉公执法、忠于职守、清正廉洁,尊重和保护纳税人、扣缴义务人的权利,依法接受监督;⑤税务人员不得索贿受贿、徇私舞弊、玩忽职守、不征或少征应征税款;不得滥用职权多征税款;⑥税务人员在核定应纳税额、调整税收定额、进行税务检查、实施税务行政处罚、办理税务行政复议时,与纳税人、扣缴义务人或者其他法定代表人、直接责任人有利害关系的,应当回避;⑦建立、健全内部制约和监督管理制度。

2. 纳税主体的权利和义务

(1)纳税主体的权利。主要包括:知情权,要求保密权,依法享受税收优惠权,申请退还多缴税款权,申请延期申报权,纳税申报方式选择权,申请延期缴纳税款权,索取有关税收凭证的权利,委托税务代理权,陈述权,申辩权,对未出示税务检查证和税务检查通知书的拒绝检查权,依法要求听证的权利,税收法律救济权,税收监督权。

(2)纳税主体的义务。①按期办理税务登记,并按规定使用税务登记证件的义务;②依法设置账簿、保管账簿和有关资料以及依法开具、使用、取得和保管发票义务;③财务会计制度和会计核算软件备案的义务;④按照规定安装、使用税控装置的义务;⑤按期、如实办理纳税申报的义务;⑥按期缴纳或解缴税款的义务;⑦接受税务检查的义务;⑧代扣、代收税款的义务;⑨及时提供信息的义务,如纳税人有歇业、经营情况变化、遭受各种灾害等特殊情况的,应及时向征税机关说明;⑩报告其他涉税信息的义务,如企业合并、分立报告义务等。

任务二 税务登记

税务管理是指税收征收管理机关为了贯彻、执行国家税收法律制度,加强税收工作,协调征纳关系而开展的一项有目的的活动。税务管理是税收征收管理的重要内容,是税款征收的前提和基础性工作。税务管理主要包括税务登记管理、账簿和凭证管理、发票管理等。

一、税务登记管理

税务登记是税务机关对纳税人的基本情况及生产经营项目进行登记管理的一项基本制度,是税务机关对纳税人实施管理、了解掌握税源情况的基础,也是纳税人为履行纳税义务就有关纳税事宜依法向税务机关办理登记的一种法定手续。

税务登记是整个税收征收管理的起点。税务登记的作用在于掌握纳税人的基本情况和税源分布情况。从税务登记开始,纳税人的身份及征纳双方的法律关系即得到确认。

(一)税务登记申请人

企业,企业在外地设立的分支机构和从事生产经营的场所,个体工商户和从事生产经营的事业单位,统称从事生产经营的纳税人,都应当办理税务登记。

从事生产经营的纳税人以外的纳税人,除国家机关、个人和无固定生产经营场所的流动性农村小商贩外,统称非从事生产经营但依照规定负有纳税义务的单位和个人,也应当办理税务登记。

根据税收法律、行政法规的规定,负有扣缴税款义务的扣缴义务人(国家机关除外),应当办理扣缴税款登记。

【做中学9—1】 2022年10月,下岗职工李某开办了一个小卖部,按规定享受一定期限内的免税优惠。他认为既然免税就不需要办理税务登记。

要求:分析李某的观点是否正确。

解析:李某的观点不正确。根据税收征收管理法律制度的规定,凡是从事生产经营的单位和个体工商户均应办理税务登记。

(二)税务登记主管机关

县以上(含本级,下同)税务局(分局)是税务登记的主管机关,负责税务登记的设立登记、变更登记、注销登记和税务登记证验证、换证以及非正常户处理、报验登记等有关事项。

(三)税务登记种类

税务登记包括设立税务登记,变更税务登记,停业、复业登记,注销税务登记,外出经营报验登记。

1. 设立税务登记

设立税务登记,也称开业税务登记,是指在我国境内从事生产经营,并经市场监管部门批准开业,或依照法律、行政法规负有纳税义务的单位和个人,在从事正式生产经营之前依法向税务机关办理的登记。企业只有办理了开业税务登记手续,才算真正取得合法的经营资格,也才拥有合法纳税人的权利。

自2015年10月1日起,"三证合一、一照一码"的登记制度改革在全国推行。新设立企业和农民专业合作社领取由市场监管部门核发加载法人和其他组织统一社会信用代码(以下简称"统一代码")的营业执照后,无须再次进行税务登记,不再领取税务登记证。企业办理涉税事宜时,在完成补充信息采集后,凭加载统一代码的营业执照可代替税务登记证使用。

工商登记"一个窗口"统一受理申请后,申请材料和登记信息在部门间共享,各部门数据互换、档案互认。各级税务机关应加强与登记机关的沟通协调,确保登记信息采集准确、完整。

2016年6月30日,国务院办公厅发布《关于加快推进"五证合一、一照一码"登记制度改革的通知》(国办发〔2016〕53号),在全国实施工商营业执照、组织机构代码证、税务登记证"三证合一"登记制度改革的基础上,再整合社会保险登记证和统计登记证。

除企业、农民专业合作社外,其他税务登记按照原有法律制度执行,即个体工商户、其他机关(编办、民政、司法等)批准设立的主体,仍按照现行有关规定执行。

2. 变更税务登记

变更税务登记是纳税人在办理税务登记后因登记内容发生变化需要对原登记内容进行变更而向税务机关申报办理的税务登记。

涉及工商登记事项的,先办理工商变更登记,后办理税务变更登记;不涉及工商登记事项的,直接向税务机关申请变更。

领取"一照一码"营业执照的企业变更税务登记流程:生产经营地、财务负责人、核算方式由企业登记机关在新设时采集,在企业经营过程中,上述信息发生变化的,企业应向主管税务机关申请变更,不向市场监管登记部门申请变更。除前述三项信息外,企业在登记机关新设时采集的信息发生变更,均由企业向市场监管登记部门申请变更。对于税务机关在后续管理中采集的其他必要涉税基础信息发生变更的,直接向税务机关申请变更即可。

3. 停业、复业登记

实行定期定额征收方式的个体工商户需要停业的,应当在停业前向税务机关申报办理停业登记。纳税人的停业期限不得超过1年。纳税人在停业期间发生纳税义务的,应当按照税收法律、行政法规的规定申报缴纳税款。纳税人应当于恢复生产经营之前,向税务机关申报办理复业登记,如实填写"停业、复业报告书",领回并启用税务登记证件、发票领购簿及其停业前领购的发票。纳税人停业期满不能及时恢复生产经营的,应当在停业期满前向税务机关提出延长停业登记申请,并如实填写"停业、复业报告书"。

4. 注销税务登记

注销税务登记是纳税人发生纳税义务终止或作为纳税主体资格消亡,或因住所、经营地点变动而涉及改变税务机关情形时,向原税务机关办理的注销登记。

应当办理注销登记的情形包括:①纳税人发生解散、破产、撤销以及其他情形,依法终止纳税义务的;②按规定不需要在市场监管机关或者其他机关办理注销登记的,但经有关机关批准或者宣告终止的;③纳税人被市场监管机关吊销营业执照或者被其他机关予以撤销登记的;④纳税人因住所、经营地点变动,涉及改变税务登记机关的;⑤境外企业在中国境内承包建筑、安装、勘探工程和提供劳务,项目完工后离开中国的。

纳税人办理注销税务登记前,应当向税务机关提交相关证明文件和资料,结清应纳税款、多退(免)税款、滞纳金和罚款,缴销发票和其他税务证件,经税务机关核准后,办理注销税务登记手续。

已实行"一照一码"登记模式的企业办理注销登记,应向税务机关申报清税,填写"清税申报表"。纳税人持"清税申报表"办理后续注销事宜。

5. 外出经营报验登记

纳税人到外县(市)临时从事生产经营活动的,应当在外出生产经营以前,持税务登记证向主管税务机关申请开具"外出经营活动税收管理证明"(以下简称"外管证")。税务机关按照一地一证的原则核发"外管证"。"外管证"的有效期限一般为30日,最长不得超过180日。

纳税人应当在"外管证"注明地进行生产经营前向当地税务机关报验登记。纳税人外出经营活动结束,应当向经营地税务机关填报"外出经营活动情况申报表",并结清税款、缴销发票。纳税人应当在"外管证"有效期届满后10日内,持"外管证"回原税务登记地税务机关办理"外管证"缴销手续。

二、账簿和凭证管理

账簿和凭证是纳税人进行生产经营活动和核算财务收支的重要资料,也是税务机关对纳税人进行征税、管理、核查的重要依据。纳税人所使用的凭证、登记的账簿、编制的报表及其所反映的内容是否真实、可靠,直接关系到计征税款依据的真实性,从而影响应纳税款及时、足额入库。账簿和凭证管理是税收管理的基础性工作。

(一)账簿的设置管理

纳税人、扣缴义务人应按照有关法律、行政法规和国务院财政、税务主管部门的规定设置账簿,根据合法、有效的凭证记账,进行核算。具体要求如下:

(1)从事生产经营的纳税人应当自领取营业执照或者发生纳税义务之日起15日内,按照国家有关规定设置账簿。

(2)生产经营规模小又确无建账能力的纳税人,可以聘请经批准从事会计代理记账业务的专业机构或者经税务机关认可的财会人员代为建账和办理账务。聘请上述机构或者人员有实际困难的,经县以上税务机关批准,可以按照税务机关的规定,建立收支凭证粘贴簿,进行销货登记或者使用税控装置。

(3)扣缴义务人应当自税收法律、行政法规规定的扣缴义务发生之日起10日内,按照所代扣代收的税种,分别设置代扣代缴、代收代缴税款账簿。

(二)对纳税人财务会计制度及其处理办法的管理

纳税人的财务会计制度及其处理办法,是其进行会计核算的依据,直接关系到计税依据是否真实、合理。

(1)纳税人使用计算机记账的,应当在使用前将会计电算化系统的会计核算软件、使用说明书以及有关资料报送主管税务机关备案。纳税人建立的会计电算化系统应当符合国家有关规定,并能正确、完整地核算其收入或者所得。

(2)纳税人、扣缴义务人的财务制度、会计制度或者财务会计处理办法与国务院或者国务院财政、税务主管部门有关税收的规定抵触的,依照国务院或者国务院财政、税务主管部门有关税收的规定计算应纳税款、代扣代缴和代收代缴税款。

(3)账簿、会计凭证和报表,应当使用中文。民族自治地方可以同时使用当地通用的一种民族文字。外商投资企业和外国企业可以同时使用一种外国文字。

(三)账簿、凭证等涉税资料的保存和管理

从事生产经营的纳税人、扣缴义务人必须按照国务院财政、税务主管部门规定的保管期限保管账簿、记账凭证、完税凭证及其他有关资料。账簿、记账凭证、报表、完税凭证、发票、出口凭证以及其他有关涉税资料应当保存10年,但是法律、行政法规另有规定的除外。账簿、记账凭证、完税凭证及其他有关资料不得伪造、变造或者擅自损毁。

三、发票管理

(一)发票的概念和种类

1. 发票的概念

发票是指在购销商品、提供或者接受服务以及从事其他经营活动中开具、收取的收付款凭证。它是确定经营收支行为发生的法定凭证,是会计核算的原始依据,也是税务稽查的重要依据。税务机关是发票的主管机关,负责发票印刷、领购、开具、取得、保管、缴销的管理和监督。发票的种类、联次和内容以及使用范围由国家税务总局规定。

2. 发票的种类

发票按照行业特点和纳税人生产经营项目,可划分为普通发票、增值税专用发票和专业发票三种。

(1)普通发票主要由增值税小规模纳税人使用,增值税一般纳税人在不能开具专用发票的情况下也可使用普通发票。普通发票是最常见的一种发票,适用面最广。

(2)增值税专用发票是指专门用于结算销售货物和提供加工修理修配劳务使用的一种特殊发票,并且具备抵扣增值税税款的功能。增值税专用发票只限于增值税一般纳税人领购使用,增值税小规模纳税人和非增值税纳税人不得领购使用。

(3)专业发票是指金融、保险企业的存贷、汇兑、转账凭证和保险凭证;邮政、电信企业的邮票、邮单和话务、电报收据;铁路、航空公司和交通部门、公路、水上运输企业的客票、货票等。

3. 网络发票

网络发票是指符合国家税务总局统一标准并通过国家税务总局及省、自治区、直辖市税务局公布的网络发票管理系统开具的发票。开具发票的单位和个人在网络出现故障,无法在线开具发票时,可离线开具发票,但不得改动开票信息,并于48小时内上传开票信息。

(二)发票的联次和内容

发票的基本联次包括存根联、发票联、记账联。存根联由收款方或开票方留存备查;发票联由付款方或受票方作为付款原始凭证;记账联由收款方或开票方作为记账原始凭证。省以上税务机关可根据发票管理情况以及纳税人经营业务需要,增减除发票联以外的其他联次,并确定其用途。

发票的基本内容包括发票的名称、发票代码和号码、联次及用途、客户名称、开户银行及账号、商品名称或经营项目、计量单位、数量、单价、大小写金额、开票人、开票日期、开票单位(个人)名称(章)等。省以上税务机关可根据经济活动以及发票管理需要,确定发票的具体内容。

有固定生产经营场所、财务和发票管理制度健全的纳税人,发票使用量较大或统一发票式样不能满足经营活动需要的,可以向省以上税务机关申请印有本单位名称的发票。

(三)发票的印刷

增值税专用发票由国务院税务主管部门确定的企业印制;其他发票,按照国务院税务主管部门的规定,由省、自治区、直辖市税务机关确定的企业印制。禁止私自印制、伪造、变造发票。

印制发票应当使用国务院税务主管部门确定的全国统一的发票防伪专用品。禁止非法制造发票防伪专用品。

发票应当套印全国统一发票监制章。全国统一发票监制章的式样和发票版面印刷的要求,由国务院税务主管部门规定。发票监制章由省、自治区、直辖市税务机关制作。禁止伪造发票监制章。发票实行不定期换版制度。

发票应当使用中文印制。民族自治地方的发票,可以加印当地一种通用的民族文字。有实际需要的,也可以同时使用中外两种文字印制。

各省、自治区、直辖市内的单位和个人使用的发票,除增值税专用发票外,应当在本省、自治区、直辖市范围内印制;确有必要到外省、自治区、直辖市印制的,应当由省、自治区、直辖市税务机关商印制地省、自治区、直辖市税务机关同意,由印制地省、自治区、直辖市税务机关指定的印制发票的企业印制。禁止在境外印制发票。

(四)发票的领购

需要领购发票的单位和个人,应当持"统一社会信用代码"营业执照、经办人身份证明、按照国务院税务主管部门规定式样制作的发票专用章的印模,向主管税务机关办理发票领购手续。主管税务机关根据领购单位和个人的经营范围和规模,确认领购发票的种类、数量以及领购方式,在5个工作日内发给发票领购簿。单位和个人领购发票时,应当按照税务机关的规定报告发票使用情况,税务机关应当按照规定进行查验。

需要临时使用发票的单位和个人,可以凭购销商品、提供或接受服务以及从事其他经营活动的书面证明、经办人身份证明,直接向经营地税务机关申请代开发票。依照税收法律、行政法规规定应当缴纳税款的,税务机关应当先征收税款,再开具发票。税务机关根据发票管理的需要,可以按照国务院税务主管部门的规定委托其他单位代开发票。禁止非法代开发票。

临时到本省、自治区、直辖市以外从事经营活动的单位或个人,应当凭所在地税务机关的证明,向经营地税务机关领购经营地的发票。临时在本省、自治区、直辖市以内跨市、县从事经营活动领购发票的办法,由省、自治区、直辖市税务机关规定。

税务机关对外省、自治区、直辖市来本辖区从事临时经营活动的单位和个人领购发票的,可以要求其提供保证人或根据所领购发票的票面限额以及数量缴纳不超过1万元的保证金,并限期缴销发票。按期缴销发票的,解除保证人的担保义务或退还保证金;未按期缴销发票的,由保证人或以保证金承担法律责任。

(五)发票的开具

销售商品、提供服务以及从事其他经营活动的单位和个人,对外发生经营业务收取款项,收款方应当向付款方开具发票;特殊情况下,由付款方向收款方开具发票。特殊情况是指:①收购单位和扣缴义务人支付个人款项时;②国家税务总局认为其他需要由付款方向收款方开具发票的。

所有单位和从事生产经营活动的个人购买商品、接受服务以及其他经营活动支付款项的,应当向收款方取得发票。取得发票时,不得要求变更品名和金额。

开具发票应当按照规定的时限、顺序、栏目,全部联次一次性如实开具,并加盖发票专用章。不符合规定的发票,不得作为财务报销凭证,任何单位和个人都有权拒收。

任何单位和个人不得有下列虚开发票的行为:①为他人、为自己开具与实际经营业务情况不符的发票;②让他人为自己开具与实际经营业务情况不符的发票;③介绍他人开具与实际经营业务情况不符的发票。

安装税控装置的单位和个人,应当按照规定使用税控装置开具发票,并按期向主管税务机关报送开具发票的数据。使用非税控电子器具开具发票的,应当将非税控电子器具使用的软件程序说明资料报主管税务机关备案,并按照规定保存、报送开具发票的数据。

(六)发票的使用

任何单位和个人应当按照发票管理规定使用发票,不得有下列行为:①转借、转让、介绍他人转让发票、发票监制章和发票防伪专用品;②知道或者应当知道是私自印制、伪造、变造、非法取得或者废止的发票而受让、开具、存放、携带、邮寄、运输;③拆本使用发票;④扩大发票使用范围;⑤以其他凭证代替发票使用。

除国家税务总局规定的特殊情形外,发票限于领购单位和个人在本省、自治区、直辖市内开具。省、自治区、直辖市税务机关可以规定跨市、县开具发票的办法。除国家税务总局规定的特殊情形外,任何单位和个人不得跨规定使用区域携带、邮寄、运输空白发票。禁止携带、邮寄或者运输空白发票出入境。

(七)发票的保管

开具发票的单位和个人应当建立发票使用登记制度,设置发票登记簿,并定期向主管税务机关报告发票使用情况。

开具发票的单位和个人应当在办理变更或注销税务登记的同时,办理发票和发票领购簿的变更、缴销手续。

开具发票的单位和个人应当按照税务机关的规定存放和保管发票,不得擅自损毁。已经开具的发票存根联和发票登记簿,应当保存5年,保存期满,报经税务机关查验后销毁。

(八)发票的检查

税务机关在发票管理中有权检查印制、领购、开具、取得、保管和缴销发票的情况;调出发票查验;查阅、复制与发票有关的凭证、资料;向当事各方询问与发票有关的问题和情况;在查处发票案件时,对与案件有关的情况和资料,可以记录、录音、录像、照相和复制。

印制、使用发票的单位和个人必须接受税务机关依法检查,如实反映情况,提供有关资料,不得拒绝、隐瞒。税务人员进行检查时,应当出示税务检查证。

税务机关需要将已开具的发票调出查验时,应当向被查验的单位和个人开具发票换票证。发票换票证与所调出查验的发票具有同等的效力,被调出查验发票的单位和个人不得拒绝接受。税务机关需要将空白发票调出查验时,应当开具收据。经查没有问题的,应当及时返还。

税务机关在发票检查中需要核对发票存根联与发票联填写情况时,可以向持有发票或者发票存根联的单位发出"发票填写情况核对卡",有关单位应当如实填写,按期报回。

对增值税专用发票的管理,国家税务总局可以根据增值税专用发票管理的特殊需要,制定增值税专用发票的具体管理办法。

对专业发票的管理,国家税务总局可以根据有关行业特殊的经营方式和业务需求,会同国务院有关主管部门制定该行业的发票管理办法。

任务三　税款征收

税款征收是税务机关依照税收法律、法规的规定,将纳税人依法应当缴纳的税款组织入库的一系列活动的总称。它是税收征收管理工作的中心环节,是全部税收征管工作的目的和归宿。

一、税款征收的原则

(一)唯一征收主体原则

根据《税收征管法》的规定,除税务机关、税务人员以及经税务机关依照法律、行政法规委托的单位或个人外,任何单位和个人不得进行税款征收活动。代表国家行使征税权力的主体是税务机关。

(二)征收法定原则

这是税务机关在税款征收过程中必须遵循的一个基本原则,即税务机关的一切税收及有关活动都必须由法律明确规定;没有法律明确规定的,人们不负有纳税义务,任何单位和个人都无权向人们收税。这一原则要求税务机关只能依照法律、行政法规的规定征收税款,不得任意开征、停征、多征、少征、提前征收或者延缓征收税款或者摊派税款。这一原则包含以下内容:

(1)税权法定。这是指税收的立法权和执法权都是法定的,税务机关不得自行处分税权。

(2)税种法定。这是指经法律设定或法律授权行政法规设定并开征的税种,税务机关不得擅自增减改变税目,不得调高或降低税率,未经法定批准程序不得加征、减征或免税,不得由此而多征、少征、提前征收或者延缓征收税款或者摊派税款;否则,除撤销其擅自作出的决定外,还应补征应征未征的税款,退还不应征而征收的税款,并由上级税务机关追究直接责任人员的行政责任。

(3)征税法定。这主要有三层含义:一是指税收的征收程序必须由法律明确规定,征纳双方必须遵照执行,具体表现在:采取税收保全措施或强制执行措施时;办理减、免、退税时;核定应纳税额时;进行纳税调整时;针对纳税人的欠税,进行清理,采取各种措施时;税务机关都必须按照法律、行政法规规定的审批权限和程序操作,否则就是违法。二是税务机关征收税款或扣押、查封商品、货物或其他财产时,必须向纳税人开具完税凭证或开付扣押、查封的收据或清单。三是税款、滞纳金、罚款统一由税务机关上缴国库,具体是指:税务机关征收的税款、滞纳金、罚款必须按规定的税收征管范围和规定的预算级次入库;有关执行部门在查处有关案件时,涉及税款的,应当将税款、滞纳金交由税务机关按规定的预算级次入库。

(4)禁止对税法作扩大解释。除立法解释外,不能作扩大或类推解释。

(三)税款优先原则

税法规定,在纳税人支付各种款项和偿还债务时,税款处于优先地位。税款优先原则体现了国家政治权力优先于一部分经济权力,在一定程度上也体现了税收的强制性,增强了税法在执行中的可操作性,为保证国家税款的安全和完整提供了法律保障。税款优先原则包含三层含义:

(1)税款优先于无担保债权。税款优先于无担保债权是有条件的,也就是说,税款并不是优先于所有的无担保债权,对于法律上另有规定的无担保债权,不能行使税款优先权。如对破产企业来说,法律规定破产企业优先支付职工工资、生活保障费等。在这里,职工对企业来说是债权人,职工工资、生活保障费等债权优先于税款。类似情况还有商业银行法规定的个人储蓄本金优先,保险法规定的保险金优先,海商法规定的工资、社会保险费用以及在船舶营运中发生的人员死亡的赔偿请求等海事请求优先。

(2)纳税人发生欠税在前的,税款优先于抵押权、质权或被留置权。纳税人的欠税发生在以其财产设置抵押、质押或被留置之前,纳税人应当向抵押权人、质权人说明其欠税情况。抵押权人、质权人可以请求税务机关提供有关的欠税情况。纳税人以其财产设定抵押、质押或被留置的,并不是纳税人财产所有权的转移,但当抵押权、质权、留置权被执行时,就可能发生财产所有权的转移,为保障税款的安全,纳税人发生欠税在前的,税款优先于抵押权、质权、留置权的执行。在这里,税款执行权的额度以纳税人欠税和滞纳金价值为标准。

欠税的法律构成要件为:纳税人的纳税行为已经发生,纳税义务已经超过纳税期限,纳税人未缴纳或者未全部缴纳应纳税款。这里的"欠税"未将纳税人的主观意图纳入界定的概念中,即无论其是否故意、有无过失等,只要未按规定期限缴纳税款即为欠税。具体来说,偷逃的税款包含在欠税中。

(3)税款优先于罚款、没收非法所得。纳税人欠缴税款,同时又被税务机关处以罚款、没收非法所得的,税款优先于罚款、没收非法所得。

纳税人欠缴税款,同时又被税务机关以外的其他行政部门处以罚款、没收非法所得的,税款优先于罚款、没收非法所得。也就是说,当税收权力与行政权力在债权发生冲突时,即当纳税人的财产不足以满足两种权力要求时,税收权力优先于其他行政权力。因为罚没所得具有制裁当事人的性质,不以财政收入、公共利益为目的,与税收的性质有所区别,所以罚没所得应当滞后于税款受偿。

二、税款征收与缴纳方式

(一)税款征收方式

税款征收方式是指税务机关根据各税种的不同特点和纳税人的具体情况而确定的计算、征收税款的形式和方法。

1. 查账征收

查账征收是指税务机关根据纳税人的会计账册资料计算税额的一种方式。该方式适用于经营规模较大、财务会计制度健全、能够如实核算和提供生产经营情况、正确计算应纳税款的纳税人。

2. 查定征收

查定征收是指税务机关根据纳税人的从业人数、生产设备、耗用的原材料等因素,查实核定其在正常生产经营条件下应税产品的产量、销售额,并据以确定税额的一种方式。该方式适用于生产规模小、账册不健全,但能够控制原材料或进销货的纳税人。

3. 查验征收

查验征收是指税务机关对纳税人的应税商品,通过查验数量,按市场一般销售单价计算其销售收入并据以确定税额的一种方式。该方式适用于经营品种比较单一,经营地点、时间和商品来源不固定的纳税单位。

4. 定期定额征收

定期定额征收是指对一些营业额、所得额不能准确计算的小型工商户,税务机关通过典型调查,核定一定时期的营业额和所得额,实行多税种合并征税的一种方式。该方式适用于无完整考核依据的小型纳税单位。

(二)应纳税额的核定与调整

1. 核定应纳税额的情形

纳税人有下列情形之一的,税务机关有权核定其应纳税额:①依照法律、行政法规的规定可以不设置账簿的;②依照法律、行政法规的规定应当设置账簿但未设置的;③擅自销毁账簿或拒不提供纳税资料的;④虽设置账簿,但账目混乱或成本资料、收入凭证、费用凭证残缺不全,难以查账的;⑤发生纳税义务,未按照规定的期限办理纳税申报,经税务机关责令限期申报,逾期仍不申报的;⑥申报的计税依据明显偏低,又无正当理由的。

2. 核定应纳税额的方法

税务机关有权采用下列任何一种方法核定应纳税额,当其中一种方法不足以正确核定应纳税额时,可以同时采用两种以上的方法核定:①参照当地同类行业或类似行业中经营规模和收入水平相近的纳税人的税负水平核定;②按照营业收入或成本加合理费用和利润的方法核定;③按照耗用的原材料、燃料、动力等推算或测算核定;④按照其他合理的方法核定。

(三)税款缴纳方式

1. 纳税人直接向国库经收处缴纳

纳税人先向税务机关领取税票,自行填写,然后到国库经收处缴纳税款。该方式适用于在设有国库经收处的银行和其他金融机构开设账户的纳税人。

2. 税务机关自收税款

税务机关自收税款即由税务机关直接收取税款并办理入库手续。该方式适用于由税务机关代开发票的纳税人缴纳的税款;临时发生纳税义务需向税务机关直接缴纳的税款;税务机关采取强制措施,以拍卖所得或变卖所得缴纳的税款。

3. 代收代缴

代收代缴是指负有代收代缴税款义务的单位和个人,在向纳税人收取款项的同时,依法收取纳税人应缴纳的税款并按照规定的期限申报解缴的一种方式。该方式一般适用于税收网络覆盖不到或很难控制的领域。

4. 代扣代缴

代扣代缴是指负有代扣代缴税款义务的单位和个人,在向纳税人支付款项时,依法从支付款额中扣收纳税人应缴纳的税款并按照规定的期限申报解缴的一种方式。其目的是对零星分散、不易控制的税源实行源泉控制。

5. 委托代征

委托代征是指税务机关委托有关单位和个人,以税务机关的名义向纳税人依法征收税款的一种方式。该方式适用于零星分散和异地缴纳的税款。

三、税款征收保障措施

(一)责令缴纳

所有的纳税人都应按照税法的规定如期缴纳税款。纳税人有特殊困难,不能按期缴纳税款的,经省、自治区、直辖市税务机关批准,可以延期缴纳税款,但最长不得超过3个月。上述所述的特殊困难主要指两种情况:一是因不可抗力,导致纳税人发生较大损失,正常生产经营受到较大影响的;二是当期货币资金在扣除应付职工工资、社会保险费后,不足以缴纳税款的。纳税人在申请延期缴纳税款时,必须以书面形式提出申请,税务机关应在收到申请延期缴纳税款报告之日起20日内作出批复,批准延期内免予加收滞纳金。

从事生产经营的纳税人、扣缴义务人未按照规定的期限缴纳税款的,纳税担保人未按照规定的期限缴纳所担保的税款的,由税务机关发出限期缴纳税款通知书责令其限期缴纳。责令限期缴纳的最长期限不得超过15日。

纳税人未按规定期限缴纳税款的,扣缴义务人未按规定期限解缴税款的,税务机关除责令限期缴纳外,从滞纳税款之日起,按日加收滞纳税款万分之五的滞纳金。滞纳金必须在税务机关发出催缴税款通知书、责令限期缴纳税款、纳税人未能按期缴纳税款的情况下才能加收。加收滞纳金的起止日期为法律、行政法规规定的税款缴纳期限届满次日起至纳税人、扣缴义务人实际缴纳税款或解缴税款之日止。纳税人拒绝缴纳滞纳金的,可以按不履行纳税义务实行强制措施。

(二)责令提供纳税担保

纳税担保是指经税务机关同意或确认,纳税人或其他自然人、法人、经济组织以保证、抵押、质押的方式,为纳税人应当缴纳的税款及滞纳金提供担保的行为。

1. 适用纳税担保的情形

①税务机关有根据认为从事生产经营的纳税人有逃避纳税义务行为,在规定的纳税期之前经责令其限期缴纳应纳税款,在限期内发现纳税人有明显的转移、隐匿其应纳税的商品、货物,以及其他财产或应纳税收入的迹象,责成纳税人提供纳税担保的。②欠缴税款、滞纳金的纳税人或其他法定代表人需要出境的。③纳税人同税务机关在纳税上发生争议而未缴清税款,需要申请行政复议的。④税收法律、行政法规规定可以提供纳税担保的其他情形。

2. 纳税担保的范围

纳税担保的范围包括税款、滞纳金和实现税款、滞纳金的费用。费用包括抵押、质押登记费用,质押保管费用,以及保管、拍卖、变卖担保财产等相关费用支出。

(三)采取税收保全措施

1. 适用税收保全措施的情形及措施

税务机关有根据认为从事生产经营的纳税人有逃避纳税义务行为的,可以在规定的纳税期限之前,责令限期缴纳税款。在限期内发现纳税人有明显的转移、隐匿其应纳税商品、货物以及其他财产或应纳税收入迹象的,税务机关应责令其提供纳税担保。如果纳税人不能提供纳税担保,经县以上税务局(分局)局长批准,税务机关可以采取下列税收保全措施:①书面通知纳税人开户银行或其他金融机构冻结纳税人的金额相当于应纳税款的存款。②扣押、查封纳税人价值相当于应纳税款的商品、货物或其他财产。其他财产包括纳税人的房地产、现金、有价证券等不动产和动产。个人及其所照顾家属维持生活必需的住房和用品,不在税收保全措施的范围之内。

【注意】 个人及其所照顾家属维持生活必需的住房和用品,不在税收保全的范围之内,但不包括机动车辆、金银首饰、古玩字画、豪华住宅或者一处以外的住房、单位价值在5 000元以上的其他生活用品。

2. 税收保全措施的终止

纳税人在税务机关采取税收保全措施后,按照税务机关规定的期限缴纳税款的,税务机关自到税款或银行转回的完税凭证之日起1日内解除税收保全。纳税人在限期满仍未缴纳税款的,经县以上税务局(分局)局长批准,税务机关可以采取强制执行措施:书面通知纳税人开户银行或其他金融机构,从其冻结的存款中扣缴税款,或依法拍卖或变卖所扣押、查封的商品、货物或其他财产,以拍卖或变卖所得抵缴税款。

3. 税收保全措施的法律责任

采取税收保全措施的权力,不得由法定的税务机关以外的单位和个人行使。采取税收保全措施不当,或纳税人在期限内已缴纳税款,税务机关未立即解除税收保全措施,使纳税人的合法利益遭受损失的,税务机关应当承担赔偿责任。

(四)采取税收强制执行措施

1. 税收强制执行措施的实施

从事生产经营的纳税人、扣缴义务人未按规定的期限缴纳税款或解缴税款,纳税担保人未按规定的期限缴纳所担保的税款,由税务机关责令限期缴纳,逾期仍未缴纳的,经县以上税务局(分局)局长批准,税务机关可以采取下列强制执行措施:①书面通知其开户银行或其他金融机构从其存款中扣缴税款。②扣押、查封、依法拍卖或变卖其价值相当于应纳税款的商品、货物或其他财产,以拍卖或变卖所得抵缴税款。

【提示】税务机关将拍卖或变卖所得抵缴税款、滞纳金、罚款以及扣押、查封、保管、拍卖、变卖等费用后,剩余部分应在3日内退还被执行人。

2. 税收强制执行措施的法律责任

采取税收强制执行措施的权力,不得由法定的税务机关以外的单位和个人行使。税务机关滥用职权违法采取强制执行措施,或采取强制执行措施不当,致使纳税人、扣缴义务人或纳税担保人的合法权益遭受直接损失的,税务机关依法承担赔偿责任。

四、税款征收的结算

(一)欠税清缴

税务机关可以实行的欠税清缴措施主要有以下内容:

1. 行使税收优先权

除法律另有规定外,税务机关征收税款,税收优先于无担保债权。纳税人欠缴的税款发生在纳税人以其财产设定抵押、质押或纳税人的财产被留置之前的,税收应当优先于抵押权、质权和留置权执行。纳税人欠缴税款,同时又被行政机关决定处以罚款、没收违法所得的,税收优先于罚款、没收违法所得。

2. 行使代位权与撤销权

为防止欠税的纳税人借债权和债务关系逃避纳税,我国《税收征收管理法》引入了代位权与撤销权的概念。欠缴税款的纳税人因怠于行使其到期债权,或放弃到期债权,或无偿转让财产,或以明显不合理的低价转让财产而受让人知道该情形,对国家税收造成损害的,税务机关可依照《合同法》的规定行使代位权、撤销权。税务机关行使代位权、撤销权的,不免除欠缴税款纳税人尚未履行的纳税义务和应承担的法律责任。

3. 欠税公告与报告

县以上(含县)税务机关应当按期在办税场所或广播、电视、报纸、期刊、网络等新闻媒体上公告纳税人的欠缴税款情况,以督促纳税人自觉缴纳欠税,保证国家税款的及时足额入库。欠缴税款数额较大(5万元以上)的纳税人在处分其不动产或大额资产之前,应当向税务机关报告。纳税人有合并、分立情形的,应当向税务机关报告,并依法缴清税款。纳税人合并时未缴清税款的,应当由合并后的纳税人继续履行未履行的纳税义务;纳税人分立时未缴清税款的,分立后的纳税人对未履行的纳税义务应当承担连带责任。纳税人有解散、撤销、破产情形的,在清算前应当向其主管税务机关报告;未结清税款的,由其主管税务机关参加清算。

4. 离境清税

欠缴税款的纳税人或其法定代表人需要出境的,应当在出境前向税务机关结清应纳税款、滞纳金或提供担保。未结清税款、滞纳金,又不提供担保的,税务机关可以通知出境管理机关阻止其出境。

(二)税款的补缴与追征

因税务机关责任,致使纳税人、扣缴义务人未缴或少缴税款的,税务机关在3年内可要求纳税人、扣缴义务人补缴税款,但不得加收滞纳金。

因纳税人、扣缴义务人计算等失误,未缴或少缴税款的,税务机关在3年内可以追征税款、滞纳金;纳税人或扣缴义务人因计算失误,未缴或少缴、未扣或少收税款,累计数额在10万元以上的,追征期可以延长到5年。

对偷税、抗税、骗税的,税务机关追征其未缴或少缴的税款、滞纳金或所骗取的税款,不受前款规定期限的限制。

(三)税款的退还

纳税人超过应纳税额缴纳的税款,税务机关发现后应当立即退还;纳税人自结算缴纳税款之日起3年内发现的,可以向税务机关要求退还多缴的税款,并加算银行同期存款利息,税务机关及时查实后应当立即退还;涉及从国库中退库的,依有关国库管理的规定退还。

税务机关发现纳税人多缴税款的,应当自发现之日起10日内办理退还手续;纳税人发现多缴税款,要求退还的,税务机关应自接到纳税人退还申请之日起30日内查实并办理退还手续。

任务四 税务检查

一、税务检查的概念

广义的税务检查是指税务机关依法对纳税人、扣缴义务人履行纳税义务、扣缴义务情况所进行的监督、审查和处理的总称。狭义的税务检查是税务机关下设的享有稽查权的专业机构,依照税收法律、行政法规的规定,按照一定的程序和标准,对有税收违法嫌疑的税收管理相对人履行税收义务情况进行检查、处理的税收执法活动。税收实践中的税务检查主要是指狭义的税务检查,也称税务稽查。

二、税务检查的形式

根据税务检查对象的来源和税务检查的目的不同,税务检查的形式可分为以下几种:

(一)日常检查

日常检查是指税务稽查机构对通过计算机或人工筛选出来的稽查对象进行的常规性稽查。日常检查通常是对迟申报、零申报、负申报和税负变化异常的纳税人进行的综合性检查。它是税务稽查机构的一项日常工作。

(二)专项检查

专项检查是指税务机关对根据特定目的选取的稽查对象进行的专门稽查,如增值税专用发票专项检查、企业所得税专项检查等。专项检查有较强的目的性、针对性和时间性。其检查对象是根据特定目的选取的,通常是上级或本级税务机关为查实和解决某些行业、某些税种或某些事项存有的问题而安排的。专项检查可以解决某一特定领域存在的普遍性问题,促进税收征管。

(三)专案检查

专案检查是指税务机关对举报、转办、交办等案件进行的专门检查。专案检查具有较强的针对性。其检查对象主要来源于公民举报、其他部门转办、上级交办、国际税收情报交换,或在日常检查、专项检查中发现的重大涉税案件。专案检查可以有效查处举报、转办、交办、情报交换中所列举的税收违法行为。

三、税务检查中的权责划分

(一)税务机关的检查权限

(1)检查纳税人的账簿、记账凭证、报表和有关资料,检查扣缴义务人代扣代缴、代收代缴税款账簿、记账凭证和有关资料。

(2)到纳税人的生产经营场所和货物存放地检查纳税人应纳税的商品、货物或其他财产,检查扣缴义务人与代扣代缴、代收代缴税款有关的经营情况。

(3)责成纳税人、扣缴义务人提供与纳税或代扣代缴、代收代缴税款有关的文件、证明材料和有关资料。

(4)询问纳税人、扣缴义务人与纳税或代扣代缴、代收代缴税款有关的问题和情况。

(5)到车站、码头、机场、邮政企业及其分支机构检查纳税人托运、邮寄应纳税商品、货物或其他财产的有关单据、凭证和有关资料。

(6)经县以上税务局(分局)局长批准,凭全国统一格式的检查存款账户许可证明,查询从事生产经营的纳税人、扣缴义务人在银行或其他金融机构的存款账户。税务机关在调查税收违法案件时,经设区的市、自治州以上税务局(分局)局长批准,可以查询案件涉嫌人员的储蓄存款。税务机关查询所获得的资料,不得用于税收以外的用途。

(7)税务机关对从事生产经营的纳税人以前纳税期的纳税情况依法进行税务检查时,发现纳税人有逃避纳税义务行为,并有明显的转移、隐匿其应纳税的商品、货物以及其他财产或应纳税的收入的迹象的,可以按照法律规定的批准权限采取税收保全措施或强制执行措施。

(8)税务机关依法进行税务检查时,有权向有关单位和个人调查纳税人、扣缴义务人和其他当事人与纳税或代扣代缴、代收代缴税款有关的情况,有关单位和个人有义务向税务机关如实提供有关资料及证明材料。税务机关调查税务违法案件时,对与案件有关的情况和资料,可以记录、录音、录像、照相和复制。

(二)纳税人、扣缴义务人的权责

纳税人、扣缴义务人必须接受税务机关依法进行的税务检查,如实反映情况,提供有关资料,不得拒绝、隐瞒。

任务五 法律责任

法律责任是违法主体因其违法行为所应承担的法律后果。在税收法律关系中,违法主体所需承担的责任主要是行政责任和刑事责任。行政责任是由税务机关对违反税法行为所追究的法律责任;刑事责任是由国家司法机关对触犯刑律的违反税法行为所追究的法律责任。按照主体的不同,法律责任可分为纳税主体的法律责任和征税主体的法律责任。

一、一般税收法律责任

(一)纳税人违反税法行为的法律责任

1. 纳税人违反税收管理行为的法律责任

(1)纳税人不办理税务登记的,由税务机关责令限期改正;逾期不改正的,经税务机关提请,由市场监督管理机关吊销其营业执照。

纳税人、扣缴义务人违反《税收征管法》的规定,拒不接受税务机关处理的,税务机关可以收缴

其发票或者停止向其发售发票。

(2)纳税人有下列行为之一的,由税务机关责令限期改正,可以处2 000元以下的罚款;情节严重的,处2 000元以上10 000元以下的罚款:

①未按照规定的期限申报办理税务变更或者注销登记的;
②未按照规定设置、保管账簿或者保管记账凭证和有关资料的;
③未按照规定将财务会计制度或者财务会计处理办法和会计核算软件送交税务机关备查的;
④未按照规定将其全部银行账号向税务机关报告的;
⑤未按照规定安装、使用税控装置,或者损毁或者擅自改动税控装置的。

纳税人未按照规定使用税务登记证件,或者转借、涂改、损毁、买卖、伪造税务登记证件的,处2 000元以上10 000元以下的罚款;情节严重的,处10 000元以上50 000元以下的罚款。

(3)扣缴义务人未按照规定设置、保管代扣代缴、代收代缴税款账簿或者保管代扣代缴、代收代缴税款记账凭证及有关资料的,由税务机关责令限期改正,可以处2 000元以下的罚款;情节严重的,处2 000元以上5 000元以下的罚款。

税务人员徇私舞弊或者玩忽职守,违反规定为纳税人办理税务登记相关手续,或者滥用职权,故意刁难纳税人、扣缴义务人的,调离工作岗位,并依法给予行政处分。

2. 纳税人违反纳税申报规定行为的法律责任

纳税人未按照规定的期限办理纳税申报和报送纳税资料的,或者扣缴义务人未按照规定的期限向税务机关报送代扣代缴、代收代缴税款报告表和有关资料的,由税务机关责令限期改正,可以处2 000元以下的罚款;情节严重的,可以处2 000元以上10 000元以下的罚款。

扣缴义务人应扣未扣、应收而不收税款的,由税务机关向纳税人追缴税款,对扣缴义务人处应扣未扣、应收未收税款50%以上3倍以下的罚款。

3. 纳税人偷税的法律责任

纳税人伪造、变造、隐匿、擅自销毁账簿、记账凭证,或者在账簿上多列支出或者不列、少列收入,或者经税务机关通知申报而拒不申报或者进行虚假纳税申报,不缴或者少缴应纳税款的,是偷税。对纳税人偷税的,由税务机关追缴其不缴或者少缴的税款、滞纳金,并处不缴或者少缴的税款50%以上5倍以下的罚款;构成犯罪的,依法追究刑事责任。

扣缴义务人采取以上所列手段,不缴或者少缴已扣、已收税款,由税务机关追缴其不缴或者少缴的税款、滞纳金,并处不缴或者少缴的税款50%以上下5倍以下的罚款;构成犯罪的,依法追究刑事责任。

纳税人、扣缴义务人编造虚假计税依据的,由税务机关责令限期改正,并处50 000元以下的罚款。

纳税人不进行纳税申报,不缴或者少缴应纳税款的,由税务机关追缴其不缴或者少缴的税款、滞纳金,并处不缴或者少缴的税款50%以上5倍以下的罚款。

4. 纳税人逃避税务机关追缴欠税行为的法律责任

纳税人欠缴应纳税款,采取转移或者隐匿财产等手段,妨碍税务机关追缴欠缴的税款的,由税务机关追缴欠缴的税款、滞纳金,并处欠缴税款50%以上5倍以下的罚款;构成犯罪的,依法追究刑事责任。

5. 纳税人骗取出口退税行为的法律责任

以假报出口或者其他欺骗手段,骗取国家出口退税款的,由税务机关追缴其骗取的退税款,并处骗取税款1倍以上5倍以下的罚款;构成犯罪的,依法追究刑事责任。

对骗取国家出口退税款的,税务机关可以在规定期间内停止为其办理出口退税。

6. 纳税人抗税行为的法律责任

以暴力、威胁方法拒不缴纳税款的,是抗税,除由税务机关追缴其拒缴的税款、滞纳金外,依法追究刑事责任。情节轻微,未构成犯罪的,由税务机关追缴其拒缴的税款、滞纳金,并处拒缴税款1倍以上5倍以下的罚款。

纳税人、扣缴义务人在规定期限内不缴或者少缴应纳或者应解缴的税款,经税务机关责令限期缴纳,逾期仍未缴纳的,税务机关除采取强制执行措施追缴其不缴或者少缴的税款外,可以处不缴或者少缴的税款50%以上5倍以下的罚款。

纳税人、扣缴义务人逃避、拒绝或者以其他方式阻挠税务机关检查的,由税务机关责令改正,可以处10 000元以下的罚款;情节严重的,处10 000元以上50 000元以下的罚款。

(二)税务代理人违反税法行为的法律责任

税务代理人超越代理权限,违反税收法律、行政法规,造成纳税人未缴或者少缴税款的,除由纳税人缴纳或者补缴应纳税款、滞纳金外,对税务代理人处以2 000元以下的罚款。

二、违反税法的刑事责任

(一)逃避缴纳税款罪

纳税人采取欺骗、隐瞒手段进行虚假纳税申报或者不申报,逃避缴纳税款数额较大并且占应纳税额10%以上的,构成逃避缴纳税款罪。对犯本罪的,由税务机关追缴其拒缴的税款、滞纳金,处3年以下有期徒刑或者拘役,并处罚金;数额巨大并且占应纳税额30%以上的,处3年以上7年以下有期徒刑,并处罚金。

扣缴义务人采取前款所列手段,不缴或者少缴已扣、已收税款,数额较大的,依照前款的规定处罚。

对多次实施前两款行为,未经处理的,按照累计数额计算。

有第一种行为,经税务机关依法下达追缴通知后,补缴应纳税款,缴纳滞纳金,已受行政处罚的,不予追究刑事责任,但是,5年内因逃避缴纳税款受过刑事处罚或者被税务机关给予两次以上行政处罚的除外。

单位犯本罪的,对单位判处罚金,并对直接负责的主管人员和其他直接责任人员依照上述规定处罚。

(二)抗税罪

抗税罪是指纳税义务人、扣缴义务人以暴力、威胁手段拒不缴纳税款的行为。抗税罪犯罪客体是复杂客体,既侵犯了国家税收管理法律制度,又侵犯了他人的人身权利。客观方面表现为使用暴力、威胁手段达到其拒不缴纳税款的目的。该罪犯罪主体是法律规定有纳税义务的人和扣缴义务人,企事业单位不能成为抗税罪主体。

逃避缴纳税款罪与抗税罪的区别有以下几点:一是主体不同,逃避缴纳税款罪的主体为个人和单位,而抗税罪的主体为个人。二是侵犯客体不同,逃避缴纳税款罪侵犯的是国家税收管理秩序,而抗税罪侵犯的是复杂客体,既侵犯了国家税收管理秩序,又侵犯了他人的人身权利。三是客观表现不同,逃避缴纳税款罪表现为采取虚假手段,欺骗税务机关,使其认为已全部缴纳税款;抗税罪则是在税务机关在向其依法征税时使用暴力、威胁手段拒不缴纳税款。

抗税罪处3年以下有期徒刑或者拘役,并处拒缴税款1倍以上5倍以下罚金;情节严重的,处3年以上7年以下有期徒刑,并处拒缴税款1倍以上5倍以下罚金。

以暴力方法抗税,致人重伤或者死亡,构成伤害罪或杀人罪的,依法律规定,应择一重罪处罚。

(三)逃避追缴欠税款罪

逃避追缴欠税款罪是指纳税人采取转移或者隐匿财产等手段,使税务机关无法追缴纳税人所欠缴的税款,数额在1万元以上的行为。

逃避追缴欠税款罪与逃避缴纳税款罪的区分:逃避缴纳税款罪是指纳税人采取非法手段,向税务机关隐匿其应纳税数额,使税务机关不知其应纳税额;逃避追缴欠税款罪则是纳税人欠缴税款已被税务机关掌握,纳税人也承认,但隐瞒其纳税能力,并转移、隐匿财产,致使税务机关客观上无法追缴其欠税款。

逃避追缴欠税款使税务机关无法追缴欠缴的税款数额在1万元以上不满10万元的,处3年以下有期徒刑或者拘役,并处或单处欠缴税款1倍以上5倍以下罚金;数额在10万元以上的,处3年以上7年以下有期徒刑,并处欠缴税款1倍以上5倍以下罚金。

单位犯本罪的,对单位判处罚金,并对其直接负责的主管人员和其他直接责任人员依照上述规定处罚。

被判处罚金的,在执行前,应当先由税务机关追缴税款。

(四)骗取出口退税罪

骗取出口退税罪是指以假报出口或者其他欺骗手段骗取国家出口退税款,数额较大的行为。以假报出口或者其他欺骗手段,骗取国家出口退税款,数额较大的,处5年以下有期徒刑或者拘役,并处骗取税款1倍以上5倍以下罚金;数额巨大或者有其他严重情节的,处5年以上10年以下有期徒刑,并处骗取税款1倍以上5倍以下罚金;数额特别巨大或者有其他特别严重情节的,处10年以上有期徒刑或者无期徒刑,并处骗取税款1倍以上5倍以下罚金或者没收财产。

纳税人缴纳税款后,采取上述欺骗方法,骗取所缴纳的税款的,依照《刑法》第二百零一条的规定构成逃避缴纳税款罪的,按逃避缴纳税款罪处罚;骗取税款超过所缴纳的税款部分,依照本罪的规定处罚。

单位犯本罪的,对单位判处罚金,并对其直接负责的主管人员和其他直接责任人员依照上述规定处罚。

被判处罚金、没收财产的,在执行前,应当先由税务机关追缴其所骗取的出口退税款。

(五)虚开增值税专用发票,用于骗取出口退税、抵扣税款发票罪

虚开增值税专用发票,用于骗取出口退税、抵扣税款发票罪是指虚开增值税专用发票或者虚开用于骗取出口退税、抵扣税款的其他发票的行为。有为他人虚开、为自己虚开、让他人为自己虚开、介绍他人虚开上述专用发票行为之一的,即构成虚开增值税专用发票,用于骗取出口退税、抵扣税款发票罪。

虚开增值税专用发票或者虚开用于骗取出口退税、抵扣税款的其他发票的,处3年以下有期徒刑或者拘役,并处2万元以上20万元以下罚金;虚开的税款数额较大或者有其他严重情节的,处3年以上10年以下有期徒刑,并处5万元以上50万元以下罚金;虚开的税款数额巨大或者有其他特别严重情节的,处10年以上有期徒刑或者无期徒刑,并处5万元以上50万元以下罚金或者没收财产。

有上述行为骗取国家税款,数额特别巨大,情节特别严重,给国家利益造成特别重大损失的,处无期徒刑或者死刑,并处没收财产。

单位犯本罪的,对单位判处罚金,并对其直接负责的主管人员和其他直接责任人员,处3年以下有期徒刑或者拘役;虚开的税款数额较大或者有其他严重情节的,处3年以上10年以下有期徒刑;虚开的税款数额巨大或者有其他特别严重情节的,处10年以上有期徒刑或者无期徒刑。

被判处罚金、没收财产的,在执行前,应当先由税务机关追缴税款和所骗取的出口退税款。

(六)伪造、出售伪造的增值税专用发票罪

伪造、出售伪造的增值税专用发票罪是指违反国家发票管理法规,仿照增值税专用发票的内容、纸张、形状、图案等样式,使用各种方法,非法制造假增值税专用发票,冒充真发票,或者出售伪造的增值税专用发票的行为。

伪造或者出售伪造的增值税专用发票的,处3年以下有期徒刑、拘役或者管制,并处2万元以上20万元以下罚金;数额较大或者有其他严重情节的,处3年以上10年以下有期徒刑,并处5万元以上50万元以下罚金;数额巨大或者有其他特别严重情节的,处10年以上有期徒刑或者无期徒刑,并处5万元以上50万元以下罚金或者没收财产。

伪造并出售伪造的增值税专用发票,数额特别巨大,情节特别严重,严重破坏经济秩序的,处无期徒刑或者死刑,并处没收财产。

单位犯本罪的,对单位判处罚金,并对其直接负责的主管人员和其他直接责任人员,处3年以下有期徒刑、拘役或者管制;数量较大或者有其他严重情节的,处3年以上10年以下有期徒刑;数量巨大或者有其他特别严重情节的,处10年以上有期徒刑或者无期徒刑。

(七)非法出售增值税专用发票罪

非法出售增值税专用发票罪是指违反国家发票管理法规,非法出售增值税专用发票的行为。非法出售增值税专用发票的,处3年以下有期徒刑、拘役或者管制,并处2万元以上20万元以下罚金;数额较大的,处3年以上10年以下有期徒刑,并处5万元以上50万元以下罚金;数额巨大的,处10年以上有期徒刑或者无期徒刑,并处5万元以上50万元以下罚金或者没收财产。

单位犯本罪的,对单位判处罚金,并对其直接负责的主管人员和其他直接责任人员按上述规定处罚。

(八)非法购买增值税专用发票、购买伪造的增值税专用发票罪

非法购买增值税专用发票、购买伪造的增值税专用发票罪是指违反发票管理法规,非法购买增值税专用发票或者购买伪造的增值税专用发票的行为。

非法购买增值税专用发票或者购买伪造的增值税专用发票的,处5年以下有期徒刑或者拘役,并处或者单处2万元以上20万元以下罚金。

单位犯本罪的,对单位判处罚金,并对其直接负责的主管人员和其他直接责任人员按上述规定处罚。

非法购买增值税专用发票或者购买伪造的增值税专用发票又虚开或者出售的,分别依照《刑法》第二百零五条、第二百零六条、第二百零七条的规定定罪处罚。

(九)非法制造、出售非法制造的用于骗取出口退税、抵扣税款发票罪

非法制造、出售非法制造的用于骗取出口退税、抵扣税款发票罪是指伪造、擅自制造或者出售伪造、擅自制造的可以用于骗取出口退税、抵扣税款的其他发票的行为。其他发票特指除增值税专用发票以外的发票,具有与增值税专用发票相同功能的,可以用于骗取出口退税、抵扣税款的发票。

伪造、擅自制造或者出售伪造、擅自制造的可以用于骗取出口退税、抵扣税款的其他发票的,处3年以下有期徒刑、拘役或者管制,并处2万元以上20万元以下罚金;数额较大的,处3年以上7年以下有期徒刑,并处5万元以上50万元以下罚金;数额特别巨大的,处7年以上有期徒刑,并处5万元以上50万元以下罚金或者没收财产。

单位犯有本罪的,对单位判处罚金,并对其直接负责的主管人员和其他直接责任人员依照上述规定处罚。

(十)非法制造、出售非法制造的发票罪

非法制造、出售非法制造的发票罪是指伪造、擅自制造或者出售伪造、擅自制造其他发票的

行为。

伪造、擅自制造或者出售伪造、擅自制造其他发票的,处2年以下有期徒刑、拘役或者管制,并处或者单处1万元以上5万元以下罚金;情节严重的,处2年以上7年以下有期徒刑,并处5万元以上50万元以下罚金。

单位犯有本罪的,对单位判处罚金,并对其直接负责的主管人员和其他直接责任人员依照上述规定处罚。

(十一)非法出售用于骗取出口退税、抵扣税款发票罪

非法出售用于骗取出口退税、抵扣税款发票罪是指非法出售可以用于骗取出口退税、抵扣税款的其他发票的行为。

根据《刑法》第二百零九条第三款的规定,非法出售可以用于骗取出口退税、抵扣税款的其他发票的,处3年以下有期徒刑、拘役或者管制,并处2万元以上20万元以下罚金;数额巨大的,处3年以上7年以下有期徒刑,并处5万元以上50万元以下罚金;数额特别巨大的,处7年以上有期徒刑,并处5万元以上50万元以下罚金或者没收财产。

单位犯有本罪的,对单位判处罚金,并对其直接负责的主管人员和其他直接责任人员依照上述规定处罚。

(十二)非法出售发票罪

非法出售《刑法》第二百零九条第三款规定以外的其他发票的,处2年以下有期徒刑、拘役或者管制,并处或者单处1万元以上5万元以下罚金;情节严重的,处2年以上7年以下有期徒刑,并处5万元以上50万元以下罚金。

单位犯有本罪的,对单位判处罚金,并对其直接负责的主管人员和其他直接责任人员依照上述规定处罚。

盗窃增值税专用发票或者可以用于骗取出口退税、抵扣税款的其他发票的,按盗窃罪处罚;使用欺骗手段骗取增值税专用发票或者可以用于骗取出口退税、抵扣税款的其他发票的,按诈骗罪处罚。

另外,《刑法》对税务机关工作人员职务犯罪也作了规定。税务机关的工作人员徇私舞弊,不征或者少征应征税款,致使国家税收遭受重大损失的,处5年以下有期徒刑或者拘役;造成特别重大损失的,处5年以上有期徒刑。税务机关的工作人员违反法律、行政法规的规定,在办理发售发票、抵扣税款、出口退税工作中,徇私舞弊,致使国家利益遭受重大损失的,处5年以下有期徒刑或者拘役;致使国家利益遭受特别重大损失的,处5年以上有期徒刑。

任务六 纳税管理

一、纳税申报

纳税申报是纳税人按照税法规定,就定期计算缴纳税款的有关事项向税务机关提交书面报告的法定手续。实行申报纳税制度有利于明确征纳双方的法律责任,强化纳税人的纳税意识,促使纳税人依法纳税。

(一)纳税申报的对象

一切负有纳税义务以及扣缴义务的单位和个人,都是办理纳税申报的对象。

依法负有纳税义务的单位和个人,包括从事生产经营活动负有纳税义务的企业、事业单位、其他组织和个人;临时取得应税收入或发生应税行为,以及其他不从事生产经营活动但依照税法规定

负有纳税义务的单位和个人。

【提示】纳税人在纳税期内没有应纳税款的,也应按照规定办理纳税申报。

【注意】纳税人享有减免税待遇的,在减免税期间应按照规定办理纳税申报。

(二)纳税申报的内容

为了全面反映纳税人一定时期内的生产经营活动,纳税人在进行纳税申报时,要报送以下资料:纳税申报表、代扣代缴或代收代缴税款报告表、财务会计报表以及税务机关根据实际需要要求纳税人或扣缴义务人报送的其他资料。

我国各税种都有相应的纳税申报表,实行税源控制的税种还有由扣缴义务人填报的代扣代缴或代收代缴税款报告表。不同税种的纳税申报表格式各不相同,但申报的主要内容基本相同,一般包括纳税人名称、税款所属期限、税种、税目、应纳税项目、适用税率或单位税额、计税依据、应纳税额等。代扣代缴或代收代缴税款报告表的内容一般包括纳税人名称、代扣代收税款所属期限、应代扣代收税款项目、适用税率、计税依据、应代扣代收税款以及税务机关规定的其他应申报的项目。

(三)纳税申报的方式

1. 直接申报

直接申报即上门申报,是指纳税人、扣缴义务人在规定的申报期内,直接到税务机关办理纳税申报或税款扣缴申报。该方式是我国目前最主要的纳税申报方式。

2. 电子申报

电子申报,即数据电文申报,是指纳税人、扣缴义务人通过税务机关确定的电话语音、电子数据交换和网络传输等电子方式向主管税务机关办理纳税申报或税款扣缴申报。电子申报的日期以税务机关计算机网络系统收到该数据电文的时间为准。该方式是我国当前重点推广的纳税申报方式。

【提示】采用电子申报方式,必须有相对固定的计算机操作人员,并且在进行网上申报前,应向主管税务机关受理部门提出申请,附送网上申报操作人员的身份证复印件一份,办理电子签名、电子印章以及用户注册。纳税人采用电子申报的,还必须将与电子申报数据相同的纳税申报资料定期书面报送主管税务机关,或按税务机关的要求保存。

3. 邮寄申报

邮寄申报是指纳税人、扣缴义务人经税务机关批准,在规定的申报期限内,通过邮寄的方式向主管税务机关办理纳税申报或税款扣缴申报。邮寄申报应使用统一的纳税申报专用信封,以邮政部门的收据作为申报凭据,以寄出的邮戳日期作为实际申报日期。该申报方式主要适用于到税务机关申报有困难、电子申报不具备条件的纳税人或扣缴义务人。

4. 简易申报、简并征期

实行定期定额缴纳税款的纳税人,经税务机关批准,可以实行简易申报或简并征期等方式申报纳税。①简易申报是指纳税人按照税务机关核定的税额按期缴纳税款,以税务机关开具的完税凭证代替纳税申报。②简并征期是指纳税人按照税务机关核定的税额,采取将纳税期合并为按季、半年或年的方式缴纳税款的纳税申报方式。

【学中做 9—1】 某企业按照规定享受 3 年内免纳企业所得税的优惠待遇。当税务局要求该企业进行纳税申报时,会计小李认为,既然本企业享受免税待遇,就不用办理企业所得税纳税申报了。

要求:分析小李的看法是否正确。

解析:小李的看法不正确。根据税收征收管理法律制度的规定,纳税人享受减税、免税待遇的,在减税、免税期间仍应当按照规定办理纳税申报。法律作这样的规定,既有助于提高国民的纳税意识,也有利于税务机关及时掌握、分析税源情况。

二、纳税担保

纳税担保是指经税务机关同意或确认,纳税人或其他自然人、法人、经济组织以保证、抵押、质押的方式,为纳税人应当缴纳的税款及滞纳金提供担保的行为。

(一)纳税保证人

纳税保证人是指在中国境内具有担保能力的自然人、法人或者其他经济组织。

【注意】国家机关、学校、幼儿园、医院等事业单位、社会团体不得作为纳税保证人。

企业法人的职能部门不得作为纳税保证人。企业法人的分支机构有法人书面授权的,可以在授权范围内提供纳税担保。

有以下情形之一的,不得作为纳税保证人:①有偷税、抗税、骗税、逃避追缴欠税行为被税务机关、司法机关追究过法律责任未满2年的;②因有税收违法行为正在被税务机关立案处理或涉嫌刑事犯罪被司法机关立案侦查的;③纳税信誉等级被评为C级以下的;④在主管税务机关所在地的市(地、州)没有住所的自然人或税务登记不在本市(地、州)的企业;⑤民事行为能力或限制民事行为能力的自然人;⑥纳税人存在担保关联关系的;⑦有欠税行为的。

(二)纳税担保的范围

纳税担保的范围包括税款、滞纳金和实现税款、滞纳金的费用。费用包括抵押、质押登记费用,质押保管费用,以及保管、拍卖、变卖担保财产等相关费用支出。

用于纳税担保的财产、权利的价值不得低于应当缴纳的税款、滞纳金,并考虑相关的费用。纳税担保的财产价值不足以抵缴税款、滞纳金的,税务机关应当向提供担保的纳税人或纳税担保人继续追缴。

纳税人有下列情况之一的,适用纳税担保:①税务机关有根据认为从事生产、经营的纳税人有逃避纳税义务行为,在规定的纳税期之前经责令其限期缴纳应纳税款,在限期内发现纳税人有明显的转移、隐匿其应纳税的商品、货物以及其他财产或者应纳税收入的迹象,责成纳税人提供纳税担保的;②欠缴税款、滞纳金的纳税人或者其法定代表人需要出境的;③纳税人同税务机关在纳税上发生争议而未缴清税款,需要申请行政复议的;④税收法律、行政法规规定可以提供纳税担保的其他情形。

(三)纳税保证

纳税保证是指纳税保证人向税务机关保证,当纳税人未按照税收法律、行政法规的规定或者税务机关确定的期限缴清税款、滞纳金时,由纳税保证人按照约定履行缴纳税款及滞纳金的行为。税务机关认可的,保证成立;税务机关不认可的,保证不成立。

纳税担保书须经纳税人、纳税保证人签字盖章并经税务机关签字盖章同意方为有效。纳税担保从税务机关在纳税担保书上签字盖章之日起生效。

保证期间为纳税人应缴纳税款期限届满之日起60日内,即税务机关自纳税人应缴纳税款的期限届满之日起60日内有权要求纳税保证人承担保证责任,缴纳税款、滞纳金。

履行保证责任的期限为15日,即纳税保证人应当自收到税务机关的纳税通知书之日起15日内履行保证责任,缴纳税款及滞纳金。

(四)纳税抵押

纳税抵押是指纳税人或纳税担保人不转移可抵押财产的占有,将该财产作为税款及滞纳金的担保。纳税人逾期未缴清税款及滞纳金的,税务机关有权依法处置该财产以抵缴税款及滞纳金。

可以抵押的财产包括:①抵押人所有的房屋和其他地上定着物;②抵押人所有的机器、交通运输工具和其他财产;③抵押人依法有权处分的国有的房屋和其他地上定着物;④抵押人依法有权处分的国有的机器、交通运输工具和其他财产;⑤经设区的市、自治州以上税务机关确认的其他可以抵押的合法财产。

以依法取得的国有土地上的房屋抵押的,该房屋占用范围内的国有土地使用权同时抵押。以乡(镇)、村企业的厂房等建筑物抵押的,其占用范围内的土地使用权同时抵押。

不得抵押的财产有:①土地所有权。②土地使用权,上述抵押范围规定的除外。③学校、幼儿园、医院等以公益为目的的事业单位、社会团体、民办非企业单位的教育设施、医疗卫生设施和其他社会公益设施。学校、幼儿园、医院等以公益为目的的事业单位、社会团体,可以其教育设施、医疗卫生设施和其他社会公益设施以外的财产为其应缴纳的税款及滞纳金提供抵押。④所有权、使用权不明或者有争议的财产。⑤依法被查封、扣押、监管的财产。⑥依法定程序确认为违法、违章的建筑物。⑦法律、行政法规规定禁止流通的财产或者不可转让的财产。⑧经设区的市、自治州以上税务机关确认的其他不予抵押的财产。

(五)纳税质押

纳税质押是指经税务机关同意,纳税人或纳税担保人将其动产或权利凭证移交税务机关占有,将该动产或权利凭证作为税款及滞纳金的担保。纳税人逾期未缴清税款及滞纳金的,税务机关有权依法处置该动产或权利凭证以抵缴税款及滞纳金。纳税质押分为动产质押和权利质押。

三、纳税信用管理

纳税信用管理是指税务机关对纳税人的纳税信用信息开展的采集、评价、确定、发布和应用等活动,适用于已办理税务登记,从事生产、经营并适用查账征收的企业纳税人(以下简称纳税人)。

(一)纳税信用信息采集

纳税信用信息采集是指税务机关对纳税人纳税信用信息的记录和收集。纳税信用信息包括纳税人信用历史信息、税务内部信息、外部信息。

纳税人信用历史信息包括基本信息和评价年度之前的纳税信用记录,以及相关部门评定的优良信用记录和不良信用记录。基本信息由税务机关从税务管理系统中采集,税务管理系统中暂缺的信息由税务机关通过纳税人申报采集;评价年度之前的纳税信用记录,以及相关部门评定的优良信用记录和不良信用记录,从税收管理记录、国家统一信用信息平台等渠道中采集。

税务内部信息包括经常性指标信息和非经常性指标信息。经常性指标信息是指涉税申报信息、税(费)款缴纳信息、发票与税控器具信息、登记与账簿信息等纳税人在评价年度内经常产生的指标信息;非经常性指标信息是指税务检查信息等纳税人在评价年度内不经常产生的指标信息。它从税务管理系统中采集。

外部信息包括外部参考信息和外部评价信息。外部参考信息包括评价年度相关部门评定的优良信用记录和不良信用记录;外部评价信息是指从相关部门取得的影响纳税人纳税信用评价的指标信息。外部信息主要通过税务管理系统、国家统一信用信息平台、相关部门官方网站、新闻媒体或者媒介等渠道采集。通过新闻媒体或者媒介采集的信息应核实后使用。

(二)纳税信用评估

纳税信用评估采取年度评价指标得分和直接判级方式。评价指标包括税务内部信息和外部评价信息。

年度评价指标得分采取扣分方式。纳税人评价年度内经常性指标和非经常性指标信息齐全的,从100分起评;非经常性指标缺失的,从90分起评。

直接判级适用于有严重失信行为的纳税人。

纳税信用级别设 A、B、C、D 四级。A 级纳税信用为年度评价指标得分 90 分以上的；B 级纳税信用为年度评价指标得分 70 分以上、不满 90 分的；C 级纳税信用为年度评价指标得分 40 分以上、不满 70 分的；D 级纳税信用为年度评价指标得分不满 40 分或者直接判级确定的。

税务机关每年 4 月确定上一年度纳税信用评价结果，并为纳税人提供自我查询服务。

纳税人对纳税信用评价结果有异议的，可以书面向作出评价的税务机关申请复评。税务机关对纳税人的纳税信用级别实行动态调整。

纳税人信用评价状态变化时，税务机关可采取适当方式通知、提醒纳税人。

（三）纳税信用评价结果的应用

税务机关按照守信激励、失信惩戒的原则，对不同信用级别的纳税人实施分类服务和管理。

对纳税信用评价为 A 级的纳税人，税务机关予以下列激励措施：①主动向社会公告年度 A 级纳税人名单；②一般纳税人可单次领取 3 个月的增值税发票用量，需要调整增值税发票用量时即时办理；③普通发票按需领用；④连续 3 年被评为 A 级信用级别（简称 3 连 A）的纳税人，除享受以上措施外，还可以由税务机关提供绿色通道或专门人员帮助其办理涉税事项。

对纳税信用评价为 B 级的纳税人，税务机关实施正常管理，适时进行税收政策和管理规定的辅导，并视其信用评价状态变化趋势选择性地采取纳税信用 A 级纳税人适用的激励措施。

对纳税信用评价为 C 级的纳税人，税务机关应依法从严管理，并视信用评价状态变化趋势选择性地采取纳税信用 D 级纳税人适用的管理措施。

对纳税信用评价为 D 级的纳税人，税务机关应采取以下措施：①公开 D 级纳税人及其直接责任人员名单，对直接责任人员注册登记或者负责经营的其他纳税人纳税信用直接判为 D 级；②增值税专用发票领用按辅导期一般纳税人政策办理，普通发票的领用实行交（验）旧供新、严格限量供应；③加强出口退税审核；④加强纳税评估，严格审核报送的各种资料；⑤列入重点监控对象，提高监督检查频次，发现税收违法违规行为的，不得适用规定处罚幅度内的最低标准；⑥将纳税信用评价结果通报相关部门，建议在经营、投融资、取得政府供应土地、进出口、出入境、注册新公司、工程招投标、政府采购、获得荣誉、安全许可、生产许可、从业任职资格、资质审核等方面予以限制或禁止；⑦D 级评价保留 2 年，第三年纳税信用不得评价为 A 级；⑧税务机关与相关部门实施联合惩戒措施，结合实际情况依法采取其他严格管理措施。

四、重大税收违法失信主体

"重大税收违法失信主体"（以下简称失信主体）是指有下列情形之一的纳税人、扣缴义务人或者其他涉税当事人（以下简称当事人）：

(1) 伪造、变造、隐匿、擅自销毁账簿、记账凭证，或者在账簿上多列支出或者不列、少列收入，或者经税务机关通知申报而拒不申报或者进行虚假的纳税申报，不缴或者少缴应纳税款 100 万元以上，且任一年度不缴或者少缴应纳税款占当年各税种应纳税总额 10% 以上的，或者采取前述手段，不缴或者少缴已扣、已收税款，数额在 100 万元以上的；

(2) 欠缴应纳税款，采取转移或者隐匿财产的手段，妨碍税务机关追缴欠缴的税款，欠缴税款金额 100 万元以上的；

(3) 骗取国家出口退税款的；

(4) 以暴力、威胁方法拒不缴纳税款的；

(5)虚开增值税专用发票或者虚开用于骗取出口退税、抵扣税款的其他发票的;

(6)虚开增值税普通发票100份以上或者金额400万元以上的;

(7)私自印制、伪造、变造发票,非法制造发票防伪专用品,伪造发票监制章的;

(8)具有偷税、逃避追缴欠税、骗取出口退税、抗税、虚开发票等行为,在稽查案件执行完毕前,不履行税收义务并脱离税务机关监管,经税务机关检查确认走逃(失联)的;

(9)为纳税人、扣缴义务人非法提供银行账户、发票、证明或者其他方便,导致未缴、少缴税款100万元以上或骗取国家出口退税款的;

(10)税务代理人违反税收法律、行政法规造成纳税人未缴或者少缴税款100万元以上的;

(11)其他性质恶劣、情节严重、社会危害性较大的税收违法行为。

税务机关对当事人依法作出《税务行政处罚决定书》,当事人在法定期限内未申请行政复议、未提起行政诉讼,或者申请行政复议,行政复议机关作出行政复议决定后,在法定期限内未提起行政诉讼,或者人民法院对税务行政处罚决定或行政复议决定作出生效判决、裁定后,有上述(1)~(11)情形之一的,税务机关确定其为失信主体。

税务机关应当在作出确定失信主体决定前向当事人送达告知文书,告知其依法享有陈述、申辩的权利。告知文书应当包括以下内容:①当事人姓名或者名称、有效身份证件号码或者统一社会信用代码、地址。没有统一社会信用代码的,以税务机关赋予的纳税人识别号代替。②拟确定为失信主体的事由、依据。③拟向社会公布的失信信息。④拟通知相关部门采取失信惩戒措施提示。⑤当事人依法享有的相关权利。⑥其他相关事项。

【注意】对纳入纳税信用评价范围的当事人,还应当告知其拟适用D级纳税人管理措施。

失信主体确定文书应当包括以下内容:①当事人姓名或者名称、有效身份证件号码或者统一社会信用代码、地址。没有统一社会信用代码的,以税务机关赋予的纳税人识别号代替。②确定为失信主体的事由、依据。③向社会公布的失信信息提示。④相关部门采取失信惩戒措施提示。⑤当事人依法享有的相关权利。⑥其他相关事项。

税务机关应当在失信主体确定文书送达后的次月15日内,向社会公布下列信息:①失信主体基本情况;②失信主体的主要税收违法事实;③税务处理、税务行政处罚决定及法律依据;④确定失信主体的税务机关;⑤法律、行政法规规定应当公布的其他信息。

【提示】对依法确定为国家秘密的信息,法律、行政法规禁止公开的信息,以及公开后可能危及国家安全、公共安全、经济安全、社会稳定的信息,税务机关不予公开。

失信信息公布期间,符合下列条件之一的,失信主体或者其破产管理人可以向作出确定失信主体决定的税务机关申请提前停止公布失信信息:①按照《税务处理决定书》《税务行政处罚决定书》缴清(退)税款、滞纳金、罚款,且失信主体失信信息公布满6个月的;②失信主体破产,人民法院出具批准重整计划或认可和解协议的裁定书,税务机关依法受偿的;③在发生重大自然灾害、公共卫生、社会安全等突发事件期间,因参与应急抢险救灾、疫情防控、重大项目建设或者履行社会责任作出突出贡献的。

失信主体有下列情形之一的,不予提前停止公布:①被确定为失信主体后,因发生偷税、逃避追缴欠税、骗取出口退税、抗税、虚开发票等税收违法行为受到税务处理或者行政处罚的;②5年内被确定为失信主体两次以上的。

应知考核

一、单项选择题

1. 根据税收征收管理法律制度相关规定，下列各项中，不属于征税主体权利的是（　　）。
   A. 税务管理　　　　　　　　　　B. 税务检查
   C. 税款征收　　　　　　　　　　D. 宣传税收法律、行政法规
2. 根据税收征收管理法律制度相关规定，下列各项中，属于纳税主体义务的是（　　）。
   A. 申请退还多缴税款　　　　　　B. 宣传税收法律、行政法规
   C. 按期如实办理纳税申报　　　　D. 税款征收
3. 停业、复业登记是针对（　　）征收方式下的纳税人进行的。
   A. 查账征收　　B. 查定征收　　C. 查验征收　　D. 定期定额
4. 根据税收征收管理法律制度相关规定，会计账簿、会计报表、记账凭证、完税凭证及其他涉税资料应当保存（　　）。
   A. 3 年　　　　B. 5 年　　　　C. 10 年　　　　D. 20 年
5. 根据税收征收管理法律制度相关规定，已开具的发票存根联和发票登记簿应当保存（　　）。
   A. 3 年　　　　B. 5 年　　　　C. 10 年　　　　D. 20 年

二、多项选择题

1. 根据税收征收管理法律制度相关规定，下列各项中，属于税收法律关系主体的有（　　）。
   A. 征税对象　　B. 纳税人　　　C. 海关　　　　D. 税务机关
2. 下列各项中，属于税务机关权利的有（　　）。
   A. 税务管理权　　　　　　　　　B. 税款征收权
   C. 税务检查权　　　　　　　　　D. 税收法律、法规和规章的知情权
3. 任何单位和个人不得有下列（　　）行为。
   A. 为他人开具与实际经营业务情况不符的发票
   B. 为自己开具与实际经营业务情况不符的发票
   C. 让他人为自己开具与实际经营业务情况不符的发票
   D. 介绍他人开具与实际经营业务情况不符的发票
4. 下列有关发票管理的说法中，正确的有（　　）。
   A. 不得转借、转让发票、发票监制章和发票防伪专用品
   B. 不得拆本使用发票
   C. 不得扩大发票使用范围
   D. 通常发票限于领购单位和个人在本省、自治区、直辖市内开具
5. 纳税信用级别为 A、B、C、D 四级，下面的表述正确的有（　　）。
   A. A 级纳税信用为年度评价指标得分 90 分以上的
   B. B 级纳税信用为年度评价指标得分 70 分以上、不满 90 分的
   C. C 级纳税信用为年度评价指标得分 40 分以上、不满 70 分的
   D. D 级纳税信用为年度评价指标得分不满 40 分或者直接判级确定的

三、判断题

1. 关税的征收管理适用《税收征收管理法》。（　　）
2. 税务人员在核定应纳税额、调整税收定额时，与纳税人存在可能影响公正执法的利害关系的，应当回避。（　　）
3. 企业在外地设立的分支机构，因其不具有法人资格，根据规定可不办理税务登记。（　　）
4. 从事生产经营的纳税人应当自领取营业执照或者发生纳税义务之日起15日之内，按照国家有关规定设置账簿。（　　）
5. 根据规定，发票应由省、自治区、直辖市税务机关确定的企业印制。（　　）

四、简答题

1. 简述税收征收管理的法律关系。
2. 简述税务登记的种类。
3. 简述税款征收的方式。
4. 简述税务机关可以执行的欠税清缴措施。
5. 简述税务检查的形式。

应会考核

■ 观念应用

对免税优惠政策的理解

王某是下岗工人，申请注册一家小商品经营店，按规定享有一年的免税优惠政策。王某认为既然享有免税优惠就不需要办理税务登记。

【考核要求】
(1)王某的观点是否正确？为什么？
(2)王某应办理哪些税务登记？

■ 技能应用

旅游公司的税务登记

某旅游公司2022年9月1日领取营业执照，主要经营范围是提供境内外旅游服务，开发经营景区及射击、游戏机等游艺项目。公司有关经营情况如下：

(1)2022年9月，申报办理了开业税务登记。
(2)10月，持有关资料办理了发票领购手续。
(3)12月，景区正式接待游客，取得的营业收入包括门票、索道、观光电车、景区环保客用车等旅游收入和游艺收入，各项收入实行分别核算。
(4)2023年1月，公司组织了一个境内夕阳红旅游团，该团共有游客30人，每人收取旅游费3 500元，公司为每位游客支付交通费1 000元、住宿费500元、餐费350元、景点门票费600元；当月支付员工工资5 000元、汽油费3 000元、过路费600元。

已知：服务业适用增值税税率为6%，城市维护建设税税率为7%，教育费附加征收率为3%。

【技能要求】
(1)该公司申报办理开业税务登记的最后期限是(　　)。
　A. 2022年9月5日　　　　　　　　B. 2022年9月10日
　C. 2022年9月15日　　　　　　　　D. 2022年9月30日

(2)该公司办理发票领购时,应向税务机关提供的资料是(　　)。
A. 税务登记证件　　　　　　　　B. 经办人员身份证明
C. 法定代表人身份证明　　　　　D. 财务印章或发票专用章印模

(3)关于该公司2022年12月各项收入申报缴纳增值税,下列表述中正确的是(　　)。
A. 门票收入和索道收入按照"服务业——旅游业"申报缴纳
B. 观光电车收入按照"服务业——租赁业"申报缴纳
C. 景区环保客用车收入按照"交通运输业"申报缴纳
D. 游艺收入按照"娱乐业"申报缴纳

(4)该公司2023年1月旅游收入应缴纳的税费金额是(　　)。
A. 增值税1 145元
B. 增值税1 890元
C. 城市维护建设税和教育费附加114.5元
D. 城市维护建设税和教育费附加189元

■ 案例分析

执法行为的过错分析

某年7月4日,某县级税务局甲集贸税务所了解到辖区内经销新鲜水果的个体工商业户李某打算在月末收摊回外地老家,并存在逃避缴纳7月份税款1 000元的可能。李某系定期定额征收业户,依法应于每月10日前缴纳上月税款。7月5日,甲税务所向李某下达了限7月31日前缴纳7月份税款1 000元的通知。7月27日,甲税务所发现李某正联系货车准备将货物运走,于是,当天以该税务所的名义,由所长签发向李某下达了扣押文书,由该所税务人员赵某带领两名协税人员,将李某价值约1 000元的新鲜水果扣押存放在某仓库里。7月31日11时,李某到税务所缴纳了7月份税款1 000元,并要求税务所返还所扣押的水果,因存放水果的仓库的保管员未在,未能当时返还。8月2日,税务所将扣押的水果返还给李某。李某在收到水果后,发现部分水果已经腐烂,损失水果价值约500元。李某向税务所提出赔偿请求,税务所以扣押时未开箱查验为由不予受理。

【分析要求】
税务所的执法行为有哪些过错?请简要说明。

项目实训

【实训项目】
税务征收管理的应用
【实训情境】

税务稽查引发的思考

某市税务稽查局在开展的专项执法检查中,发现甲公司存在以下问题:

(1)甲公司于2022年6月20日领取营业执照,于8月10日接到税务机关通知,责令甲公司于8月15日之前办理税务登记。甲公司认为自己尚未开业,未予理睬。8月22日,主管税务机关提请市场监管机关吊销甲公司的营业执照。无奈,甲公司于8月23日补充完成税务登记手续,被认定为一般纳税人。

(2)由于甲公司一直未经营,经董事长同意,将税务登记证件转借给乙公司使用,被主管税务机关处以0.7万元的罚款。

(3)2022年9月18日,甲公司正式经营,对个人消费者出售产品,并开出增值税专用发票。

(4)2022年10月15日,甲公司准备内部装修,申请停业登记时,主管税务机关要求甲公司先办理年度所得税纳税申报。甲公司认为自己经营不足一年,又未盈利,故拒绝办理。

(5)2022年12月5日,主管税务机关对甲公司再次检查时,重点进行发票使用情况检查。发现甲公司2022年9月份开出的发票存根联部分已销毁,同时发现甲公司在规定的纳税期限内将部分货款提前转移到股东个人账户上,有逃避纳税义务的行为。经主管税务机关主持工作的常务副局长批准(局长在外地开会),书面通知甲公司开户银行冻结存款。同时,还发现甲公司在内部装修期间,一直未停止营业,但销售的产品收入却未缴税。税务机关要求其补缴税款,该公司董事长以暴力拒缴,情节严重。

【实训任务】

1. 要求:

(1)税务机关提请市场监管机关吊销甲公司营业执照是否正确?甲公司申请税务登记应提供哪些资料?

(2)税务机关对甲公司处以0.7万元的罚款是否正确?

(3)2022年9月,甲公司增值税专用发票的使用是否正确?

(4)甲公司是否应办理2022年企业所得税纳税申报?

(5)税务机关冻结甲公司银行存款的行为属于采取什么措施?程序是否正确?甲公司发票存根联的保存是否正确?

(6)税务机关作出补征税款的决定是否正确?甲公司董事长的行为属于什么性质?

(7)逃避缴纳税款罪与抗税罪的区别有哪些?

2. 撰写《税收征收管理的应用》实训报告。

《税收征收管理的应用》实训报告		
项目实训班级:	项目小组:	项目组成员:
实训时间:　　年　　月　　日	实训地点:	实训成绩:
实训目的:		
实训步骤:		
实训结果:		
实训感言:		

项目十　税务行政法制

- **知识目标**

> 理解：税务行政赔偿。
> 熟知：税务行政复议。
> 掌握：税务行政处罚、税务行政诉讼。

- **技能目标**

> 能够结合具体的案例将税务行政法制应用于个案之中，学会分析问题和解决问题。

- **素质目标**

> 运用所学的税务行政法制知识研究相关案例，培养和提高学生在特定业务情境中分析问题与决策设计的能力；结合行业规范或标准，运用税务行政法制知识分析行为的善恶，强化学生的职业道德素质。

- **思政目标**

> 能够正确地理解"不忘初心"的核心要义和精神实质；树立正确的世界观、人生观和价值观，做到学思用贯通、知信行统一；通过税务行政法制知识解决现实中的实际问题，遵守职业道德，学以致用。

- **项目引例**

判断税务所的处理是否正确

2023年5月15日，某基层税务所在实施日常税务稽查工作中发现，辖区内某私营企业自同年5月10日办理营业执照以来，一直没有办理税务登记，也没有申报纳税。该企业应纳税3 800元，该税务所在5月30日作出下列处理决定：责令纳税人在6月15日前申报办理税务登记，并处1 000元罚款；补缴税款、加收滞纳金，并处补缴税款1倍的罚款。

请问：税务所的处理是否正确？

• 知识精讲

任务一 税务行政处罚

税务行政处罚是指公民、法人或其他组织有违反税收征收管理秩序的违法行为,尚未构成犯罪,依法应当承担行政责任的,由税务机关给予行政处罚。

税务行政处罚应遵循以下原则:第一,法定原则(包括依据法定、职权法定、权限法定、程序法定);第二,公正、公开原则;第三,以事实为依据原则;第四,过罚相当原则;第五,处罚与教育相结合原则;第六,监督、制约原则。

一、设定和种类

(1)全国人民代表大会及其常务委员会可以通过法律的形式设定各种税务行政处罚。

(2)国务院可以通过行政法规的形式设定除限制人身自由以外的税务行政处罚。

(3)国家税务总局可以通过规章的形式设定警告和罚款。税务行政规章对非经营活动中的违法行为设定罚款不得超过1 000元;对经营活动中的违法行为,有违法所得的,设定罚款不得超过违法所得的3倍,且最高不得超过30 000元,没有违法所得的,设定罚款不得超过10 000元;超过限额的,应当报国务院批准。

税务行政处罚主要有三种:罚款;没收财物违法所得;停止出口退税权。

二、主体与管辖

税务行政处罚的主体主要是县以上的税务机关。根据《税收征管法》特别授权,罚款额在2 000元以下的,由税务所决定。

税务行政处罚的管辖由当事人税收违法行为发生地的县(市、旗)以上税务机关实行。

三、简易程序

税务行政处罚的简易程序是指税务机关及其执法人员对公民、法人或者其他组织违反税收征收管理秩序的行为,当场作出税务行政处罚决定的行政处罚程序。

简易程序的适用条件有:

(1)案情简单、事实清楚、违法后果较轻微且有法定依据应当给予处罚的违法行为;

(2)给予的处罚较轻,仅适用于对公民处以50元以下和对法人或者其他组织处以1 000元以下罚款的违法案件。

四、一般程序

除适用简易程序的税务违法案件外,对于其他违法案件,税务机关在作出处罚决定之前都要经过立案、调查取证、审查、决定、执行程序。适用一般程序的案件一般是情节比较复杂、处罚比较重的案件。

(一)听证

听证是指税务机关在对当事人某些违法行为作出处罚决定之前,按照一定形式听取调查人员和当事人意见的程序。

税务行政处罚听证的范围是对公民作出2 000元以上或者对法人或其他组织作出10 000元以上罚款的案件。

要求听证的当事人,应当在收到"税务行政处罚事项告知书"后3日内向税务机关书面提出听证要求,逾期不提出的,视为放弃听证权利。

涉及国家机密、商业秘密和个人隐私的,不得要求公开听证。

(二)决定

(1)有应受行政处罚的违法行为的,根据情节轻重及具体情况予以处罚;

(2)违法行为轻微,依法可以不予行政处罚的不予行政处罚;

(3)违法事实不能成立,不得予以行政处罚;

(4)违法行为已构成犯罪的,移送公安机关。

违反税收法律、行政法规规定,在5年内未被发现的,不再给予行政处罚。

五、执行

税务机关对当事人当场作出行政处罚决定,具有依法给予20元以下罚款或者不当场收缴罚款事后难以执行情形的,税务机关行政执法人员可以当场收缴罚款。

税务机关依法作出行政处罚的决定后,当事人应当在收到行政处罚决定书之日起15日内缴纳罚款,到期不缴纳的,税务机关可以对当事人每日按罚款数额的3%加处罚款。

任务二 税务行政复议

税务行政复议是指当事人(纳税人、扣缴义务人、纳税担保人及其他税务当事人)不服从税务机关及其工作人员做出的税务具体行政行为,依法向上一级税务机关(复议机关)提出申请,复议机关经审理对原税务机关具体行政行为依法作出维持、变更、撤销等决定的活动。

税务行政复议具有以下特点:第一,税务行政复议以当事人不服税务机关及其工作人员做出的税务具体行政行为为前提;第二,税务行政复议因当事人的申请而产生;第三,税务行政复议案件的审理一般由原处理税务机关的上一级税务机关进行;第四,税务行政复议与税务行政诉讼相衔接。

一、受案范围

(1)税务机关做出的征税行为,包括确认纳税主体、征税对象、征税范围、减免税及退税、适用税率、计税依据、纳税环节、纳税期限、纳税地点以及税款征收方式等具体行政行为和征收税款、加收滞纳金及扣缴义务人、受税务机关委托征收的单位作出的代扣代缴、代收代缴行为。

(2)行政许可、行政审批行为。

(3)发票管理行为,包括发售、收缴、代开发票等。

(4)税务机关做出的税收保全措施与强制执行措施。

(5)税务机关做出的行政处罚行为:第一,罚款;第二,没收财物和违法所得;第三,停止出口退税权。

(6)不予依法履行下列职责行为:第一,颁发税务登记证;第二,开具、出具完税证、外出经营活动税收管理证明;第三,行政赔偿;第四,行政奖励;第五,其他不依法履行职责的行为。

(7)资格认定行为。

(8)不依法确认纳税担保行为。

(9)政府信息公开工作中的具体行政行为。

(10)纳税信用等级评定行为。

(11)通知出境管理机关阻止出境行为。

(12)其他具体行政行为。

纳税人及其他当事人认为税务机关的具体行政行为所依据的下列规定不合法,在对具体行政行为申请行政复议时,可一并向复议机关提出对该规定的审查申请:第一,国家税务总局和国务院其他部门的规定;第二,其他各级税务机关的规定;第三,地方各级人民政府的规定;第四,地方人民政府工作部门的规定。

二、管辖

我国税务行政复议实行由上一级税务机关管辖的一级复议制度,具体来说:

(1)对各级税务局的具体行政行为不服的,向其上一级税务局申请行政复议。

对计划单列市税务局的具体行政行为不服的,向国家税务总局申请行政复议。

(2)对税务所(分局)、各级税务局的稽查局的具体行政行为不服的,向其所属税务局申请行政复议。

(3)对国家税务总局的具体行政行为不服的,向国家税务总局申请行政复议。对行政复议决定不服的,申请人可以向人民法院提起行政诉讼,也可以向国务院申请裁决。国务院的裁决为最终裁决。

(4)对下列税务机关的具体行政行为不服的,按照下列规定申请行政复议:

①对两个以上税务机关共同做出的具体行政行为不服的,向共同上一级税务机关申请行政复议;对税务机关与其他行政机关共同做出的具体行政行为不服的,向其共同上一级行政机关申请行政复议。

②对被撤销的税务机关在撤销以前所做出的具体行政行为不服的,向继续行使其职权的税务机关的上一级税务机关申请行政复议。

③对税务机关做出逾期不缴纳罚款加处罚款的决定不服的,向作出行政处罚决定的税务机关申请行政复议。但是对已处罚款和加处罚款都不服的,一并向作出行政处罚决定的税务机关的上一级税务机关申请行政复议。

三、申请

申请人是指认为税务机关的具体行政行为侵犯其合法权益,依法向税务行政复议机关提出复议申请的公民、法人或其他组织以及外国人、无国籍人。

被申请人是指做出引起争议的具体行政行为的税务机关。申请方式有书面和口头两种。

申请的期限为税务机关做出的具体行政行为之日起60日内。

对征税行为的争议,按税务机关规定缴纳税款、滞纳金或提供担保,复议是诉讼的必经前置程序。对其他行为争议,复议不是诉讼的必经前置程序。行政复议和行政诉讼不能同时进行。

四、受理

复议机关收到行政复议申请后,应在5日内进行审查,并决定不予受理或受理。对应当先向复议机关申请行政复议,对行政复议决定不服再向人民法院提起行政诉讼的具体行政行为,复议机关决定不予受理或受理后超过复议期限不作答复的,纳税人和其他税务当事人可以自收到不予受理决定书之日起或行政复议期满之日起15日内,依法向人民法院提起行政诉讼。

在税务行政复议期间,税务具体行政行为不停止执行。但是,有下列情形之一的,可以停止执行:被申请人认为需要停止执行的;复议机关认为需要停止执行的;申请人申请停止执行,复议机关认为其要求合理,决定停止执行的;法律、法规规定停止执行的。

五、审查和决定

行政复议原则上采用书面审查的办法,但是申请人提出要求或者行政复议机构认为有必要时,应当听取申请人、被申请人和第三人的意见,并可以向有关组织和人员调查了解情况。

行政复议机构应当自受理行政复议申请之日起 7 日内,将行政复议申请书副本或者行政复议申请笔录复印件发送被申请人。被申请人应当自收到申请书副本或者申请笔录复印件之日起 10 日内提出书面答复,并提交当初做出具体行政行为的证据、依据和其他有关材料。

对国家税务总局的具体行政行为不服申请行政复议的案件,由原承办具体行政行为的相关机构向行政复议机构提出书面答复,并提交当初做出具体行政行为的证据、依据和其他有关材料。

对重大、复杂的案件,申请人提出要求或者行政复议机构认为必要时,可以采取听证的方式审理。

听证应当公开举行,但涉及国家秘密、商业秘密或者个人隐私的除外。

行政复议听证人员不得少于 2 人,听证主持人由行政复议机构指定。

复议机关应当在自收到复议申请之日起 60 日内,根据审理的情况,分别作出维持、撤销、变更、责令被申请人重新做出复议的决定。

六、税务行政复议和解与调解

(1)对下列行政复议事项,按照自愿、合法的原则,申请人和被申请人在行政复议机关做出行政复议决定以前可以达成和解,行政复议机关也可以调解:第一,行使自由裁量权做出的具体行政行为,如行政处罚、核定税额、确定应税所得率等;第二,行政赔偿;第三,行政奖励;第四,存在其他合理性问题的具体行政行为。

(2)申请人和被申请人达成和解的,应当向行政复议机构提交书面和解协议。和解内容不损害社会公共利益和他人合法权益的,行政复议机构应当准许。

(3)经行政复议机构准许和解终止行政复议的,申请人不得以同一事实和理由再次申请行政复议。

(4)调解应当符合下列要求:第一,尊重申请人和被申请人的意愿;第二,在查明案件事实的基础上进行;第三,遵循客观、公正和合理原则;第四,不得损害社会公共利益和他人合法权益。

(5)行政复议调解书应当载明行政复议请求、事实、理由和调解结果,并加盖行政复议机关印章。行政复议调解书经双方当事人签字,即具有法律效力。

调解未达成协议,或者行政复议调解书不生效的,行政复议机关应当及时作出行政复议决定。

申请人不履行行政复议调解书的,由被申请人依法强制执行,或者申请人民法院强制执行。

任务三 税务行政诉讼

税务行政诉讼是指公民、法人和其他组织认为税务机关及其工作人员的具体税务行政行为违法或不当,侵犯了其合法权益,依法向人民法院提起行政诉讼,由人民法院对具体税务行政行为的合法性和适当性进行审理并做出裁决的司法活动。

税务行政诉讼遵循以下原则:

(1)人民法院特定主管原则。人民法院只能受理因具体行政行为引起的税务行政争议案。

(2)合法性审查原则。除审查税务机关是否滥用权力、税务行政处罚是否显失公正外,只对具体税务行为是否合法予以审查,人民法院原则上不直接判决变更。

(3)不适用调解原则。税收行政管理权是国家权力的重要组成部分,税务机关无权依自己意愿进行处置,法院不能对税务行政诉讼法律关系的双方当事人进行调解。

(4)起诉不停止执行原则,即当事人不能以起诉为理由停止执行税务机关所做出的具体行政行为,如税收保全措施和税收强制执行措施。

(5)税务机关负举证责任原则。由于税务行政行为是税务机关单方依一定事实和法律做出的,只有税务机关最了解做出该行为的证据。如果税务机关不提供或不能提供证据,就可能败诉。

(6)由税务机关负责赔偿的原则。税务机关及其工作人员因执行职务不当,给当事人造成人身及财产损害的,应负担赔偿责任。

一、管辖

税务行政诉讼管辖是指人民法院间受理第一审税务案件的职权分工。具体地讲,税务行政诉讼的管辖分为级别管辖、地域管辖和裁定管辖。

(一)级别管辖

级别管辖是指上下级人民法院之间受理第一审税务案件的分工和权限。基层人民法院管辖一般的税务行政诉讼案件;中高级人民法院管辖本辖区内重大、复杂的税务行政诉讼案件;最高人民法院管辖全国范围内重大、复杂的税务行政诉讼案件。

(二)地域管辖

地域管辖是指同级人民法院之间受理第一审行政案件的分工和权限,分一般地域管辖和特殊地域管辖两种。

(1)一般地域管辖,指按照最初做出具体行政行为的机关所在地来确定管辖法院。凡是未经复议直接向人民法院提起诉讼的,或者经过复议,复议裁决维持原具体行政行为,当事人不服向人民法院提起诉讼的,均由最初做出具体行政行为的税务机关所在地人民法院管辖。

(2)特殊地域管辖,指根据特殊行政法律关系或特殊行政法律关系所指的对象来确定管辖法院。税务行政案件的特殊地域管辖主要是指:经过复议的案件,复议机关改变原具体行政行为的,由原告选择最初做出具体行政行为的税务机关所在地的人民法院,或者复议机关所在地人民法院管辖。原告可以向任何一个有管辖权的人民法院起诉,最先收到起诉状的人民法院为第一审法院。

(三)裁定管辖

裁定管辖是指人民法院依法自行裁定的管辖,包括移送管辖、指定管辖及管辖权的转移三种情况。

(1)移送管辖,指人民法院将已经受理的案件,移送给有管辖权的人民法院审理。移送管辖必须具备三个条件:一是移送人民法院已经受理了该案件;二是移送法院发现自己对该案件没有管辖权;三是接受移送的人民法院必须对该案件确有管辖权。

(2)指定管辖,指上级人民法院以裁定的方式,指定某下一级人民法院管辖某一案件。有管辖权的人民法院因特殊原因不能行使对行政诉讼的管辖权的,由其上级人民法院指定管辖;人民法院对管辖权发生争议且协商不成的,由它们共同的上级人民法院指定管辖。

(3)管辖权的转移。上级人民法院有权审理下级人民法院管辖的第一审税务行政案件,也可以将自己管辖的第一审行政案件移交下级人民法院审判;下级人民法院对其管辖的第一审税务行政案件,认为需要由上级人民法院审判的,可以报请上级人民法院决定。

二、受案范围

税务行政诉讼的受案范围,是指人民法院对税务机关的哪些行为拥有司法审查权,换言之,公民、法人或者其他组织对税务机关的哪些行为不服可以向人民法院提起税务行政诉讼。具体来说，税务行政诉讼的受案范围与税务行政复议的受案范围基本一致。

三、起诉和受理

(一)税务行政诉讼起诉

税务行政诉讼起诉是指公民、法人或者其他组织认为自己的合法权益受到税务机关具体行政行为的侵害，而向人民法院提出诉讼请求，要求人民法院行使审判权，依法予以保护的诉讼行为。

税务管理相对人在提起税务行政诉讼时，必须符合下列条件：①原告是认为具体税务行为侵犯其合法权益的公民、法人或者其他组织；②有明确的被告；③有具体的诉讼请求和事实、法律根据；④属于人民法院的受案范围和受诉人民法院管辖。

提起税务行政诉讼，还必须符合法定的期限和必经的程序。对税务机关的征税行为提起诉讼，必须先经过复议；对复议决定不服的，可以在接到复议决定书之日起15日内向人民法院起诉。对其他具体行政行为不服的，当事人可以在接到通知或者知道之日起15日内直接向人民法院起诉。

(二)税务行政诉讼的受理

原告起诉，经人民法院审查，认为符合起诉条件并立案审理的行为，称为受理。对当事人的起诉，人民法院一般从以下几方面进行审查并作出是否受理的决定：一是审查是否属于法定的诉讼受案范围；二是审查是否具备法定的起诉条件；三是审查是否已经受理或者正在受理；四是审查是否有管辖权；五是审查是否符合法定的期限；六是审查是否经过必经复议程序。

人民法院接到诉状，经过审查，应当在7天内立案或者做出裁定不予受理。原告对不予受理的裁定不服的，可以提起上诉。

四、审理和判决

人民法院审理行政案件实行合议、回避、公开审判和两审终审的审判制度。人民法院审查具体行政行为是否合法，依据法律、行政法规和地方性法规(民族自治地方的自治条例和单行条例)，参照部门规章和地方性规章。

人民法院对受理的税务行政案件，经过调查、搜集证据、开庭审理之后，分别作出如下判决：

(1)维持判决。这适用于具体行政行为证据确凿，适用法律、法规正确，符合法定程序的案件。

(2)撤销判决。对被诉的具体行政行为主要证据不足，适用法律、法规错误，违反法定程序，或者超越职权、滥用职权的案件，人民法院应判决撤销或部分撤销，同时可判决税务机关重新做出具体行政行为。

(3)履行判决。税务机关不履行或拖延履行法定职责的，判决其在一定期限内履行。

(4)变更判决。税务行政处罚显失公正的，可以判决变更。

对一审人民法院的判决不服，当事人可以上诉。对发生法律效力的判决，当事人必须执行，否则人民法院有权依对方当事人的申请予以强制执行。

任务四　税务行政赔偿

税务行政赔偿是指税务机关在行使职权的过程中因违法行为而损害了纳税人、扣缴义务人、纳税担保人及其他有关人员的合法利益依法应承担的赔偿责任。

一、构成税务行政赔偿的要件

(1)税务机关或其工作人员的职务违法行为，是构成税务行政赔偿责任的核心要件，也是税务行政赔偿责任存在的前提；

(2)存在对纳税人和其他税务当事人合法权益造成损害的事实,是构成税务行政赔偿责任的必备条件；

(3)税务机关及其工作人员的职务违法行为与现实发生的损害事实存在因果关系。

受害的公民、法人和其他组织有权要求赔偿。受害的公民死亡,其继承人和其他有扶养关系的亲属有权要求赔偿。受害的法人或者其他组织终止,承受其权利的法人或者其他组织有权要求赔偿。

一般情况下,哪个税务机关及其工作人员在行使职权时侵犯公民、法人和其他组织的合法权益,造成损害的,该税务机关为赔偿义务机关。

两个以上税务机关共同行使行政职权时侵犯公民、法人和其他组织的合法权益,造成损害的,共同行使行政职权的税务机关为共同赔偿义务机关。

应当履行赔偿义务的税务机关被撤销的,继续行使其职权的税务机关为赔偿义务机关；没有继续行使其职权的行政机关的,撤销该赔偿义务机关的行政机关为赔偿义务机关。

经复议机关复议的,最初造成侵权行为的税务机关为赔偿义务机关,但复议机关的复议决定加重损害的,复议机关对加重的部分履行赔偿义务。

请求赔偿的时效为2年,自税务机关及其工作人员行使职权时的行为被依法确认为违法之日起计算。如果税务行政赔偿请求人在赔偿请求时效的最后6个月内,因不可抗力或者其他障碍不能行使请求权的,时效中止。从中止时效的原因消除之日起,赔偿请求时效期间继续计算。

二、赔偿范围

《中华人民共和国国家赔偿法》(以下简称《国家赔偿法》)将损害赔偿的范围仅限于对财产权和人身权中的生命健康权、人身自由权的损害,未将精神损害等列入赔偿范围。税务机关不承担赔偿责任的情形有：

(1)行政机关工作人员行使与其职权无关的行为。税务机关工作人员非职务行为对他人造成的损害,责任由其个人承担。区分职务行为与个人行为的标准是看行为人是否在行使职权,而不论其主观意图如何。

(2)因纳税人和其他税务当事人自己的行为致使损害发生的。但如果出现混合过错,即损害的发生,受害人自己存在过错,税务机关及其工作人员也存在过错,应根据双方过错的大小各自承担责任,此时,税务机关应承担部分赔偿责任。

三、赔偿程序

赔偿程序主要有：一是非诉讼程序,即税务机关的内部程序；二是税务行政赔偿诉讼程序。

四、赔偿方式与费用标准

赔偿方式以支付赔偿金为主要方式,还包括返还财产和恢复原状方式。

赔偿标准为每日赔偿金按照国家上年度职工日平均工资5~20倍计算。

赔偿义务机关、复议机关、人民法院不得向该赔偿请求人收取任何费用；对赔偿请求人取得的赔偿金不予征税。

应知考核

一、单项选择题

1. 税务机关对当事人作出罚款行政处罚决定的,当事人缴纳罚款的期限是在收到行政处罚决定书之日起( )日内。
   A. 10   B. 15   C. 30   D. 45

2. 税务机关对当事人作出罚款行政处罚决定的,当事人应当在收到行政处罚决定书之日起15日内缴纳罚款,逾期不缴纳的,税务机关可以根据罚款数额对当事人按日加处罚款,计算加处罚款的比例是( )。
   A. 1‰   B. 3‰   C. 1%   D. 3%

3. 纳税人违反税收法律、行政法规规定,在( )年内未被发现的,不再给予行政处罚。
   A. 2   B. 3   C. 5   D. 10

4. 根据《国家赔偿法》的规定,赔偿请求人应当在行政机关行为被确认违法后( )内提出。
   A. 2个月   B. 3个月   C. 6个月   D. 2年

5. 《国家赔偿法》在侵害人身权的赔偿标准中规定,造成全部丧失劳动能力的,应当支付医疗费和残疾赔偿金,最高额为国家上年度职工平均工资的( )倍。
   A. 5   B. 10   C. 20   D. 30

二、多项选择题

1. 税务行政处罚的类型有( )。
   A. 罚款   B. 没收非法所得   C. 停止出口退税权   D. 注销税务登记

2. 税务行政复议的受案范围包括( )。
   A. 税务机关做出的征税行为
   B. 税务机关做出的税务行政处罚行为
   C. 税务机关不予依法办理或答复的行为
   D. 税务机关做出的取消增值税一般纳税人资格的行为

3. 税务行政诉讼的受案范围包括( )。
   A. 税务机关做出的罚款行为
   B. 税务机关做出的复议行为
   C. 税务机关做出的税收保全措施
   D. 税务机关做出的税收强制执行措施

4. 下列情况下,税务机关不承担赔偿责任的有( )。
   A. 行政机关工作人员与行使职权无关的行为
   B. 行政机关工作人员对当事人违法实施罚款、没收非法所得等行政处罚
   C. 因纳税人和其他税务当事人自己的行为致使损害发生
   D. 税务工作人员非法征收税款和滞纳金

5. 税务行政赔偿方式为( )。
   A. 支付赔偿金   B. 退还税款   C. 恢复原状   D. 返还财产

三、判断题

1. 税务行政处罚的实施主体是县以上的税务机关。但是,税务所可以对个体工商户及未取得营业执照从事经营的单位、个人实施罚款额在1 000元以上的税务行政处罚。( )

2. 税务行政处罚听证的范围是对公民做出2 000元以上,或者对法人或其他组织做出10 000

元以上罚款的案件。 （   ）

3. 在税务行政诉讼中,税务机关不享有起诉权,只有应诉权,即税务机关只能作为被告,且作为被告的税务机关不能反诉。 （   ）

4. 纳税人对税务机关做出的具体行政行为不服的,可以申请行政复议,也可以直接向人民法院提起诉讼。 （   ）

5. 税务行政诉讼不适用调解,而税务行政赔偿诉讼可以进行调解。 （   ）

四、简答题

1. 简述税务行政处罚应遵循的原则。
2. 简述税务行政复议的概念和特点。
3. 简述税务行政诉讼的概念和原则。
4. 简述构成税务行政赔偿的要件。
5. 简述调解应当符合的要求。

应会考核

■ 观念应用

税务行政处罚的应用

国家税务总局哈尔滨市税务局第三稽查局对哈尔滨静哈商贸有限公司作出税务行政处罚事项告知书。在通过检查后发现:单位在4月对外开具2份增值税普通发票(发票金额合计为183 674.75元,发票税额合计为5 510.25元)。单位未对其在4月开具发票进行纳税申报。检查科对单位开具增值税普通发票中的开户银行及账号(工行350002＊＊＊＊006228)进行核查,结果显示:该账户不存在。查询到单位存在的账号350002＊＊＊＊004790493。查询结果显示:这个账户只在5月5日有5 000元进出资金流水,除此之外无其他发生额。经电子底账系统查询未发现单位有商品采购数据,不存在有货证据。检查科实地核实,单位经营注册地址为虚假登记。

【考核要求】

请分析,在涉嫌对外虚开增值税发票的具体要素有哪些,如何作出处罚。

■ 技能应用

税务行政复议的应用

A市B区地税局C分局税收管理员发现D公司股东陈某在分得50万元的股息红利后,没有按照税法规定申报缴纳个人所得税10万元,后核实确定该公司没有为陈某代扣代缴相关税款。之后,税收管理员联系陈某,告知其取得50万元股息红利后应履行的纳税义务,得到的回答却是:"我虽然分到了50万元的股息红利,但这笔红利的纳税人并不是我,而是前股东李某,李某将股权转让给我时已经缴税。"

为弄清楚实际情况,税收管理员调取了有关股权转让的协议和纳税资料。股权转让协议里写明:股权出让人李某因身体原因不能继续参与D公司经营,故将自己持有的公司股份转让给陈某。股权转让时,李某请求分红,而D公司暂时没有分红意向。经过协商,李某和陈某达成一致,以转让当期会计报表账载的未分配利润为基数,对李某享有的对应未分配利润50万元,一并转让给陈某。故陈某除了向股权出让人李某支付股本100万元之外,需另行向李某支付未分配利润50万元。税单资料显示,李某当时确实就这50万元转让额申报缴纳了个人所得税10万元,由D公司代扣代缴,只是申报的品目是股权转让所得。

李某的所得是股权转让所得,缴纳的是股权转让所得个人所得税。陈某拿到的是股息分红,应缴纳的是股息红利个人所得税,况且纳税人不同,后C分局向陈某发出"税务事项通知书",要求其就50万元股息红利所得申报缴纳个人所得税,同时对D公司未履行有关代扣代缴义务的行为另行处理。

陈某对此处理不服,在缴纳有关税款后向B区地税局提出了行政复议申请。

【技能要求】

请结合本项目的内容,分析陈某的税务行政复议是否合理。

■ 案例分析

逃避缴纳税款行为的处罚

某公司于2022年度实现利润500万元,其中国债利息收入10万元,国家重点建设债券利息收入40万元,本年摊销了上年境外已纳税款超过我国税法抵扣限额8万元。该公司本年计算的应纳税额112.5万元[(500−10−40)×25%]。税务机关审核后,以为该公司的应纳税所得额有错误,认定为逃避缴纳税款行为,并做出如下处罚:

(1)追缴税款12万元[(40+8)×25%]。

(2)由于逃避缴纳税款12万元,占全部应纳税额112.5万元的10.67%,且金额超过10万元,属于逃避缴纳税款罪,除追缴税款外,还应对有关负责人处以3年以下有期徒刑。

(3)根据这种情况,税务机关决定对该公司处以1~5倍的罚款,并按逃避缴纳税款天数征收5‰的滞纳金。

(4)由于该公司认为税务机关的罚款行政决定计算有误,逃避缴纳税款比例应为9.6%[12÷(500−10+8)×25%],属定性错误,拒不缴纳罚款,并准备上诉至法院。税务机关遂决定从处罚决定书下达之次日起,加罚3‰的罚款。

(5)该公司收到税务机关处罚决定书之次日,向人民法院起诉。

【分析要求】

(1)以上税务机关的各种行为是否正确?若不正确,指出正确的处罚方法。

(2)该公司的行为是否正确?若不正确,如何纠正?

项目实训

【实训项目】

税务行政法制的应用

【实训情境】

税务行政诉讼的应用

6月29日,能俊向国家税务总局邮寄了"依法履行法定职责申请书",要求国家税务总局对北京广发伟业电气有限公司及股东仲冬华的伪造、变造、隐匿、擅自销毁账簿记账凭证、逃税等违法行为进行查处惩治,并依法追究违法行为人的法律责任。在申请书中,能俊明确的法律依据为《税收征管法》第六十三条。申请书最后,载有"如贵机关逾期既无书面答复意见,也拒不履行职责,申请人将依法委托律师申请行政复议或提起行政诉讼"内容。同年6月30日,国家税务总局收到了上述申请。同年9月8日,国家税务总局将该举报事项交办至北京市国家税务局稽查局,要求该稽查局尽快调查处理,并注意按规定为检举人保密。因认为国家税务总局未在法定期限内履行职责,能俊于10月14日向国家税务总局提出行政复议申请,请求确认该局未依法履行法定职责的行为违法,并责令该局继续履行法定职责并将案件进展情况书面告知能俊。国家税务总局受理后,该局负责复议工作的法制部门要求该局稽查局在收到行政复议申请书副本后提出书面答复,并提交相关材料。11月13日,国家税务总局稽查局提交了落款为"稽查局举报中心"的答复意见,并附具了"国家税务总局稽查局税收违法事项交办函"和"北京市国税局稽查局关于北京广发伟业电气有限公司案的情况汇报"。经审查,国家税务总局于12月14日作出了被诉复议决定,以能俊认为国家税务总局未依法履行法定职责没有事实和法律依据为由,驳回了能俊行政复议申请,并邮寄送达能俊。能俊不服,诉至一审法院。

【实训任务】

1. 请分析能俊认为国家税务总局不履行法定职责理由是否成立;二是被诉复议决定程序是否合法。

2. 撰写《税收征收管理的应用》实训报告。

《税收征收管理的应用》实训报告		
项目实训班级:	项目小组:	项目组成员:
实训时间:　年　月　日	实训地点:	实训成绩:
实训目的:		
实训步骤:		
实训结果:		
实训感言:		

参考文献

[1] 财政部会计资格评价中心. 经济法基础[M]. 北京:经济科学出版社,2023.
[2] 中国注册会计师协会. 税法[M]. 北京:经济科学出版社,2023.
[3] 全国税务师职业资格考试教材编写组. 税法(Ⅰ)[M]. 北京:中国税务出版社,2023.
[4] 全国税务师职业资格考试教材编写组. 税法(Ⅱ)[M]. 北京:中国税务出版社,2023.
[5] 全国税务师职业资格考试教材编写组. 涉税服务实务[M]. 北京:中国税务出版社,2023.
[6] 谭光荣,曹越. 税收学[M]. 3版. 北京:清华大学出版社,2021.
[7] 梁文涛,苏杉. 税法[M]. 4版. 大连:东北财经大学出版社,2021.
[8] 张卫平. 税法[M]. 4版. 大连:东北财经大学出版社,2021.
[9] 安仲文. 国家税收[M]. 9版. 大连:东北财经大学出版社,2023.
[10] 王碧秀. 税法[M]. 3版. 大连:东北财经大学出版社,2021.
[11] 李贺. 经济法基础[M]. 3版. 上海:立信会计出版社,2023.
[12] 李贺. 财政学[M]. 2版. 上海:上海财经大学出版社,2019.
[13] 东奥会计在线. 税法(上、中、下册)[M]. 北京:北京科学技术出版社,2023.
[14] 东奥会计在线. 经济法基础(上、中、下册)[M]. 北京:北京科学技术出版社,2023.
[15] 李贺. 税法[M]. 3版. 上海:上海财经大学出版社,2023.
[16] 李贺,宫福民,孙慧玲. 税务会计[M]. 2版. 上海:上海财经大学出版社,2021.
[17]《税收学》编写组. 税收学[M]. 北京:高等教育出版社,2021.
[18] 齐海鹏,孙文学,彭健. 中国财政史[M]. 4版. 大连:东北财经大学出版社,2022.
[19] 黄桦. 税收学[M]. 6版. 北京:中国人民大学出版社,2022.
[20] 谭光荣,曹越. 税收学[M]. 3版. 北京:清华大学出版社,2021.
[21] 闫锐,朱迎春,李艳. 税收学[M]. 3版. 上海:立信会计出版社,2021.
[22] 蒙丽珍. 国家税收[M]. 8版. 大连:东北财经大学出版社,2020.
[23] 薛钢. 中国税制[M]. 大连:东北财经大学出版社,2021.
[24] 马国强. 中国税收[M]. 10版. 大连:东北财经大学出版社,2022.
[25] 王玮. 税收学[M]. 4版. 北京:清华大学出版社,2020.
[26] 李贺. 经济学基础[M]. 2版. 上海:上海财经大学出版社,2021.
[27] 李贺. 财政学[M]. 上海:上海财经大学出版社,2016.
[28] 李贺,陈佳丽,张庚全. 财政与金融[M]. 上海:立信会计出版社,2022.
[29] 国家税务总局,http://www.chinatax.gov.cn.